中国循环包装行业调研分析报告

Research and Analysis Report on China's Recycling Packaging Industry

(2023—2024年)

中国包装联合会科学技术专业委员会　编著

文化发展出版社
Cultural Development Press
·北京·

图书在版编目（CIP）数据

中国循环包装行业调研分析报告．2023—2024年 / 中国包装联合会科学技术专业委员会编著．－－ 北京：文化发展出版社，2024.12
　　ISBN 978-7-5142-4213-3

　　Ⅰ．①中… Ⅱ．①中… Ⅲ．①包装行业－研究报告－中国－2023-2024 Ⅳ．①F426.89

中国国家版本馆CIP数据核字(2024)第016325号

中国循环包装行业调研分析报告（2023—2024年）
中国包装联合会科学技术专业委员会　编著

出 版 人：宋　娜	
责任编辑：李　毅　雷大艳	责任校对：侯　娜
责任印制：邓辉明	封面设计：盟诺文化

出版发行：文化发展出版社（北京市翠微路2号 邮编：100036）
发行电话：010-88275993　　010-88275710
网　　址：www.wenhuafazhan.com
经　　销：全国新华书店
印　　刷：无锡市证券印刷有限公司

开　　本：889mm×1194mm　1/16
字　　数：517千字
印　　张：23
版　　次：2024年12月第1版
印　　次：2024年12月第1次印刷

定　　价：468.00元
ＩＳＢＮ：978-7-5142-4213-3

◆ 如有印装质量问题，请与我社印制部联系　电话：010-88275720

编 委 会

主 编

张新昌　江南大学
康　丽　邮政科学研究规划院有限公司

副主编

程雁飞　深圳市裕同包装科技股份有限公司
郭振梅　中国出口商品包装研究所
王利强　江南大学
于瑞恩　中北大学
陈　刚　邮政科学研究规划院有限公司
严海影　复海（上海）物联网股份有限公司
赵文龙　上汽大通汽车有限公司
何　忠　江苏航宇重型包装有限公司
曹晓婷　上海庙航包装科技股份有限公司
周红理　永康市知路科技有限公司
周　易　佛山市誉隆行包装实业有限公司
刘克礼　山西运城制版集团股份有限公司
王天佑　江苏泰来包装工程集团有限公司
林渊智　福建技术师范学院
罗　松　绿道至简智能制造（南京）有限公司
王　东　山东零度供应链有限公司
应胶娟　佛山市辰泰纸品科技有限公司

编委会委员

吴英俊　山东零度供应链有限公司

沈翰林　邮政科学研究规划院有限公司

张震原　浙江正基塑业股份有限公司

周德志　无锡前程包装工程有限公司

胡伟强　汇立塑胶（上海）有限公司

倪　倩　上海箱箱智能科技有限公司

彭　瑶　深圳市裕同包装科技股份有限公司

刘天航　中国出口商品包装研究所

郭　蕊　全国印刷标准化技术委员会

王　涛　蔚来汽车（安徽）有限公司

江宇峰　上海卉航智能科技有限公司

张飞宇　展一智能科技（东台）有限公司

刘武强　山西运城制版集团股份有限公司

张海成　江苏弘成包装科技有限公司

王华科　无锡瀚科检测有限公司

肖正华　上海庙航包装科技股份有限公司

丁桂花　上海圆通速递有限公司

赵　宇　江苏航宇重型包装有限公司

陈　姝　复海（上海）物联网股份有限公司

张　敏　宝艺新材料科技有限公司

刘矫妍　无锡太湖学院

虞启凯　南京科技职业学院

赵　红　齐齐哈尔大学

李　琛　东北林业大学

郭思硕　中北大学

欧阳世强　江南大学

吴奕婷　江南大学

李梦迪　江南大学

刘奕池　江南大学

胡子涵　江南大学

陶　爽　江南大学

姜　语　江南大学

序言

在社会经济高速发展的时代背景下，循环包装行业作为绿色经济的重要组成部分，其健康发展对于促进资源节约、环境保护以及经济可持续发展具有至关重要的意义。《中国循环包装行业调研分析报告（2023—2024版）》就是在这样的背景下应运而生的，它汇聚了业内多名专家学者的智慧与心血，他们通过广泛且深入的调研、专业的分析和系统的研究，力求展现中国循环包装行业的全景画卷和未来发展蓝图。

本书对循环包装行业的市场规模、产业结构、竞争格局、技术发展等方面进行了详尽的剖析，并结合国内外经济形势和行业发展趋势，对行业的发展前景进行了科学预测。本书还通过大量的产品和实际案例，深入剖析了循环包装行业发展的成功经验、面临的挑战与机遇。在此基础上，读者能够更加清晰地认识到循环包装行业在推动行业整体绿色转型、促进经济高质量发展中的重要地位和作用。

本书观点明确、数据翔实、分析深入，既具有理论高度，又贴近行业实际。我们坚信，本书的出版将对中国循环包装行业的发展产生深远的影响。它不仅能够帮助行业主管部门制定更加科学、合理的政策和规划，还能够为循环包装企业提供更加明确、实用的发展方向和策略。同时，本书还将为广大研究人员和社会公众提供一个学习和了解循环包装行业的宝贵资料。

希望本书的出版能够引起社会各界对循环包装行业的广泛关注和支持，从而共同推动中国循环包装行业健康、快速的发展，以为我国的经济社会发展做出更大的贡献。

让我们携手共进，共创中国循环包装行业的美好未来！

中国包装联合会副会长兼执行秘书长

2024年7月

前言

"双碳"目标是我国中长期转型发展战略，绿色循环包装作为包装行业参与这一战略的重要抓手，其发挥的作用越来越大，循环包装在整个包装行业所占比重也越来越大。在充满激烈竞争的现代经济环境下，研究机构、企业、行业协会、政府、投资机构等在研究企业的发展战略、投资者的投资意愿、政府的扶持政策、金融机构的贷款政策等问题时，必须进行行业分析，才能更加明确地了解行业的发展状况，了解适用于不同场景的理想发展模式，以及技术所处行业的生命周期状态，进而通过相应政策和指令，使参与循环包装行业的各方做出正确的决策。为此，在中国包装联合会的指导下，中国包装联合会科学技术专业委员会组织业内外相关专家，共同参与调研、分析、讨论，编写了《中国循环包装行业调研分析报告（2023 — 2024 版）》。

《中国循环包装行业调研分析报告（2023 — 2024 版）》旨在通过对循环包装行业的发展概况、发展影响因素、供求情况、科技发展概况、产业链与相关行业、厂商行为等进行分析，对循环包装行业的整体状况进行总结，从而推动国家行政和行业主管部门对循环包装行业的发展制定并发布相关政策、法规，也推动在全国范围内形成若干各具特色的循环包装材料、循环包装技术以及循环包装解决方案的供应商集群。这不仅有助于对循环包装行业进行合理分工、合理布局，还有助于不断促进行业内的企事业单位开发新产品、研究新技术，不断提高产品质量，以及循环包装行业的整体水平。

中国包装联合会科学技术专业委员会

2024 年 5 月 28 日

目录

1 绪论 / 001

1.1 《报告》编制的背景及方法 / 002
1.1.1 《报告》编制的背景 / 002
1.1.2 《报告》编制的方法 / 004

1.2 《报告》编制的目的和意义 / 005

1.3 《报告》内容 / 005

2 循环包装行业的发展概况 / 007

2.1 循环包装行业简介 / 008
2.1.1 循环包装的定义 / 008
2.1.2 循环包装行业简介 / 009
2.1.3 循环包装的特点 / 012
2.1.4 循环包装的分类 / 012
2.1.5 循环包装的原辅材料 / 017
2.1.6 智能系统及相关附件 / 026
2.1.7 主要循环包装产品及其加工工艺 / 029
2.1.8 循环包装技术系统 / 040
2.1.9 循环包装涉及的行业类别 / 047
2.1.10 循环包装行业的相关包装设备 / 048
2.1.11 循环包装行业的可持续发展和绿色环保技术 / 049

2.2　循环包装行业的发展历史　/ 049

2.3　循环包装上下游行业发展简况　/ 052
 2.3.1　循环包装上游行业发展简况　/ 052
 2.3.2　循环包装中游行业发展简况　/ 053
 2.3.3　循环包装下游行业发展简况　/ 054

2.4　循环包装技术发展概况　/ 056
 2.4.1　国内相关技术发展　/ 056
 2.4.2　国外相关技术发展　/ 057
 2.4.3　典型行业的循环包装发展概况　/ 059

3　循环包装行业发展影响因素　/ 073

3.1　循环包装行业相关国家政策法规　/ 074
 3.1.1　循环包装行业相关国家政策　/ 074
 3.1.2　循环包装行业相关法律法规与规章　/ 085
 3.1.3　循环包装行业相关地方性政策　/ 087

3.2　循环包装行业管理模式　/ 093
 3.2.1　国内循环包装行业管理模式　/ 093
 3.2.2　国外循环包装相关行业管理模式　/ 100

3.3　循环包装行业的相关标准和质量控制　/ 105
 3.3.1　循环包装行业的相关标准　/ 105
 3.3.2　循环包装质量控制体系　/ 108
 3.3.3　循环包装检测技术与方法　/ 111

4　循环包装行业的供求分析　/ 115

4.1　循环包装行业供求概况　/ 116
 4.1.1　循环包装行业业务模式分析　/ 116
 4.1.2　循环包装行业的资产存在形式　/ 121
 4.1.3　循环包装行业的经营成本　/ 122
 4.1.4　循环包装行业的利润来源　/ 122

4.1.5 循环包装行业进入/退出壁垒 / 123
4.1.6 循环包装行业整体供给形势 / 124

4.2 循环包装行业集中度与竞争态势 / 124
4.2.1 循环包装行业集中度 / 124
4.2.2 循环包装行业典型企业发展概况 / 127
4.2.3 循环包装行业竞争态势 / 145

4.3 循环包装行业需求 / 146
4.3.1 需求变化周期及特点 / 146
4.3.2 需求市场分析 / 147
4.3.3 循环包装行业的技术需求 / 148

4.4 循环包装行业发展预测 / 149
4.4.1 循环包装行业发展规模 / 149
4.4.2 循环包装产品创新方向 / 150
4.4.3 循环包装技术发展趋势 / 151

5 循环包装行业的科技发展概况 / 155

5.1 循环包装行业的主要研究方向及研究内容 / 156
5.1.1 循环包装行业领域主要研究方向 / 156
5.1.2 循环包装行业领域主要研究内容 / 157

5.2 循环包装行业的研究机构及重点研发团队 / 182
5.2.1 循环包装行业的主要研究机构 / 182
5.2.2 循环包装行业的相关研究团队 / 188

5.3 循环包装行业的相关专利技术 / 190
5.3.1 循环包装行业领域专利概况 / 190
5.3.2 循环包装行业主要专利综述 / 191

6 循环包装产业链与相关行业分析 / 237

6.1 循环包装产业链与相关行业概述 / 238

6.1.1　循环包装产业链　/ 238
6.1.2　循环包装产业现状　/ 239

6.2　循环包装产业上游行业分析　/ 244
 6.2.1　纸包装行业　/ 244
 6.2.2　塑料包装行业　/ 246
 6.2.3　玻璃包装行业　/ 249
 6.2.4　金属包装行业　/ 250
 6.2.5　木质包装行业　/ 252
 6.2.6　相关包装专用设备　/ 253

6.3　循环包装下游行业分析　/ 253
 6.3.1　食品行业　/ 254
 6.3.2　邮政快递行业　/ 260

6.4　循环包装的其他相关行业概况　/ 262
 6.4.1　包装创意及设计领域　/ 263
 6.4.2　环保技术与设备　/ 263
 6.4.3　环保咨询、服务和认证机构　/ 264

6.5　循环包装相关行业的关系　/ 265

7　循环包装行业的厂商行为分析　/ 267

7.1　循环包装行业的营销行为　/ 268
 7.1.1　循环包装行业的市场分析　/ 268
 7.1.2　循环包装行业的市场营销　/ 269
 7.1.3　循环行业的价格价值规则　/ 277
 7.1.4　广告/促销方式　/ 281
 7.1.5　循环包装行业的营销典型案例　/ 283

7.2　循环包装行业的生产行为　/ 285
 7.2.1　循环包装行业的典型生产模式　/ 285
 7.2.2　循环包装行业的创新模式　/ 286

7.3 循环包装行业的扩张行为 / 287
 7.3.1 循环包装上游企业的扩张 / 288
 7.3.2 循环包装行业的扩张 / 290
 7.3.3 循环包装下游企业的扩张 / 295

8 循环包装行业的发展战略及典型案例 / 303

8.1 循环包装行业面临的主要问题和困难 / 304
 8.1.1 相关政策引导和推动不足 / 304
 8.1.2 规模化运营难度大 / 304
 8.1.3 循环包装的观念转变尚待时日 / 304
 8.1.4 循环包装带来的业态转型问题 / 305
 8.1.5 循环包装产业发展周期长 / 305

8.2 循环包装行业的重要发展方向 / 306
 8.2.1 顶层设计与政策引导 / 306
 8.2.2 可持续循环包装材料及其应用研究 / 307
 8.2.3 高性能循环包装结构及产品设计 / 307
 8.2.4 循环包装商业模式的创新 / 308
 8.2.5 循环包装智能化和数字化 / 308

8.3 循环包装行业发展的总体目标 / 309

8.4 循环包装行业发展典型案例 / 310
 8.4.1 上游/原材料行业 / 310
 8.4.2 循环包装行业 / 314
 8.4.3 典型循环包装用户行业 / 321

9 结语 / 325

9.1 我国循环包装行业的发展现状与趋势 / 326
 9.1.1 我国循环包装行业的发展现状 / 326
 9.1.2 我国循环包装行业的发展趋势 / 327

9.2 循环包装各专业领域的发展态势 / 327
    9.2.1 循环包装各应用行业领域的发展态势 / 328
    9.2.2 循环包装各专业领域的发展态势 / 329

9.3 加快发展的对策与建议 / 330

附录一 我国循环包装行业大事记 / 332

附录二 我国循环包装行业主要企事业单位简介 / 342

附录三 我国循环包装行业基本数据 / 342

附录四 快递行业绿色可循环包装问卷调查 / 343

1 绪论

1.1 《报告》编制的背景及方法

1.1.1 《报告》编制的背景

GB/T 16716《包装与环境》系列标准（包含 7 个部分，以下简称"系列标准"）是我国第一套包装与环境领域的专业基础标准。其中，GB/T 16716.1—2018《包装与环境 第 1 部分：通则》修改采用了 ISO 18601:2013《包装与环境 包装与环境领域 ISO 标准使用通则》等标准，规定了包装符合环境友好性的基本要求和评估方法，适用于包装的设计、生产、使用及处理利用。系列标准按包装产品的生命周期全面且系统地规定了相关术语、包装系统优化、重复使用、材料循环再生、能量回收和有机循环 6 个环节的原理和方法，与包装行业从业者所熟知的绿色包装"3R1D"原则相对应。GB/T 16716《包装与环境》系列标准 7 个部分的相互关系如图 1-1 所示（截至 2024 年 9 月 29 日，除 GB/T 16716.6《包装与环境 第 6 部分：有机循环》外，其余标准均已发布）。

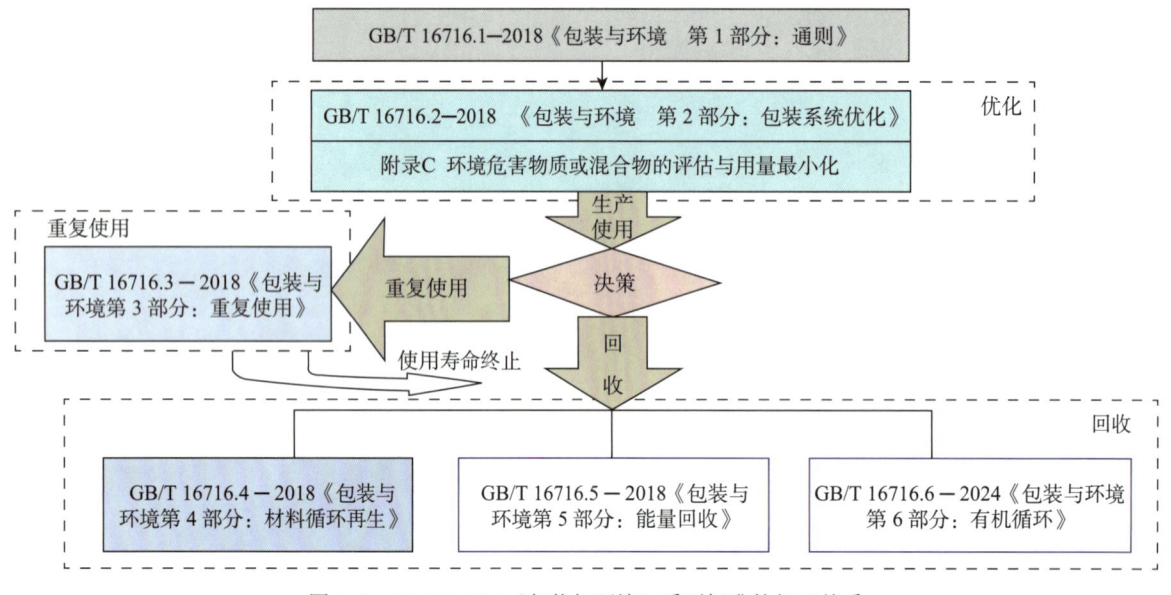

图 1-1 GB/T 16716《包装与环境》系列标准的相互关系

由图 1-1 可以看出，为保护环境，降低资源与能源消耗，包装和包装废弃物的设计、开发、运用和处理须按以下五个步骤进行：

（1）包装系统优化。为了减少对环境的影响，在产品的初级包装、次级包装（组合包装）和三级包装（运输包装）满足其功能需要，且在消费者（用户）可接受的前提下，使包装的重量（体积）降至最低。

（2）重复使用。即同目的的包装预期在其生命周期内被重复灌装或使用，必要时可使用市场上获取的补助物实现。

(3) 材料循环再生。将已使用的包装材料通过各种形式的制造工艺再加工得到产品、产品组件或次级（再生）原材料的过程。

(4) 能量回收。即通过直接可控的燃烧产生有用的能源。焚烧固体垃圾产生热水、蒸汽和电力是一种常见的能源回收利用方法。

(5) 有机循环。通过微生物的活动，对使用过的包装材料中的可降解成分进行可控的生物处理。这一过程可产生堆肥，厌氧分解过程中还可产生沼气。

由于在多数包装产品的生产、制造和应用场景下，包装的系统优化设计、重复使用和包装材料的循环再生、再造，往往可以构成独立的绿色（或循环）包装业态；同时，在当前的生产实践中，我国包括包装废弃物在内的固体废弃物焚烧以及填埋处理等工作一般由专门的环卫机构来完成。因此，本书讨论的内容将仅涉及包装系统优化、重复使用和包装材料的循环再生。

基于上述分析，一方面，循环包装是使用耐用的、可循环再生的包装材料，有目的地为完成多次往返或重复使用而设计的，可以通过清洗、消毒、修复等手段延长其使用寿命，且不改变其设计初始的包装结构和功能的保护性包装或容器的统称；另一方面，循环包装也涉及包装材料的再生再造。通常，业内也将其称为"绿色循环包装"或"绿色包装"，在某些场合，"共享包装"也是循环包装的一种。

根据 Revolution 的统计数据，全球可循环包装市场的规模从 2018 年的 379 亿美元增长到 2023 年的 512 亿美元，复合年增长率为 6.2%。其中，2022 年全球总规模为 401 亿美元，欧洲地区成为全球最大的可循环包装市场；亚太地区成为增长最快的可循环包装市场，其市场规模约占全球市场总规模的 1/4。同时根据 Technavio 的市场研究报告，从 2018 年至 2022 年，亚太地区循环包装市场规模的复合增长率超过 8%，其中至少 37% 的增长来源于中国，尤其是新能源汽车行业和电子商务行业的迅猛发展助推了循环包装市场规模的高速增长。从调研情况看，2023 年度全国增长速度最快的地区是华东地区，其次是华南地区。全国各地区分布情况如图 1-2 所示（图中数据不含典型食品药品及制造业等用户企业）。

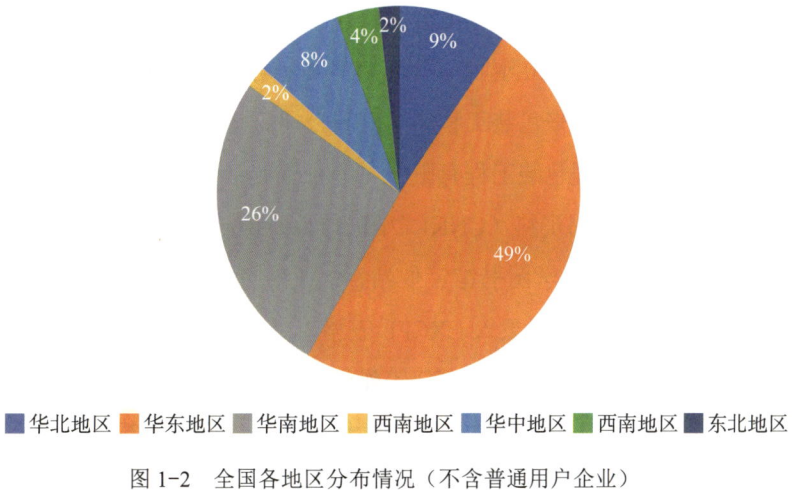

图 1-2 全国各地区分布情况（不含普通用户企业）

随着循环包装行业可发挥的作用越来越大，其在整个包装行业所占的比重也越来越大。在充满激烈竞争的现代经济环境下，研究机构、企业、行业协会、政府、投资机构等在研究企业的发展战略、投资者的投资意愿、政府的扶持政策、金融机构的贷款政策等问题时，必须进行行业分析，才能更加明确地了解行业的发展状况，以及生命周期状态，进而通过相应政策和指令的发布，使参与循环包装行业的各方做出正确的决策。为此，在中国包装联合会的指导下，中国包装联合会科学技术专业委员会组织业内外相关专家，共同参与调研、分析、讨论，编写了《中国循环包装行业调研分析报告（2023—2024版）》（以下简称《报告》）。

1.1.2 《报告》编制的方法

《报告》的编制采取了大纲讨论、企业调研、网络数据调研、专家分析以及撰写初稿、会议讨论修改和会议讨论定稿的工作机制。2022年5月25日，中国包装联合会下达了"关于开展包装行业细分领域调研工作的通知"，委托科学技术专业委员会正式启动了这一调研项目。科学技术专业委员会秘书处起草了"循环包装行业调研分析报告大纲"初稿、"循环包装的定义、分类以及行业划分"和第一批调研资料与数据清单，并于2022年6月25日下午召开了"循环包装调研活动说明会"。"循环包装调研活动说明会"吸引了包括循环包装领域头部企业、用户企业、高校和研究机构的相关专家及部分科学技术专业委员会委员在内的近40位专家参加。至2022年11月底，调研工作组根据反馈的资料和数据完成了第一轮草稿的编制，2022年12月上旬进行了在线研讨。在研讨的基础上，调研工作组于2023年3月完成了《报告》讨论稿，并于2023年4月底在山东齐河召开了《报告》初稿的线下研讨会。

在编制过程中，调研工作组采取了多渠道收集的方法扩大数据来源，并运用专业分析手段进行数据处理。其中，数据来源主要包括国家统计局、国家市场监督管理总局、证券交易所、新浪财经、方正证券、企业问卷清单调查、各有关企业官网以及江南大学、邮政科学研究规划院有限公司、深圳市裕同包装科技股份有限公司、中北大学、绿道至简智能制造（南京）有限公司、浙江正基塑业股份有限公司、上汽大通汽车有限公司、汇立塑胶（上海）有限公司、江苏航宇重型包装有限公司、上海庙航包装科技股份有限公司、江苏泰来包装工程集团有限公司、复海（上海）物联网股份有限公司、永康市知路科技有限公司、无锡前程包装工程有限公司等企事业单位撰写的有关内容和反馈的数据，也包括江南大学图书馆馆藏数字图书资料（CNKI中国知网、万方数据知识服务平台、维普期刊资源整合服务平台、超星百万图书江南大学图书馆镜像站、CALIS西文期刊目次数据库等数十个数字图书库资源）。调研工作组将所有查询资料录入EXCEL表格，并对主要数据进行了统计分析。

针对行业发展的预测性、结论性分析，调研工作组基于循环包装行业的集中度、供给情况和科技发展概况，对循环包装行业的未来发展方向与重点领域、发展规模和创新性产品等方面进行了初步研判与评估。

1.2 《报告》编制的目的和意义

在当今经济全球化、产业信息化、知识国家化的社会背景下，各行业之间，国与国之间，地方与地方之间都充满着竞争和挑战，知识将不断更新，科学技术将不断进步，人们的生活水平将不断提高，生活节奏将不断加快，消费观念也将逐渐改变。再加上我国是世界第一的人口大国，经济的不断增长和城市化进程的加快导致资源消耗加快，资源供应与需求之间的矛盾、环境污染问题日益凸显，为了降低对外能源依赖，减少对有限能源资源的消耗，解决生态环境问题，我国积极转变发展方式，实施创新驱动发展战略，通过提高资源利用效率、促进绿色技术应用等，培育新的经济增长点，以推动经济转型升级，实现循环经济的发展。而我国包装行业的新兴领域——循环包装行业也应有更新更大的发展，这就需要对循环包装行业的整体状况进行调研、分析和总结，对循环包装行业的发展做出进一步预测和规划，以适应我国包装大国的国际地位和市场需求。

《报告》旨在通过对循环包装行业的宏观环境、市场现状、行业数据、上下游企业规模、协同及竞争关系、工艺技术发展方向等方面进行分析，总结循环包装行业的整体发展现状，对循环包装行业的发展做出科学的预测，以期为国家及行业相关主管部门出台政策法规和提出发展规划提供科学依据，为全国范围内若干各具特色的循环包装材料、循环包装技术以及循环包装解决方案供应商指明发展方向。这也有利于行业和政府主管部门对相关行业发展提出政策和策略，对循环包装行业进行合理分工、合理布局，为加快发展我国循环包装行业做出新的贡献。《报告》的出版，还将不断促进本行业内的企事业单位开发新产品、研究新技术，不断提高质量，在提高循环包装行业整体水平的同时为国家经济发展做出贡献。

1.3 《报告》内容

为比较全面地反映循环包装行业的整体情况，使读者对国内循环包装行业有一个较为全面的认识，本报告共分为十个部分：绪论、循环包装行业的发展概况、循环包装行业的发展影响因素、循环包装行业的供求分析、循环包装行业的科技发展概况、循环包装产业链与相关行业分析、循环包装行业的厂商行为分析、循环包装行业的发展战略及典型案例、结语以及附录。

绪论部分包括《报告》编制的背景、方法、目的和意义。

循环包装行业的发展概况部分包括循环包装行业简介和循环包装行业发展趋势两个部分。循环包装行业简介部分介绍了循环包装的定义、行业简介、循环包装的特点及分类，详细介绍了循环包装的原辅材料、智能系统及相关附件、主要循环包装产品及其加工工艺、循环包装技术系统，并简述了循环包装涉及的行业类别、循环包装行业相关包装设备和循环包装行业的可持续发展和绿色环保技术。接着介绍了循环包装行业的发展历史、行业现状以及国内外发展概况等。

循环包装行业的发展影响因素部分包括本行业的相关政策法规、管理模式、相关标准和质量控制等内容。相关国家政策法规包括国内各部委和地方对行业的管理性政策法规；行业管理模式部分包括国内循环包装行业管理模式以及国外相关行业成功的管理模式；行业相关标准和质量控制部分主要包括循环包装行业的相关标准、质量控制体系以及循环包装产品的检测技术和方法。

循环包装行业的供求分析部分包括循环包装行业供求概况、循环包装行业集中度与竞争态势和循环包装行业发展预测等内容。循环包装行业供求概况部分分析了循环包装行业业务模式、资产存在形式、经营成本、费用主要发生形式、经营固定成本/可变成本结构、利润来源、行业进入/退出壁垒以及循环包装行业整体供给形势。循环包装行业集中度与竞争态势部分包括循环包装行业集中度、典型企业发展概况、竞争态势。循环包装行业需求部分分析了行业需求变化周期和特点，也进行了市场需求和技术需求分析。循环包装行业发展预测部分介绍了循环包装行业发展规模、产品创新方向、技术发展趋势。

循环包装行业的科技发展概况部分包括循环包装行业的主要研究方向及研究内容、研究机构及重点研发团队和相关专利技术等内容。主要研究方向及研究内容部分介绍了本行业领域主要研究方向并进行了主要研究内容综述；研究机构及重点研发团队部分介绍了国内主要的相关研究机构和团队；相关专利技术部分概括了循环包装行业领域专利情况，并进行了主要专利技术的综述。

循环包装产业链与相关行业分析部分包括循环包装产业链与相关行业概述、循环包装产业上游行业分析、循环包装下游行业分析、循环包装的其他相关行业概况等内容。循环包装产业链与相关行业概述部分介绍了循环包装产业链和循环包装产业现状；循环包装产业上游行业分析部分分析了上游行业发展现状及其发展前景；循环包装下游行业分析部分针对食品和邮政快递两个重要行业进行了重点分析；循环包装的其他相关行业概况部分叙述了包装创意及设计领域、环保技术与设备以及环保咨询、服务和认证机构等内容，还分析了循环包装相关行业的关系。

循环包装行业的厂商行为分析部分包括循环包装行业的营销行为、循环包装行业的生产行为以及循环包装行业的扩张行为等内容。循环包装行业的营销行为部分进行了循环包装行业的市场分析、介绍了循环包装行业的市场营销、价格价值规则、典型广告/促销方式以及行业的营销典型案例；循环包装行业的生产行为部分介绍了行业的典型生产模式、创新模式；循环包装行业的扩张行为部分介绍了上游企业的扩张、循环包装行业的扩张和下游企业的扩张行为。

循环包装行业的发展战略及典型案例部分从五个方面分析了行业发展面临的主要问题和困难；提出了五个行业发展重要方向；归纳总结了行业发展的总体目标；并就循环包装上游/原材料行业、循环包装行业和典型循环包装用户行业三个角度，介绍了循环包装行业发展的一些典型案例。

结语部分则针对行业本身、投资商和政府三方面的需求，对报告中的主要观点、基本数据等做了概括和总结。

本《报告》有四个附录，包括我国循环包装行业大事记、我国循环包装行业主要企事业单位简介、我国循环包装行业基本数据和快递行业绿色可循环包装问卷调查。

2 循环包装行业的发展概况

2.1 循环包装行业简介

行业名称：循环包装

隶属行业名称：包装

2.1.1 循环包装的定义

如前所述，国家标准 GB/T 16716.1—2018《包装与环境 第 1 部分：通则》中对包装及包装废弃物的处理和利用给出了若干方法。

①减量化（Reduce）：要求包装在满足容纳、保护、方便、信息传递等功能的条件下，尽可能减少材料使用的总量，反对过分包装。

②重复使用（Reuse）：包装在其生命周期之内，预期地或有计划地完成往返或循环使用有限次数的商业化运作。这样既节约材料资源、能源，又避免了包装废弃物给环境造成污染或处理带来麻烦。

③再生利用（Recycle）：将回收的包装或包装废弃物进行分类，采用不同方式的处理方法进行处理，包括材料循环再生、能源回收利用等。

④可生物降解（Degradable）：将上述方法不能处理的包装废弃物采用生物降解、制造沼气和堆肥等方式，达到再利用的目的。

以上方法也是包装行业沿用已久的绿色包装或生态包装设计的"3R1D"原则。前文已述及，在我国多数包装产品的生产、制造和应用场景下，包装的系统优化设计、包装的重复使用和包装材料的循环再生、再造，往往可以构成独立的绿色（或循环）包装业态，根据这一行业特点，可以进一步明确循环包装的定义是：

在包装行业中，能够按一定科学原理实现包装物料减量化、包装物重复使用和包装废弃物再生利用的技术、产品或系统，称为循环包装。

从实际生产出发，可以对上述定义进行进一步说明：

①关于包装的循环属性。为满足特殊的流通与使用环境要求，并实现可靠的循环，包装容器产品需满足复用性、循环性、安全性、防护性、环保性等通用技术条件；包装容器的循环必须具有一定的经济性；包装容器必须具有一物一码、一箱一码或一箱多码以及基于物联网的可追溯性。

②关于重复使用包装。以一次性使用为设计目标的包装容器，尽管也可以进行回收、修复后，重新投入使用，但并不能把它称为循环包装。因为随着使用次数的增加，这些包装产品的特性会显著下降，使用安全风险将大幅增加。

③关于包装减量化。应该广义地将其理解为循环包装产品的材料选用、结构优化以及为增加循

环次数而进行的结构创新和材料优化技术应用等。

④关于包装材料的循环再生。在我国，许多大中型包装企业已经在生产实践中推广与应用各类再生材料，有的企业甚至构建了闭环的包装材料与制品循环复用体系。如浙江正基塑业股份有限公司（以下简称"正基塑业"），在其主营业务——循环复用包装箱、包装筐之外，构建了自成一体的报废失效产品回收处理系统，该系统可进行产品品质鉴定、回收清理、破碎造粒和挤出成型工艺与设备，可以直接将该公司符合条件的废旧塑料回收、再造为耐用的注塑托盘。理论上，这一系统可以实现一定程度上的包装废弃物零排放、零浪费。又如深圳市裕同包装科技股份有限公司（以下简称"裕同科技"），将企业再生能源、资源的循环应用设定为公司战略，建立了"裕同环保"这一专注于环保包装和可持续发展的企业品牌，致力于探索可持续新材料前沿技术的研发和环保产品的设计、生产，为客户在环保包装领域提供最佳的解决方案。

2.1.2 循环包装行业简介

2.1.2.1 循环包装行业的概念

循环包装行业，即在满足商品包装要求的前提下，涉及循环包装技术，包括但不限于面向终端客户的循环包装产品及其相关制造行业，面向终端客户及供应链上下游间的物流行业，面向终端用户的循环包装使用、管理和运营行业，面向包装废弃物再生利用的包装企业，也包括相关工艺、材料和设备等企业等。

2.1.2.2 循环包装行业的相关术语

本质上，循环包装是传统包装的一个子集。对于循环包装产品来说，除了满足传统的三大功能，还要求在包装产品的循环过程中，满足一些特殊的性能要求。因此，循环包装行业将涉及以下术语。

（1）可循环（Recyclable）

在快递物流循环体系中，包装容器的所有运行可以预期或者有计划地在其生命周期之内达到一定周转或循环次数。

（2）可复用（Reusable）

除了快递物流循环体系，包装容器的所有运行在普通物流体系和一般货物装载下都可以预期或者有计划地在其生命周期内达到一定周转或使用次数。

（3）可靠性（Reliability）

可循环快递包装容器的可靠性，是指其在物流及储运条件下及规定的循环次数或使用期限内，保持其外观与使用性能的能力。可靠性定量指标应确切、合理，并符合相关标准的有关规定。

（4）循环次数（Number of Cycles）

满足内装物储运过程中的使用性能的包装容器在快递物流循环体系中循环的次数。

（5）体积比（Volume Ratio）

包装容器或相关辅助材料在使用状态与闲置储运状态下的体积之比。体积比用来判断产品在储运和逆向物流过程中占用空间的大小。

$$体积比 = 折叠前体积 / 折叠后体积$$

为了提高储运效率，有效降低储运成本，当包装容器的体积比大于规定数值时，才可在系统中循环。

硬质容器可以用高度比来等效体积比，其意义相同。

（6）使用性能（Performance）

与产品的使用要求直接有关，并由产品设计决定的功能指标和特性，由相关产品标准规定。

（7）闭合性能（Closing Performance）

包装容器放入内装物后闭合，外表面应平整，可对内装物进行密封。在循环体系中可多次实现闭合功能。

（8）锁合性能（Locking Performance）

包装容器放入内装物闭合后，对容器进行锁合，保证内装物在运输过程中的安全性，防止非正常情况的盗启。在循环租赁体系中可多次实现锁合功能。

（9）供应链（Supply Chain）

生产及流通过程中，将产品或服务提供给最终用户的上游与下游企业之间所形成的网链结构。

（10）条码（Bar Code）

由一组规则排列的条、空及字符组成的，用以表示一定信息的代码。同义词：条码符号（Bar Code Symbol）。

（11）电子数据交换（Electronic Data Interchange，EDI）

通过电子方式，采用标准化的格式，利用计算机网络进行结构化数据的传输和交换。

（12）有形损耗（Tangible Loss）

可见或可测量出来的物理性损失、消耗。

（13）无形损耗（Intangible Loss）

由于科学技术进步而引起的物品贬值。

（14）货垛（Goods Stack）

为了便于保管和装卸，运输，按一定要求分门别类堆放在一起的一批物品。

（15）堆码（Stacking）

将物品整齐、规则地摆放成货垛的作业。

(16) 搬运（Handling/Carrying）

在同一场所内，对物品进行以水平移动为主的物流作业。

(17) 装卸（Loading and Unloading）

物品在指定地点以人或机械装入运输设备或卸下。

(18) 单元装卸（Unit Loading and Unloading）

用托盘、容器或包装物将小件或散装物品集成一定质量或体积的组合件，以便利用机械进行作业的装卸方式。

(19) 运输包装（Transport Package）

以满足运输储存要求为主要目的的包装。它具有保障产品的安全，方便储运装卸，加速交接，点验等作用。

(20) 托盘包装（Palletizing）

以托盘为承载物，将包装件或产品堆码在托盘上，通过捆扎、裹包或胶粘等方法加以固定，形成一个搬运单元，以便利用机械设备搬运。

(21) 集装化（Containerization）

用集装器具或采用捆扎方法，把物品组成标准规格的单元货件，以加快装卸、搬运、储存、运输等物流活动。

(22) 分拣（Sorting）

将物品按品种、出入库先后顺序进行分门别类堆放的作业。

(23) 拣选（Order Picking）

按订单或出库单的要求，从储存场所选出物品，并放置在指定地点的作业。

(24) 集货（Goods Collection）

将分散的或小批量的物品集中起来，以便进行运输、配送的作业。

(25) 组配（Assembly）

配送前，根据物品的流量、流向及运输工具的承载质量和容积，组织安排物品装载的作业。

(26) 流通加工（Distribution Processing）

物品在从生产地到使用地的过程中，根据需要施加包装、分割、计量、分拣、刷标志、拴标签、组装等简单作业的总称。

(27) 冷链（Cold Chain）

为保持新鲜食品及冷冻食品等的品质，使其在从生产到消费的过程中，始终处于低温状态的配有专门设备的物流网络。

(28) 检验（Inspection）

根据合同或标准，对标的物品的品质、数量、包装等进行检查、验收的总称。

2.1.3 循环包装的特点

传统包装基本是一次性包装，其缺陷很明显：环境污染大、包装利用率低、企业运营成本高。而采用循环包装的好处是显而易见的：

①循环包装可以减少对自然资源的需求和消耗。循环包装可通过延长包装材料的使用寿命，充分开发包装材料的剩余价值，大幅减少一次性包装的使用，减少对原材料的需求量，从而减少能源消耗。通过回收和再利用，实现资源的循环利用，大大减少生产物资和能源消耗，降低对自然资源的依赖，从源头上实现资源节约。

②循环包装有助于减少废物和垃圾的产生，降低对环境的污染。循环包装产品往往具有完整的生命周期，其回收再利用可以得到保障，因而，可减少固体废弃物的产生及包装材料的随意丢弃。通过回收和再利用包装材料，可以降低填埋和焚烧的频率，从而减少有害物质的排放，降低对环境的污染。

③循环包装可以促进包装标准化以及提高供应链的可持续性。采用循环包装，可以统一包装的尺寸与使用材料的种类，促进货物合理地堆垛与码放，从而提高包装行业的标准化水平。循环包装通常还具有坚固性，比纸箱包装具有更高的安全性，因此可以在搬运、装车、运输、卸车的过程中，把损伤降到最低，提高供应链的可持续性，为社会经济带来可持续的利益，并创造更多的就业机会。

④可折叠的循环包装降低了成本，提高了效率，促进了循环经济的发展。通过多次使用，可以平摊包装的成本，降低废弃物处理和清理的费用、物流的仓储费用、企业的运营成本、终端用户的包装成本；同时优良合适的可折叠循环包装设计还能保障产品的运输质量，提高运输收容率，从而提高整个供应链物流的效率。循环包装是循环经济的重要组成部分，通过循环包装的推广和应用，可以促进资源的有效利用和再利用，推动经济的可持续发展。

2.1.4 循环包装的分类

可按循环包装使用的材料种类、应用场景、包装对象、物料及产品形态和实现的功能等来分类。

2.1.4.1 按循环包装使用的材料种类分

①纸质包装

②塑料包装

③金属包装

④其他（玻璃包装、木质包装等）

2.1.4.2 按循环包装的应用场景分

以制造业常见的应用场景为例,循环包装可分为:

①入厂物流场景:将原材料或零部件运输到加工厂或装配厂的过程,例如,运输到汽车装配厂的减震器,运输到大型面粉加工厂的粮食等。

②厂内物流场景:工厂内原材料或零部件的存储、包装和上线,生产线使用或半成品在厂物流,零部件在单个工厂内的组装或加工区域之间移动,或在同一公司的工厂间运输。

③出厂物流场景:直接或通过分销网络将成品运输给用户。

④售后物流场景:售后或维修零部件从制造厂发送到维修中心、经销商或分销/销售中心。

2.1.4.3 按循环包装的对象分

(1)生鲜农产品循环包装

图2-1所示的正基折叠循环塑料箱,凭借结构坚固、通风良好和不受湿气影响等优点,在供应链中专门用于运输生鲜农产品。这种结构可在运输过程中很好地控制包装箱内的温度和湿度,对生鲜产品起到良好的保护作用,延长生鲜产品的货架期。除此之外,该产品还采用标准化设计,可与所有标准托盘兼容,堆叠安全,结构稳固,可循环使用多年,使用周期过后,材料还可用于生产新的可循环塑料箱,减少所需包装材料,降低浪费、污染和自然资源消耗量。

图2-1 正基折叠循环塑料箱

(2)冷冻(藏)产品循环包装

图2-2所示的快递、外卖等行业使用的冷链循环保湿包装箱,较冷链物流常规包装而言,运输体积更小,外壳材料100%可循环利用;具有一定密封性,能更持久地保持食物的新鲜;包装使用食品级内膜保护,达到易清洗和隔绝异味的效果;耐冷耐热,物流环境适应力强;具有优越的耐冲击性,重压或撞击时不易碎裂,使用寿命长。

图2-2 冷链循环保湿包装箱

(图片来源:https://image.baidu.com/)

（3）机（家）电产品循环包装

图 2-3 所示的 ULP 睿池围板箱池，适用于汽车生产及制造、新能源材料、电子制造、机电设备、家电、服装等。其"灵动"系列的标准围板箱采用蜂窝板材质，轻巧稳固、易折叠拆装、能够做到全方位板材防水防尘。"鹰眼"系列的智能追踪箱搭载 IoT 模块，实现箱体联网，在配合周转的同时也能监控货品转移路径，一箱一码，配合管理系统还可进行更精确的库存管理，实现供应链的准确溯源。

（4）一般（其他）产品循环包装

图 2-4 所示的京东（北京京东世纪贸易有限公司，简称"京东"）清流箱，由热塑性树脂材料制作，采用中空板结构，可 5 秒内成型打包，其材料抗冲击、耐高低温、耐潮湿性能强，包装采用的一次性封签也是可降解材料，正常情况下可以循环使用 20 次以上，破损后可以"回炉重造"，真正做到不产生任何一次性包装垃圾。

图 2-3　ULP 睿池围板箱池
（图片来源：https://image.baidu.com/）

图 2-4　京东清流箱
（图片来源：https://baijiahao.baidu.com/s?id=15957 32121866817497&wfr=spider&for=pc）

2.1.4.4　按循环包装的物料及产品类型分

基于产品类型及其包装的不同要求，可以将循环包装产品分为托盘（托架）、箱、袋、信封、防护辅料、通用附件六大类产品，如图 2-5 所示。

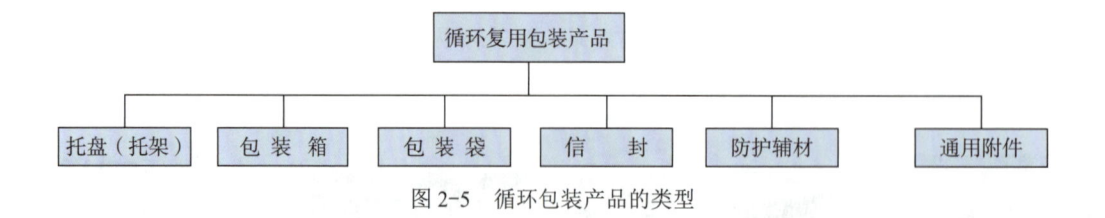

图 2-5　循环包装产品的类型

（1）循环托盘（托架）

包括各类木质、塑料和金属托盘、托架、物料架等产品。如图 2-6 所示的木托盘，抗弯强度大、刚性好、承载能力大、易于维修、坚固耐用、寿命长，可循环使用多次。

(2) 循环包装箱

包括缓冲防护型、保鲜防护型、冷链防护型、安全防盗型和普通结构型等形式，以及具有其他特殊功能的循环包装箱，如图 2-7 所示的共享快盆，其材质是 100% 可回收的 PC 材料，有效代替纸箱包装；标准化的智能物联系统，对货物打包、仓储、配送和营销服务全程智能化成批管理；特殊的包装材质保护盆内物品不受外力挤压导致破损，且不受环境温度的影响，理论上可循环使用500 次。

图 2-6　木托盘

图 2-7　共享快盆
（图片来源：http://www.jjhbox.com/）

(3) 循环包装袋

按规格可分为大型、中型、小型等循环包装袋。如图 2-8 所示的循环包装周转袋，以 PP 为原材料，结实耐用，可重复使用 100 次以上。

(4) 循环信封

这是一个特殊的类别。信封用量大但价值低，目前基本是一次性使用。但已有机构在进行循环信封的相关研究。如图 2-9 所示的中国邮政可循环魔术贴封套，采用 PP 实心板材质，无毒无害；封口方便。采

图 2-8　周转袋
（图片来源：https://www.1688.com/）

用魔术贴封口，操作简单便捷，正常情况下本封套魔术贴可重复开启 2000 次而不损坏；超声波焊接，焊接效果优秀，外表美观；魔术贴通过特种胶水固定至封套本体上，牢固可靠。材料表面易清洁；表面特殊化处理，可实现面单揭下时不留残胶；智能化管理，智能化 RFID 标签唯一识别码，可溯源追踪，安全智能。

(5) 循环防护辅材

包括缓冲型辅材、蓄能型辅材及其他类辅材等。如缓冲型辅材有可循环的缓冲衬垫、可充放气的气囊衬垫以及 EPE 缓冲颗粒等；蓄能型辅材有蓄冷材料、保温材料等。图 2-10 所示的泰来集团 EPE 珍珠棉托垫，通过 30～40 倍高发泡成形，重量轻具有坚固性；柔软性和缓冲性能很好，受反

复冲击其特性不变；是一种可循环使用的新型环保包装材料。

图 2-9　邮政循环封套

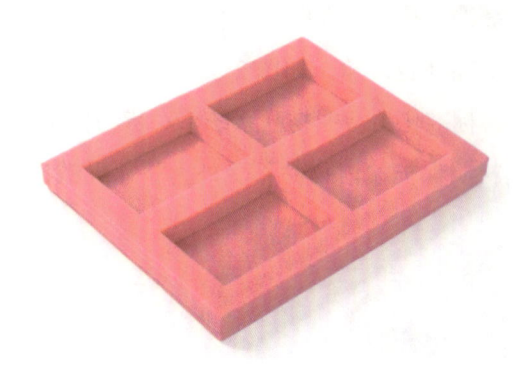

图 2-10　泰来集团 EPE 珍珠棉托垫

（6）循环包装通用附件

包括各类锁具类、封缄材类、信息类及其他类附件等。如图 2-11 所示深圳市每开创新科技有限公司的无源 NFC 一体智能锁，具有无电池、可循环等特点。

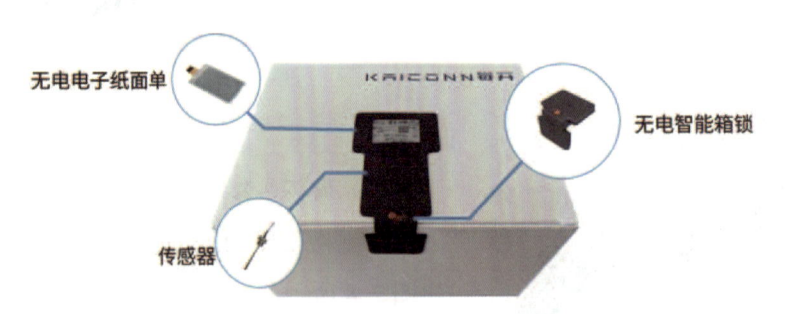

图 2-11　无源 NFC 一体智能锁
（图片来源：https://www.kaiconn.com/Integrated-product）

2.1.4.5　按循环包装实现的功能分

（1）缓冲防护型循环包装

如图 2-12 所示的通用型可循环使用的 EPE 缓冲填充颗粒。

（2）保鲜防护型循环包装

如图 2-13 所示的可循环保鲜包装箱。

（3）冷链防护型循环包装

如图 2-14 所示的冰板（又称蓄冷器）是一种能保持包装容器内低温状态的部件，其可反复冷冻、反复使用。用冰板或其他形式的蓄冷材料配以图 2-13 所示的保鲜包装箱，是常用的一种冷链防护型循环包装方案。

图 2-12　通用型 EPE 缓冲填充颗粒

图 2-13　可循环保鲜包装箱 图 2-14　冰板
（图片来源：https://www.1688.com/）　（图片来源：https://image.baidu.com/）

（4）安全防盗型循环包装

图 2-15 所示为两款防盗可循环包装箱。图 2-15（a）为注塑型带一次性锁扣的产品，图 2-15（b）为 PP 蜂窝板型可折叠带一次性锁扣的产品。

（a）注塑型带一次性锁扣包装箱 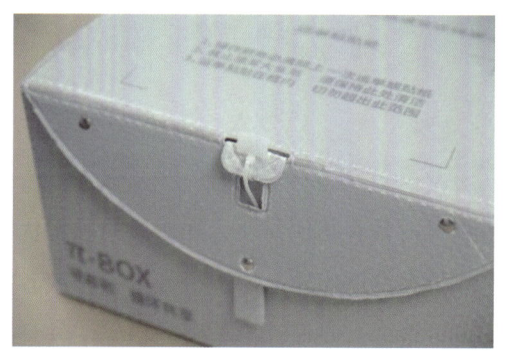　　（b）PP 蜂窝板型可折叠带一次性锁扣包装箱

图 2-15　两款防盗可循环包装箱

（图片来源：https://sdxw.iqilu.com/share/YS0yMS0xMzA2MDA2MQ.html）

（5）其他特殊功能型循环包装

如阻燃型、组合型、防漏型等用于不同场景的可循环包装产品。

2.1.5　循环包装的原辅材料

循环包装的原辅材料包括两类：循环包装原材料和循环包装辅助材料。

2.1.5.1　循环包装原材料

循环包装的原材料主要包括纸和纸板（瓦楞纸板、蜂窝纸板等）、塑料（薄膜、塑件等）、金属、木材、玻璃等。这些原材料基本就是普通包装的原材料，但由于循环包装的特殊应用场景，在材质和使用性能方面有其特殊的一面。

(1) 包装纸

包装纸，指用于包装的纸。一般具有强度较高、含水率低、透气性小、腐蚀性小的特点，也有一定的抗水性，作为产品的包装纸还具有美观性，其种类很多，各自有不同的性质以及用途。包装纸按照功能及用途，可分为通用包装纸、特种包装纸、商品印刷包装纸等。包装用纸主要分类如图2-16所示。

在循环包装领域，包装纸中的瓦楞原纸、箱板纸、纱管纸等，可以用来制造各类纸板；原纸浆板和各种回收纸浆可以用于纸浆模塑行业。

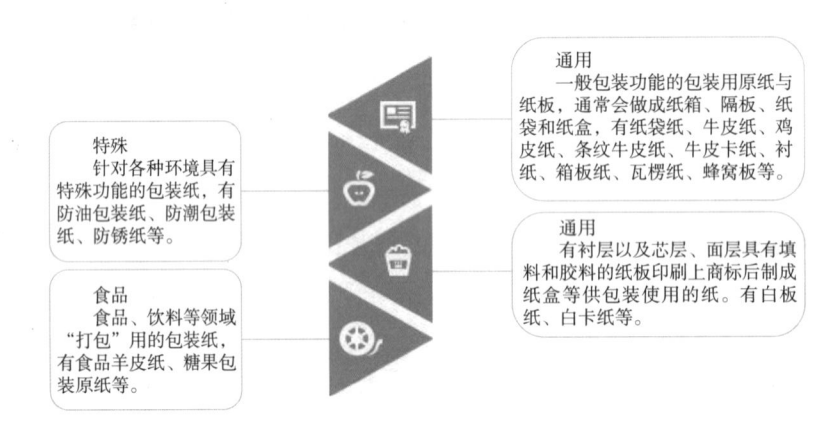

图 2-16　包装用纸主要分类

纸包装材料具有其他材料无法比拟的独特优点，具体体现在：原料充沛、价格低廉，易进行大批量生产；折叠性能优异，便于机械化生产或者手工生产；纸包装容器具有一定的弹性，尤其是瓦楞纸箱；可以根据需要设计出不同的箱型，并且卫生、无毒、无污染；能吸收油墨和涂料，具有良好的印刷性能，字迹、图案清晰牢固；可以被回收利用，没有废弃物，不会造成环境污染。因此纸包装应用十分广泛，不仅用于纺织、五金、电信器材、家用电器等商品的包装，还适用于食品、医药、军工产品等的包装。但纸包装也有明显的缺陷，如刚性不足、密封性差、抗湿性差、造型与结构相对单调等。这影响到纸包装制品的机械性能、外观以及恶劣环境的适应性。

(2) 瓦楞纸板

瓦楞纸板由瓦楞原纸加工而成，是二次加工纸板：先将瓦楞原纸压成瓦楞状，再用黏合剂将两面粘上纸板，使纸板中间呈空心结构。如图2-17所示，瓦楞的波纹就像一个个拱形门相互支撑，形成三角形空腔结构，能够承受一定的平面压力，且富有弹性、缓冲性能好，能起到防震和保护商品的作用。如图2-18所示，常用的瓦楞纸板分为三层瓦楞纸板、五层瓦楞纸板和七层瓦楞纸板，它们的层数不同，纸板的强度也有所不同，因此，适用的场合也不同。

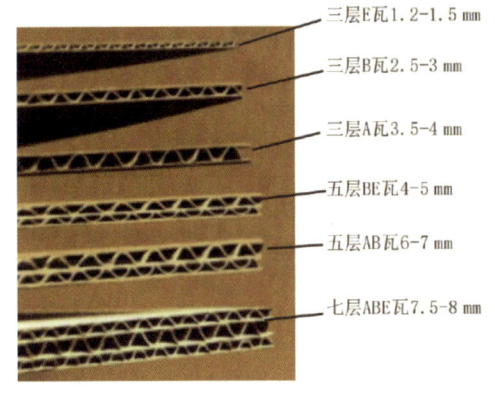

图 2-17　瓦楞纸板　　　　图 2-18　瓦楞纸板的楞形与层数比较

在循环包装领域中，瓦楞纸板包装多用于特殊物流环境下的包装场合，如电商包装、快递包装等。

（3）蜂窝纸板

普通蜂窝纸板是一种由上下两层面纸与中间六边形的纸蜂窝芯黏结而成的轻质复合纸板，如图 2-19 所示。蜂窝纸板特殊的结构使其具有独特的性能：

①相较于同样尺寸和强度要求的容器，其材料消耗少，比强度和比刚度高，重量轻；

②有良好的平面抗压性能；

③有一定的隔震、隔音功能；

④其强度、刚度易于调节。

然而，作为包装材料，蜂窝纸板也有许多不足之处：

①由于其特殊的内部结构，包装件的加工、成型及成型机械化都比较困难；

②制造工艺较为复杂，成本高；

③一般蜂窝纸板的面纸只有一层，故其耐戳穿性较低；

④缓冲性能较差。

蜂窝纸板可用来制作多种用途的包装制品，如缓冲防护衬垫、纸托盘、蜂窝复合托盘、角撑与护棱、蜂窝纸箱等，还可制成其他缓冲构件，如运输包装件或托盘包装单元的垫层、夹层、挡板以及直接成型的缓冲结构件等。

图 2-19　蜂窝纸板

（4）塑料薄膜制品

塑料薄膜是使用最早、用量最大的塑料包装材料。目前，塑料包装薄膜的消耗量约占塑料包装材料总消耗量的40%以上。

塑料薄膜一般具有透明、柔韧，耐水性、防潮性和阻气性良好，机械强度较好，化学性质稳定、耐油脂，可以热封制袋等优点，能满足多种物品的包装要求。

塑料薄膜主要用于制造各种手提塑料袋、食品包装、工业品包装及垃圾袋、不干胶带的带基材料等。

塑料薄膜的品种很多，通常按化学组成、成型方法、包装功能等几种方法进行分类。

按化学组成可将塑料薄膜分为PE、PP、PS、PVC、PVDC、NY、PET、EVA、PVA薄膜等。图2-20所示为PE膜。

按成型方法可将塑料薄膜分为挤出吹塑薄膜、挤出流延薄膜、压延薄膜、溶液流延薄膜、单向或双向拉伸薄膜、共挤出复合薄膜、涂布薄膜等。

按包装功能可将塑料包装薄膜分为防潮膜、保鲜膜、防锈膜、热收缩膜、弹性膜、扭结膜、隔氧膜、耐蒸煮膜等。

另外，还可按塑料薄膜的结构将其分为单层薄膜和复合薄膜两类。

塑料片材的化学组成、成型方法等与塑料薄膜相似，塑料片材主要用于直接加工成各类容器（如盒）或采用热成型工艺吸塑或压塑加工成容器。塑料片材类似纸板但比纸板的透明度、防潮性、防油性、强度等都好，用来加工电子器件等循环包装用的吸塑托盘十分合适，如图2-21所示。

图2-20　PE膜

图2-21　吸塑托盘

（5）硬质塑料制品

硬质塑料包装容器具有诸多优点，如：

①质量轻、机械性能好；

②阻隔性与渗透性好；

③化学稳定性好；

④光学性能优良；

⑤卫生性良好；

⑥加工性能和装饰性良好。

因此，塑料包装容器在循环包装中应用十分普遍。常用的塑料包装容器一般按以下几种方法进行分类：

①按化学组成可分为 PE、PP、PS、PVC、PET、NY、PC、PF、UF 容器等。

②按成型方法可分为吹塑、注射、挤出、模压、热成型、旋转、缠绕成型容器等。

③按容器的形状和用途可分为箱盒类、瓶罐类、袋类、软管类等。

循环包装中的典型容器——周转箱和折叠循环包装箱多是用注塑工艺制造的。

注塑箱的特点是体积小、质量轻、美观耐用、易清洗、耐腐蚀、易成型加工、使用管理方便、安全卫生等。

其主要用作啤酒、汽水、果蔬、牛奶、禽蛋、水产品等的运输包装。

生产中，注塑箱的材料包括 PP、HDPE 和泡沫材料。其区别是：

① PP 和 HDPE 周转箱的耐低温性能较好；

② PP 周转箱的抗压性能比较好；

③ EPS 发泡塑料周转箱作为生鲜果蔬的低温保鲜包装，因其具有隔热、防震缓冲等性能而得以广泛应用；

④ PP 发泡材料具有韧性好、强度高、不易破损等优点，近年来在循环箱领域的应用越来越广泛。

（6）金属包装材料及制品

金属包装材料是传统的四大包装材料之一。其应用历史很早，但现代金属包装应该是从英国人于 1814 年发明马口铁罐开始的。在我国包装行业中，金属包装的主营业务收入次于塑料、纸包装材料位居第三。

1）金属包装的特点

优点：

①强度高；

②具有独特光泽，便于获得较好外观；

③阻隔性和保护性好；

④来源丰富、加工性好；

⑤工艺成熟，生产效率高；

⑥废弃物处理性好。

缺点：

①耐腐蚀性差；

②金属及焊料中的有害物质易渗入内装物带来污染；也易影响食品风味；

③加工工艺复杂，相对成本较高；

④相比纸、塑材料，同等容积的容器较重；

⑤对内部涂层安全性的要求高。

2）金属包装材料的分类

如图 2-22 所示，按材质分，金属包装材料可分为薄钢板、铝合金薄板和其他金属包装材料；按厚度分，可分为板材（厚度大于或等于 0.2 mm）、箔材（厚度小于 0.2 mm）和型材等。

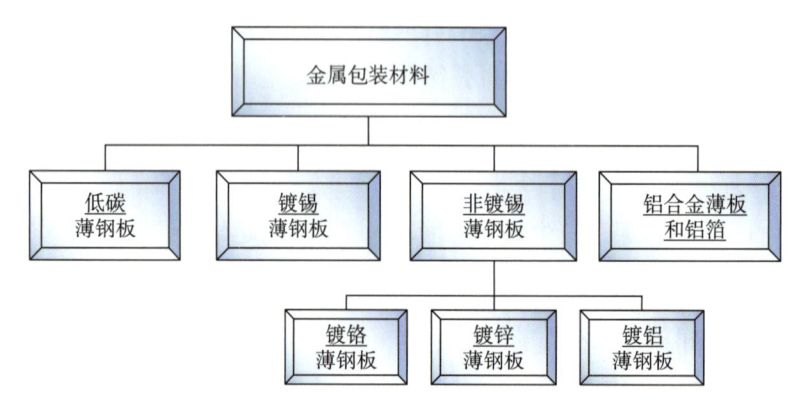

图 2-22 金属包装材料的分类（按材质）

制造循环包装的金属材料主要是薄钢板。其一般用来制造集装箱、循环金属托盘，还有前述的托物架等。其结构坚固，耐用，制品废弃后残值亦较高，因此也是一种常用的循环包装材料。

（7）木质包装材料

木质包装（木包装）是纸、塑料、金属、玻璃四大包装之外的另一种传统包装，木材也是最早应用于产品包装的材料之一。尤其是机电产品和重型精密商品的包装、储运及在包装材料工业不甚发达的国家，都离不开木质包装。

木质包装的优点是原材料分布广、来源广；强度高；有一定的弹性，能承受冲击和震动；容易加工，具有较高的耐久性；木材耐腐蚀性强，不生锈，不污染内装物。

但木质包装也有组织结构不匀、各向异性；易受潮变形、开裂、翘曲和易燃、易生虫生病害等缺陷。不过这些缺点大多可以经过适当的处理消除或减轻。

木质包装材料可分为两类（如图 2-23 所示）：

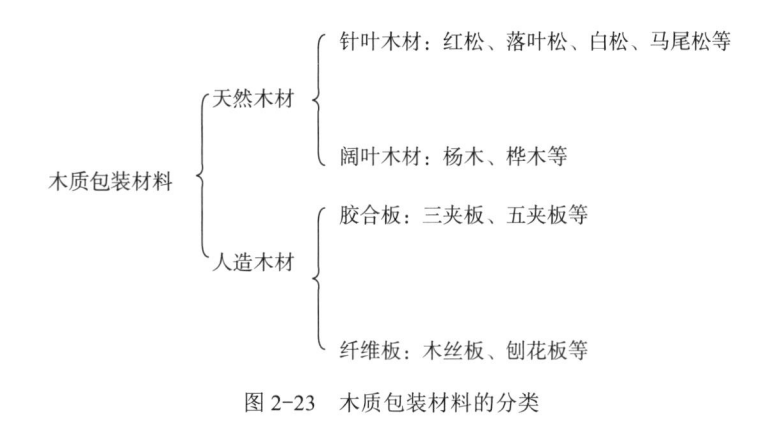

图 2-23　木质包装材料的分类

由于天然木材的采伐和应用对资源、环境影响较大，因此，人造木材的应用越来越广泛。

木质包装制品的分类：

从木质包装制品的形式看，有箱、盒（普通木箱、滑板箱、框架箱、钢丝捆扎箱）、盘（底盘、托盘、滑板托盘）、桶（密封木桶、不密封木桶）等。

从木质包装制品的性质看，分传统木包装制品和现代木包装制品两类。前者如上所述，后者如钢片箱、折叠箱等。

木质包装材料是最常用的循环包装材料之一。上述木箱、托盘、钢片箱、折叠箱等均是常用的循环包装容器。

（8）玻璃包装材料

作为包装材料，玻璃具有一系列非常可贵的特性：透明，坚硬耐压，良好的阻隔性、耐蚀性、耐热性和光学性质；能够用多种成型和加工方法制成各种形状和大小的包装容器；玻璃的原料丰富，价格低廉，易于回收再利用。

玻璃材料的不足之处主要是具有较低的耐冲击性和较高的密度，以及熔制玻璃时能耗较高。由于玻璃包装材料的优异特性，因此它是食品工业、化学工业、医药卫生等行业的常用包装材料。

在循环包装中，玻璃容器常常作为一类特殊的产品，在一定场景下（如啤酒、高档白酒等）使用。

2.1.5.2　循环包装辅助材料

主要包括胶带、捆扎带、打包带、标签、可循环缓冲包装材料、蓄能材料、一次性锁扣等。

（1）胶带

胶带是在纸箱等包装容器上用于封口、加强包装，一面涂有一层黏合剂的、由基材和胶粘剂两部分组成的带子，是一种通过黏结使两个或多个不相连的物体连接在一起的包装辅助材料。它可分为以纸和布为材料的胶带和黏胶带,以及用树脂薄膜的胶带,图2-24所示为不干胶带。需要说明的是,胶带往往不能循环使用,但它是一般循环包装中不可或缺的辅助材料。其环保性、易开启性、防伪特性等,都是需要关注的胶带特性。

(2)捆扎带、打包带

包装用打包带、捆扎带,以PE、PP树脂,冷轧带钢为主要原料,也有以尼龙和聚酯为原料的,经挤出、拉伸、热处理制成。除用于瓦楞纸箱的封箱捆扎、热轧钢卷捆扎、冷轧钢卷捆扎外,还可捆扎玻璃、管材、素材、水果等。图2-25中,(a)为PE捆扎带,(b)为PP打包带。

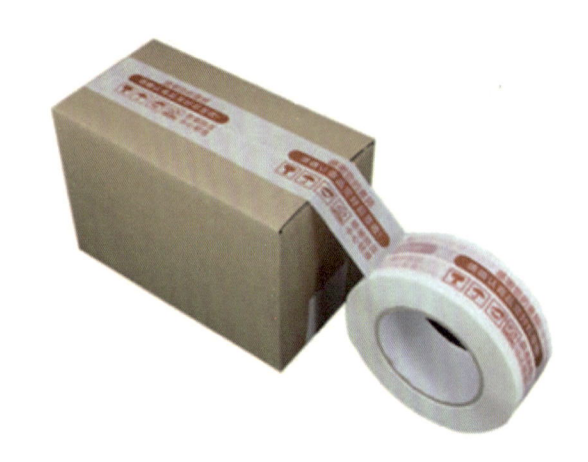

图2-24 不干胶带
(图片来源:https://image.baidu.com/)

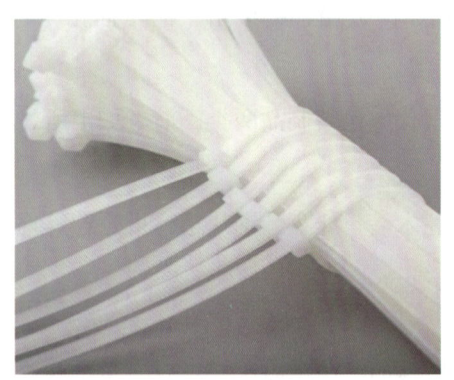

(a)PE捆扎带

(b)PP打包带

图2-25 捆扎带、打包带

(3)标签

标签是用文字和图示来说明物品的名称、重量、体积、用途等信息的简要标牌,是用来标志产品目标和分类或内容(像是一种关键字词),便于查找和定位目标的工具,并常常带有推销信息,使购买者可从中了解和比较不同品牌的产品;也是商品自我说明、自我识别的一种方式,如图2-26所示。有两种贴标签的方法:一种是附在包装物上,是包装的一部分;另一种是以小牌子形式插放在商品堆前。

(4)可循环缓冲包装材料

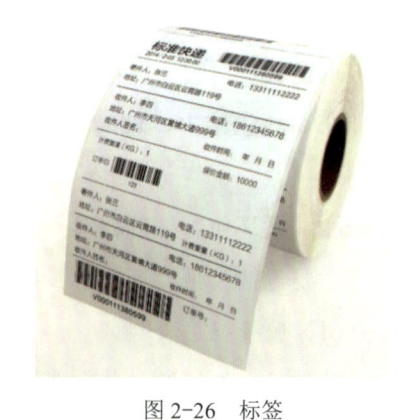

图2-26 标签
(图片来源:https://image.baidu.com)

可循环缓冲包装材料是指商品在流通过程中因受外力而遭受冲击和震动时,能吸收外力产生的能量,减轻商品受到的冲击和震动,以防止商品遭受损坏而使用的确保其外形和功能完好的保护材料。图 2-12 所示为可循环使用的 EPE 缓冲填充颗粒，图 2-27 所示为可伸展、缩小、方便回收再用的 EPE 水果缓冲包装衬垫。

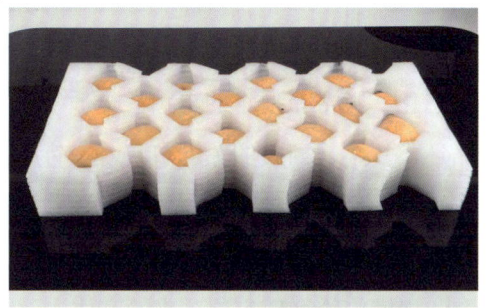

图 2-27　EPE 水果缓冲包装衬垫

可循环缓冲包装材料的种类很多，通常，只要满足可重复使用、缓冲性能不因循环使用而下降、储运管理适用于循环场景的条件的缓冲包装材料均可纳入其中。

（5）蓄能材料

蓄能材料是可以在不同的状态下具有不同含量能量，并在一定条件下可以吸收或释放能量的材料。在循环包装中，蓄能材料指可以通过一定技术原理（如相变、化学反应等）将热能或冷能蓄积起来，用以保持一定包装温度环境的材料。如冷藏食品包装中用的蓄冷相变材料，其在缓慢融化过程中将吸收热能，从而使包装内的环境保持在一定低温状态（图 2-14 所示的冰板即蓄能器件的一种结构形式）；又如，基于高纯度铁粉的氧化放热反应释放热量的"暖贴"已被用于外卖包装箱内的餐品保温等。图 2-28 所示为放置了蓄冷冰袋的 EPS 保温箱。

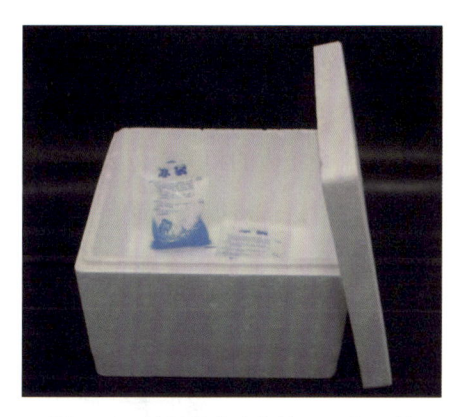

图 2-28　放置蓄冷冰袋的 EPS 保温箱
（图片来源：https://image.baidu.com/）

（6）一次性锁扣

一次性锁扣是完成锁定、解锁这一循环后立即损坏，无法第二次发挥作用的锁具。常用于循环包装容器的免胶带锁闭，使用廉价、易处理或可被环境消纳的材料制成。图 2-29 所示为几种常用的一次性锁扣，其共同特点是，开启时必须破坏锁扣。

图 2-29　常用的一次性锁扣
（图片来源：https://www.1688.com/）

2.1.6 智能系统及相关附件

2.1.6.1 智能技术与信息系统

包装的回收与循环离不开信息化、数字化技术的支撑。一般来说，循环包装行业应充分考虑包装生产、使用的实际情况以及循环、复用、回收的关键节点，有针对性地提出数字化、信息化、智能化的包装循环信息管理系统解决方案。智能技术的应用可实现包装的智能采集、智能识别、自动计数和自动结算等功能，推动包装循环全过程的数字信息管理和协同，同时，通过智能回收与循环信息系统相关联，可有效解决企业规模化给循环包装带来的高成本、难持续等问题。

例如，在邮政、快递行业，部分寄递企业通过建立邮件快件包装回收循环信息管理系统，成功搭建了与业务流程相匹配的互联互通、技术应用平台。该平台可显示循环包装在寄递全网的分布、数量、需求及最近的邮政快递网点等信息。并且，通过数据化循环包装调拨平台，非自有物流电商平台客户可就近将快递包装投放于网点设置的回收容器，从而降低运营成本。快递网点通过分拣将完好的快递包装消毒后直接用于客户的寄件，如包装回收量远大于使用量时，可通过快递运行流程将包装调拨到需求量大的网点。快递公司无须设立专门的物流包装回收部门，所有回收环节的工作均可叠加于现有物流系统内的相关岗位人员负责。通过数字赋能创新驱动，增强终端控制的实时性、智能化和数据采集，以进一步提升快递包装回收与循环的标准化、智慧化、高效化和高质量发展。

图 2-30 所示是一个典型的循环包装箱运营模型。

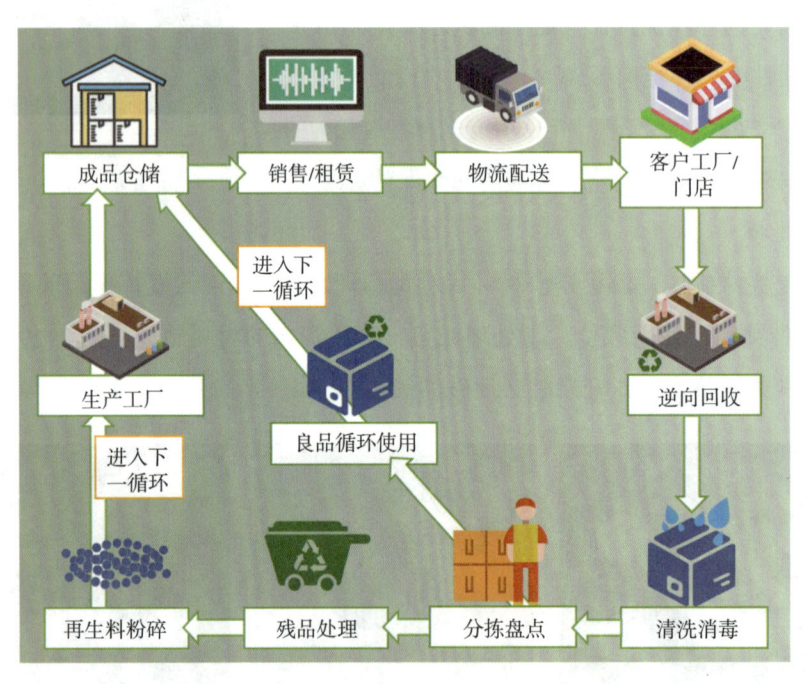

图 2-30 一种循环包装箱的运营模型

循环箱运营的业务场景主要涉及 B2B 和 B2C 两种模式。由于目前国内循环箱的整体运营模式及回收体系尚不成熟，B2C 的运营模式实际应用较少。

2.1.6.2 循环包装相关附件

循环包装相关附件是指实现循环包装产品智能功能的通用附件，这些功能指追溯、统计、动态寻迹和自动锁闭等。循环包装相关附件主要包括 RFID 器件、防伪技术及防伪标签、二维码及三维码标贴、GPS 追溯器件和智能锁等。

(1) RFID 器件

无线射频识别即射频识别 (Radio Frequency Identification，RFID) 技术，是自动识别技术的一种，其通过无线射频方式感知监测目标，记录监测数据，可进行不需要识别系统和目标之间进行机械或者光学接触的非接触双向数据通信；利用无线射频方式对记录媒体（电子标签或射频卡）进行读写，在读写器（reader/writer）和应答器（transponder）间写入或读出编码来进行非接触双向数据传输，从而达到被标示个体的识别或两者之间相互传递数据的目的。RFID 电子标签如图 2-31 所示。RFID 技术系统主要包含电子标签、识别器以及数据处理系统三部分，有很大的数据记忆容量，同时该技术系统的性能优越，可在物联网技术中发挥有效的作用。

图 2-31　RFID 电子标签
（图片来源：https://image.baidu.com/）

(2) 防伪技术及防伪标签

防伪标签，又称防伪标识、防伪标志、防伪标贴或防伪商标，结合了"独自专用信息"等先进防伪技术与防伪手段。防伪标签指能粘贴、印刷、转移在目标物表面，或目标物外包装上，或目标物附属产品（如商品挂牌、名片以及防伪证卡）上，或记录到芯片中做成电子标签粘贴在商品包装上，为证明其真实性、具有防伪功能且附带有目标物相关信息的一种依附于其他载体的文字、符号、图案或其组合的卡片。它的作用和可信程度取决于推广单位的权威性和品牌本身的公信力。图 2-32 所示为一种有温度指示+防伪码的防伪标签，其中（a）为其常温效果，（b）为高温效果。

(a) 常温效果　　　(b) 高温效果
图 2-32　有温度指示+防伪码的防伪标签
（图片来源：https://image.baidu.com/）

（3）二维码及三维码标贴

二维码（2-dimensional bar code），又称二维条码，是在一维条码的基础上扩展出的一种具有可读性的、用某种特定的几何图形将数据符号信息按一定规律在平面（二维方向上）分布的、黑白相间的、记录数据符号信息的图形；在代码编制上巧妙地利用构成计算机内部逻辑基础的"0""1"比特流的概念，使用若干个与二进制相对应的几何形体来表示文字数值信息，通过图像输入设备或光电扫描设备自动识读以实现信息自动处理。二维码具有信息容量大、保密性高、编码范围广、译码可靠性高、纠错能力强、成本便宜等特性，主要应用在电子 VIP、电子优惠/提货券、电子票、会议签到、电子访客、积分兑换、广告宣传、防伪溯源等方面；它还具有条码技术的一些共性：每种码制有其特定的字符集；每个字符占有一定的宽度；具有一定的校验功能；等等。同时还具有对不同行的信息的自动识别功能及图形旋转变化点处理功能。

二维码的缺陷是无法防止复制，严格来说，它不能实现包装物品的一物一码（复制的二维码依然是原有的信息，但物品可以不是原物）。如图 2-33（a）所示的普通二维码，它可以截图、拍照和扫描打印以后重复用在不同场合。

结构三维码是一种基于智能终端 AI 识别技术的结构编码系统，如图 2-33（b）所示。其图形码具有平面（xy）、高度（z）三个维度的信息；其平面所见二维码图形即为该防伪系统后台智能管理平台，用户使用智能手机扫描识别的是二维码（xy）信息，然后可直接进入后台系统调用手机的 AI 智能图像识别功能，叠加扫描图像的高度（z）信息。由于结构三维码具有三个维度的信息，克服了普通二维码不具有防伪功能的弊端，因而成为一种廉价且可靠的溯源码系统。

（a）普通二维码　　（b）结构三维码

图 2-33　普通二维码和结构三维码

（图片来源：http://www.china315net.com/download.aspx）

（4）GPS 追溯器件

GPS 追溯器件是内置了 GPS 模块和移动通信模块的终端，用于将 GPS 模块获得的定位数据通过移动通信模块（gsm/gprs 网络）传至 Internet 的服务器上，从而可以实现在电脑上利用 GPS 系统进行位置信息追溯。

图 2-34 所示是一种 GPS 追溯器件的外观。

（5）智能锁

智能锁是指人们通过现代化手段，将电子信息技术、计算机网络技术、集成电路技术、传感器检测技术等同多种创新的识别技术（包括锁体的机械设计、内置软件卡、计算机网络技术、网络报警）相结合，在传统机械锁的基础上改进的，使用非机械钥匙作为

图 2-34　GPS 追溯器件的外观

（图片来源：https://image.baidu.com/）

用户识别 ID，在用户安全性、识别性、管理性方面更加智能化、简便化的新型锁具。智能锁的开锁技术主要有短距离无线识别技术（如蓝牙、NFC、RFID）、密码、指纹、人脸、远程 App 等。

智能锁也是一种机电锁，它通过使用无线协议的授权设备（如手机）发出指令进行智能锁的锁定和解锁操作，同时，某些智能锁还可以对不法操作进行监视并向授权设备发送警报。大多数智能锁安装在机械锁（简单类型的锁，包括固定螺栓）上，即从物理上升级普通锁。图 2-35 所示是一种通过智能手机蓝牙连接进行操作的智能锁，图 2-36 所示是一种利用指纹进行操作的智能锁。

图 2-35　智能蓝牙锁　　　　图 2-36　智能指纹锁

（图片来源：https://www.1688.com/）

2.1.7　主要循环包装产品及其加工工艺

按照图 2-5 的分类，循环包装产品主要分为六大类：托盘（托架）、包装箱、包装袋、信封、防护辅材、通用附件等。

2.1.7.1　循环托盘类产品

（1）托盘

托盘是集装、堆放、搬运和运输时放置作为单元负荷的货物和制品的水平平台装置。

我国采用的标准托盘是基于 ISO 6780 规定的 1000 mm×1200 mm 和 1100 mm×1100 mm 的托盘，其动载重一般小于或等于 2 吨。托盘主要包括木质类、金属类、塑料类以及塑木类，木质类及塑料类的应用范围较广。木托盘如图 2-37 所示，塑料托盘如图 2-38 所示，金属托盘如图 2-39 所示。

图 2-37　木托盘

图 2-38　塑料托盘　　　　　　　　　　　图 2-39　金属托盘

木托盘目前在循环托盘领域占较大的份额，根据 Fortune Business Insight 最新发布的托盘市场研究报告，2023 年木托盘在全球市场的占有率为 86.5%。且预计未来五年内木托盘也会占据最大份额，这与木托盘制作的启动成本低以及定制设计较灵活、响应时间短等因素有关。目前，欧洲托盘协会（European Pallet Association，EPAL）的主要产品就是木托盘；根据路凯（大中华）[路凯(大中华)控股有限公司，以下简称"路凯（大中华）""路凯"] 官网的新闻报道，其已达成了超过 1000 万片托盘保有量的成就，且其中重要的产品也是木托盘。

塑料托盘主要以 PE 和 PP 材料为主，工艺主要有注塑和吹塑工艺。虽然塑料托盘整个市场的保有量远小于木托盘，但因为塑料托盘耐用性好，重复使用时易于清洁，且无虫害、免除国际植物检疫措施标准制约，也越来越多被广泛应用，这将会占据部分木托盘的市场份额。根据中国物流与采购联合会托盘专业委员会的初步调查显示，我国国内塑料托盘的市场占比约为 8%，且其上升比例较大。特别是近年来，塑料回收材料大量用于塑料托盘加工，部分企业已构建了独具特色的塑料包装材料循环体系，如正基塑业等。

（2）可折叠物料架

为特殊物料设计的可折叠物料架，基本以铁架为主，用于放置汽车轮胎、汽车玻璃、发动机等（如图 2-40、图 2-41 所示），其也是可循环使用，但是因为特制程度太高，基本没有产品标准，与整个市场物流器具标准化和共享化的大趋势有点背道而驰。应该说，完全特制化的物料架不是未来，但是对于一些特殊产品而言，其仍然是整个物流包装器具中不可或缺的一员。

图 2-40　轮胎储运料架　　　　　　　　　图 2-41　汽车燃油箱及泵总成储运料架

2.1.7.2 循环包装箱类产品

这类产品可用多种材料制成，随被包装物以及储运场景的变化，可以有不同的结构形式。下述（1）～（4）以物流包装为主，（5）～（7）则是以产品包装为主。

（1）集装箱

这是最常用的循环包装容器之一，也是物流器具的一种，如图2-42所示。目前，集装箱已高度标准化，其循环体系也相当完善。

图 2-42　集装箱

（图片来源：https://image.baidu.com/）

（2）围板箱

由托盘、箱体、箱盖，通过叠装方式并由一段以上的围板组成的木箱或者塑料箱叫作围板箱。木质围板如图2-43所示，塑料围板箱如图2-44所示。

围板箱最大的特点是可以将底托、盖板和围板拆分折叠，折叠后一般只有原来体积的1/4或者1/5，回程物流便可大大节省运输空间，并节约运输成本。另外，围板箱的底托、盖板和围板可以共享使用，任何一件发生破损遗失，不影响其他两件跟另外的组件组合使用，如此可节省用户的投资成本。主要用于运输价值较高的、重量较重的工业零件，譬如轴承、高铁零件、发动机配件等。

图 2-43　木质围板

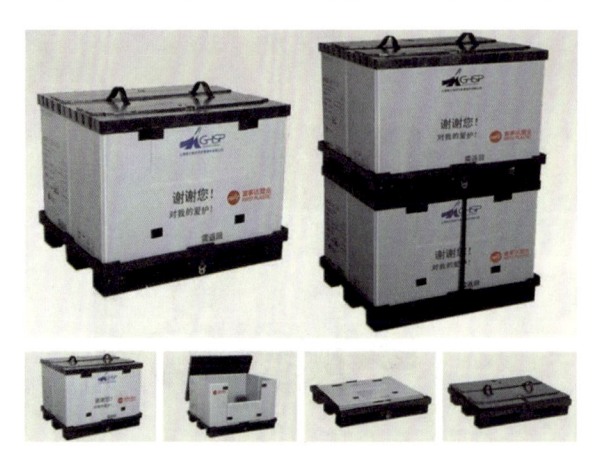

图 2-44　塑料围板箱

（图片来源：http://www.first-plastic.com/）

（3）卡板箱

卡板箱是在塑料托盘的基础上制作成的大型装载周转箱，适用工厂周转，产品储存。卡板箱和围板箱的区别在于围板箱的底托、盖板和围板可以拆分，分别组合，而卡板箱一般是一体化使用，不作拆分；围板箱是可折叠（foldable）循环包装，而卡板箱是可放倒的（collapsible）循环包装容器。此外，卡板箱的重量更大、外尺寸更高。卡板箱如图2-45所示。

图2-45 卡板箱

（图片来源：https://item.taobao.com/）

（4）周转箱

根据大小、可折叠性、使用场景，周转箱还可进一步分为多种类型，如根据大小和便携性分为便于提携搬运的周转箱（如图2-46所示）、可折叠小型周转箱（如图2-47所示）、液体散装容器（如图2-48所示），还有中大型粉体散装容器（如图2-49所示）等。

图2-46 周转箱   图2-47 可折叠小型周转箱

图2-48 液体散装容器   图2-49 中大型粉体散装容器

（图片来源：https://image.baidu.com/）

(5)共享快递盒

共享快递盒本质上是循环型塑料流转箱，采用以租代售的方式交付客户，面向的大多是快递企业、电商平台、品牌商家等。有一些箱子装载了定位系统，跟共享单车一样，用户只需按每趟物流所需天数支付包装费，使用权代替了所有权，流转箱因此实现了循环共用。京东物流循环箱如图2-50所示，邮政EMS循环箱如图2-51所示。

图2-50　京东物流循环箱

（图片来源：https://www.1688.com/zhuti/-bea9b6abceefc1f7d6dcd7aacfe4.html）

图2-51　邮政EMS循环箱

(6)拉链箱

拉链箱在打包封箱过程中无须再使用透明胶带，只需用手撕开预留在纸箱上的胶带，盖上纸板摇盖，压一压，即可黏合、封闭纸箱；开启的时候不需要使用刀片等工具将胶带划开，只需要在预留的撕开处直接撕拉，就可以拆开包装箱。当需要再次封闭时，可使用其他封缄材料，以达到循环使用的目的。"一撕得"是其中一款典型的拉链箱产品，如图2-52所示。这种产品，一方面由于进行二次封缄并不方便，另一方面由于其使用后明显改变了产品的外观，在商业复用场合下的使用有一定局限性。

图2-52　"一撕得"拉链箱

（图片来源：https://www.yiside.com/）

(7)循环纸箱

图2-53、图2-54所示为两种循环的瓦楞纸箱，其中，前者可多次撕开、多次封口，而后者是采用了一次性使用的锁扣来封缄。图2-55所示为一款可拆式蜂窝纸箱，方便拆装、储运实现循环。

图 2-53　一种多次使用的瓦楞纸箱
（图片来源：https://image.baidu.com/）

图 2-54　一种免胶带的邮政瓦楞纸箱

图 2-55　可拆式蜂窝纸箱

2.1.7.3　循环集装袋类产品

循环集装袋与运输包装中使用的普通集装袋/吨装袋类似。目前，循环集装袋大多使用耐磨的涤纶材料，高强度、低克重，特别是其底部进行了加厚，耐磨性能较好。在封口方式上，通常采用拉链式、捆扎式、穿孔式等多种样式，一般需要具备耐用、防漏和防盗的特性。循环集装袋如图2-56 所示。

图 2-56　循环集装袋

2.1.7.4 循环包装内衬类产品

循环包装内衬类产品是配合容器使用，用于固定产品，同时起到运输防护目的的包装箱内部使用的材料的统称。主要包括吸塑内衬、注塑物料隔板、中空板隔衬以及织物内袋等，如图2-57、图2-58、图2-59、图2-60所示。如图2-27所示的EPE水果缓冲包装衬垫也是一种常用的循环包装内衬产品。

图 2-57　吸塑内衬　　　　　　　　图 2-58　注塑物料隔板

图 2-59　中空板隔衬　　　　　　　　图 2-60　织物内袋

（图片均来自 https://image.baidu.com/）

2.1.7.5 纸浆模塑包装制品

"纸浆模塑"，是以回收的纸浆或原浆为原料，用带滤网的模具，在一定的压力（负压或正压）、时间等条件下，使纸浆脱水、纤维成形而生产出所需产品的加工方法。它与造纸的原理基本相同，因而又有人称它为"立体造纸"。

纸浆模塑作为纸包装材料回收循环再生的重要方式之一，其包装制品与其他纸质包装制品一样，也是一种环保包装产品，且近年来在包装中的应用已越来越广泛，已成为一个独立的细分行业领域。由于纸浆模塑是废弃纸包装材料的重要消化方式，业内一些企业，如深圳市裕同包装股份有限公司就专门设立了绿色包装部门，以探讨和研究该公司的生产废纸以及其他来源废纸的高效环保应用技术。

（1）纸浆模塑制品的应用领域

①电器包装内衬（如图2-61所示）

②食（药）品包装（如图2-62所示）

③种植育苗

④医用器具

⑤易碎品隔离

⑥军品专用包装

⑦其他（一次性卫生用品、假人模特等）

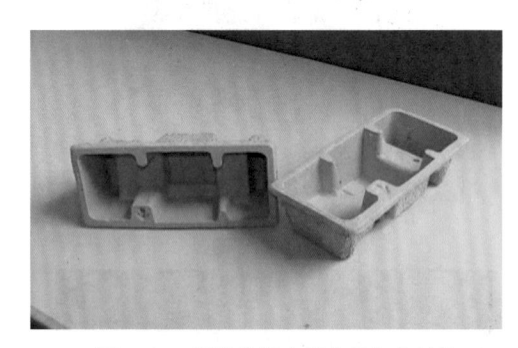

图2-61　纸浆模塑电器产品包装衬垫 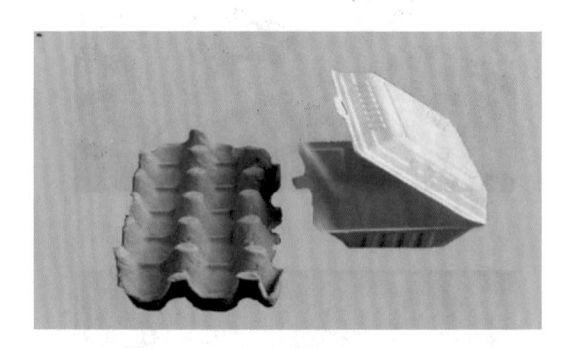　　　　图2-62　纸浆模塑蛋托和餐盒

（2）纸浆模塑技术及其制品的特点

纸浆模塑技术是近二十年来才发展起来的。它有以下优点：

①选材广泛。纸浆模塑包装制品多数以废旧纸品、天然植物（秸秆、芦苇、竹子、甘蔗、植物果壳）为原材料制成，来源广泛，可节省大量天然木材，降低生产成本；

②制品可通过模具实现各种不同的造型，从而使造型单调的纸包装得以丰富、改善，提高其市场适应能力；

③制品质量轻、防护性能好，可作为缓冲、防震内衬。

④制品通过添加各种助剂，可以制成耐水、耐热、耐油的包装容器。

⑤纸浆模塑制品可回收利用，重复进行生产。包装废弃物可自行降解、掩埋或焚烧，无有害气体产生。

但纸浆模塑制品也存在明显的缺点。第一，制品受潮后会很快变形，强度也随之下降，外观颜色明度低，略显灰黄色。第二，制品表面较粗糙，采用回收废纸加工的纸浆模塑制品不适合用于包装中高档包装产品。近些年来，应用原浆板、甘蔗浆等原料浆加工高档精致纸模制品、一次性餐盒等卫生洁净的高档产品，已成为业内一大亮点。

需要指出的是，尽管纸浆模塑是纸质废弃包装材料的一种主要回收再造途径，但由于该技术发展迅猛，已然成为一个新的行业。本书涉及纸浆模塑制品时仅从其参与纸质包装材料回收再生的角度加以描述。

2.1.7.6 典型循环包装产品的生产工艺

循环包装作为一种新型的包装技术，大大促进了行业的发展，并拥有良好的应用前景。塑料材质的可循环包装制品作为其主要产品，其生产工艺也相对成熟和具有代表性。以下以这类产品为例，简要叙述循环包装产品的生产工艺。

(1) 塑料围板箱的生产工艺

塑料围板箱（如图2-44所示）的主体结构由顶盖、壁板和底盘（托盘）三部分组成，一般习惯上将顶盖和底盘统一称为"天地盖"，两者使用的原料均为HDPE。市场上常见的塑料围板箱有注塑围板箱、吹塑围板箱、吸塑围板箱、双层吸塑围板箱、压铸围板箱以及PP蜂窝板围板箱等。这种分类是根据围板箱的底部托盘的成型工艺不同而称呼不同，而工艺不同则设备机械也不同。就塑料包装容器的加工机械而言，较为简单的方法是根据原材料分为板材原料类塑料容器成型机和颗粒原料类塑料容器机械。以近年来流行的PP蜂窝板围板箱为例，其生产工艺为：

①围板制作。使用切割好的PP蜂窝板，通过加工设备进行封边、折弯、开窗及热熔焊接等工序，制成可折叠的蜂窝围板。

②底托与箱盖制作。底托通常采用PP或PE材料以吹塑或吸塑工艺制成，具有强大的承载能力和卡槽设计，用于支撑和固定围板。箱盖也采用吹塑工艺制成，与底托相匹配，用于封闭围板箱顶部。

③组装围板箱。将制作好的围板竖立放入底托的卡槽内。可根据需要加入内衬材料（如EVA、PP蜂窝板组成的隔断刀卡等）以保护箱内物品。

④盖上盖子，完成围板箱的组装。

(2) 注塑托盘的生产工艺

注塑托盘（如图2-38所示），是将塑料粒子通过塑化系统即机筒和旋转螺杆，通过一定压力和速度定时定量地注射到成型的模具型腔之中制成。注射过程主要有充模、补缩和保压三个步骤。注塑托盘的主要外观特点就是浇注口结构残留在托盘外表面。注塑托盘工艺流程如图2-63、图2-64所示。

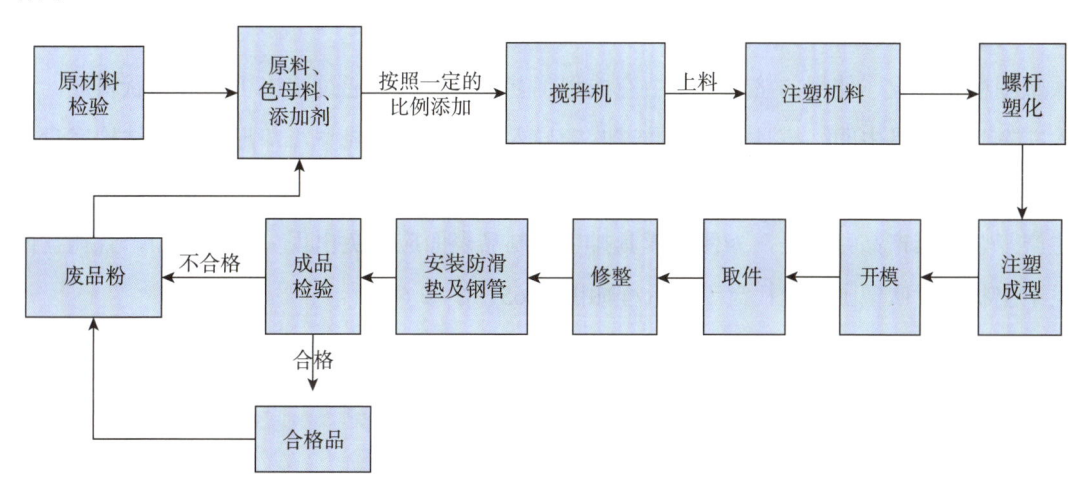

图2-63 注塑托盘工艺流程（1）

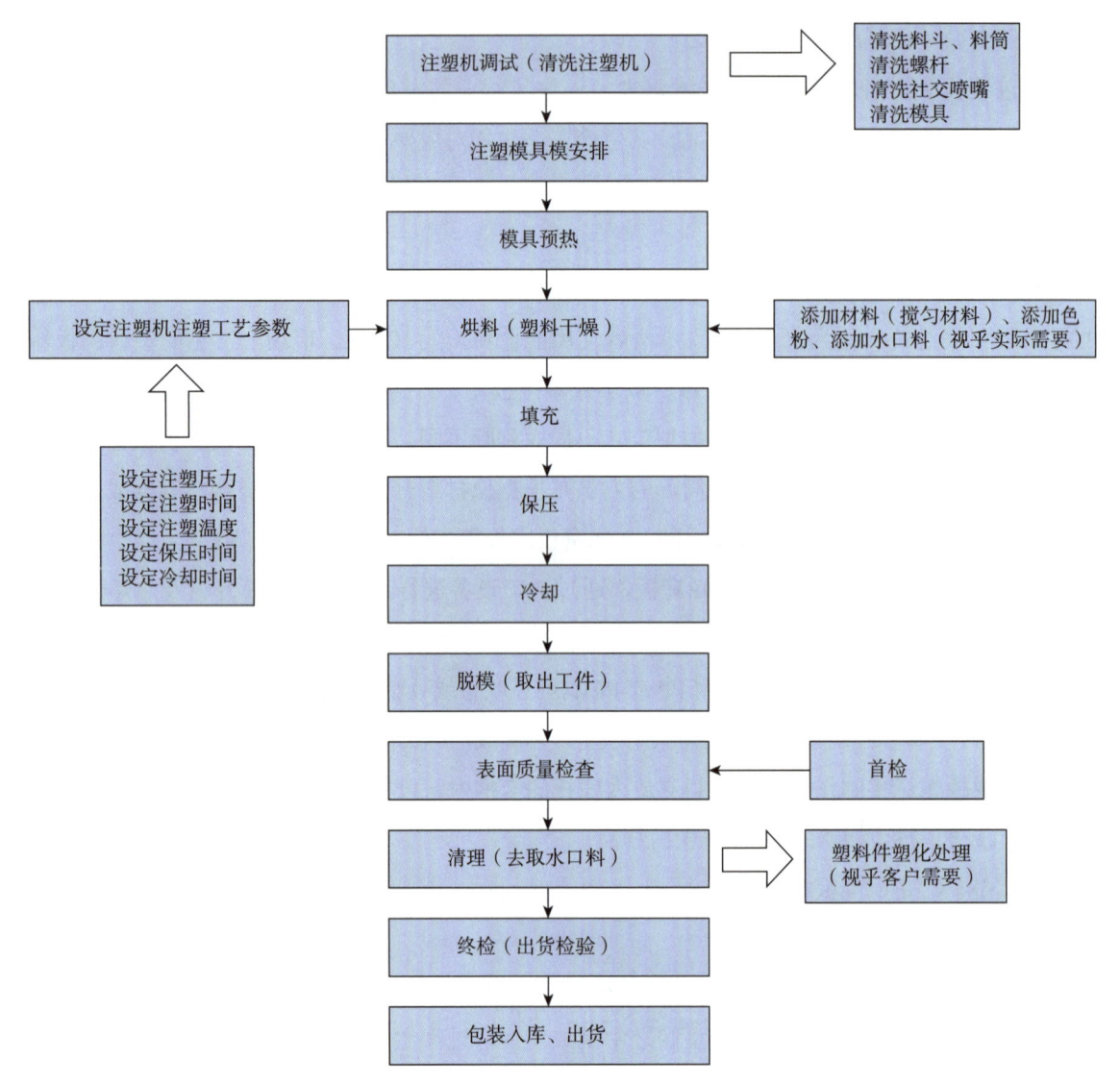

```
注塑机调试（清洗注塑机） → 清洗料斗、料筒
                              清洗螺杆
                              清洗社交喷嘴
                              清洗模具
         ↓
   注塑模具模安排
         ↓
      模具预热
         ↓
设定注塑机注塑工艺参数 → 烘料（塑料干燥） ← 添加材料（搅匀材料）、添加色
         ↑                                    粉、添加水口料（视乎实际需要）
   设定注塑压力            ↓
   设定注塑时间          填充
   设定注塑温度            ↓
   设定保压时间          保压
   设定冷却时间            ↓
                        冷却
                          ↓
                    脱模（取出工件）
                          ↓
                    表面质量检查 ← 首检
                          ↓
                  清理（去取水口料） → 塑料件塑化处理
                          ↓            （视乎客户需要）
                    终检（出货检验）
                          ↓
                    包装入库、出货
```

图 2-64　注塑托盘工艺流程（2）

（3）吹塑围板箱托盘的生产工艺

吹塑围板箱托盘，使用的挤出吹塑中空成型工艺，原料颗粒通过挤出机形成筒状料坯，由上至下进入左右开式模具中间，模具闭合后通过吹管导入压缩空气，成型冷却形成中空结构底盘，壁厚常控制在 3 mm 左右。该工艺的优势为设备与模具结构简单，成本投入较低，是国内常见的围板箱托盘生产工艺。其产品特点是，为便于模具排气，制品表面应避免出现大面积光面，且托盘内部结构应呈中空状态。吹塑围板箱托盘工艺流程如图 2-65、图 2-66 所示。

```
安装模具 → 质料配料 → 上料 → 调吹塑机压力、填充时间 → 挤出压料
    ↓                                                        
修剪 ← 取出产品 ← 排气开模 ← 吹胀冷却定型 ← 预吹合模 ←
```

图 2-65　吹塑围板箱托盘工艺流程（1）

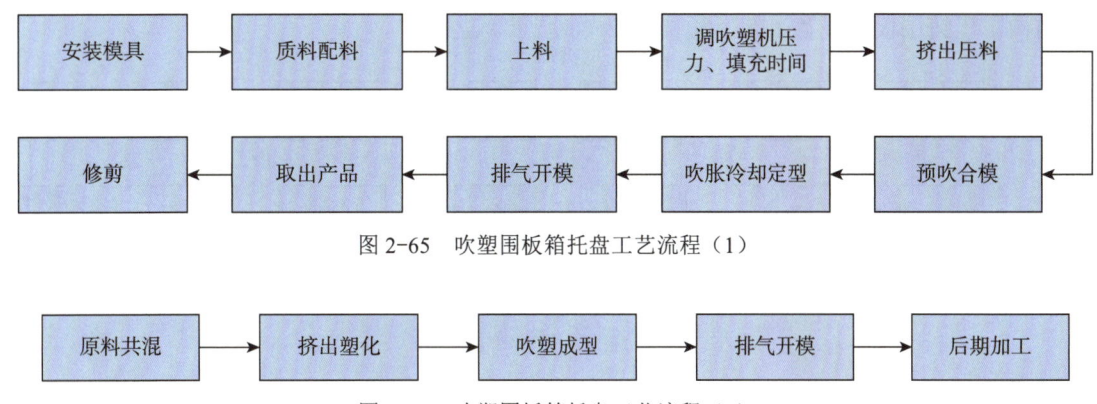

```
原料共混 → 挤出塑化 → 吹塑成型 → 排气开模 → 后期加工
```

图 2-66　吹塑围板箱托盘工艺流程（2）

（4）吸塑托盘的生产工艺

吸塑托盘的生产工艺为片材热成型，通过将片材加热到高弹态即玻璃化温度 Tg 和黏流态温度 Tf 之间，然后再通过抽真空或者注入压缩空气增压的方式软化片材并在成型模具内成型。常使用 7～8 mm 的 HDPE 片材，特点是自重轻，外观相对而言光滑。但由于单层结构，强度较差易形变。较常用于出口一次性托盘，国内循环周转使用少。

双层吸塑托盘，其生产工艺是片材吹塑中空成型，直接通过两台挤出机同时挤出两张 3 mm 左右厚度的软化片材，进入上下开式模具中间，经过模具闭合再吹管导入压缩空气形成中空结构并成型冷却。尽管俗称双层吸塑，但实际其成型方式与单层吸塑托盘的成型工艺不同，而与吹塑围板箱更为相似，只是一个是挤出筒状料坯，垂直下料模具左右开合；另一个是挤出片状料坯，双层送料，模具上下开合。但就两者来说，片材吹塑的最大优势是可以在上下模具闭合前在片材料坯内置入金属管，从而改善托盘的自身刚度，同吹塑托盘一样，同样形成空心的中空结构。吸塑托盘工艺流程如图 2-67 所示。

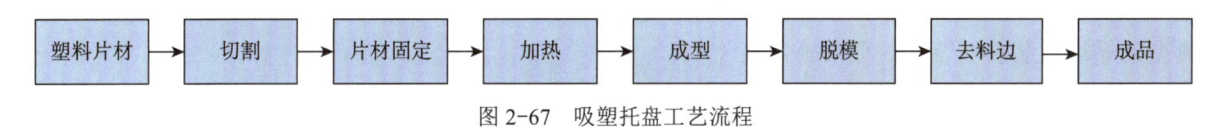

```
塑料片材 → 切割 → 片材固定 → 加热 → 成型 → 脱模 → 去料边 → 成品
```

图 2-67　吸塑托盘工艺流程

（5）压铸围板箱托盘的生产工艺

压铸围板箱托盘，其生产工艺为压缩成型或者模压成型，这是历史悠久的大尺寸塑料复合材料制品常见的成型方式，一般是带有加热板的压力机通过凹凸模冲压成型。材料常分为片状复合材料和团状复合材料，而团状复合材料装入模腔后可以形成厚度约 4 mm 以及宽度 1200 mm 的片状材料，有利于托盘成型。该生产工艺的特点为型腔深，表面相对平整，自重偏大且生产效率低，成本偏高。

顶盖工艺与托盘工艺基本一致，但由于顶盖完全不需要通过增加金属管来增加刚度，所以一般不会使用片材吹塑中空成型工艺生产。主要为注塑、吸塑和压铸三种。壁板原料为 PP，但 PP 单体均聚物会在零度脆化，因此，市场上用于包装容器生产的 PP 原料是已经通过化学改性的 PP 共聚物，通过挤出成型形成厚度约 10 mm 的板材。常见板材结构有十字、米字和蜂窝，当前市场主流

为蜂窝结构。压铸围板箱托盘工艺流程如图 2-68 所示。

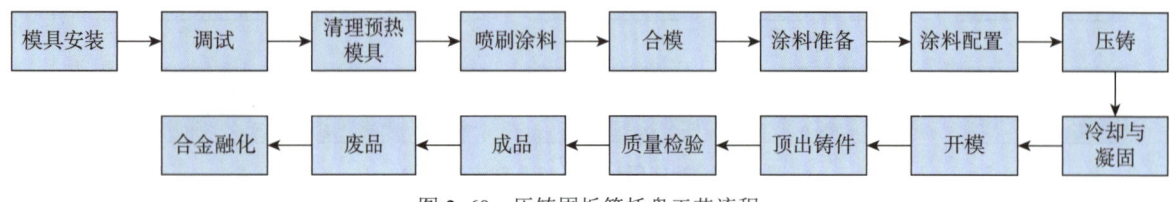

模具安装 → 调试 → 清理预热模具 → 喷刷涂料 → 合模 → 涂料准备 → 涂料配置 → 压铸 → 冷却与凝固 → 开模 → 顶出铸件 → 质量检验 → 成品 → 废品 → 合金融化

图 2-68　压铸围板箱托盘工艺流程

2.1.8　循环包装技术系统

在实际生产应用中，产品包装的循环往往需要通过一个完整的技术系统来实现。这一技术系统除了必须满足产品（被包装物）的物流防护要求，还要满足"循环"对包装产品提出的安全、耐用、储运体积小、方便操作、与运输载具的匹配良好等要求，满足包装物料追溯和信息传递的功能要求，满足包装物料循环过程管理、分配与成本分析等功能要求，还要尽可能满足各种用户使用要求等。因此，循环包装技术系统一般由以下关键要素组成[1]：

①循环包装系统设计与优化，即设计依据；

②循环包装技术，即循环包装产品设计能力；

③智能追溯与数据通信技术，即芯片+物联网；

④循环管理、物料调配与决策技术，即运营系统；

⑤客户认证、跟踪及其应用技术，即客户跟踪管理软件和技术；

⑥循环包装装备技术，即智能化自动化分拣装运设备等。

以下以常用应用场景——邮政快递为例，分别说明循环包装系统的几个关键技术，并介绍一种典型的循环包装物料智能管理系统方案。

2.1.8.1　循环包装系统设计与优化

GB/T 16716.2 — 2018《包装与环境　第 2 部分：包装系统优化》指出，包装在各行业及供应链中的作用都至关重要。适度包装能防止产品破损乃至减少环境污染。有效的包装对实现社会可持续发展具有多种积极意义，包括：

①满足消费者对于产品保护、产品安全、产品搬运以及产品信息方面的需求和期望；

②高效利用资源，减少环境负面影响；

③减少产品配送、销售成本。

通过研究包装材料用量对环境的影响，得到图 2-69 的结果，这一结果说明了两点：

1　长三角流通经济创新研究中心，长三角商业创新研究院.可循环和绿色快递包装应用研究[R].2023.

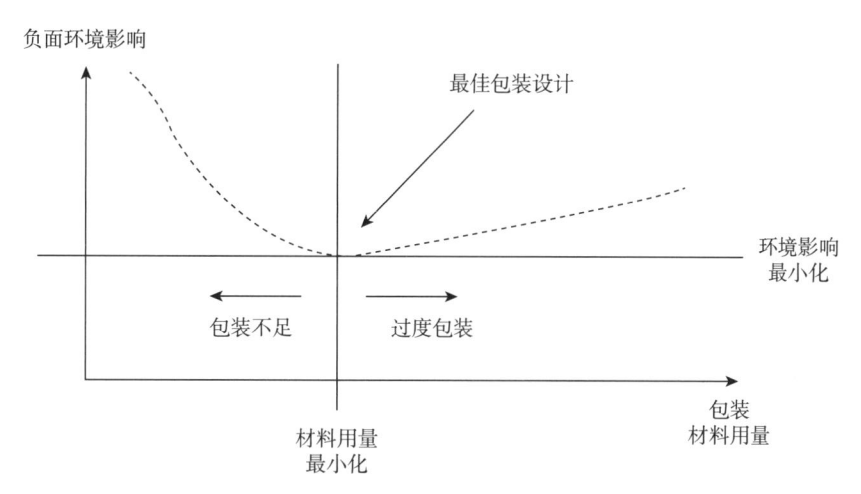

图 2-69 包装材料用量及其对环境影响的关系

①无论是过度包装还是包装不足，都会对环境造成不必要的负面影响；

②因减量造成的包装不足会导致货物损耗，其带来的负面环境影响远远大于确保了包装保护性能的过度包装。

因此，如何适当地优化包装系统，在确保包装基本性能指标得到满足的前提下最大限度地减少包装材料用量，对解决包装与环境的可持续发展具有重要意义。而要解决循环包装产品在确保包装基本性能的前提下实现减量化的问题，须从循环包装产品的外部影响因素分析和内部选材及结构设计原则入手。

（1）循环包装产品设计的外部影响因素

1）商品特征

从商品的尺寸、抗压程度、重量、易损程度、存储温度、销售包装使用功能等方面对商品进行分析和归类，然后按照商品类别，提出寄递包装产品的初步设计需求。

2）物流环境要求

快递物流服务流程是寄递包装在流通过程中所处的环境，是直接影响寄递包装设计的主要因素之一。在绿色可循环寄递包装的设计过程中，应该梳理寄递物流服务流程，分析每一流程的服务环境，据此提出详细设计需求。

3）利益相关方诉求

寄递包装利益相关方包括政府、商品生产企业、电商企业、快递企业、寄递包装生产企业、消费者，比销售包装利益相关方更加多元。因此，一方面要研究各相关方的生理、心理、社会、文化等因素，另一方面要对各相关方的利益诉求进行优先级排序，优先满足重要诉求，并平衡各相关方相互矛盾的利益诉求。

（2）循环包装产品设计的基本原则

1）材料选择原则

①无害化。供应商在进行包装材料选择时应评估并减少有害物质的使用，包装物中有毒有害物

质限值应符合相关法律法规的规定。

②减量化。在保证强度和质量的前提下采用减量化设计原则，即减少不必要的组件以降低包装物的总体重量，减少包装材料使用量。

③材料单一化。应减少原材料种类和材质的复合，主要原材料尽量采用同一材质，并要求在包装中明确标识原材料材质。

④材料便于拆解和分类。如需使用不同种类或材质的材料，应便于拆解和分类。

⑤材料易于重复利用或可回收。优先选择易于重复利用或易于回收利用的材料。若设计为可重复利用包装，应达到一定重复利用次数。若设计为可回收利用，应优先选用可以生态循环的材料，如自然循环材料、环境友好型包装材料等。

2）尺寸设计原则

循环包装产品的尺寸是影响包装原材料合理利用、废弃物高效回收利用的重要因素，也是提高物流效率、促进物流供应链无缝衔接的基础。

①通用包装尺寸应根据物流基础模数设定

通用包装需要适用不同的商品尺寸，所以以标准托盘规格尺寸为基础设定其尺寸，便于提升仓储和物流过程中运输、装卸、储存的效率，是降低配送成本的最佳选择。

②专用包装尺寸应结合特定寄递商品的尺寸和物流基础模数进行综合选择。

③提高包装材料的利用率

选择能够最大化利用纸板、塑料板、纺织纤维等材料的包装尺寸，尽量减少包装材料的浪费。

④统筹考虑适应实体渠道和电商渠道销售的商品包装及寄递包装的需求，确立两者协调的模数标准，避免包装种类规格较多、存储运输空间浪费、重复包装等问题。

⑤尽量选用通用性、模数化、系列化的寄递包装尺寸。

3）结构设计原则

循环包装结构设计包括包装主体（包装箱、包装袋、封套）结构设计、填充物结构设计、封缄结构设计等方面。

①包装主体（包装箱、包装袋、封套）结构设计是寄递包装设计的关键，它不仅决定包装的造型形态，还关系到包装的安全性、便利性、工作效率、制作成本及环境保护。其设计应遵循以下原则。

安全性原则：包装主体结构要确保商品在寄递存储、搬运、装卸、分拣、运输、配送等整个流通过程中结实耐用、抗震、防摔、防盗。

便利性原则：主要是指包装主体结构要便于寄递物流各环节工作人员操作（打包、堆码、扫描），便于消费者使用（打开、归还），便于回收、重复使用、循环利用（拆卸、材料分类）。

简洁化原则：包装主体结构在安全、便利的基础上，还要尽量简洁，易于组装和使用，以降低成本。

②填充物结构设计既要与寄递物品形体结构相契合，确保寄递物品在包装内不产生明显晃动，

很好地保护寄递物品，又要与外包装主体结构相匹配。

③封缄结构设计要尽量使用免胶封口，减少胶带的使用量。运用标签防盗、封签防盗、电子防盗等方法使封口具有防盗防伪功能。

4）运单设计原则

运单要在清晰传达寄递信息的基础上尽量缩小尺寸，减少材料消耗。尽可能保护寄件人及收件人的信息隐私。热敏纸背面的阻隔胶和背胶应使用环保型胶，其有害物质限量值应符合 HJ 2541—2016《环境标志产品技术要求 胶粘剂》的要求。

5）视觉设计原则

视觉设计应遵循减量化、绿色化、易于回收等总体原则。

①视觉元素内容

外表面应包含包装产品说明、寄递物品特性标识、包装产品零部件的材料类别标识、便于回收的零部件标识等视觉元素。

②视觉元素印刷要求

包装产品的印刷颜色尽量少；印刷面积不超过其表面总面积的 50%；印刷油墨不应添加邻苯二甲酸酯（PAEs），其挥发性有机化合物（VOCs）的含量应不大于 5%（以重量计），宜采用水基型油墨；应尽量寻找油墨印刷的替代方案，如激光印刷等。

需要指出的是，包装系统优化的目的不仅是减少包装材料用量，对于循环包装来说，增加包装产品的循环使用次数也是同等重要的优化目的。

2.1.8.2 循环包装物料的调度管理

循环包装物料的调度管理是解决循环使用问题的关键。寄递（用户）企业应建立或利用可循环包装物信息系统，在分拣、转运、投递等环节提升可循环包装物的使用效率。应鼓励寄递企业与寄递企业、寄递企业与包装物供应商等市场主体之间建立健全共享机制，扩大可循环包装物的应用范围，使循环包装的调度工作更加智能化。图 2-70 为一种循环包装物料的调度管理系统。由图 2-70 可以看出，物联网管理运营平台是包装物料管理的中枢，它负责与包材供应商、快递末端（包括快递员、驿站等）签订协议。用户的需求信息发到寄件方（循环包装箱用户企业），寄件方交件给快递末端 1，再通过物流抵达快递末端 2，交给客户。寄件方、物流企业用制造厂家的循环包装箱装好产品寄递至消费者手中。消费者可当场退还或后续退还包装物料，由快递末端 2 通过逆向物流寄回快递末端 1，经其检验后，可正常使用的，继续进入循环，无法正常使用的，寄回包材供应商处进行修复或进行材料回收。其中，寄件方与收件方、快递末端 1 与快递末端 2 及其相互关系可互换；快递末端指直接参与循环的面单承接端，包括驿站、超市及物业等。

2.1.8.3 循环包装废弃物的回收管理

循环包装废弃物的回收管理是实现包装物料完全循环的关键。下面分别简介循环包装用户端、循环包装生产端（纸包装和塑料包装）对包装废弃物管理的例子。

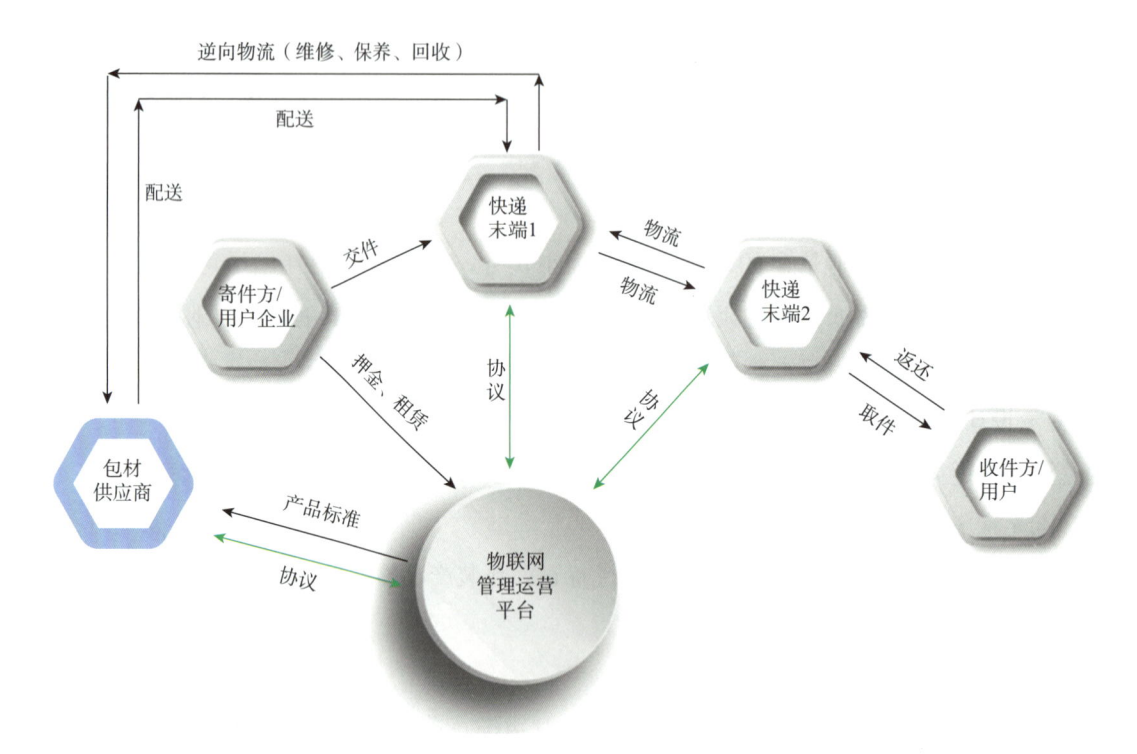

图 2-70 一种循环包装物料的调度管理系统
(图片来源：江苏无锡印包科技服务中心)

（1）循环包装用户端

循环包装在流通环节里，经过装填、运输、配送、调度、回收、清洗、修复等过程，随着循环次数的增多，会造成磨损或损坏。因此回收、清洗、修复等逆向物流过程和回收模式是循环包装使用的关键环节。一种用于用户端的循环包装回收模式如图 2-71 所示。

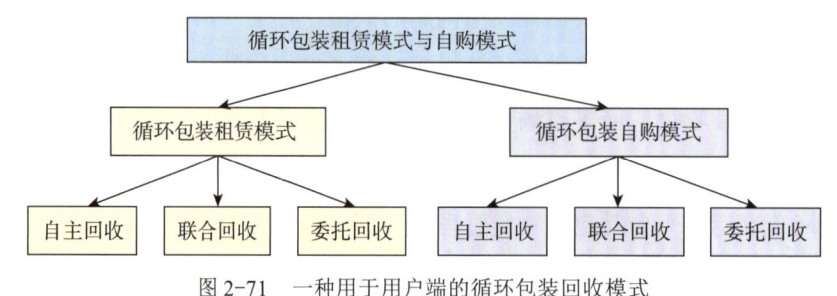

图 2-71 一种用于用户端的循环包装回收模式

（2）循环包装生产端

对于使用不同材质、不同运营模式的循环包装产品制造企业来说，其废弃物的管理方法也有所不同。

典型的塑料包装制品生产企业如正基塑业。近年来，该公司投入价值 1000 万元的 HDPE/PP 周转箱以及日杂料清洗线，处理废弃周转箱、折叠箱并将废料用于循环折叠箱/托盘的再制造，提供塑料包装的完全循环再生回收解决方案。其采取的方法是将使用循环包装箱、减少包装废弃物的理念贯穿于产品研发和生产过程中，始终贯彻不生产一次性包装，引导客户减少纸质和木质等材质包装的使用，逐步向塑料箱、围板箱等可循环包装转型升级的发展思路，以助力实现环境、社会与经济可持续发展。具体措施包括：

支持客户"以旧换新"，提升产品价值并促进废料进入循环；

探索研究"再生料"的使用，扩大使用可再生、可回收、可循环的资源，尽可能减少或消除废弃物和污染；

通过材料改性提高重复利用率和使用周期，如折叠箱采用改性 PP 料，除了可长期循环使用，还具备韧性足、承重高、抗冲击、耐高低温等优势；

开发废旧塑料清洗线，对无法使用的废弃折叠箱进行清洗、分级、破碎，再通过改性处理，重新加工成包装产品，以实现塑料循环包装产品的闭环全生命周期管理。

典型的高端纸包装制品生产制造企业如裕同科技。

裕同科技的主营产品为高档纸制品包装，产品生产中会产生大量的边角料、切边料。自 2016 年起，公司拓展了环保纸塑包装业务，陆续投资建设了江苏昆山、广东东莞、四川宜宾、海南海口、山东潍坊、越南北宁等多个环保包装制造和原料基地，主要生产以竹浆、甘蔗渣等植物纤维制成的环保纸塑产品，同时，回收利用了生产过程中的边角料、切边料，环保纸塑产品原料占比达 10%～15%。近年来，裕同科技的环保纸塑产品多应用于工业品或餐饮包装（如消费电子或烟酒产品包装盒的内托、一次性餐盒）等。

2.1.8.4 循环包装物料的智能管理

包装物料的循环信息十分庞杂，必须采用智能管理手段才能实现有效管理。下述是一种典型的循环包装物料的智能管理系统方案。

（1）系统功能

其解决的问题是：

- 改变快递及电商物流行业包装物料的开环管理模式；
- 实现包装物料的完全循环复用。

适用于具有闭环及现代闭环物流特征的产品生产、销售及电商企业，包括电动自行车、医药、品牌鞋帽、贵重物品电商企业等。

（2）系统技术框架

系统由四个要素（包装物料、智能模块、系统平台和系统客户端）以及两个子系统（智能循环箱、物联管理系统）构成，如图 2-72 所示。

（3）系统技术方案

该智能管理系统由硬件层、平台层和应用层构成。如图 2-73 所示。

根据上述技术框架和技术方案，基于循环复用包装物料的正、逆向物流循环过程的成本利益分摊算法，搭建基于物联网和智能追溯技术的物料管理系统，即可实现循环复用包装物料的智能管理。

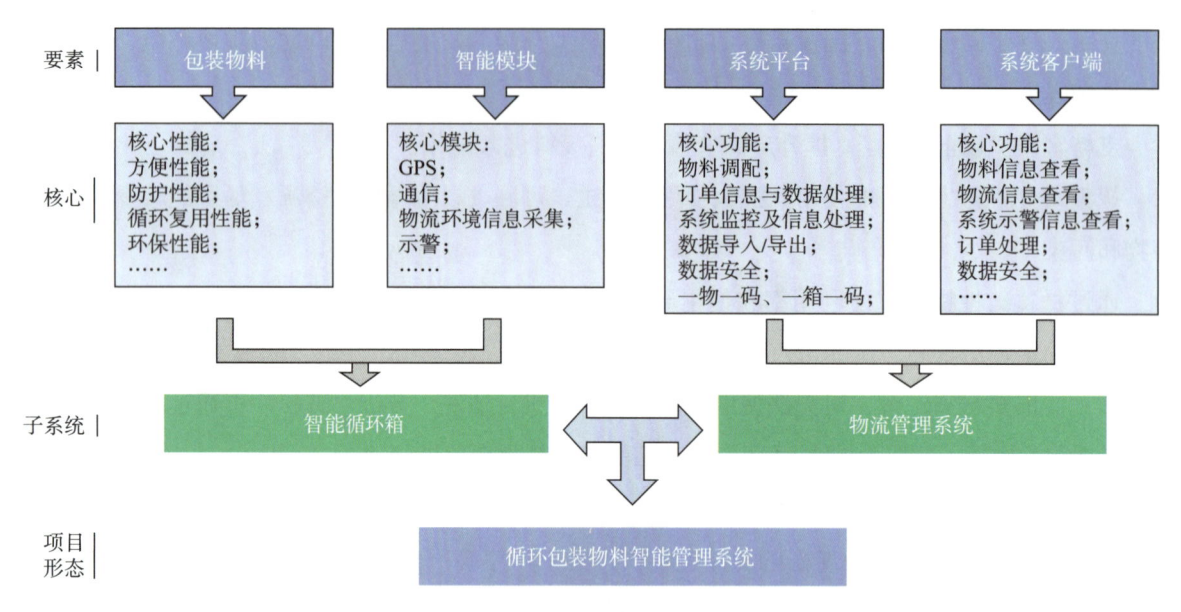

图 2-72　一种典型的循环包装物料智能管理系统方案
（图片来源：江苏无锡印包科技服务中心）

图 2-73　一种典型智能管理系统技术方案
（图片来源：江苏无锡印包科技服务中心）

2.1.8.5　典型循环包装系统方案

以上海箱箱智能科技有限公司的"箱箱共用"系统为例。

"箱箱共用"是一种智能循环包装技术和服务的模式，通过统一的平台，为客户提供不同的包装循环与共用解决方案。目前，"箱箱共用"已经向多个行业提供了包装的循环与共用服务。

"箱箱共用"的基础是软硬一体化的 AIoT 云平台，其中包括基础层、感知层、通信层和服务层。

（1）基础层——面向全行业的循环包装解决方案

经过20年的积累，"箱箱共用"创新了一次倒箱、零残留、免人工、零浪费、零损耗等定时传输协议设计理念，自主研发了无序折叠、零残留排放、低功耗续航、抗屏蔽等多项节能减排技术。

（2）感知层与通信层——挖掘智能化场景与物联网相融合的机会

根据不同定时传输协议的使用场景，"箱箱共用"分别将有源 RFID、低功耗蓝牙、蜂窝通信等技术完美融入了包装物的结构及工艺技术。

（3）服务层——结合云计算、大数据形成数字化在线循环平台

①软件即服务：用户通过软件管理提高了包装循环效率，从过去的每年 5 次循环提升到 8 次，丢失率从 15% 降低至 2% 以下；

②包装即服务：客户在线下单获取服务，实现循环全程数字化、下单和结算标准化，实现全国统一价。

从功能上说，"箱箱共用"系统可说是基础版的智能循环包装系统。随着"双碳"（碳达峰与碳中和）战略的进一步推进，"箱箱共用"的循环包装发展理念也有了质的提升。8.5.2.2 部分将叙述该公司的升级版循环包装系统——基于 SaaS 平台的零碳循环包装服务。

2.1.9 循环包装涉及的行业类别

以用户为中心，可以将循环包装行业从源头（原辅材料）到技术和产品支持行业提出如下分类。

（1）循环包装产品上游/原辅材料行业

包括纸包装（纸和纸板、一般纸包装制品制造）、塑料包装（塑料原材料、一般塑料包装制品制造）、金属包装（金属包装材料、一般金属包装制品制造）、木质包装（传统木包装材料和现代木包装材料）及其他包装原材料（如玻璃、陶瓷等）制造企业；循环缓冲包装材料、循环蓄能材料等防护辅料生产企业。

（2）循环包装生产制造行业

包括纸质、塑料、金属、木质及其他材质循环包装制品的设计、生产企业，以及利用包装废弃物回收再生技术的相关包装企业。

（3）循环包装下游/用户行业

包括邮政快递企业、物流配送企业、商超配送企业、工农业产品制造企业等。

（4）循环包装的相关平台及运营企业

包括从事循环包装物料共用、租赁、销售服务的平台型企业以及涉及循环包装的电商服务平台等。

（5）循环包装相关技术与装备企业

包括各种循环包装产品的加工制造企业、基于循环包装的产品包装装备企业、智能系统及相关通用附件等的研发、设计与生产企业。

（6）相关教育研究与技术支持机构

包括从事包装教育和包装科研的院所、包装测试机构、包装测试设备生产企业等。

2.1.10 循环包装行业的相关包装设备

前已述及，循环包装产品实际上是传统或普通包装产品的一个子集，在绝大多数情况下，传统包装产品使用的设备也是循环包装产品使用的设备。其中，印刷设备可以用于印刷包装材料的标识、产品信息、营销信息等内容，提高包装材料的可视性和吸引力，以实现循环包装的功能和目标。模切设备可以对特定包装材料进行精确的切割，以满足不同包装产品的加工需求，还可以有效提高生产效率和产品质量。除此之外，还有包装材料回收设备/装置、包装材料分拣与检测设备、包装材料再加工设备、包装产品制造设备、数据追踪和管理设备、包装材料维护与检测设备和包装材料定制和创新设备。

①包装材料回收设备/装置：包括回收站点、回收容器、回收车辆等，用于收集、储存和运输回收的包装材料，确保回收过程的高效性和安全性。

②包装材料分拣与检测设备：利用图像识别、传感器等技术，对回收的包装材料进行分类和检测。可以自动将不同材质的包装材料分拣出来，以便进一步地再利用。

③包装材料再加工设备：用于对回收的包装材料进行再加工处理，以将其转变为新的包装产品。例如，切割机、熔化设备、挤出机等，可以对塑料包装材料进行再加工。

④包装产品制造设备：用于生产再循环包装产品的设备，如纸箱制造机、袋子制造机等。可以将再加工后的包装材料转变为可再次使用的包装产品。

⑤数据追踪和管理设备：用于追踪和管理包装材料的使用和流向的设备。例如，条形码扫描枪、RFID 读写器等，可以记录包装材料的信息，帮助实现包装材料的回收和再利用。

⑥包装材料维护与检测设备：用于维护和检测包装材料的设备，以确保其使用寿命和质量。例如，包装材料的清洗设备、维修设备等。

⑦包装材料定制和创新设备：用于定制和创新包装材料的设备，以提高包装的效果和可持续性。例如，3D 打印机、包装材料测试设备等。

2.1.11 循环包装行业的可持续发展和绿色环保技术

循环包装行业的可持续发展和绿色环保技术主要体现在以下几方面。

①材料选用：如采用各种生物质材料，以纸代塑或以木代塑等；

②循环技术方案：如采用可全生命周期循环、可全部或部分回收使用的功能部件等；推广使用更环保的包装工艺；建立绿色供应链，制定和实施可持续环保标准等。

③产品结构设计：遵循绿色化、减量化、标准化设计理念，采用省料与节约人力、物力资源的设计等。

2.2 循环包装行业的发展历史

循环经济的思想萌芽可以追溯到环境保护思潮兴起的时代。20世纪60年代，美国经济学家肯尼斯·艾瓦特·鲍尔丁（Kenneth Ewart Boulding）认为宇宙飞船是一个孤立无援、与世隔绝的独立系统，靠不断消耗自身资源存在，最终将因资源耗尽而毁灭，而要想延长寿命，唯一方法就是实现飞船内的资源循环。对于地球而言亦是如此。这一"宇宙飞船经济"理论是循环经济思想的起源。

循环经济理论起源于欧美发达国家，20世纪70年代末问世。

1990年，英国环境经济学家戴维·伯斯(David Pearce)和凯利·特纳(Kerry Turner)在其《自然资源和环境经济学》(Economics of Natural Resourcesand the Environment，Harvester Wheatsheaf，1990)一书中首次使用了"循环经济"（Circular Economic）一词。

1991年，德国首次按照循环经济思想制定了《包装条例》（Verpackung sverordnung，简称VerpackV），推广实施"生产者责任延伸"（Extended Producer Responsibility，EPR）制度，该制度最早由瑞典隆德大学环境经济学家托马斯·林赫斯特（Thomas Lindhquist）于1988年在给瑞典环境署提交的一份报告中首次提出。报告强调生产者对产品整个生命周期，尤其是对产品的回收、循环和最终处置负有不可推卸的责任。

1994年德国颁布了《循环经济和废物管理法》，该法律充分体现了物质闭合循环和环境相容结合的指导思想。根据该指导思想，废物管理的首选手段是避免废物的产生；其次才是回收利用（包括物质回收和热量回收）；最后，对当前技术条件下无法回收的废物，则必须以与环境相容的方式处理。根据这一指导思想，德国在《防止和再生利用包装废物条例》中确立了包装管理的基本原则——"3R1D"，即包装材料减量投入（Reduce），包装材料再利用（Reuse），包装材料可循环（Recycle），废弃包装易分解（Degradable）。所谓绿色包装"3R1D"原则就此诞生。

1995年10月30日，我国颁布实施的《中华人民共和国固体废物污染环境防治法》第十七条规定："产品应当采用易回收利用、易处置或者在环境中易消纳的包装物；生产、销售、进口依法被列入强制回收目录的产品和包装物的企业，必须按照国家有关规定对该产品和包装物进行回收。"

1996年，保罗·墨菲（Paul R. Murphy）等提出循环包装是物流绿色化的一种好方式，明确提出"绿色物流"概念。

1996年，全国包装标准化技术委员会参考ISO 14000《国际环境管理标准制度》、德国法令《废弃物处理及管理法》（联邦告示：包装－Ⅴ包装废弃物处理的法令）、欧洲经济共同体《包装、包装废弃物的指令》和《中华人民共和国固体废物污染环境防治法》，制定并颁布实施的GB/T 16716—1996《包装废弃物的处理与利用 通则》和1999年颁布的《包装资源回收利用暂行管理办法》对我国包装物的规范管理起了重要作用。《包装废弃物的处理与利用 通则》规定了对各类包装废弃物的分类、处理与利用的基本要求与方法、效果评价准则等。《包装资源回收利用暂行管理办法》除了定义包装的相关术语、划分包装类型，还规定了包装废弃物回收利用的原则、渠道、办法等。

1998年8月，德国根据实践经验对《包装条例》进行了补充和修订。修订后的内容包括如何避免和利用包装、如何推动包装处理行业的发展，以及如何与欧盟于1994年12月出台的《包装和包装废弃物》指令（94/62/EC）的规定相适应。

2002年6月，《中华人民共和国清洁生产促进法》颁布实施，其中第二十条规定："产品和包装物的设计，应当考虑其在生命周期中对人类健康和环境的影响，优先选择无毒、无害、易于降解或者便于回收利用的方案。企业应当对产品进行合理包装，减少包装材料的过度使用和包装性废物的产生。"

以国务院于2005年7月发布的22号文件《国务院关于加快发展循环经济的若干意见》为标志，我国循环经济工作全面启动。

2009年1月1日实施的《中华人民共和国循环经济促进法》明确了将"减量化、再利用、资源化"作为经济发展的重点。在其第十五条、第十九条中涉及包装行业的循环利用问题，并提出具体的规定。如：要求相关企业优先选择"采用易回收、易拆解、易降解、无毒无害或者低毒低害的材料和设计方案"；各生产企业应该负责包装废弃物的无害化处理或回收；等等。

从2009年1月1日开始，由全国包装标准化技术委员会包装与环境分委员会颁布实施了《包装与包装废弃物》系列标准以规范包装与包装废弃物的相关工作。包括GB/T 16716.1—2008《包装与包装废弃物 第1部分：处理和利用通则》、GB/T 16716.2—2010《第2部分：评估方法和程序》、GB/T 16716.3—2010《第3部分：预先减少用量》、GB/T 16716.4—2010《第4部分：重复使用》、GB/T 16716.5—2010《第5部分：材料循环再生》等。这一系列标准替代了GB/T 16716—1996。

自2018年起，在全国包装标准化技术委员会包装与环境分委员会主持下，根据ISO标准的更新和国内相关情况，对 GB/T 16716 系列标准进行了修订。同时，根据国际标准，将《包装与包装废弃物》系列标准更名为《包装与环境》系列标准（包括 GB/T 16716.1—2018《包装与环境 第 1 部分：通则》，GB/T 16716.2—2018《包装与环境 第 2 部分：包装系统优化》，GB/T 16716.3—2018《包装与环境 第 3 部分：重复使用》，GB/T 16716.4—2018《包装与环境 第 4 部分：材料循环再生》，GB/T 16716.5—2018《包装与环境 第 5 部分：能量回收》和 GB/T 16716.6—2024《包装与环境 第 6 部分：有机循环》）等。系列标准对相关企业运用预先减少用量、重复使用、回收利用等技术措施，合理利用和处理包装废弃物，减少废弃物处理时的环境污染等问题提出了明确的要求。《包装与环境》系列标准依据"源头治理"的指导方针，对包装产品的设计、生产、使用、流通、废弃物处理等全过程提出了节能降耗要求，被誉为指引包装行业"减碳"的国家标准。其中，在《包装与环境 第 1 部分：通则》中明确引入了包装"3R1D"原则，这使得我国的循环包装行业有了明确的发展目标和方向。

2019 年，德国《包装法》（Verpack G）颁布实施，并于 2019 年 1 月 1 日正式生效。这是德国政府为了减少包装废弃物对环境的影响而制定的一部法律。该法要求所有在德国市场销售商品的企业都必须遵守相关规定，其标志是一个绿色的圆圈，中间有一个字母"G"，代表"Grüner Punkt"（绿点，这是德国的一个环保认证标志）。迄今，德国《包装法》仍是全球范围内较为先进的环保立法之一。它为其他国家提供了一个值得借鉴的范例，有助于推动全球范围内的环保事业。

2020 年 4 月 29 日，我国修订实施的《中华人民共和国固体废物污染环境防治法》第六十八条规定，"产品和包装物的设计、制造，应当遵守国家有关清洁生产的规定。国务院标准化主管部门应当根据国家经济和技术条件、固体废物污染环境防治状况以及产品的技术要求，组织制定有关标准，防止过度包装造成环境污染。生产经营者应当遵守限制商品过度包装的强制性标准，避免过度包装。县级以上地方人民政府市场监督管理部门和有关部门应当按照各自职责，加强对过度包装的监督管理"。

自 2018 年起，我国陆续出台了一些有关循环包装的法律法规和管理办法。如《快递暂行条例》（2018 年 5 月 1 日起实施，2019 年 3 月 2 日修订）、《中华人民共和国电子商务法》（2019 年 1 月 1 日起施行）、《邮件快件绿色包装规范》（2020 年 6 月颁布）、《邮件快件包装管理办法》（2021 年 3 月 12 日起实施）、《"十四五"循环经济发展规划》（2021 年 7 月公布）、《完善能源消费强度和总量双控制度方案》（2021 年 9 月公布）、《商务领域经营者使用、报告一次性塑料制品管理办法》（2023 年 6 月 20 日起实施）等。这些法律法规和管理办法，针对循环包装的不同角度、不同领域和不同对象提出了实施循环包装的原则和具体方法。例如，鼓励快递业务企业及个人使用环保包装材料，促进包装材料减量化及再利用；提出了物流服务企业使用环保包装材料的要求；要求邮件快件的绿色包装坚持标准化、减量化和可循环的工作目标，加强上下游协同，注意节约资源，杜绝过度包装，避免浪费和污染环境；提出了促进包装物回收利用的规定；鼓励寄递企业使用可循环回收降解的替代产品，鼓励建立可循环包装物信息系统，建立健全共享体制，扩大应用范围；要求加强邮件快件的绿色包装管理，保证邮件快件包装质量，规范邮件快件包装行为，保障用户合法权益和寄递安全，节约资源、保护环境；支持建立快递包装产品合格供应商制度，推动生产企业自觉开展包装减量化；对高耗能企业进行监控，实现能耗双控和经济转型，促进企业健康和可持续发展；明确提出鼓励和引导商务领域减少使用、积极回收塑料袋等一次性塑料制品，推广应用可循环、易回收、可降解的替代产品等。

2.3 循环包装上下游行业发展简况

2.3.1 循环包装上游行业发展简况

循环包装的上游行业涵盖了多个关键领域，包括纸包装、塑料包装、金属包装、木质包装及其他包装原材料生产领域，以及 RFID、溯源码、智能器件等通用附件生产领域，还有循环缓冲包装材料、循环蓄能材料等防护辅料生产领域。

（1）纸包装领域

中国纸包装行业市场规模持续扩大，随着群众环保意识的提高，越来越多的企业开始采用可降解、可回收的纸包装材料；纸包装在食品、饮料、日化等多个领域得到广泛应用，特别是在电子商务的推动下，纸包装的需求量持续增长；国内纸包装企业不断加强技术创新和产品研发，提高纸包装的环保性能和实用性。发达国家纸包装行业起步较早，技术水平和市场成熟度较高。欧美等地区的纸包装企业注重环保和可持续发展，积极采用可再生资源和环保技术；此外，纸包装在国际贸易中占据重要地位，特别是在食品、饮料等出口产品中，纸包装是主要的包装方式之一。

（2）塑料包装领域

中国塑料包装行业市场规模庞大，且持续增长。随着消费升级和电商市场的快速发展，塑料包装的需求量不断增加。其中可降解、可回收等环保型塑料包装产品逐渐成为市场的"新宠"，企业不断加强技术创新和产品研发，提高塑料包装的环保性能；此外，政府出台了一系列促进环保材料和技术发展的政策措施，推动塑料包装行业向绿色、环保方向发展。发达国家塑料包装行业的技术水平较高，注重环保和可持续发展。欧美等地区的企业积极采用生物降解塑料、可回收塑料等环保型材料，减少对传统塑料的依赖。

（3）金属包装领域

金属包装以其良好的阻隔性、耐腐蚀性和可回收性，在食品、饮料、日化等领域得到广泛应用。国内金属包装企业不断加强技术创新和产品研发，提高金属包装的环保性能和实用性。同时，随着消费者对食品安全和环保的关注度提高，国内金属包装在市场上的需求量持续增长。发达国家金属包装行业的技术水平和市场成熟度较高。欧美等地区的金属包装企业注重环保和可持续发展，积极采用可再生资源和环保技术。

（4）木质包装领域

木质包装具有优良的强度、重量比和易于加工的特点，在物流运输、产品包装等方面得到广泛应用。国内木质包装企业不断加强技术创新和产品研发，提高木质包装的环保性能和实用性。而随着国际贸易的发展，木质包装在出口贸易中扮演着重要角色。亚太地区是全球最大的木质包装市场之一，发达国家的木质包装行业起步较早，技术水平和市场成熟度较高，木质包装企业注重环保和可持续发展，积极采用可再生资源和环保技术。

木质包装在国际贸易中占据重要地位，特别是在木材出口国家和地区，木质包装是主要的包装方式之一。

（5）通用附件及防护辅料生产领域

随着物联网技术的快速发展，RFID、溯源码、智能器件等通用附件在循环包装中得到广泛应用。这些附件可以提高包装的智能化水平，实现包装的追踪、监控和管理。国内企业在这些领域的技术水平和市场应用方面不断进步；国外发达国家在 RFID、溯源码、智能器件等领域的技术水平和市场应用方面较为成熟。这些附件在循环包装中得到广泛应用，提高了包装的智能化和可追溯性。

国内企业在循环缓冲包装材料、循环蓄能材料等防护辅料领域不断加强技术创新和产品研发。随着环保意识的提高，越来越多的企业开始采用可降解、可回收的防护辅料。

2.3.2　循环包装中游行业发展简况

国内外循环包装产品制造行业的发展简况可以从以下几个方面进行说明。

（1）市场规模与增长趋势

近年来，我国可循环包装市场规模持续增长，显示出强劲的市场增长势头。预计未来几年，中国可循环包装市场规模将继续保持快速增长的态势。随着环保意识的提高和绿色经济的发展，各行各业对可循环包装的需求将持续增长。全球范围内，可循环包装市场也在不断扩大。预计未来几年，全球可循环包装市场规模将持续增长，特别是在智能、绿色包装领域。

（2）应用领域与市场需求

可循环包装广泛应用于各个行业，包括食品和饮料、医药、个人护理、家居用品以及物流等。其中，食品和饮料行业是可循环包装市场的主要应用领域之一，占据了市场的大部分份额。随着电商、物流等行业的快速发展，可循环包装在这些领域的应用场景也更加广泛。全球范围内，随着消费者对可持续性关注的不断增加，可循环利用和环保材料的需求将持续增长。

智能包装、个性化包装以及基于数据驱动的供应链管理将是未来推动行业发展的主要趋势。

（3）政策环境与支持

我国政府在推动环保产业，特别是可循环包装行业方面展现出了坚定的决心和积极的行动。一系列旨在推动环保产业发展的政策和法规相继出台，如减税、奖励和补贴政策，以及限制一次性塑料包装使用的政策。这些政策的实施，不仅提高了可循环包装的经济性，还激发了企业采用可循环包装的积极性。国际上，各国政府都纷纷出台相关政策，支持可循环包装行业的发展，限制一次性塑料包装的使用。同时，制定更加严格的行业标准，规范行业的发展。

（4）技术创新与发展趋势

科技的不断进步为可循环包装行业提供了更多的创新机会。新材料、新工艺和新技术不断涌现，如生物降解材料、可回收材料、智能化与数字化技术等。这些技术的应用提高了可循环包装的性能和质量，降低了生产成本。例如，京东物流的"青流箱"和顺丰的"丰多宝（π-box）"等创新产品，不仅具有良好的环保性能，还通过结构设计优化了重复使用的便捷性。

国际上，未来几年，技术创新仍将是推动全球可循环包装行业发展的重要驱动力。生物降解材料、智能标签技术（如 RFID）、3D 打印以及区块链在供应链管理中的应用等，都将为行业带来新的增长点。

（5）竞争格局与市场参与者

目前，国内的可循环包装行业仍然处于分散竞争的状态，市场集中度较低，中小企业占据市场的主要份额。然而，随着行业的不断发展，一些国际知名包装企业和专注于可循环包装的创新型企业逐渐崭露头角，市场竞争日益激烈。

国际上，全球可循环包装市场中，前几大厂商占有一定的市场份额。这些企业通常拥有先进的技术和丰富的经验，在市场中具有较强的竞争力。

随着全球经济的不断发展，越来越多的企业开始拓展海外市场，参与国际竞争。这不仅有助于提升企业的品牌影响力和市场竞争力，还将为行业带来更多的发展机遇。

2.3.3 循环包装下游行业发展简况

在国民经济行业分类的 20 个大类中，与循环包装行业密切相关的下游行业涵盖了制造业、批发零售业以及交通运输、仓储和邮政快递业等多个领域。以下是几个典型细分行业的发展特点。

（1）食品行业

食品行业属于食品制造业。

市场规模：食品行业是循环包装的重要应用领域之一。随着消费者的食品安全和健康意识的提高，对包装材料的要求也日益严格。循环包装因其环保、可重复使用的特性，在食品行业中得到了广泛应用。

发展趋势：在食品行业中，循环包装的应用正在逐步扩大。企业开始更加注重包装的可持续性和环保性，通过采用循环包装来减少废弃物和污染，提升品牌形象。同时，随着消费者对个性化、定制化包装的需求增加，循环包装的设计和创新也成了行业发展的重要方向。

（2）汽车零部件制造行业

汽车制造行业包括整车和汽车零部件制造，属于制造业。

产业规模：汽车零部件制造业涉及整车制造和维修配件服务场景，是循环包装的重要需求方之一。在汽车零部件制造业中，循环包装被广泛应用于汽车零部件运输、存储和保护等环节，以提高物流效率和降低包装成本。

技术创新：随着汽车零部件制造业的转型升级和智能化发展，循环包装行业也在不断创新和进步。例如，通过采用新材料、新工艺和新技术，汽车零部件循环包装的性能和质量得到了显著提升，同时降低了生产成本和能耗。

政策支持：政府出台了一系列旨在推动环保产业发展的政策和法规，为循环包装在汽车零部件制造业中的应用提供了有力保障。这些政策不仅提高了循环包装的经济性，还激发了汽车零部件企业采用循环包装的积极性。

（3）零售业

市场需求：零售业是循环包装的重要应用领域之一。随着消费者对环保和可持续发展的关注度提高，零售业开始更加注重包装的环保性和可持续性。循环包装因其可重复使用和减少废弃物的特性，在零售业中得到了广泛应用。

应用场景：在零售业中，循环包装被广泛应用于商品展示、销售和配送等环节。例如，超市、商场等零售场所开始采用循环购物袋、循环包装盒等环保包装材料，以减少一次性塑料包装的使用。

市场潜力：随着消费者对环保产品的需求不断增加，零售业对循环包装的需求也将持续增长。未来，循环包装在零售业中的应用将更加广泛和深入。

（4）邮政快递业

邮政快递业属于交通运输、仓储和邮政业的细分行业。

行业规模：邮政快递业是循环包装的重要应用领域之一。国家邮政局数据显示，2023年快递业务量保持快速增长态势，快递业务量达1320亿件。与快递业务量的增长相对应，快递业务收入也持续攀升。随着电商行业的快速发展和快递物流需求的快速增加，循环包装在邮政快递业中的应用也越来越广。

应用优势：循环包装在邮政快递业中具有显著优势。通过采用循环包装，可以减少一次性包装材料的使用，降低包装成本和物流成本。同时，循环包装还可以提高物流效率和客户满意度，提升品牌形象和竞争力。

发展趋势：未来，随着邮政快递业的不断发展和消费者环保意识的提高，循环包装在邮政快递业中的应用将更加广泛和深入。企业将更加注重包装的可持续性和环保性，通过采用循环包装来减少废弃物和污染，实现绿色发展和可持续发展。

2.4 循环包装技术发展概况

2.4.1 国内相关技术发展

总体上，国内相关技术的发展的重点集中在以下几方面。

（1）循环包装相关政策研究方面

我国政府高度重视循环包装的发展，先后颁布了一系列政策，相关研究主要聚焦相关标准体系不完善、政策精细化程度不足、政府引导力度不够、监管体系不严密、回收技术体系不成熟等方面的问题，并从政府加强重视、优化顶层设计、强化标准和监管、完善政策、产业推动等方面提出建议。

（2）快递包装循环技术研究方面

快递包装循环技术研究方面的重点研究内容主要集中在提高快递循环包装使用率，优化快递包装产品设计，提高快递包装的应用性、美观性、循环性、环保性和标准性，推动传统快递系统的升级改造以及快递包装回收体系的搭建方面等。

（3）循环物料追溯技术研究方面

循环物料追溯技术研究方面的研究主要集中在追溯码应用效果及相关技术、RFID 技术原理及产品、RFID 相关应用技术、二维码溯源技术缺陷及改进、新型溯源技术等方面。同时，强调全链条管理，注重提高标准化、智能化程度，倡导技术创新与数字化应用，注重信息安全与数据隐私保护。

（4）循环技术方案研究方面

循环技术方案研究注重系统化研究、可行性分析，追求高效性和灵活性，强调技术创新，主要集中在提高循环次数，增加推广应用效益的技术方法，提高循环系统参与各方参与积极性，循环体系中的关键环节如回收业务、逆向物流、物料租赁和废弃物回收等业务模式的强化标准和监管，推进循环的政府—企业—驿站—消费者多方关联参与模式等方面。

（5）循环包装容器设计与开发方面

循环包装容器设计与开发方面的研究聚焦于选材应符合绿色材料的标准、易于回收再利用，规格、类型标准化，结构可折叠、可拆卸、可组装，功能关注用户需求和行业特点，符合安全、便捷、智能等特点方面。

(6) 循环包装相关材料研究与开发方面

循环包装相关材料研究与开发方面的研究内容集中在循环包装材料的标准化、减量化和绿色化及循环包装容器的回收再生技术等方面。

(7) 基于循环包装的物流技术研究方面

基于循环包装的物流技术研究方面的研究内容主要集中在其发展现状，循环回收物流模式，体系构建，物流过程优化，标准及政策的完善，以及基于此展开的网络设计、模型及收益等方面，涉及的领域以及研究视角相对集中，具体研究内容相对丰富。

2.4.2 国外相关技术发展

调研可知，国外在绿色包装设计、"3R1D"原则的创立和实施方面要早于我国，在循环包装领域，国外发达国家的技术发展特点如下。

(1) 回收体系健全

国外的快递包装回收体系的发展情况各有差异，但大多数发达国家已经建立了较为健全的回收体系，涉及立法、政策支持、企业自主回收等方面。以下是一些国家和地区的回收体系建设情况。

1) 欧洲国家：欧洲国家在快递包装回收方面表现较为出色。欧盟成员国按《包装与包装废物指令》(*European Parliament and Council Directive on Packaging and Packaging Waste*，94/62/EC) 要求成员国建立回收体系并实施包装废物的回收和再利用。这些国家普遍采用分拣回收的方式，将各类包装材料进行分类处理。此外，一些欧洲国家还鼓励消费者使用可循环利用的包装材料，如可生物降解包装。

2) 美国：美国的回收体系由各州和地方政府负责管理，存在一定的地区差异。一些州实施了强制性的回收计划，要求各个行业和企业负责回收其所产生的包装废物。此外，一些快递公司自己也实施了包装回收计划，鼓励消费者将包装材料送回指定的回收点。

3) 日本：作为一个资源有限的国家，日本在快递包装回收方面进行了大量的研发和创新，包括制定各种类型的回收和再利用方案，构建发达的回收体系，并兴建了一批回收站点。当一个快递包装完成"使命"后，日本消费者会进行分类投放，然后回收系统将定时、定点对分好类别的快递包装废弃物进行集中中转，输送至专用处理中心以实现快递包装循环。在此基础上，日本政府在对消费者回收意识的培养上做了以下大量工作。①实施税收优惠政策。政府对于回收材料再利用的企业给予税收优惠，鼓励企业积极参与回收再利用。②着重强调环保意识。日本社会十分注重环保，政府和社会各界均倡导"减少、再利用、循环利用"的理念，强调每个人的环保责任。③建立回收网络。政府和企业建立了完善的回收网络，方便居民回收，提高回收率。

4）德国：德国主要通过《包装法》规定的"绿点"系统进行回收。"绿点"是一种回收标志，通常印在包装上，代表产品制造商已经支付回收费用，并确保它们的产品在使用寿命周期结束时可以得到妥善处理和回收利用。这种制度旨在促进资源的可持续性，鼓励生产商采用可持续发展的生产方式和材料选择方式，减少环境污染和浪费，标志着提醒消费者关注回收和环保问题。其中，回收物料的费用由制造商支付，包括产品和包装容器。由于制造商已经为其产品支付了回收费用，因此，各地回收企业会提供回收服务，从消费者手中回收使用的纸张、塑料、金属等包装材料。这些被回收的材料可以再利用，并且可以用于生产新的包装容器和其他材料。通过这个运作模式，制造商能够推动绿色制造和回收，以提高环境的可持续性，同时，消费者也会更加关注环境问题，从而减少浪费和污染危害，推动可持续生产和消费。

（2）标准成熟

总体来说，国外国家的快递包装回收标准发展较为成熟，他们通过立法、制定政策和标准等手段，推动了回收体系的构建和运作，我国现行多个相关标准均引自欧盟和ISO相关标准。以下是一些国外国家的标准发展情况。

1）欧洲国家：欧洲国家在快递包装回收标准方面通过欧盟的相关法律法规进行统一管理。欧盟的《包装与包装废物指令》历经了多次修订，历次修订的路径如下。

Regulation 1882/2003/EC，颁布时间2003年9月29日；

Directive 2004/12/EC，颁布时间2004年2月11日；

Directive 2005/20/EC，颁布时间2005年5月9日；

Regulation 219/2009/EC，颁布时间2009年5月11日；

Directive 2013/2/E0，颁布时间2013年2月7日；

Directive 2015/720/EU，颁布时间2015年4月29日；

Directive 2018/852/EU，颁布时间2018年6月14日。

2024年4月24日（当地时间），欧洲议会审议通过了包装和包装废物法规(PPWR)的提议草案，拟修订关于市场监督和产品合规的法规(EU)2019/1020和关于一次性塑料的指令（EU）2019/904，并废除现行包装指令94/62/EC(PPWD)。

2）美国：美国在快递包装回收标准方面的管理较为分散，各州和地方政府负责制定和执行相关标准。一些州制订了强制性的回收计划，要求企业按照一定的标准进行包装回收，但具体的标准和要求因地区而异。

3）日本：日本在快递包装回收标准方面也比较发达。日本的回收标准通常由政府制定和管理，包括了分类回收的标准和要求，以及对回收材料的处理和再利用的规定。

除了上述国家，其他如加拿大、澳大利亚等国家也都有各自的快递包装回收标准和管理体系。还有一些非政府组织和标准组织，如国际标准化组织（International Organization for Standardization，ISO）等，也在推动国际标准化协作。

（3）产品研发与循环网络的创新

跨学科协同设计已成潮流，跨学科协同将物流、工程、设计等领域的专业知识融合起来，共同研究循环包装技术和应用。同时，注重技术创新和研发投入，通过在包装材料、设计和制造工艺等方面进行持续的研究和创新，不断提高循环包装的性能和效能。例如，美国的菌丝包装——使用真菌菌丝制成的包装，具有良好的防震性和生物降解性；玉米淀粉包装——使用玉米淀粉制成的包装；日本的贝壳包装材料——利用贝壳制成的纳米纤维材料等。这些创新产品用于包装食品和电子产品，具有高强度和可回收性等。

此外，还开始建立系统化的循环包装产品供应链，在物流和供应链管理方面进行深入研究。通过优化包装设计、回收和再生制造等，提高包装的循环利用率和运输效率，降低包装的环境影响。

2.4.3 典型行业的循环包装发展概况

2.4.3.1 汽车制造行业

（1）国际技术走向与发展前景分析

国外汽车的发展历史较为悠久，精细化程度较高，标准建立较为完善。德国汽车工业物流包装标准 VDA4500、VDA4525，主要针对运输集装箱的尺寸，制定了相应的包装尺寸、设计、质量标准要求。小件标准周转箱，主要有德系汽车行业 VDA 系列、丰田车系全球推广的欧洲标准箱 EU 系列、本田车系 HP 系列以及其他客户定制相关系列。VDA 标准部分 KLT 周转箱信息如表 2-1 所示。

表 2-1 VDA 标准部分 KLT 周转箱信息

简称	尺寸 L×W×H/mm	颜色 L×：29.936 A×：-0.125 B×：-15.756	容积/dm³ 外部	容积/dm³ 内部	重量/kg	填料重量/kg	峰值负荷/kg
6429-KLT	600×400×280	RAL 5003	65	48	2.97	20	600
6422-KLT	600×400×213	RAL 5003	51	34.9	2.60	20	600
6415-KLT	600×400×147	RAL 5003	35	22	2.10	20	600
4329-KLT	400×300×280	RAL 5003	33	22	1.85	20	600
4322-KLT	400×300×213	RAL 5003	25.5	16.2	1.61	20	600
4315-KLT	400×300×147	RAL 5003	17	10	1.29	20	600
3215-KLT	300×200×147	RAL 5003	8.7	5.3	0.57	20	400
D65-Lid	600×400	RAL 5003	—	—	0.67	—	—
D45-Lid	400×300	RAL 5005	—	—	0.27	—	—
D35-Lid	300×200	RAL 5005	—	—	0.09	—	—

另外,随着欧洲、北美地区的人力与土地成本飞速增长,早在20世纪90年代,德、美等国已着手开始物流自动化技术的研究、开发及应用;特别是近些年的第四次工业革命阶段,美国"再工业化"、德国"工业4.0"和日本"创新25战略"均涉及大力发展物联网和信息技术,提高制造业的智能化水平。对整个生产流程进行监控、数据采集,便于进行数据分析,从而形成高度灵活、个性化、网络化的产业链,生产流程智能化是实现的关键。

智能物流主要通过互联网、物联网和企业内网整合物流资源,充分提高现有物流资源供应方的效率,需求方则能快速获得匹配服务并得到智能物流支持。包装作为物流的基础和载体,成熟的标准化体系、智能化包装及与其匹配的自动化设备和技术,在智能物流中发挥重要的作用。

迄今为止,物流自动化仓储技术在欧美地区大规模化成熟应用,集中体现及对应的包装发展方向与技术简述如下。

①自动化扫描、入库,提高人员操作效率——包装个体级编码及相应读取技术;

②大规模自动化分拣中心部署,实现高密度仓储,提高仓库面积利用率——标准一致的包装器具、标签规范;

③通过自动分拣、自动输送等技术,实现"货到人"模式——标准一致的包装;

④智能调度物流移动设备及相关操作人员,实现资源与需求最优匹配——包装实时跟踪;

⑤智能跟踪卡车位置,实时监控零件运输状态,调配工厂窗口时间——包装实时跟踪。

德国大众公司售后仓库的大/小件全自动分拣中心,1994年建成启用,出货量2100箱/小时;仓库面积4.5万平方米,堆垛机立体库高达22米。这一售后仓库的特点是:下存上排,提升空间利用率;系统智能调度上层的移动设备及人员运作;自动扫描料箱标签,仓库内全过程跟踪物料运转状态;出库分拣自动"货到人"。德国大众公司售后仓库如图2-74所示。

图2-74 德国大众公司售后仓库

德国奥迪公司英戈尔斯塔特总部的售后仓库于 2011 年启用，占地面积 2.8 万平方米，服务工厂年产量 30 万，出货能力 1500 箱/小时。该售后仓库的特点是：仅在接收与出库环节配备人工，单班 3 名铲车工与 12 名拆包工；入库环节配备 26 条巷道及堆垛机，全自动运作 20000 余个库位；自动扫描料箱标签分拣；通过司机的手机 App 监控卡车位置，调配工厂窗口时间，每 1.5 分钟更新一次信息数据。德国奥迪公司英戈尔斯塔特工厂小件全自动分拣中心如图 2-75 所示。

基于良好的物流自动化研究与应用基础，新兴物流技术与设备不断涌现。如：智能拣选料架、空中输送链、无人叉车、卡车集成智能货架、智能视觉穿戴技术、整车自动接收等。随着新技术的涌出和信息化水平的不断提高，整体成本最优化的智能物流技术将逐步提升至较高水平，包装的智能化水平也在不断前行。

图 2-75　德国奥迪公司英戈尔斯塔特工厂小件全自动分拣中心

（2）国内技术水平和发展趋势与国外的差距

中国汽车工业发展史，以引入苏联、东欧国家技术为起点，后经过合资车型的不断引入，自主车型的创立发展，直至新能源汽车产销达到世界领先地位。随着中国汽车工业的发展，中国汽车包装的设计意识、材料及技术、人才发展和物料管理等都在不断发展和创新。

①设计意识方面

包装概念从无到有，中国汽车行业逐步意识到包装在整个物流体系和物流成本中发挥的基础性和关键性作用，借鉴并优化合资车企标准，逐步制定符合"安全、质量、成本、人机工程、标准化、绿色化"包装评价标准六要素的企业级包装技术规范和标准文件，提前规划包装在汽车供应链中的验证节点。图 2-76 所示为汽车包装设计评价标准六要素。

图 2-76　汽车包装设计评价标准六要素

②包装设计、材料及技术方面

随着材料及对应包装的自动化技术的发展，包装逐步由纸箱/木箱等一次性包装往金属/塑料等循环包装发展。结合行业特点，中国汽车行业逐步制定了包装开发的相关步骤和标准文件。图 2-77 所示为汽车行业包装开发七步法。

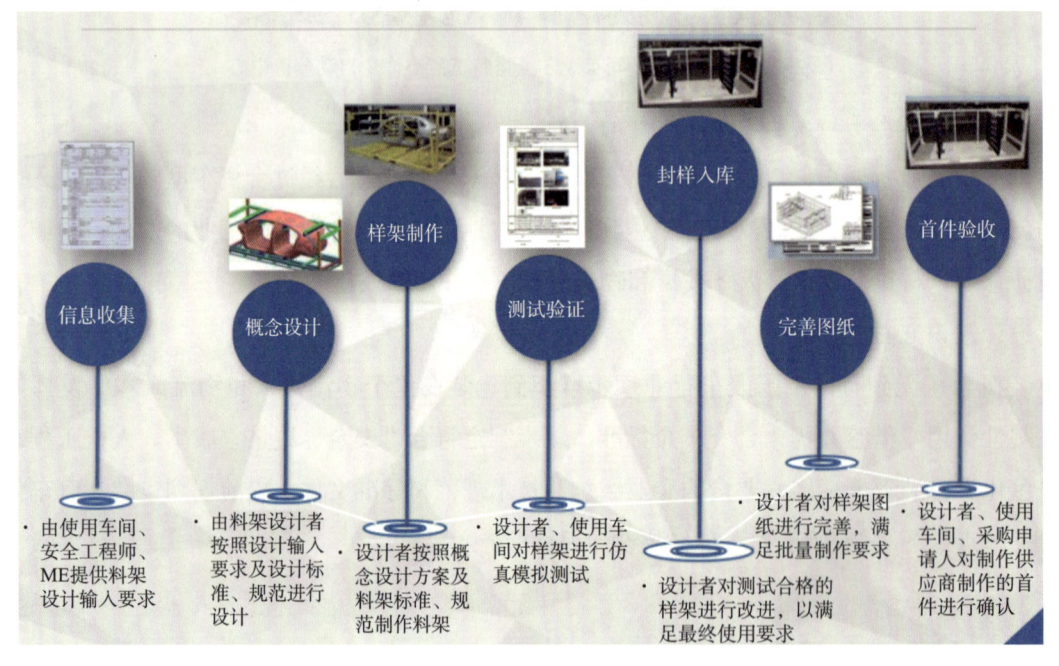

图 2-77　汽车行业包装开发七步法

另外，对于包装新技术的研究投入、发展及使用比例也在逐步上升，包装轻量化、标准化、智能化水平得到较好的发展。特别近几年，随着信息化的不断发展，包装单元追溯及结合物流过程中要货、上线、盘点等业务的实时跟踪技术得到了较大范围的使用。

③人才发展

整车企业、汽车零部件供应商及包装设计供应商多数配有专业的包装技术人员和功能块。对于包装技术人员的不断精细化、专业化，企业与学校都更加重视相关人才培养。

④包装物料管理

随着汽车行业对循环包装的大范围使用，包装的投入、周转、维修、调配等方面的管理要求越来越高，专业的器具管理系统在汽车包装行业也得到了大范围的使用。近几年，随着信息化技术的发展，物联网实时跟踪技术在包装行业得到应用（如图 2-78 所示），结合现有业务环节，实现零件自动接收、自动盘点、全管道库存管理、料箱全过程管理的数字化智能管理，提高运行效率及管理能级。

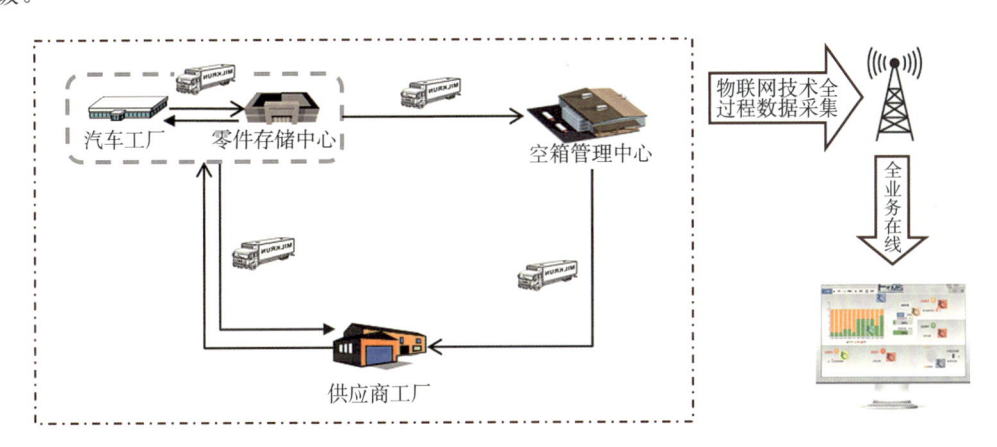

图 2-78 汽车行业对包装物联网技术的应用

包装物联网技术，可实现数据实时跟踪，对于物流行业具有重要的意义和价值：采集零件、料箱全过程数据，为部门数字化、智能化转型提供技术支持；对全供应链进行数据采集、智能管理与决策，提高运行效率及管理能级；优化现场接收人员、盘点人员及单据整理人员的工作，降本增效。

总体对比国外汽车行业包装水平，我国汽车行业在包装方面正在尽力追赶，并部分超越，相信未来我国汽车包装行业将同样成为国际包装的引领者。但仍有行业整体缺乏专业包装规划人员；企业间缺少统一的包装标准和规范；行业缺少整体规划；行业整体系统性不强等问题亟待解决。

2.4.3.2 邮政快递行业

我国拥有世界规模最大的邮政快递网络，"十四五"以来，我国邮政快递业呈现持续高速发展态势，快递业务量连续 8 年居世界第一，发展质效显著提升。据国家邮政局发布的《2023 年邮政行业发展统计公报》，2023 年，我国邮政行业寄递业务量完成 1624.8 亿件。同比增长 16.8%。其中，快递业务量完成 1320.7 亿件，同比增长 19.4%；2023 年邮政行业业务收入（不包括邮政储蓄银行直接营业收入）完成 15293.0 亿元，同比增长 13.2%。其中，快递业务收入完成 12074.0 亿元，同比增长 14.3%；快递业务收入占行业总收入的 79.0%，比 2022 年提高了 0.8%。预计到 2025 年，全国快递总量达到 2052 亿件。图 2-79 为 2007 — 2025 年我国快递业发展趋势。

我国快递业高速发展的同时，包装循环及回收体系尚未有效构建，大多数使用后的快递包装直接进入垃圾场填埋的处理环节，导致了日益严峻的环境污染与资源浪费问题。据有关部门统计，快递包装一年产生的固态垃圾超过 800 万吨。在我国特大城市中，快递包装垃圾增量已占到生活垃圾增量的 93%，部分大型城市为 85% ～ 90%。依照当前快递的发展趋势，2025 年我国快递包装材料消耗量将达到 4127.05 万吨。我国的快递包装迫切需要实现二次、多次利用及可循环以缓解日益增长的环境压力。在全行业推广应用循环包装，不仅是推动快递业高质量、可持续发展的必然要求，还对推进快递包装绿色转型、促进邮政快递业助力我国实现碳达峰碳中和"3060"目标具有重大意义。

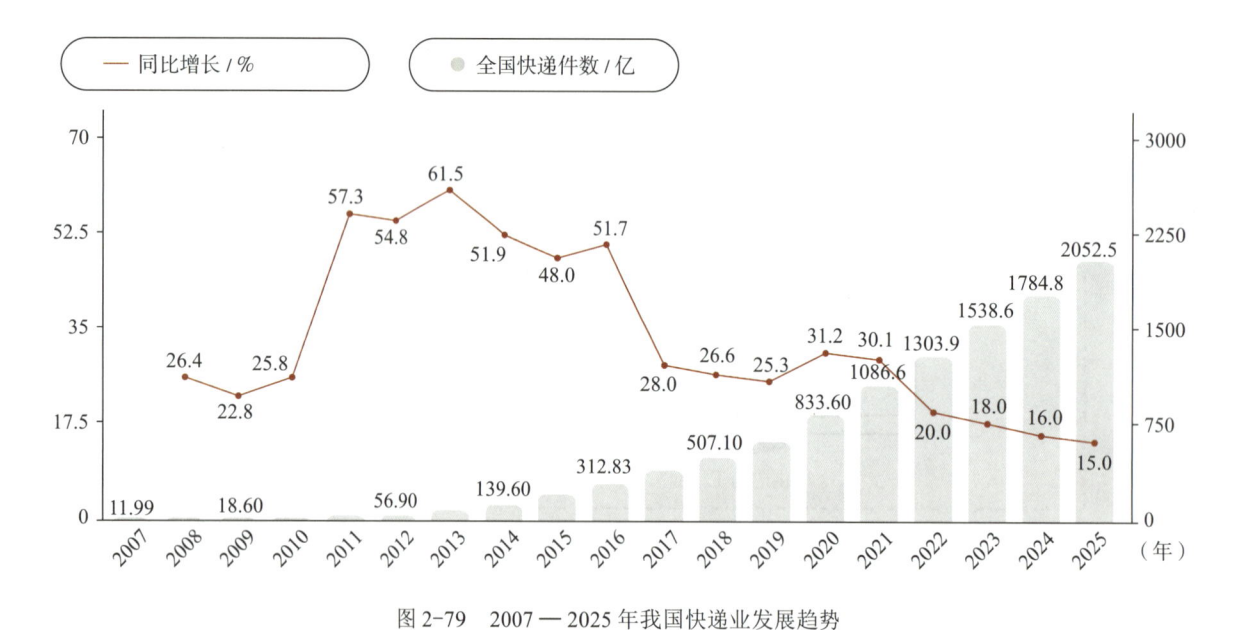

图 2-79　2007 — 2025 年我国快递业发展趋势

邮件快递包装回收与循环被认为是促进快递包装"绿色革命"的关键工程。包装循环是妥善处理快递包装问题，实现高效能、高效率、高效益以及低污染、低消耗、低排放的绿色包装发展模式和重要举措。国务院办公厅转发国家发展和改革委员会等八部门《关于加快推进快递包装绿色转型的意见》的通知（国办函〔2020〕115 号）中提出"到 2025 年，快递包装领域全面建立与绿色理念相适应的法律、标准和政策体系，形成贯穿快递包装生产、使用、回收、处置全链条的治理长效机制；可循环快递包装应用规模达 1000 万个，包装减量和绿色循环的新模式、新业态发展取得重大进展，快递包装基本实现绿色转型"的主要目标和"强化快递包装绿色治理，规范快递包装废弃物回收和处置，培育循环包装新型模式"的政策措施；国家市场监督管理总局等八部门发布《关于加强快递绿色包装标准化工作的指导意见》（国市监标技〔2020〕126 号）中提出"推动标准成为快递绿色包装的'硬约束'，支撑快递包装减量化、绿色化、可循环取得显著成效"。2021 年 7 月，国家发展和改革委员会发布的《"十四五"循环经济发展规划》把"快递包装绿色转型推进行动"列为"十四五"重点行动。

综上所述，我国邮政行业通过政策引导、技术创新等手段，逐步带动快递包装行业朝着绿色化、标准化方向前进，减少了对环境的负面影响，提高了服务质量和效率，推动了整个行业的可持续发展。

2.4.3.3 高端消费品包装（纸制品）行业

以裕同科技的环保包装业务为例。

（1）裕同科技环保包装业务

"新版限塑令"，是指国家发展和改革委员会和生态环境部于2020年1月发布的《关于进一步加强塑料污染治理的意见》（发改环资〔2020〕80号），根据这一文件，我国的塑料污染问题也开始由第一阶段的粗暴禁止向第二阶段的分领域治理转型。

"新版限塑令"限塑的主要领域从2008年的"超市、商场、集贸市场等商品零售场所"扩展到"在塑料污染问题突出领域和电商、快递、外卖等新兴领域"。在限塑力度上，从"工商部门要加强对超市、商场、集贸市场等商品零售场所销售、使用塑料购物袋的监督检查"到"到2022年底，在全部地级以上城市建成区和沿海地区县城建成区的商场、超市、药店、书店等场所以及餐饮打包外卖服务和各类展会活动，禁止使用不可降解塑料袋；县城建成区、景区景点餐饮堂食服务，禁止使用不可降解一次性塑料餐具"。

2016年以来，根据裕同科技高档纸制品生产现状，以及"新版限塑令"下以纸代塑包装技术的实践，裕同科技拓展了环保纸塑包装业务（裕同环保），陆续投资建设江苏昆山、广东东莞、四川宜宾、海南海口、山东潍坊、越南北宁等多个环保包装制造和原料基地，主要生产以高档纸制品加工余料、竹浆、甘蔗渣等制成的环保纸塑产品，具有可降解、无污染的特点。

自2022年开始，裕同环保的纸塑产品已开始大量应用于工业品或食品饮料包装。

（2）裕同科技/裕同环保典型案例

1）工业品包装

裕同环保包装业务在消费电子行业有成熟的服务经验，已为手机、电脑、耳机等配件提供一体化纸浆模塑环保包装解决方案，与精品盒业务协同发展。联想ThinkPad x1内衬与包装盒如图2-80所示。

图2-80 联想ThinkPad x1内衬与包装盒

截至2023年底，联想集团利用裕同环保产品进行的"以竹代塑"行动已直接减少了上千吨发泡塑料的使用，已出货带有竹纤维包装的产品超过800万台（件）。

2）餐饮包装

裕同环保提供全套餐饮包装系列产品（解决方案），包括翻盖餐盒、餐碗、餐盘、打包袋等，可广泛应用于堂食、外卖等方面。主要客户包括航空公司、西班牙某超市集团、美国某知名餐饮行业渠道商等。图 2-81 所示为裕同环保的一次性环保餐盒。

图 2-81　裕同科技的一次性环保餐盒

裕同环保设有食品级车间，严格把控食品包装的生产制程；同时，为客户提供多种生产工艺（湿压、精品干压、干压）与表面印刷工艺，满足客户的多样化定制需求，图 2-82 所示为某品牌冰激凌礼盒。

图 2-82　某品牌冰激凌礼盒

某品牌的咖啡胶囊包装采用天然可再生竹纤维及甘蔗纤维作为原材料，可在自然条件下 90 天内完全降解，反哺土地养分。该咖啡胶囊杯底部采用镂空设计，使其可以直接在该品牌自研咖啡机上作为过滤器使用。冲泡使用后的咖啡胶囊还能摇身一变成为种育盆二次利用，让消费者观赏种子的发芽、成长（如图 2-83 所示）。

图 2-83　某品牌咖啡胶囊包装

3）礼品化妆品行业

在礼品行业中，裕同环保擅长运用竹浆与甘蔗渣混合的植物纤维制作出精美的月饼盒、粽子盒、冰激凌礼盒、化妆品盒等，整体包装全部采用100%可降解材料。如图2-84、图2-85所示。

图 2-84　五芳斋竹青礼盒

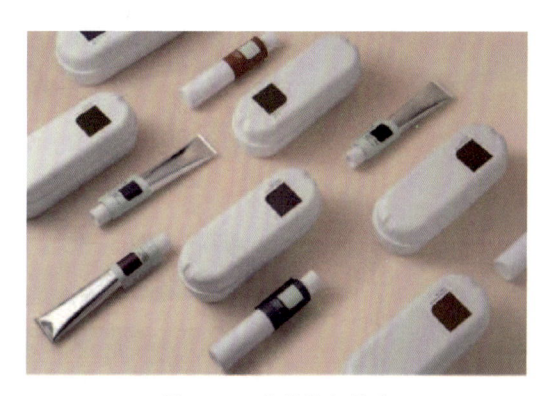

图 2-85　化妆品包装盒

（3）裕同环保包装产品的收益

2022年，裕同环保纸塑产品的收入达到11.2亿元，同比增长62%，受大环境影响，2023年裕同环保纸塑产品的收入约10.64亿元，同比下降4.73%。尽管如此，该产品仍处于快速发展时期。

2.4.3.4　循环包装制造行业

以向商企物流行业提供产品的永康市知路科技有限公司（以下简称"知路科技"）为例。

知路科技是一家致力于可循环使用物流包装容器研发、生产、销售、租赁、回收再生的技术型企业。其开发了不用胶带、不用一次性锁扣耗材即可完成防开启、防盗功能的循环快递包装箱产品，并与京东达成战略合作，成为京东物流的供应商，循环箱"青流箱"在北京、上海、广州、深圳等32个城市常态化使用。与中国邮政集团有限公司、中通快递股份有限公司、上海韵达货运有限公司、苏宁易购集团股份有限公司、德邦物流股份有限公司、北京三快在线科技有限公司（美团）、菜鸟网络科技有限公司、杭州网易严选贸易有限公司、日本良品计画株式会社（无印良品）等物流快递企业达成销售、租赁的合作模式。其特点是：

①研究并解决循环包装箱的若干技术关键问题。包括中空轻量化结构设计、高载荷结构设计、快速折叠收纳技术、耐磨结构设计与内置溯源管理系统等，使循环包装箱能够适应各种不同场景、不同产品的循环包装。

②产品采取销售与租赁并举的方式，解决研发成本与铺货成本居高不下、相互矛盾的问题。销售，可以带来企业利润的快速增长，解决研发和生产成本偏高的问题；租赁，则可以通过多种方式摊薄成本，实现稳定利润收入。

③可提供安全、经济的一体化循环包装解决方案。即采用绿色环保、防水耐腐蚀的原材料，使产品结构减量化、可循环使用、可回收再造，达到绿色化、减量化、可循环的要求。

图 2-86 所示是知路科技的部分产品。

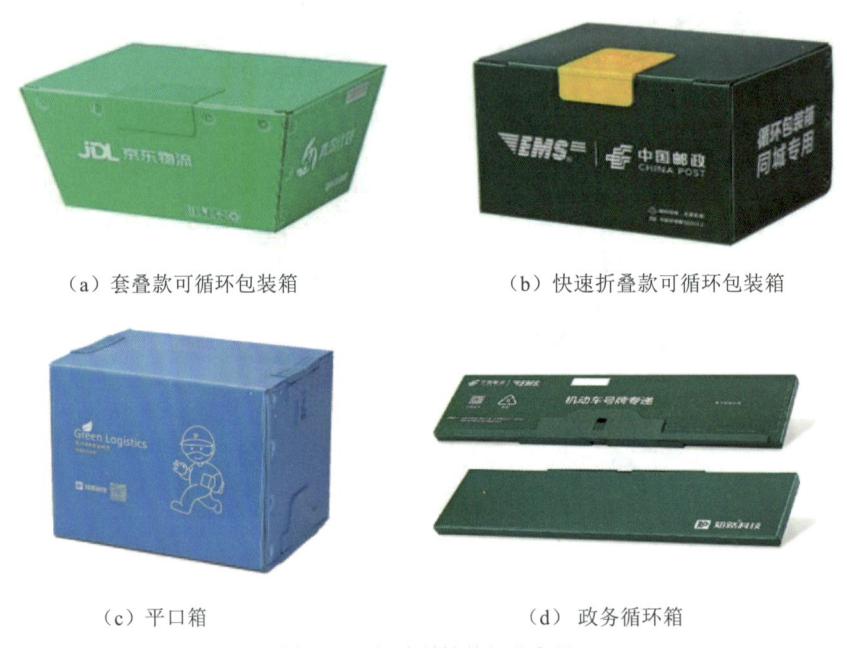

（a）套叠款可循环包装箱　　　　　　（b）快速折叠款可循环包装箱

（c）平口箱　　　　　　（d）政务循环箱

图 2-86　知路科技的部分产品

2.4.3.5　汽车零部件循环与塑料回收包装行业

宁波喜悦智行科技股份有限公司（以下简称"宁波喜悦"）是一家专注于提供定制化可循环包装整体解决方案的国家高新技术企业，成立于 2005 年。经过近 20 年的行业积淀，宁波喜悦构建了完善的研发体系，技术研发中心被评为"省级高新技术企业研究开发中心"和"宁波市企业工程技术中心"，主要产品都构建了良好的知识产权保护体系，现拥有百余项专利。其主导制定了浙江省团体标准《组合式可循环厚壁吸塑包装单元》（T/ZZB 0615 — 2018），推动了可循环厚壁吸塑行业的标准化建设。2023 年，该公司实现营业收入 4.03 亿元[1]。

宁波喜悦的主要产品是不同系列的可循环包装产品，主要服务包括租赁及运营。通过定制化的可循环包装整体解决方案，为汽车及汽车零部件制造、家电制造、果蔬生鲜、快递物流等多个行

1　资料来源：宁波喜悦智行科技股份有限公司。

业的客户提供从定制设计、生产制造、性能测试、租赁及物流运输、仓储管理等全过程的供应链服务。其核心产品与关键技术如下所述。

(1) 循环包装核心产品

包括面向各种应用场景的围板箱、卡板箱、周转箱、吸塑衬垫及内材等，如图2-87所示。

大型围板箱
围板箱、卡板箱

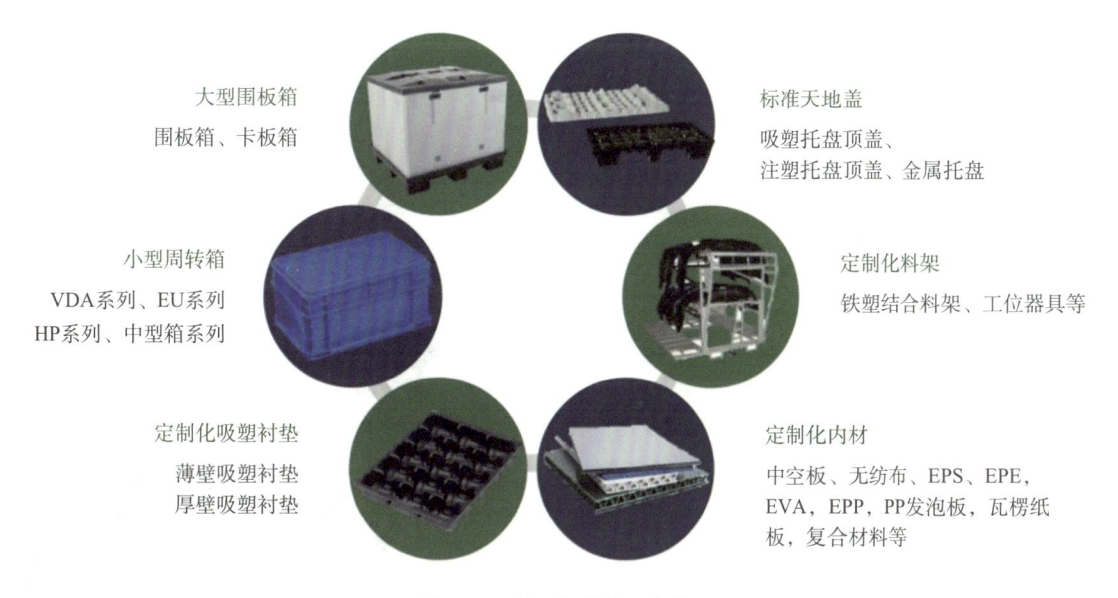

标准天地盖
吸塑托盘顶盖、注塑托盘顶盖、金属托盘

小型周转箱
VDA系列、EU系列
HP系列、中型箱系列

定制化料架
铁塑结合料架、工位器具等

定制化吸塑衬垫
薄壁吸塑衬垫
厚壁吸塑衬垫

定制化内材
中空板、无纺布、EPS、EPE、EVA、EPP、PP发泡板、瓦楞纸板、复合材料等

图2-87　循环包装核心产品

(2) 定制化循环包装服务

2005年，宁波喜悦开始进入汽车零配件行业，提供定制化可循环包装整体解决方案服务。2013年取得德国VDA认证，成为德国大众认证供应商，服务大众、特斯拉、宝马、沃尔沃、本田、长城、福特等众多汽车名企。目前，该服务已经拓展至家电、零配件、果蔬生鲜等更多行业。图2-88所示是其循环包装整体解决方案的服务流程。

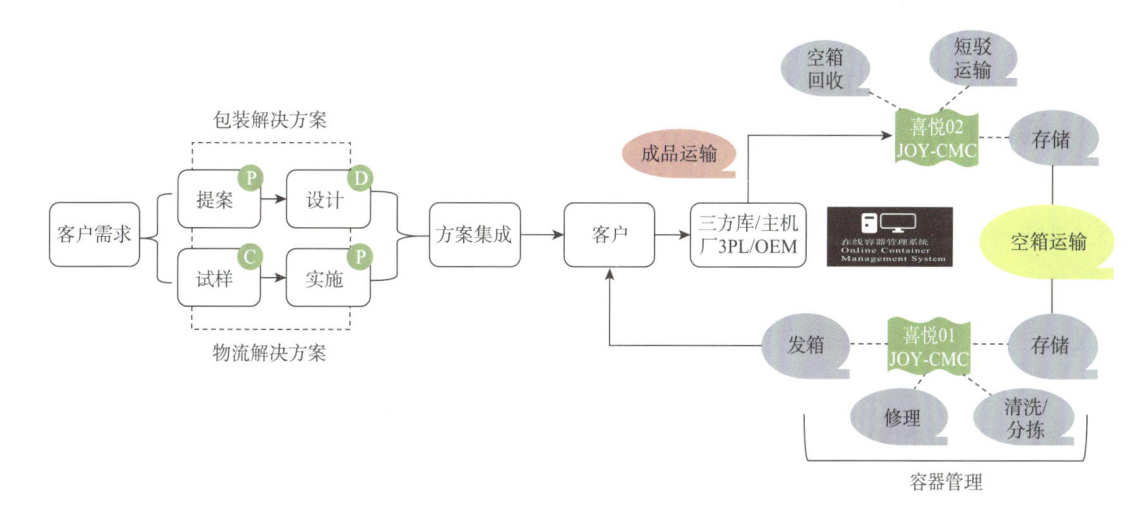

图2-88　循环包装整体解决方案的服务流程

(3) 循环包装租赁循环系统

2015年，宁波喜悦启动循环包装租赁业务，先后在上海、太仓、无锡、宁波、合肥、芜湖等50多个城市建立城市分仓，构建覆盖全国的循环包装回收循环体系，与客户供应链体系对接，形成循环包装闭环服务链路。

2016年，该公司利用超高频RFID技术赋能循环包装容器，实现包装器具流转智能化。在各个仓库部署RFID读写器与ZigBee数据网关，实现资产数据实时采集到云端管理平台。图2-89所示是该公司的循环包装租赁循环系统。

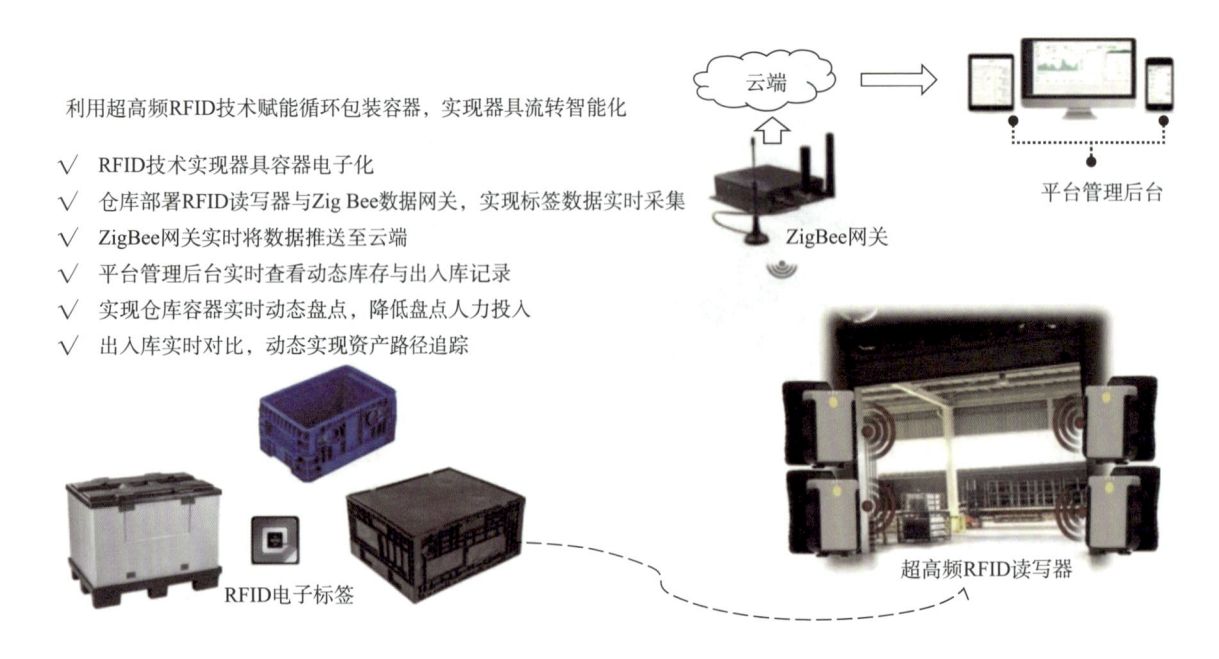

图2-89 循环包装租赁循环系统

(4) 数字资产管理平台

宁波喜悦建设了数字资产管理平台，可以实时查看动态库存与出入库记录；实现仓库包装物料的实时动态盘点，降低盘点的人力投入，提高盘点的准确度；通过实时出入库数据对比，实现资产路径动态追踪。至此完成从传统塑料包装容器生产制造商到循环包装运营商的蜕变。图2-90所示为其数字资产管理平台的仓库数据看板。

(5) 基于智慧物流的大家电绿色循环包装

2021年11月，由中国商业联合会商贸物流与供应链分会和上海长三角电子纸产业技术促进中心共同推动的《大家电绿色循环包装共用管理要求》正式立项，宁波喜悦作为标准组副组长单位，联合海信集团控股股份有限公司、博西华家用电器有限公司、美的集团股份有限公司、松下电器(中国)有限公司、中国国际海运集装箱（集团）股份有限公司和顺丰控股股份有限公司等产业内上下游企业参与标准研讨，共同研究在通过循环降本增效的同时，采用4G智能电子纸面单模块，完成循环包装的智能化提升，实现运输过程的全数字化监管，帮助品牌商及第三方物流降低运输货损、防止窜货、途中开箱、售后退返及传统包装带来的痛点。

这一活动标志着宁波喜悦的循环包装业务开启了从 To B 迈向 To C 的探索。

图 2-90　数字资产管理平台的仓库数据看板

循环包装是实现包装行业绿色环保、节本降耗的重要手段。可以看出，从设计、生产、应用到循环、再生，循环包装几乎涉及国民经济的方方面面。从调研来看，我国循环包装行业的市场容量大、发展速度快，绝大多数应用行业都已开展循环包装相关研究和产品研发，其中，在邮政快递业、汽车制造行业和物流行业等都已形成一定规模，并有比较成熟的循环体系。但由于缺乏顶层设计和政策法规引导，整体上还存在循环包装产业链各环节"各自为战"的问题，从原辅材料→循环包装产品→相关智能与网络技术→相关设备→应用端，有着明显的界限。在全社会推广应用循环包装技术，尚需要整合相关政策、资本、技术和生产领域的力量共同探讨，以彻底解决不同品类、不同行业的包装物料循环使用问题。

3 循环包装行业发展影响因素

3.1 循环包装行业相关国家政策法规

3.1.1 循环包装行业相关国家政策

包装行业在我国有较长的发展历史，已经形成了较为成熟的产业链。但是近些年来，绿色、可持续的发展思潮使得包装行业逐渐转型升级，传统的包装企业受到巨大的威胁，新型的可循环包装逐渐被人们所接受。国家针对包装行业问题出台了一系列政策，旨在淘汰落后产能，推动产业发展，促进中国经济可持续发展。从包装行业的政策发展历程来看，"绿色"和"环保"一直是包装行业政策的主要内容，而循环包装的优势将进一步凸显，成为绿色和环保包装的主要方向，具有良好的发展前景，如图 3-1 所示。

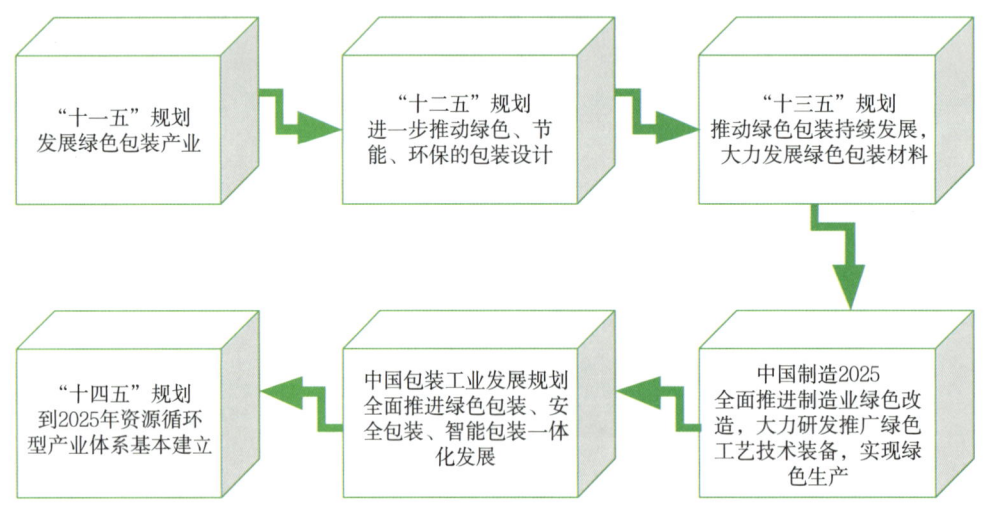

图 3-1　循环包装行业政策发展历程

2016 年 12 月，国内开始推广绿色包装技术。工业和信息化部、商务部在《关于加快我国包装产业转型发展的指导意见》中提出，"推行简约化、减量化、复用化及精细化包装设计技术，扶持包装企业开展生态（绿色）设计，积极应用生产质量品质高、资源能源消耗低、对人体健康和环境影响小、便于回收利用的绿色包装材料，提高覆盖包装全生命周期的科学设计能力"。"研究制定包装分类回收利用支持政策，支持将绿色包装产业列为国家重点鼓励发展的产业目录，加大对取得绿色包装认证的企业、创新型企业以及低成本、低能耗、近零排污包装工艺与设备研发的政策扶持力度，强化对核心技术的支持和品牌产品的推广，提高包装循环利用率。"

2019 年 5 月实施的 GB/T 37422 — 2019《绿色包装评价方法与准则》标准围绕"绿色包装"定义，在标准编制过程中融入了"全生命周期"理念，在评价指标上涉及了资源、能源、环境、产品四大属性，在框架上规定了绿色包装评价准则、评价方法、评价报告内容和格式，并对重复使用、实际回收利用率、降解性能等重点指标赋予较高分值。

2020年1月16日，国家发展和改革委员会与生态环境部印发了《关于进一步加强塑料污染治理的意见》，明确提出积极应对塑料污染，有序禁止、限制部分塑料制品的生产、销售和使用，积极推广可循环、易回收的替代产品，增加绿色产品供给，规范塑料废弃物回收利用，建立健全各环节管理制度，有力、有序、有效治理塑料污染的一系列政策措施。

2020年3月，国家发展和改革委员会、司法部下发《关于加快建立绿色生产和消费法规政策体系的意见》，明确指出"加快建立健全快递、电子商务、外卖等领域绿色包装的法律、标准、政策体系，减少过度包装和一次性用品使用，鼓励使用可降解、可循环利用的包装材料、物流器具。健全再生资源分类回收利用等环节管理和技术规范"。

2020年6月，国家邮政局发布《邮件快件绿色包装规范》，其中提出邮件快件绿色包装要坚持标准化、减量化和可循环的工作目标，并且建议"寄递企业与包装生产企业、科研单位、高等院校以及环保组织加强协作，强化产学研衔接，推进绿色包装研发、设计和生产，聚焦包装问题深化探索创新，推进绿色产品、技术和模式应用"。

2020年11月，国务院办公厅转发国家发展和改革委员会等部门《关于加快推进快递包装绿色转型意见》的通知，文中将可循环快递包装应用作为主要目标。至2022年，可循环快递包装应用规模达700万个；至2025年，可循环快递包装应用规模达1000万个。此外，明确提出通过"推广可循环包装产品""培育可循环快递包装新模式""加强可循环快递包装基础设施建设"三大方式推进可循环快递包装应用。

2021年11月，工业和信息化部在《"十四五"工业绿色发展规划》中指出，在循环经济方面，强化工业固废综合利用，减少资源消耗，促进协同降碳。

2021年1月，国家邮政局实施"2582"工程，要求到2021年底前实现全行业可循环快递箱（盒）使用量达500万个。国家将鼓励相关企业创新技术和商业模式，推行可循环快递包装规模化应用，完善回收基础设施建设，逐步降低运营成本。

2021年1月，商务部印发《关于推动电子商务企业绿色发展工作的通知》，提出"鼓励电商企业参与快递包装循环利用新技术、新产品研发并积极推广应用，与快递企业、商业机构、便利店和物业服务企业等创新合作，建立可循环快递包装回收渠道，探索建立上下游衔接、跨平台互认的运营体系"。

2021年3月，《关于加快推动制造服务业高质量发展的意见》中提出支撑制造业绿色发展，"发展回收与利用服务，完善再生资源回收利用体系，畅通汽车、纺织、家电等产品生产、消费、回收、处理、再利用全链条，实现产品经济价值和社会价值最大化。"

2021年3月，"推动快递包装绿色转型"被列入2021年《政府工作报告》重点工作。

2021年7月，国家发展和改革委员会印发《"十四五"循环经济发展规划》，提出"立足新发展阶段、贯彻新发展理念、构建新发展格局，坚持节约资源和保护环境的基本国策，遵循'减量化、再利用、资源化'原则，着力建设资源循环型产业体系，加快构建废旧物资循环利用体系，深化农业循环经济发展，全面提高资源利用效率，提升再生资源利用水平，建立健全绿色低碳循环发展经济体系，为经济社会可持续发展提供资源保障"的总体思路。其中明确指出，要大力发展循环经济，推进资源节约集约循环利用，对保障国家资源安全，推动实现碳达峰、碳中和，促进生态文明建设具有十分重要的意义。

2021年12月，国家发展和改革委员会、商务部、国家邮政局联合印发《关于组织开展可循环快递包装规模化应用试点的通知》，明确提出"试点企业联合电商企业和可循环包装企业建立合理的成本分担机制"。

2022年1月，国家邮政局实施"9917"工程，推动快递包装减量化、标准化和循环化，要求到2022年底实现采购使用符合标准的包装材料比例达到90%，规范包装操作比例达到90%，可循环快递箱达到1000万个，回收复用瓦楞纸箱7亿个。

2022年9月，国务院办公厅印发《关于进一步加强商品过度包装治理的通知》，明确要"进一步完善再生资源回收体系，鼓励各地区以市场化招商等方式引进专业化回收企业，提高包装废弃物回收水平。鼓励商品销售者与供应方订立供销合同时对商品包装废弃物回收作出约定"。

2023年1月，国家邮政局实施"9218"工程，要求加快推进快递包装绿色低碳转型，电商快件不再二次包装比例达到90%，深入推进过度包装和塑料污染两项治理，使用可循环快递包装的邮件快件达到10亿件，回收复用质量完好的瓦楞纸箱8亿个。

2023年5月，商务部、国家发展和改革委员会联合发布《商务领域经营者使用、报告一次性塑料制品管理办法》，要求"电子商务经营者应当优先采用可重复使用、易回收利用的包装物，遵守国家包装管理有关规定"。"鼓励电子商务平台（含外卖平台）企业与快递企业、环卫单位、回收企业等开展合作，在写字楼、学校、大型社区等重点区域投放一次性塑料制品回收设施；鼓励电子商务平台（含外卖平台）企业通过建立积分反馈、绿色信用等机制引导消费者使用替代产品，减少快递包装环节一次性塑料制品使用。"

2023年10月20日，国家发展和改革委员会发布《国家碳达峰试点建设方案》，为落实国务院《2030年前碳达峰行动方案》有关部署，在全国范围内选择100个具有典型代表性的城市和园区开展碳达峰试点建设，聚焦破解绿色低碳发展面临的瓶颈制约，探索不同资源禀赋和发展基础的城市和园区碳达峰路径，为全国提供可操作、可复制、可推广的经验做法。

2023年11月23日，国家发展和改革委员会、国家邮政局、工业和信息化部、财政部、住房城乡建设部、商务部、国家市场监督管理总局和最高人民检察院等八部门发布《深入推进快递包装绿色转型行动方案》，提出要"加快构建新发展格局，着力推动高质量发展，强化快递包装绿色治理，聚焦重点领域和突出问题，有步骤、分阶段综合施策，加大力度扎实推进快递包装减量化，加快培育可循环快递包装新模式，持续推进废旧快递包装回收利用，提升快递包装标准化、循环化、减量化、无害化水平，促进电商、快递行业高质量发展，为发展方式绿色转型提供支撑"。

2024年3月17日，国家发展和改革委员会颁布实施《节能降碳中央预算内投资专项管理办法》，提出"按照科学、民主、公正、高效的原则，平等对待各类投资主体，紧紧围绕实现碳达峰碳中和，统筹安排节能降碳中央预算内投资资金，坚持'一钱多用'，积极支持国家重大战略实施过程中符合条件的项目"。采取投资补助等方式以支持前期手续齐全、具备开工条件的计划新开工或在建项目。重点支持内容包含可循环快递包装项目等。

综上所述，政府相关部门为了推进包装绿色转型，出台了一系列相关政策以规范、引导和扶持包装行业的发展，加强包装行业治理监督执法，强化刚性约束。表 3-1 列举了近年来国家各部委出台的一些相关政策。

表 3-1　国家各部委发布的循环包装行业相关政策

序号	名　称	制定机关	施行时间	时效性	相关内容
1	《关于加快发展循环经济的若干意见》	国务院	2005 年 7 月 2 日	现行有效	力争到2010年建立比较完善的发展循环经济法律法规体系、政策支持体系、体制与技术创新体系和激励约束机制。资源利用效率大幅度提高，废物最终处置量明显减少，建成大批符合循环经济发展要求的典型企业。推进绿色消费，完善再生资源回收利用体系。建设一批符合循环经济发展要求的工业（农业）园区和资源节约型、环境友好型城市
2	《循环经济标准化试点工作指导意见》	国家标准化管理委员会	2009 年 6 月 29 日	现行有效	通过循环经济标准化试点工作，树立一批循环经济标准化示范的典型企业、产业园区和城市，以点带面，推动技术标准的应用和实施，培养一批国家标准化人才，推动企业产业园区建立循环经济标准体系，促进企业、产业园区、城市获得良好的经济效益、社会效益和环境效益
3	《关于支持循环经济发展的投融资政策措施意见的通知》	国家发展和改革委员会、中国人民银行、中国银行业监督管理委员会[1]、中国证券监督管理委员会	2010 年 4 月 19 日	现行有效	制定循环经济发展规划；加大对循环经济投资的支持力度；研究完善促进循环经济发展的产业政策；研究促进循环经济发展的相关价格和收费政策；全面改进和提升支持循环经济发展的金融服务；多渠道拓展促进循环经济发展的直接融资途径；加大利用国外资金对循环经济发展的支持力度

1　中国银行业监督管理委员会于 2018 年 3 月撤销。

(续表)

序号	名　称	制定机关	施行时间	时效性	相关内容
4	《关于推进再制造产业发展的意见》	国家发展和改革委员会、科学技术部等	2010年5月13日	现行有效	推动循环经济形成较大规模，加快建设资源节约型、环境友好型社会。各级循环经济发展综合管理部门要充分发挥牵头作用，切实履行循环经济组织协调、监督管理的职责
5	《"十二五"循环经济发展规划》	国务院	2012年12月12日	现行有效	发展循环经济是我国经济社会发展的重大战略任务，是推进生态文明建设、实现可持续发展的重要途径和基本方式
6	《循环经济发展战略及近期行动计划》	国务院	2013年1月23日	现行有效	发展循环经济是我国的一项重大战略决策，是推进生态文明建设的重大举措，是加快转变经济发展方式，建设资源节约型、环境友好型社会，实现可持续发展的必然选择
7	关于印发《2015年循环经济推进计划》的通知	国家发展和改革委员会	2015年4月14日	现行有效	推动区域和社会层面循环经济发展；以推广循环经济典型模式为抓手，提升重点领域循环经济发展水平；大力传播循环经济理念，进一步发挥循环经济在经济转型升级中的作用，努力完成"十二五"规划纲要提出的循环经济各项目标
8	《中国制造2025》	国务院	2015年5月19日	现行有效	要着力发展智能装备和智能产品，推进生产过程智能化，培育新型生产方式，全面提升企业研发、生产、管理和服务的智能化水平。未来随着智能制造的不断普及，智能包装印刷将成为行业未来的发展方向
9	《关于加快发展农业循环经济的指导意见》	国家发展和改革委员会等三部门	2016年2月1日	现行有效	到2020年，建立起适应农业循环经济发展要求的政策支撑体系，基本构建起循环型农业产业体系
10	《轻工业发展规划（2016—2020）》	工业和信息化部	2016年7月16日	时效已过	推动塑料制品工业向功能化、轻量化、生态化、微型化方向发展。大力发展超小型、超高精度、超高速、智能控制的塑料高端加工设备，加大对塑料加工设备精密化、智能化改造，加快高精度塑料检测设备及仪器研发及应用

（续表）

序号	名　称	制定机关	施行时间	时效性	相关内容
11	《消费品标准和质量提升规划（2016—2020年)》	国务院办公厅	2016年9月12日	时效已过	深化消费品供给侧结构性改革，提升消费品标准和质量水平，确保消费品质量安全，扩大有效需求，提高人民生活品质，夯实消费品工业发展根基，推动"中国制造"迈向中高端，有力推动"中国制造2025"顺利实施，为经济社会发展增添新动力
12	《循环发展引领行动》	国家发展和改革委员会等十四部门	2017年4月21日	现行有效	建立再生产品和再生原料推广使用制度，强化循环经济标准和认证制度，推行生产者责任延伸制等
13	《关于积极推进供应链创新与应用的指导意见》	国务院办公厅	2017年10月5日	现行有效	倡导绿色消费理念，培育绿色消费市场。鼓励流通环节推广节能技术，加快节能设施设备的升级改造，培育一批集节能改造和节能产品销售于一体的绿色流通企业。要求开发应用绿色包装材料，建立绿色物流体系
14	《完善促进消费体制机制实施方案（2018—2020)》	国务院办公厅	2018年9月24日	现行有效	要求扩大绿色消费，推动绿色流通发展，倡导流通环节减量包装、使用可降解包装
15	《关于进一步加强塑料污染治理的意见》	国家发展和改革委员会、生态环境部	2020年1月16日	现行有效	推广应用替代产品。在商场、超市、药店、书店等场所，推广使用环保布袋、纸袋等非塑制品和可降解购物袋，鼓励设置自助式、智慧化投放装置，方便群众生活
16	《关于加快建立绿色生产和消费法规政策体系的意见》	国家发展和改革委员会、司法部	2020年3月11日	现行有效	加快建立健全快递、电子商务、外卖等领域绿色包装的法律、标准、政策体系，减少过度包装和一次性用品使用，鼓励使用可降解、可循环利用的包装材料、物流器具
17	《关于进一步降低物流成本实施意见》	国务院办公厅	2020年5月20日	现行有效	积极发展绿色物流。深入推动货物包装和物流器具绿色化、减量化，鼓励企业研发使用可循环的绿色包装和可降解的绿色包材。加快推动建立托盘等标准化装载器具循环共用体系，减少企业重复投入

(续表)

序号	名称	制定机关	施行时间	时效性	相关内容
18	《邮件快件绿色包装规范》	交通运输部	2020年6月12日	现行有效	邮件快件绿色包装坚持标准化、减量化和可循环的工作目标，加强与上下游协同，注意节约资源，杜绝过度包装，避免浪费和污染环境
19	《关于加强快递绿色包装标准化工作的指导意见》	国家市场监督管理总局、国家发展和改革委员会、科学技术部等	2020年7月28日	现行有效	2022年底前，制定实施快递包装材料无害化强制性国家标准，分批出台一批与绿色发展理念相适应的包装材料、产品、管理与服务标准，基本建立覆盖全面、重点突出、结构合理的快递绿色包装标准体系
20	《关于加快推进快递包装绿色转型的意见》	国务院办公厅	2020年12月14日	现行有效	2022年，快递包装领域法律法规体系进一步健全；全面建立统一规范、约束有力的快递绿色包装标准体系；快递包装标准化、绿色化、循环化水平明显提升。到2025年，快递包装领域全面建立与绿色理念相适应的法律、标准和政策体系，电商快件基本实现不再二次包装，包装减量和绿色循环的新模式、新业态取得重大进展，快递包装基本实现绿色转型
21	《关于推动电子商务企业绿色发展工作的通知》	商务部	2021年1月7日	现行有效	推动快递包装减量、推进可循环包装应用
22	《关于加快建立健全绿色低碳循环发展经济体系的指导意见》	国务院	2021年2月2日	现行有效	加快实施钢铁、石化、化工、有色、建材、纺织、造纸、皮革等行业绿色化改造。推行产品绿色设计，建设绿色制造体系
23	《中华人民共和国国民经济和社会发展第十四个五年规划和2035年远景目标纲要》	全国人民代表大会	2021年3月11日	现行有效	全面推行循环经济理念，构建多层次资源高效循环利用体系
24	《关于加快推动制造服务业高质量发展的意见》	国家发展和改革委员会、教育部、科学技术部等	2021年3月16日	现行有效	开展绿色产业示范基地建设，搭建绿色发展促进平台，培育一批具有自主知识产权和专业化服务能力的市场主体，推动提高钢铁、石化、化工、有色、建材、纺织、造纸、皮革等行业绿色化水平

(续表)

序号	名称	制定机关	施行时间	时效性	相关内容
25	《关于做好标准化物流周转箱推广应用有关工作的通知》	交通运输部等八部门	2021年4月1日	现行有效	推动标准化物流周转箱循环共用在试点省份、示范城市、试点项目中先行先试；鼓励龙头骨干企业推广使用标准化物流周转箱，提高物流周转箱循环共用的应用比例
26	《"十四五"循环经济发展规划》	国家发展和改革委员会	2021年7月1日	现行有效	明确了快递包装绿色转型推进行动。支持建立快递包装产品合格供应商制度，推动生产企业自觉开展包装减量化
27	《完善能源消费强度和总量双控制度方案》	国家发展和改革委员会	2021年9月11日	现行有效	对高耗能企业进行监控，实现能耗双控和经济转型，促进企业健康和可持续发展
28	《关于完整准确全面贯彻新发展理念做好碳达峰碳中和工作的意见》	中国共产党中央委员会、国务院	2021年9月22日	现行有效	加快形成绿色生产生活方式。大力推动节能减排，全面推进清洁生产，加快发展循环经济，加强资源综合利用，不断提升绿色低碳发展水平
29	《2030年前碳达峰行动方案》	国务院	2021年10月24日	现行有效	抓住资源利用这个源头，大力发展循环经济，全面提高资源利用效率，充分发挥减少资源消耗和降碳的协同作用
30	《"十四五"工业绿色发展规划》	工业和信息化部	2021年11月15日	现行有效	在循环经济方面，强化工业固废综合利用，减少资源消耗，促进协同降碳
31	《关于组织开展可循环快递包装规模化应用试点的通知》	国家发展和改革委员会、商务部、国家邮政局	2021年12月6日	时效已过	在2022年1月—2023年12月，以寄递企业为主体，联合上下游相关方共同开展试点，试点范围以企业到个人消费者以及个人消费者之间的邮件快件规模化应用可循环包装为主，优先选择品类适宜且业务量较大的快递路线或城市（区域）开展

（续表）

序号	名 称	制定机关	施行时间	时效性	相关内容
32	《关于加快废旧物资循环利用体系建设的指导意见》	国家发展和改革委员会、商务部等七部门	2022年1月21日	现行有效	到2025年，废旧物资循环利用政策体系进一步完善，资源循环利用水平进一步提升
33	《关于进一步加强商品过度包装治理的通知》	国务院办公厅	2022年9月8日	现行有效	要鼓励寄递企业使用低克重、高强度的纸箱、免胶纸箱，通过优化包装结构减少填充物使用量。推行快递包装绿色产品认证，推广使用绿色快递包装。督促指导电商平台企业加强对平台内经营者的引导，提出快递包装减量化要求。督促指导电商企业加强上下游协同，设计并应用满足快递物流配送需求的电商商品包装，推广电商快件原装直发
34	《关于统筹节能降碳和回收利用 加快重点领域产品设备更新改造的指导意见》	国家发展和改革委员会等九部门	2023年2月20日	现行有效	到2025年，通过统筹推进重点领域产品设备更新改造和回收利用，进一步提高高效节能产品设备市场占有率。到2030年，重点领域产品设备能效水平进一步提高，推动重点行业和领域整体能效水平和碳排放强度达到国际先进水平。产品设备更新改造和回收利用协同效应有效增强，资源节约集约利用水平显著提升，为顺利实现碳达峰目标提供有力支撑
35	《碳达峰碳中和标准体系建设指南》	国家标准化管理委员会、国家发展和改革委员会等十一部门	2023年4月1日	现行有效	围绕基础通用标准，以及碳减排、碳清除、碳市场等发展需求，基本建成碳达峰碳中和标准体系。到2025年，制定、修订不少于1000项国家标准和行业标准（包括外文版本），与国际标准一致性程度显著提高，主要行业碳核算核查实现标准全覆盖，重点行业和产品能耗能效标准指标稳步提升。实质性参与绿色低碳相关国际标准不少于30项，绿色低碳国际标准化水平明显提升

(续表)

序号	名称	制定机关	施行时间	时效性	相关内容
36	《国家碳达峰试点建设方案》	国家发展和改革委员会	2023年11月6日	现行有效	落实国务院《2030年前碳达峰行动方案》有关部署在全国范围内选择100个具有典型代表性的城市和园区开展碳达峰试点建设，聚焦破解绿色低碳发展面临的瓶颈制约，探索不同资源禀赋和发展基础的城市和园区碳达峰路径，为全国提供可操作、可复制、可推广的经验做法
37	《关于加快建立产品碳足迹管理体系的意见》	国家发展和改革委员会、工业和信息化部等五部门	2023年11月13日	现行有效	到2025年，国家层面出台50个左右重点产品碳足迹核算规则和标准，一批重点行业碳足迹背景数据库初步建成，国家产品碳标识认证制度基本建立，碳足迹核算和标识在生产、消费、贸易、金融领域的应用场景显著拓展，若干重点产品碳足迹核算规则、标准和碳标识实现国际互认。到2030年，国家层面出台200个左右重点产品碳足迹核算规则和标准，一批覆盖范围广、数据质量高、国际影响力强的重点行业碳足迹背景数据库基本建成，国家产品碳标识认证制度全面建立，碳标识得到企业和消费者的普遍认同，主要产品碳足迹核算规则、标准和碳标识得到国际广泛认可，产品碳足迹管理体系为经济社会发展全面绿色转型提供有力保障
38	《深入推进快递包装绿色转型行动方案》	国家发展和改革委员会、国家邮政局等八部门	2023年11月23日	现行有效	实施七项行动：快递包装减量化专项指导行动；电商平台企业引领行动；快递包装供应链绿色升级行动；可循环快递包装推广行动；快递包装回收利用和处置行动；快递包装监管执法行动；快递包装绿色转型主题宣传行动

(续表)

序号	名 称	制定机关	施行时间	时效性	相关内容
39	《关于加快构建废弃物循环利用体系的意见》	国务院办公厅	2024年2月9日	现行有效	到2025年，初步建成覆盖各领域、各环节的废弃物循环利用体系。明确了五方面政策举措：一是推进废弃物精细管理和有效回收；二是提高废弃物资源化和再利用水平；三是加强重点废弃物循环利用；四是培育壮大资源循环利用产业；五是完善政策机制

循环包装与国家的生态环保、双碳政策密切相关。2023年8月15日是我国首个全国生态日。国家发展和改革委员会表示，我国碳达峰碳中和"1+N"政策体系构建完成，并持续落实。其中，"1"是中共中央、国务院印发的《关于完整准确全面贯彻新发展理念做好碳达峰碳中和工作的意见》和国务院出台的《2030年前碳达峰行动方案》，在"1+N"政策体系中发挥统领作用；"N"则包括能源、工业、交通等重点领域重点行业碳达峰实施方案，以及科技支撑、能源保障、碳汇能力等保障方案。与此同时，各省（市、区）基于资源环境禀赋、产业布局、发展阶段等实际，制定本地区碳达峰行动方案，提出了符合实际、切实可行的任务目标。2023年以来，与"双碳"相关的政策制度体系陆续完善，"双碳"工作基础能力显著增强。

2023年7月，中央全面深化改革委员会第二次会议审议通过《关于推动能耗双控逐步转向碳排放双控的意见》。该文件提出有计划、分步骤推动制度转变的工作安排和实施路径，将为加快促进经济社会发展全面绿色转型、助力推动高质量发展提供有力政策支持。

2023年8月，国家发展和改革委员会、科学技术部等十部门印发《绿色低碳先进技术示范工程实施方案》。通过实施绿色低碳先进技术示范工程，布局一批技术水平领先、减排效果突出、示范效应明显、减污降碳协同的项目，不仅有利于先进适用技术的应用推广，还有利于完善绿色低碳新产业新业态发展的商业模式和政策环境的形成，这是促进形成绿色低碳产业竞争优势的关键举措。国家发展和改革委员会相关负责人表示，聚焦源头减碳、过程降碳、末端固碳三大重点方向，布局一批技术水平领先、减排效果突出、减污降碳协同、示范效应明显的项目，可为经济社会的高质量发展提供绿色动能。

2023年11月，国家发展和改革委员会、工业和信息化部等五部门印发《关于加快建立产品碳足迹管理体系的意见》，提出推动建立符合国情实际的产品碳足迹管理体系，发挥产品碳足迹管理体系对生产生活方式绿色低碳转型的促进作用，为实现碳达峰碳中和提供支撑。产品碳足迹管理体系的建立将有利于推动产业升级，助力企业节能降碳。这一文件提出优化产品设计、提高生产过程的能源利用效率、降低废弃物排放等具体措施，将促使企业加大技术创新和绿色生产力度。同时，通过对产品碳足迹的核算和公示，有利于消费者了解产品的环保性能，从而引导市场需求向绿色方向转变。

在相关国家政策的大背景下，我国循环包装有着更加广阔的发展前景。

3.1.2　循环包装行业相关法律法规与规章

1988年10月1日，原商业部发布的《商业运输管理办法》正式生效，其中第十四条提到"旧包装复用或原包装重新发运时，应将与本次运输无关的各种旧图示标志、理货标志和运输标志彻底清除或覆盖；装过有毒品、剧毒品、腐蚀性物品、放射性物品的包装，严禁用作其他商品包装"。《商业运输管理办法》指出包装复用时应对其进行彻底清理，部分特殊行业产品包装不能在复用过程中与其他包装混用，这一要求在后续颁布的《中华人民共和国食品安全法》和《中华人民共和国药品管理法》中涉及包装的部分有所体现。

1990年，原商业部在《关于进一步做好商品包装工作的通知》中提到要加强旧包装加工改制的技术改造，提高改制包装容器的质量，提高包装复用率。

以上两个文件对包装复用的要求建议较为明确，正式的法律条文，则有2002年6月29日颁布，2012年2月29日修正，并于同年7月1日开始实施的《中华人民共和国清洁生产促进法》，其中第二十条"产品和包装物的设计，应当考虑其在生命周期中对人类健康和环境的影响，优先选择无毒、无害、易于降解或者便于回收利用的方案"对包装材料使用做出了要求，而第三十三条"依法利用废物和从废物中回收原料生产产品的，依照国家规定享受税收优惠"则能更好地激励企业朝资源回收复用的方向发展。

包装产业作为资源消耗型产业，其产品的回收利用对资源可持续利用和经济循环发展有十分重要的意义。2008年8月29日颁布，2018年修正并于同年10月26日公布实施的《中华人民共和国循环经济促进法》第二条提及"本法所称再利用，是指将废物直接作为产品或者经修复、翻新、再制造后继续作为产品使用，或者将废物的全部或者部分作为其他产品的部件予以使用。本法所称资源化，是指将废物直接作为原料进行利用或者对废物进行再生利用"。虽然该法第四章中对于再利用和资源化的具体要求没有提及包装产业，但其对产品废物回收利用的方式可被包装产业借鉴，且在《包装资源回收利用暂行管理办法》中，对包装回收利用的办法和技术要求等做了详细解读。

2020年9月1日起实施的《中华人民共和国固体废物污染环境防治法》是在1996年4月1日起正式实施的《中华人民共和国固体废物污染环境防治法》的基础上经全国人民代表大会常务委员会多次修正后通过的一部关于固体废物污染环境防治的法律，其中也对产品和包装物的设计发展做出相关规定，其中第十条规定，"国家鼓励、支持固体废物污染环境防治的科学研究、技术开发、先进技术推广和科学普及，加强固体废物污染环境防治科技支撑"。包装工业生产和商品消费后废弃的各种包装废弃物属于固体废弃物，因此，该法对循环包装的发展也具有指引作用。

2020年9月22日，习近平总书记在第七十五届联合国大会一般性辩论上宣布，中国的二氧化碳排放力争于2030年前达到峰值，努力争取2060年前实现碳中和。这就是"双碳"战略目标。

2021年3月12日开始实施的《邮件快件包装管理办法》中第十七条提出"鼓励寄递企业建立可循环包装物信息系统，在分拣、转运、投递等环节提升可循环包装物的使用效率。鼓励寄递企业之间、寄递企业与包装物供应商等市场主体之间健全共享机制，扩大可循环包装物的应用范围。"

2023年5月，商务部与国家发展和改革委员会颁布《商务领域经营者使用、报告一次性塑料制品管理办法》，明确提出鼓励和引导商务领域减少使用、积极回收塑料袋等一次性塑料制品，推广应用可循环、易回收、可降解的替代产品。

总体来看，我国现有的循环包装相关法律法规已越来越完善，目标也越来越清晰。除了宏观政策范畴内的法律法规，对循环包装产品和相关技术领域也陆续开始有了明确的规定和鼓励政策。这说明，循环包装已经初步具备健康快速发展的良好法律法规和政策环境。

我国循环包装行业相关法律法规与规章如表3-2所示。

表3-2 我国循环包装行业相关法律法规与规章

序号	名称	效力级别	施行时间	时效性	相关内容
1	《商业运输管理办法》	部门规章	1988年6月22日颁布，1988年10月1日实施	现行有效	第十四条 针对旧包装复用处理要求
2	《中华人民共和国固体废物污染环境防治法》	法律	1995年10月30日公布，历经2004年、2013年、2015年、2016年、2020年五次修正，现行为《中华人民共和国固体废物污染环境防治法（2020修订）》	现行有效	第四条 固体废物污染环境防治坚持减量化、资源化、无害化原则 第六十八条 产品和包装物设计、制造标准，避免过度包装原则，部分行业优先采用可循环利用包装要求及相关监督责任延伸
3	《中华人民共和国清洁生产促进法》	法律	2002年6月29日公布2012年修正，现行为《中华人民共和国清洁生产促进法（2012修正）》	现行有效	第二条 清洁生产概念 第十六条 鼓励及要求优先购买对环境资源保护有利的节能、节水、废物再生利用等产品 第二十条 产品和包装物的设计要求及回收方案 第三十三条 对回收废物生产产品的鼓励措施
4	《中华人民共和国循环经济促进法》	法律	2008年8月29日公布2018年修正，现行为《中华人民共和国循环经济促进法（2018年修正）》	现行有效	第二条 循环经济、减量化、再利用、资源化具体定义 第四条 发展循环经济的减量化优先原则 第七条 鼓励和支持循环经济科学技术的研究、开发和推广 第十五条 明确产品或包装回收处置责任划定
5	《快递暂行条例》	行政法规	2018年3月2日公布，2019年修订。现行为《快递暂行条例（2019修订）》	现行有效	第九条 鼓励经营快递业务的企业及个人使用环保包装材料，实现包装材料减量化利用及再利用
6	《中华人民共和国电子商务法》	法律	2019年1月1日施行	现行有效	第五十二条 快递物流服务提供者应当使用环保包装材料

(续表)

序号	名　称	效力级别	施行时间	时效性	相关内容
7	《邮件快件包装管理办法》	部门规章	2021年3月12日	现行有效	第十三条 促进包装物回收利用规定 第十四条 鼓励寄递企业使用可循环回收降解的替代产品 第十七条 鼓励建立可循环包装物信息系统，健全共享体制，扩大应用范围 第二十条及第二十五条 减量化原则，减少过度包装 第二十八条 鼓励健全包装回收工作机制与业务流程
8	《商务领域经营者使用、报告一次性塑料制品管理办法》	部门规章	2023年6月20日	现行有效	鼓励和引导商务领域减少使用、积极回收塑料袋等一次性塑料制品，推广应用可循环、易回收、可降解的替代产品
9	《节能降碳中央预算内投资专项管理办法》	部门规章	2024年4月8日	现行有效	按照科学、民主、公正、高效的原则，平等对待各类投资主体，紧紧围绕实现碳达峰碳中和，统筹安排节能降碳中央预算内投资资金，坚持"一钱多用"，积极支持国家重大战略实施过程中符合条件的项目。采取投资补助等方式。用于前期手续齐全、具备开工条件的计划新开工或在建项目。包含"可循环快递包装项目"等

3.1.3 循环包装行业相关地方性政策

3.1.3.1 华北地区相关政策（北京市、天津市、河北省、山西省）

（1）北京市

北京市发展和改革委员会、北京市生态环境局于2020年12月24日颁布实施了《北京市塑料污染治理行动计划（2020—2025年）》，要求"到2022年，北京市塑料污染治理政策标准体系初步建立，重点领域塑料污染治理措施全面实施，一次性塑料制品消费量明显减少，替代产品得到推广；到2023年，北京市重点场所、重点沿线塑料污染基本消除，重点用塑单位报告等基础性制度基本建立；到2025年，塑料污染治理制度全面建立，科技支撑体系更加完善，低塑生活的良好社会风尚基本形成，成为国际超大型城市塑料污染治理典范"。

(2) 天津市

天津市邮政管理局、天津市商务局于 2020 年 11 月 11 日发布《关于协同推进电商寄递包装治理工作的实施意见》。其中指出："为深入贯彻习近平生态文明思想，落实习近平总书记关于邮政快递包装绿色治理工作的重要指示批示精神，按照国家邮政局、商务部、天津市委、市政府有关工作部署，加强全市电商寄递包装协同治理，推动减少过度包装现象，加快推进电商寄递包装废弃物回收，推广可循环包装应用。"同时提出如下六条实施意见。

①推进电商寄递包装绿色化

邮政快递企业与电商企业应当建立实施绿色采购制度；全面禁止电商、邮政快递企业使用重金属等有害物质超标的黑色再生塑料袋等安全环保不合格的寄递包装用品，减少一次性寄递包装使用量；鼓励电商平台开展绿色消费活动，引导入驻商家和消费者使用绿色包装；鼓励邮政快递企业主动为消费者提供绿色包装选项，并建立相应的激励机制。

②推进电商寄递包装标准化

邮政快递企业与电商企业应当采购使用不低于国家标准、行业标准的包装产品，采购使用包装产品时要求供应商提供第三方检测机构出具的达标检测报告；邮政快递企业、电商企业选用包装物时应符合相关标准要求；邮政快递企业应按照规定选用包装材料和包装操作，空箱率不超过 20%。到 2020 年底，按照规范封装操作的比例、符合标准的包装材料应用比例均达到 90% 以上。

③推进电商寄递包装减量化

电商企业应积极选择使用便于运输的包装，优先采用简约包装，避免过度包装；在设计包装物时，应积极做到一次包装即满足寄递要求；邮政快递企业应尽量不再进行二次包装，杜绝过度包装现象。力争到 2020 年底，电商邮件快件不再二次包装率达 85%。

④推进电商寄递包装可循环

加强邮政快递包装回收体系建设。到 2020 年底，全市邮政快递网点设置包装废弃物回收装置覆盖率达 100%。鼓励电商寄递业务优先使用可循环包装。鼓励消费者将快递包装送往网点或在网点直接回收；推进包装回收和循环利用，推动建立多方协同回收利用体系，推进邮件快件包装废弃物纳入资源回收范畴，将邮政快递包装废弃物回收纳入"五进工程"（进社区、进学校、进机关、进园区、进商场）。

⑤强化电商寄递包装治理责任落实

邮政快递企业与电商企业应按照国家有关要求积极开展绿色包装实践，建立健全内部工作体系，成立机构，制定标准并严格执行。在包装采购管理、封装操作规范、包装用量统计、宣传教育培训、检查考核奖惩等方面切实履行企业生态环保主体责任。

⑥加强电商寄递包装工作宣传引导

开展邮政快递包装治理主题宣传活动，广泛宣传绿色理念，倡导绿色消费，普及绿色包装和回收知识，营造"绿色寄递，人人有为"的良好氛围。组织开展邮政快递业绿色包装培训，重点对绿色包装理念、法律法规、标准、政策及相应技术应用等进行宣贯。

（3）河北省

河北省人民政府办公厅于2018年4月18日发布了《关于推进电子商务与快递物流协同发展的实施意见》（冀政办字〔2018〕53号文）。文件要点是推动协同运行安全绿色发展，其主要内容包括：

①促进资源集约利用。鼓励电子商务企业与快递物流企业开展供应链绿色流程再造，创新包装设计，推广可重复使用的包装新产品，促进标准器具和物流包装的循环使用，鼓励按商品特点分类探索"周转箱+托盘"的单元包装和无包装模式，提高资源复用率，降低企业成本。推动包装回收再利用，建立包装生产者、使用者和消费者在内的多方协同回收体系，鼓励按包装物材质分类探索利用配送渠道回收、社区便利店回收等模式，促进仓储配送和包装绿色化发展。加强能源管理，建立绿色节能低碳运营管理流程和机制，在仓库、分拨中心、数据中心、管理中心等场所推广应用节水、节电、节能等新技术新设备，提高能源利用效率。

②提高绿色包装使用率。全面贯彻落实GB/T 16606.1 — GB/T 16606.3《快递封装用品》系列国家标准，开展绿色包装容器与技术研发，支持使用标准化、减量化、可循环利用和可降解的包装材料；加快绿色包装新材料、新技术的推广应用，促进快递物流包装物减量化。在石家庄、保定、廊坊开展绿色包装试点示范，培育绿色发展典型企业，加强政策支持和宣传推广。探索建立快递包装生产者责任延伸制度。

（4）山西省

2022年6月15日，山西省邮政管理局印发《2022年行业生态环境保护工作要点》，以加快推进快递包装绿色转型，促进行业生态环保工作取得新成效。

其中明确，要大力推进"9917"工程，到2022年底，山西省实现采购使用符合标准的包装材料比例达到90%，规范包装操作比例达到90%，可循环快递箱（盒）应用规模达到10万个，回收复用瓦楞纸箱1500万个。

同时，该文件提出，要深入贯彻行业生态环保相关法规、标准，不断强化政策供给，推动出台支持政策，积极落实邮政业污染防治属地责任；加快推进快递包装绿色转型，鼓励寄递企业使用可循环、可降解的替代产品，深入开展包装操作规范化建设，进一步减少二次包装，提升废弃包装回收处置再利用率；稳步推进行业节能减排，扎实有序推进行业碳达峰、碳中和工作，引导寄递企业利用营业网点、分拨中心开展充电桩、换电站等配套设施建设，降低运输能耗排放，提升末端运输效能；持续推进协同共治，持续加大生态环保执法检查力度，深化与各部门合作，统筹做好塑料污染治理、"无废城市"建设等工作；强化宣传培训，利用行业报、刊、网、新媒体及社会媒体开展宣传，组织举办生态环保培训班，持续加大政策法规宣贯力度。

3.1.3.2 中部地区相关政策（河南省）

为贯彻落实《国务院办公厅转发国家发展和改革委员会等部门关于加快推进快递包装绿色转型意见的通知》（国办函〔2020〕115号），加快推进快递包装绿色转型，推动电商和快递行业高质量发展，经河南省政府同意，河南省人民政府办公厅于 2021 年 4 月 19 日发布了《关于加快推进快递包装绿色转型的实施意见》。

其主要目标提出："到 2022 年，快递包装领域治理体系进一步健全，基本形成快递包装治理的激励约束机制；严格落实快递包装材料无害化强制性国家标准，全面建立统一规范、约束有力的快递绿色包装标准体系；电商和快递规范管理普遍推行，电商快件不再二次包装比例达到 90%，可循环快递包装应用规模达到 30 万个，快递包装标准化、绿色化、循环化水平明显提升。到 2025 年，快递包装领域全面建立与绿色理念相适应的治理体系，形成贯穿快递包装生产、使用、回收、处置全链条的治理长效机制；电商快件基本实现不再二次包装，可循环快递包装应用规模达到 50 万个，包装减量和绿色循环的新模式、新业态发展取得重大进展，快递包装基本实现绿色转型。"

3.1.3.3 东部地区相关政策（上海市、浙江省、江西省、福建省）

（1）上海市

为加快推进上海市快递包装绿色转型，2021 年 8 月 10 日，上海市发展和改革委员会、上海市邮政管理局等六部门研究制定了《上海市关于加快推进快递包装绿色转型的实施方案》。《上海市关于加快推进快递包装绿色转型的实施方案》在贯彻落实国家要求的基础上，充分考虑上海市实际，以"源头治理、循环使用、再生利用"为导向，聚焦快递包装生产、使用、回收、利用、处置等全链条各环节，努力推动上海市快递包装绿色转型工作走在全国前列。

使用方面，推动快递包装绿色化，全面禁止使用重金属含量、溶剂残留量超标的劣质包装，鼓励企业采购绿色包装认证产品；实现快递包装减量化，严格落实上海市塑料污染治理工作关于邮政快递网点停止使用不可降解的塑料包装袋、一次性塑料编织袋等有关要求；提高快递包装可循环性，推广可循环包装产品，培育可循环快递包装新模式，推动可循环快递包装基础设施建设，鼓励市邮政公司和主要快递企业在"五个新城"、低碳发展实践区、低碳社区等率先开展可循环快递包装规模化应用试点。

回收方面，结合生活垃圾分类工作，推动有条件的校园、社区、商办楼等在快递网点或可回收物回收服务点设置专门的快递包装回收设施，提高纸箱复用比例和快递包装废弃物回收率。

（2）浙江省

为了规范快递业经营服务行为，保护消费者、快递从业人员和快递经营企业等各方主体合法权益，促进快递业高质量发展，根据《中华人民共和国邮政法》《快递暂行条例》等有关法律、行政法规，浙江省人民代表大会常务委员会结合浙江省实际制定了《快递业促进条例》（2021 年 9 月 30 日发布，2022 年 3 月 1 日施行）。其中，与循环包装行业相关的条款包括：

第二十一条规定，"县级以上人民政府及其有关部门、邮政管理机构应当加快培育数字快递新业态和新模式，支持企业应用数字化技术推动快件收寄、分拣、运输、投递等作业链和上下游产业链、供应链的标准化、网络化、智能化，支持企业按照规定探索无人机、无人车等运载工具在快递作业场景的应用，推动快递业数字化发展"。

第二十二条规定，"县级以上人民政府及其有关部门、邮政管理机构应当推动快递业数据资源的汇聚整合以及与公共数据的融合应用，引导和鼓励快递经营企业建设产业链、供应链服务平台，支持平台经营者共建共享、融合创新"。

第二十三条规定，"省邮政管理机构应当推进快递业数字化应用和监管系统建设，开展数字快递监测、统计、分析，发布快递业发展指数"。

第二十四条规定，"鼓励快递经营企业使用可循环利用或者可重复利用的包装箱、中转袋等包装产品。鼓励快递经营企业推进包装产品的标准化、系列化、模组化，提高包装产品与寄递物品的匹配度，减少电商快件的二次包装，防止过度包装。支持快递经营企业以及上下游关联企业使用已取得绿色产品认证的包装材料、包装产品"。

第二十五条规定，"鼓励快递经营企业使用新能源或者清洁能源车辆，推广应用节水、节能等新技术设备，降低资源消耗"。

第二十六条规定，"县级以上人民政府应当支持、引导企业和研究机构等加大对绿色快递相关材料和产品的研发、生产和推广，增加绿色产品有效供给。鼓励快递经营企业建立绿色行动激励机制，通过积分奖励、寄件优惠等方式，引导寄件人重复使用快件包装箱、包装袋"。

（3）江西省

按照党中央、国务院关于推动高质量发展的要求，为贯彻落实国家发展和改革委员会等二十四部门联合印发的《关于推动物流高质量发展促进形成强大国内市场的意见》（发改经贸〔2019〕352号）精神，进一步推动物流高质量发展促进形成国内强大市场，结合江西省实际，江西省人民政府制定了《江西省推动物流高质量发展促进形成强大国内市场三年行动计划（2020—2022年）》（2020年4月3日发布并施行）。

该文件第19条指出，"推广应用标准托盘及单元化物流。巩固南昌、九江国家物流标准化试点成果，加快物流标准化项目建设，加快推动南昌国磊托盘租赁服务、赣兴果品农产品周转箱循环体系及服务平台、赣州坚强百货配送中心标准化、宜春一尧医药第三方物流中心标准化等项目建设。在全省制造业、商贸流通业、物流业领域广泛推广应用1200 mm×1000 mm标准托盘、600 mm×400 mm系列包装模数周转箱（筐）、货笼等单元化载器具，建立共享模式的'托盘池''周转箱池'循环共用以及托盘服务运营网络，提升配送效率。到2022年底，托盘租赁服务网点覆盖全省11个设区市，标准托盘使用率达到35%，租赁率达到40%，带托运输率达到25%。"

第21条指出，"推广绿色包装标准化。鼓励使用绿色包装材料，推广循环包装，减少过度包装和二次包装。推广实施货物包装和物流器具标准化、减量化。建立快递包装物循环共用体系，强化快递物流企业使用可循环及标准化包装物"。

（4）福建省

结合福建省实际，福建省人民代表大会常务委员会制定了《福建省邮政条例（2022）》，自2022年7月1日起施行。

《福建省邮政条例（2022）》第五十一条规定，"县级以上地方人民政府及其有关部门应当采取措施，加强本地区邮政业绿色发展工作的组织实施，促进寄递包装物减量化、安全化和循环使用。生产企业、电商企业、邮政企业、快递企业应当执行邮政业绿色包装相关标准，使用符合国家规定的包装用品和胶带，禁止使用不可降解塑料袋等一次性塑料制品，减少二次包装。支持邮政企业、快递企业和电商企业、商业机构、便利店、物业服务人等合作开展快递包装可循环回收工作，规范快递包装废弃物分类投放和清运处置。"

3.1.3.4 华南地区相关政策（广东省广州市、云南省怒江州）

（1）广东省广州市

广东省广州市是"中国快递示范城市"，2021年快递业务量突破百亿件。为加强对快递业监管，保护快递用户和从业人员合法权益，推进绿色快递，《广州市快递条例》已于2023年5月31日经广东省人民代表大会常务委员会审议批准，2023年7月1日起施行。其中，与循环包装行业相关的条款包括：

第三十三条规定，"快递企业应当使用可循环、易回收、可降解的包装材料，按照相关规定停止使用不可降解塑料袋等一次性塑料制品，并向邮政管理部门报告塑料袋等一次性塑料制品的使用、回收情况。电子商务企业、商品生产企业与快递企业应当加强上下游协同，使用满足快递配送需求的商品包装，减少商品的二次包装，推进商品与快递包装一体化"。

第三十四条规定，"鼓励快递企业在社区、校园等场所的快递末端网点配备标志清晰的快递包装物回收容器，开展快递包装物集中回收，建立绿色快递激励机制，采取有效措施引导用户重复利用包装物。鼓励快递企业使用新能源汽车，探索使用无人机、无人车等运载工具，加大智能传感器、工业机器人等智能产品在快递作业场景的应用"。

第三十五条规定，"邮政管理、生态环境、科技等部门应当制定和完善相关政策，推动快递企业与科研机构、高等院校加强合作，研发、生产和推广绿色快递相关材料和产品，增加绿色产品有效供给"。

第四十九条规定，"快递企业违反本条例第三十三条第一款规定，未按照相关规定停止使用不可降解塑料袋等一次性塑料制品，或者未向邮政管理部门报告塑料袋等一次性塑料制品的使用、回收情况的，由邮政管理部门依照《中华人民共和国固体废物污染环境防治法》予以处罚"。

（2）云南省怒江州

为贯彻落实《云南省人民政府办公厅转发省发展和改革委员会等部门关于加快推进快递包装绿色转型20条措施的通知》（云政办函〔2021〕55号），推进快递包装绿色转型，防治快递包装污染，促进快递行业绿色发展，结合怒江州实际，怒江州人民政府制定了《关于加快推进快递包装绿色转型的20条措施》。其中提出：

"2021年，快递包装治理力度进一步加大，重金属和特定物质超标包装袋与过度包装两个专项治理深入开展；循环中转袋使用、城区快递网点包装废弃物回收再利用装置基本实现全覆盖；电商快件不再二次包装比例达到80%，可循环快递包装应用规模达100个。

"到 2022 年，快递包装治理体系逐步健全，快递包装治理的市场主体激励约束机制基本建立；贯彻执行快递包装材料无害化强制性国家标准，有序建立州内统一规范、约束有力的快递绿色包装地方标准体系；电商和快递规范管理普遍推行，电商快件不再二次包装比例达到 85%，可循环快递包装应用规模达 300 个。"

"到 2025 年，快递包装领域全面建立与绿色理念相适应的地方性法规、标准和政策体系，形成贯穿快递包装生产、使用、回收、处置全链条的治理长效机制；电商快件基本实现不再二次包装，可循环快递包装应用规模达 600 个，包装减量和绿色循环的新模式、新业态取得重大进展，快递包装基本实现绿色转型。"

3.1.3.5 西部地区相关政策

新疆维吾尔自治区邮政管理局联合自治区商务厅于 2023 年 5 月印发《关于进一步加强全区电商快递过度包装治理工作的通知》，全面落实国务院办公厅《关于进一步加强商品过度包装治理的通知》精神，稳步推动《新疆维吾尔自治区碳达峰实施方案》落实，进一步加强全区电商快件过度包装治理。《关于进一步加强全区电商快递过度包装治理工作的通知》从避免销售过度包装商品、推进商品交付环节包装减量化、加强上下游协同、加强消费引导四个方面细化了工作措施，强调要充分认识开展电商快件过度包装治理的重要意义，切实增强做好过度包装治理工作的紧迫感和责任感，采取有力措施有效推进电商快递包装减量化、标准化、循环化、无害化，进一步提升全区电商快件包装规范化水平。

甘肃省人民政府于 2023 年 2 月 2 日发布了《关于进一步加强商品过度包装治理的通知》，提出了全面治理商品过度包装的五项要求，加强商品过度包装监管执法的两个重点以及五条保障措施。

2023 年 5 月，宁夏回族自治区邮政管理局联合自治区商务厅印发《关于进一步加强全区电商快件过度包装治理工作的通知》，部署推进全区电商快件过度包装治理工作。其中提出了七项重点任务，紧扣全区电商快件包装治理工作目标，并要求避免销售过度包装商品，推进商品交付环节包装减量化，加强上下游协同，加强消费引导等。

3.2 循环包装行业管理模式

3.2.1 国内循环包装行业管理模式

3.2.1.1 邮政快递业

企业与企业之间的电子商务（Business-to-Business，B2B）和企业与消费者之间的电子商务

（Business-to-Consumer，B2C）是我国邮政快递业推广应用循环包装及实现回收的主要切入场景。

在 B2B 和企业内部中转场景，通过使用可循环的集装袋和可重复使用箱、盒，通过 RFID、二维码等信息技术进行包装和内件绑定，并在信息化管控平台对其进行调拨管理，即可实现寄递企业内部的规范化管控。其流程包括：①新袋/信盒发放；②处理中心 A 发放；③集包封发；④运输中转；⑤发放；⑥集包封发；⑦互相建包，如图 3-2 所示。

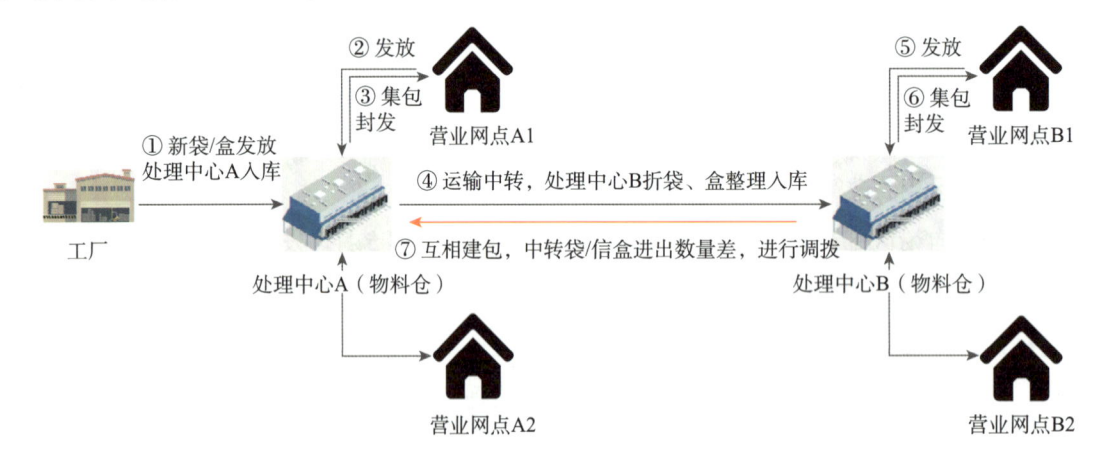

图 3-2　B2B 和寄递企业内部中转容器循环

图 3-3 所示为循环集装袋和可重复使用信盒的调拨流程，即处理中心调拨模式：①以处理中心为基础节点，根据需求进行区域内处理中心之间的调拨；②各区域或省份设立该区域大仓，实现跨省大仓对大仓的需求调拨；③调拨类型分为固定调拨、临时调拨。

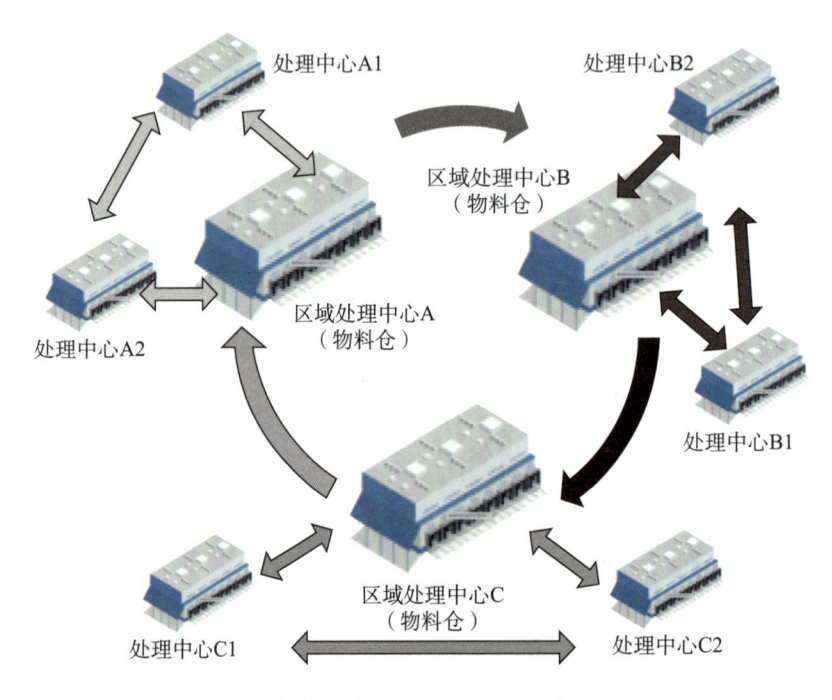

图 3-3　循环集装袋和可重复使用信盒的调拨流程

在 B2C 场景下实现包装循环，关键运营节点是 C 端至 B 端的回收流程。有效的实践是，将 RFID 或条码与包装及寄递物品绑定，通过信息化管理平台控制、第三方公司合作、末端回收协作完成包装的循环。具体流程为：①发件客户（电商企业）使用循环包装对寄递物品进行包装；②包装与寄递物品共同进入快件收发流程，送至收件客户；③收件客户签收后，可当面退还可循环包装，或将可循环包装投放至智能信包箱或中国邮政回收站点；④ 快递企业定量/定期将各回收站点的可循环包装集中运输至第三方企业；⑤第三方企业对可循环包装进行统一消毒、清洗工作；⑥根据发件客户（电商企业）的需求将可循环包装发送给客户使用进入下一个回收循环。通过全行业循环包装的规模化试点，原有的回收模式将发生巨大变革：包装回收效率进一步提升，寄递物流成本下降，快递物流实现降本增效。

案例：B2C 场景下政务、法律文件的同城配送使用可循环封套，如图 3-4 所示。可循环封套采用身份证或 RFID 直配的方式对快件进行绑定，确保文件的安全性和信息的实时更新。客户本人当面确认并签收政务、法律文件后，取出文件并将可循环封套返还给快递员。快递员将可循环封套回收至第三方企业进行清洗、消毒。若可循环封套完好，清洗保养后的封套将调拨至邮政网点进行使用并进入下一个循环周期。若可循环封套破损，可将可循环

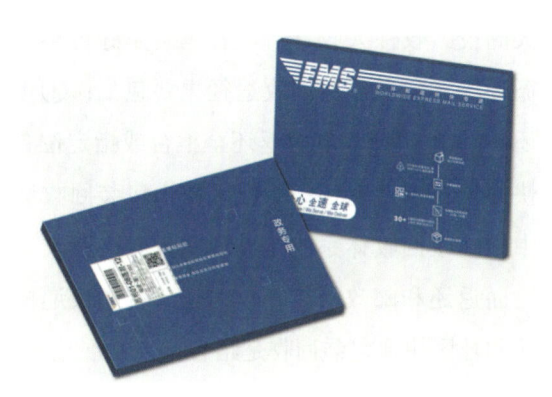

图 3-4 可循环封套

封套直接送至回收仓库进行修补或再造，新可循环封套再次投放，进入下一个循环周期。通过可循环封套的使用，可有效解决一次性快递封套造成的资源过度消耗的问题，实现绿色循环。可循环封套的循环运营模式如图 3-5 所示。可循环封套身份证或 RFID 直配、结合收件人当面签收返还，有

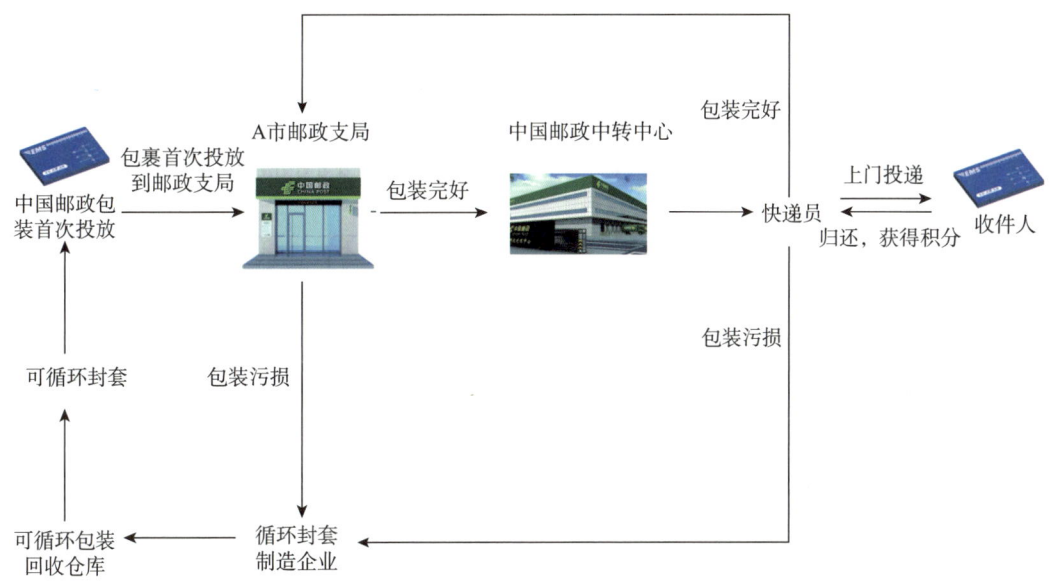

图 3-5 可循环封套的循环运营模式

效解决了文件调包、失效和非法开拆等问题。可循环封套预估采购成本 8 元 / 个，可重复使用 30 次，单次使用成本 0.27 元 / 次，而传统纸质封套采购价 0.35 元 / 个，相比可循环封套，其单次使用成本高 23%。

案例：B2C 场景下网点针对零散客户使用可循环纸质包装箱。中国邮政已推广应用两款可重复使用的瓦楞纸包装箱，该产品受材质性能限制，可重复使用次数有限，2019 版免胶带箱（如图 3-6 所示）可重复使用不超过 5 次，普通纸包装箱的最高可重复使用次数也有 3 次。该产品的回收地点是邮政营业网点和各大高校。收件人收件后，若包装完好可再次使用，可循环纸质包装箱的回收途径主要包括：①当面签收返还；② 邮政网点签收返还至柜台或指定位置；③智能快递柜自取并返还；④社区快递包装回收装置。根据中国邮政回收体系的建设现状来看，回收途径主要为当面返还和邮政网点签收返还。智能快递柜自取并返

图 3-6　2019 版免胶可重复使用纸箱

还和社区快递包装回收是结合未来发展趋势提供的快递包装回收有效途径。若包装破损不可使用，可循环纸质包装箱的回收途径则主要包括：①投入邮政网点快递包装回收装置；②丢弃并进入社区垃圾分类系统。邮政行业可重复使用纸箱的循环回收的运营模式如图 3-7 所示。

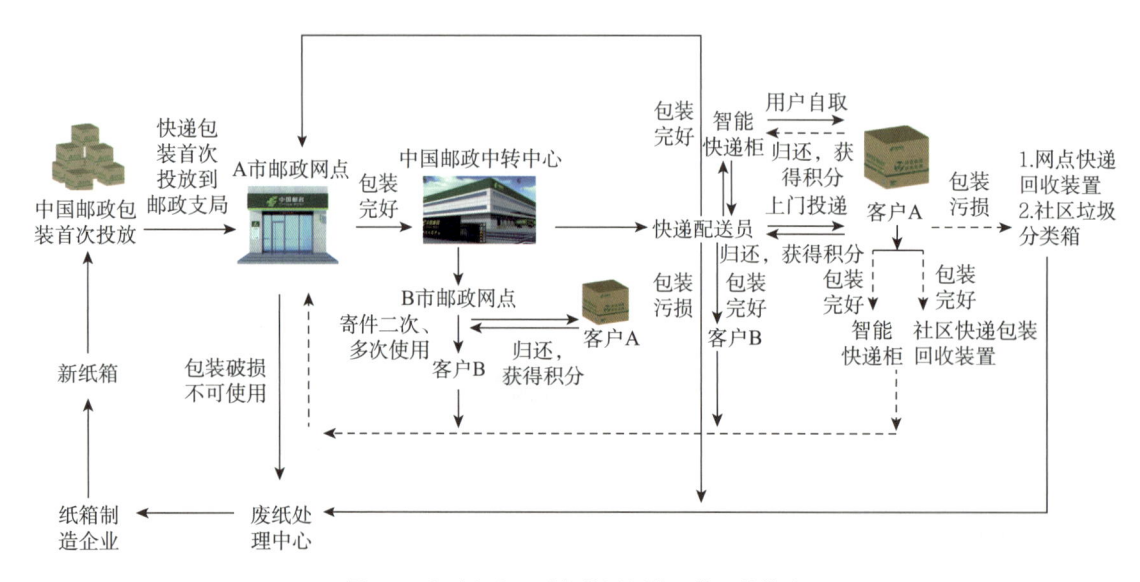

图 3-7　邮政行业可重复使用纸箱回收运营模式

3.2.1.2　国内其他品牌寄递企业

为了解现阶段国内可循环包装的研发现状，笔者调研考察了 2020 — 2023 年国内知名寄递企业可循环包装的研发及应用情况，如表 3-3 所示。

表 3-3　2020—2023 年国内其他品牌寄递企业可循环包装的研发及应用现状

企业名称	可循环包装的应用情况
顺丰	研发并使用"丰·BOX""π-BOX"循环箱，二者具有标准化包装尺寸、免胶带、免内填充、防水、可追踪、可折叠，抗压性是一次性纸箱的 4 倍，使用寿命长等特点。该循环箱已在全国 16 个省（自治区、直辖市）投放，用于托寄 3C 产品、化妆品、首饰工艺品、酒类等物品
京东	在北京、上海、广州、杭州、成都、西安、沈阳、武汉、厦门、青岛、济南、哈尔滨等 32 个城市常态化使用循环"青流箱"。正式上线"京东云箱"平台，集 GS1、RFID 和 NFC 于一体的智能芯片，实现智能共享托盘可追溯、易管理
申通	循环中转袋（集装袋）总投入量 590 万条，占总建包量的 98%
韵达	循环中转袋（集装袋）承载包裹量占业务总量的 83.9%
圆通	循环中转袋（集装袋）全网覆盖比例达 90% 以上
中通	循环中转袋（集装袋）实现全网 86 个转运中心互通互发，西藏等偏远地区实现 100% 覆盖

部分品牌企业的回收循环体系简述如下。

（1）菜鸟的包装回收循环体系

2019 年 8 月 21 日，菜鸟网络联合中通、圆通、申通、韵达等快递公司宣布，将在上海启动一项旨在促进快递包装分类回收、循环利用再次寄件的"回箱计划"。该计划面向校园、社区，在全国 200 多个城市投放 5000 多个纸箱回收箱，并联合阿里线上、线下的核心资源鼓励快递包装箱的末端回收行为。参与者只要在高德地图上搜索"菜鸟回箱计划"，就可找到附近的回收点投放纸箱。投放纸箱后，参与人使用手机淘宝、支付宝、菜鸟裹裹的 App 在菜鸟驿站扫码，就有机会获得个人蚂蚁森林绿色能量。消费者在手机淘宝上搜索"城市环保大使"，点赞绿色回收行为，可以为所在城市添加绿色能量。绿色能量排在第一的城市将获得百万元公益金。从 2017 年菜鸟驿站设立绿色回收箱以来，其推广"纸箱留在驿站，资源循环利用"的理念，每天可回收再利用 400 多个快递纸箱，一年循环利用的纸箱达 10 万个。2020 年 11 月 19 日，为推进绿色行动，菜鸟、中通、圆通、申通、韵达、百世专门成立了绿色公益委员会。

（2）中通快递的包装回收循环体系

中通同样致力于从源头减少资源消耗及废弃物，制定了《增值服务监督管理条例》《中通快递快件包装操作规范》，明确了包装原则、工具和包装材料的选择标准，要求在满足市场需求的前提下，尽可能减少包装材料的使用。中通还在包装材料选择及循环利用方面持续投入，探索诸如高效冷媒开发、高保温袋开发、废弃瓦楞纸板二次利用、循环折叠周转筐开发等一系列绿色、循环包装材料研发及应用场景，最大限度降低包装和包装废弃物对环境造成的影响。

2023 年 12 月，中通快递绿色智能科技快递产业园项目成功入选第一届绿色物流示范案例。该项目在全国设有 53 个绿色分拨中心，并通过自主研发系列科技产品，逐渐完善全场景、全链路互联网＋物流的数字化、互联化和智能化的业务地图，持续推进快递的绿色发展、节能减排。

(3) 顺丰速运的包装回收循环体系

顺丰在部分网点设置了纸箱回收箱，并于2018年6月推出"丰·BOX"可循环快递包装箱以实现快递包装的循环及二次使用。每个"丰·BOX"可循环快递包装箱均可循环使用50次以上，纸箱、胶带的使用量都能大大减少，最大化地践行绿色可循环的环保理念。除了材质不同，可循环快递包装箱在寄件、运输和收件的过程中与普通纸箱没有什么区别，只是在客户收到快递时进行回收。"π-BOX"循环箱是第一代可循环快递包装"丰·BOX"的升级版。"π-BOX"循环箱独创的蜂窝板全封边和无缝焊接工艺，使得箱体强度更高，抗腐蚀性更强，且整箱边缘不伤手，箱体外观采用激光印刷工艺替代传统印刷方式，零油墨使用，更耐磨更环保，可重复使用70次以上。

(4) 京东物流的包装回收循环体系

京东物流投放10万循环快递箱——"青流箱"，开创行业全新开放式回收体系。"青流箱"回收后经过清洗和消毒，可以再次使用。这是京东"青流计划"的新动作，也是继冷链保温循环箱、循环包装袋后，新投入的又一可循环使用的物流包装。纸箱回收是京东构建的绿色物流体系中的重要环节。京东通过大量的前期筹备工作，对配送员进行系统培训，使其熟悉纸箱回收操作流程，并在驿站设置专门回收纸箱的区域。与此同时，利用大数据对回收数量进行监控，确保对回收的纸箱进行最合理的分类及二次利用。

(5) 苏宁的包装回收循环体系

苏宁物流在其全国门店开通"回收专区"，并将绿色回收站建设纳入社区服务（"绿色灯塔"计划）。在苏宁小店包裹提取驿站设置"绿色灯塔"包装社区回收装置，"绿色灯塔"回收的纸箱预计每天最多能达到300多个，直接可以二次利用的纸箱有近三成。一年能实现二次利用的纸箱将超过30000个，相当于少砍100棵大树。苏宁物流提出升级共享快递盒解决方案，其目标是在覆盖客户"最后一公里"的苏宁小店设置循环包装共享站点。客户收到的共享快递盒可直接送到苏宁站点自提，也可将收到的共享快递盒归还到回收站实现循环再利用。苏宁物流"绿色灯塔"社区回收站2020年底累计点亮超过10000个社区。"绿色灯塔"社区回收站作为升级共享快递盒解决方案的重要手段，未来将进一步覆盖到校园、商场、写字楼等领域，打造全场景回收模式，继而联合政府、科研机构、品牌商户等各界力量，打造开放式回收网络，整合社会的循环。苏宁物流在全国范围内设置了末端全场景包装废弃物回收装置，主要载体为苏宁网点、苏宁菜场、苏宁邮局，以构建完整的循环包装回收体系。

各大快递公司均在包装回收方面采取了积极行动，如表3-4所示。

表3-4 快递企业包装回收情况及效果

快递企业	回收方法	效果
菜鸟网络	在高校内设立快递纸箱回收箱，将回箱计划与蚂蚁森林、绿色公益行动相关联，如参与投递纸箱，扫码后即可收获蚂蚁森林能量	高校推广效果较好，社会回收范围有限

(续表)

快递企业	回收方法	效 果
苏宁物流	实施"绿色灯塔""共享快递盒"方案，取代传统的纸质快递箱，便于回收	共享快递盒循环率高
京东	实施"纸箱回收"计划，根据用户回收纸箱的数量回馈相应数量的京豆	回收参与率较高，但成本较高，覆盖地区较少，参与度不高
中通	启用全新可回收的中转袋，替代原有的一次性编织袋	可循环中转袋成本较高，需搭配调拨系统
韵达	在快递中转站将一次性编织袋替换为可循环使用的布袋	布袋成本较高，普及率低、难以全面实施
顺丰	在配送末端快递员询问顾客是否需要包装纸箱，若不需要直接回收	回收成本高，活动已停止

从表3-5可以看出，各个快递公司推进包装回收活动的主要目的均是改善快递包装带来的环境问题，但在方案的具体策划上各有侧重点。菜鸟、京东、顺丰在快递包装回收活动中，主要侧重纸质包装箱的回收。苏宁物流、中通及韵达则更注重可循环包装箱、中转袋的开发与应用，以通过提高可循环包装的利用率降低单次使用的成本。

在对标国内外快递包装回收体系研究及应用现状的基础上，总结各快递企业的包装回收体系存在如下问题：

① 缺少快递包装回收机制。快递包装寄送至收件方后绝大多数会被丢弃。包装袋以及内部填充物通常被直接丢弃或用作垃圾袋，纸质类包装箱会被卖到废品回收站。因此，目前我国废弃包装材料的回收率很低，仅在15%左右。

② 多数快递公司由于经济因素，尚未建立专门的快递包装回收渠道。部分消费者缺乏环保意识，不愿意使用可多次使用的包装，较少的消费者会主动把自己的快递包装交给快递员以多次循环使用。

3.2.1.3 其他典型行业管理模式

以中久装备智能科技有限公司（以下简称"中久物流"）为例。

中久物流专业从事与汽车制造相关的物流包装设计和制造、仓储设备设施销售租赁、仓储物流方案咨询设计、普通仓储货代服务等物流行业相关的增值服务。目前为客户提供两大循环包装管理模式的服务：一是一体化包装特色服务，其中包含为所有包装提供从规划、设计、制造、运营，包括后期维修维护、保养、技术支持等增值服务工作；二是循环包装共享服务，利用现有资源，同时依托各种运输资源的协同，为客户提供国内外循环包装业务。其循环包装共享方式有两种。

（1）循环包装模式

面向主机厂的循环包装模式经历了三个阶段，尝试过几种模式，这几种模式在目前循环包装运作中仍然存在。

第一种模式是供应商自投，这种模式下，包装没有统一的规划、设计制造和管理要求，同时后期维护保养工作不到位，从采购角度来说，成本可能也不透明。

第二种模式是主机厂自投，零部件物流公司或者第三方进行管理，这种模式下，循环包装占用了主机厂的部分流动资金，管理相对来说比较薄弱，包装循环的周期会比较长。

第三种模式是包装由第三方投入，第三方包装公司进行管理，这样可以统一所有包装规划、设计和制作要求，同时由专业运营团队为客户进行合理的包装测算、资产投入、后期运营维护和管理，同时为以后循环包装共享服务提供基础。

（2）定制化周转箱管理

提供循环包装服务，实际是为客户提供定制化的空箱管理中心（Container Management Center, CMC），如图 3-8 所示，可以为客户进行空箱返回计划制订、运营、维护。通过两年多的运营检验表明，中久物流至少可为客户节省 10% 的总成本。

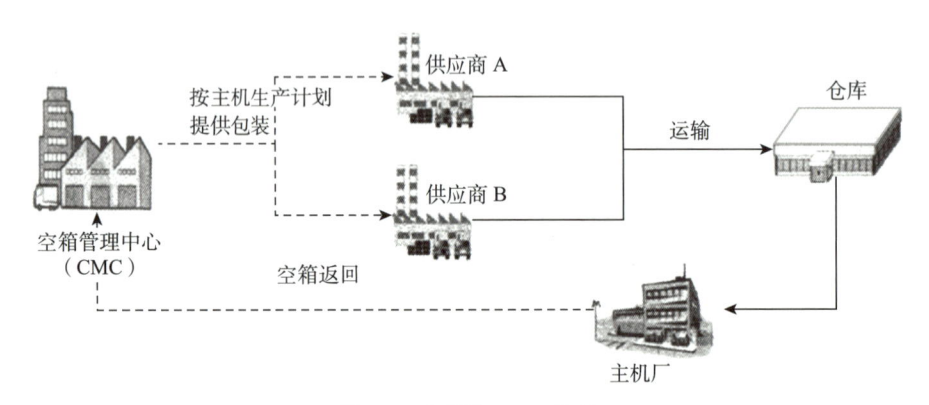

图 3-8　定制化 CMC 管理

中久物流通过资源共享，针对线下网络进行布局，使所在线路中的客户减少资产投入和运输成本，同时也致力于标准箱的区域循环，同一主机厂不同工厂之间的循环，主机厂之间的调拨循环和国际循环包装业务，循环模式如图 3-9 所示。如中久物流利用现有公司资源完成从中日、中欧到中美三条主要线路的循环包装业务，充分利用各种运输能力的协同，完成国际循环包装网络布局。

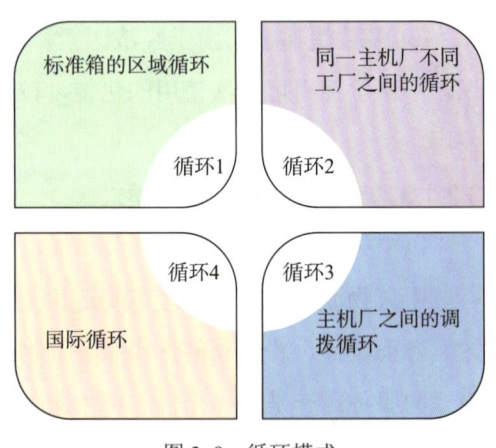

图 3-9　循环模式

3.2.2　国外循环包装相关行业管理模式

（1）欧盟

目前，在包装回收方面，国际上已有 63 个国家颁布了生产者延伸责任（Extended Producer Responsibility，EPR）措施，如押金退款、产品回收计划以及废品收集和回收担保。欧盟更加强调高回收目标与完善立法。1994年12月20日，欧洲议会和欧盟理事会颁布了《包装和包装废物指令》（*European Parliament and Council Directive on Packaging and Packaging Waste*，94/62/EC），有序运行要求所有欧盟成员国都要将其目标和要求转化为国家立法，从而达到降低包装废弃物对环境的影响和确保欧盟内部市场有序运行的目的。1995年，欧洲包装回收组织（Packaging Recovery Organisation Europe，PRO Europe）在德国成立，成为欧洲包装及包装废弃物恢复和回收计划框架下的组织，其注册商标为"绿点"（The Green Dot，与德国"绿点"图案相同，配色有差别）。

PRO Europe目前有31个成员组织，分别分布在31个国家和地区，其中29个国家的成员组织直接使用PRO Europe的"绿点"商标（使用其他标识的两个国家为英国和荷兰）。参与PRO Europe组织的企业数量约有15万家，每年有4000亿件使用"绿点"商标的商品包装物。德国"绿点"公司便是PRO Europe旗下成员。此外，PRO Europe和英国"VALPAK"体系，以及加拿大的"北美绿点"体系（Green Dot North America）有合作协议。

欧洲"绿点"商标的设计被规定在欧盟指导文件 *European Directive No. 94/62* 中。需要注意的是，如今商品包装上的"绿点"标识都是PRO Europe的"绿点"标识，德国"绿点"公司的商标和Pro Europe的"绿点"标识已经有所区分。

需要注意的是，2009年开始欧洲"绿点"系统在德国已经不是企业强制参与的系统，但在西班牙、希腊和塞浦路斯，欧洲"绿点"系统仍然是强制要求参加的废物回收系统。

2024年，欧盟委员会评审并修订了《包装及包装废物指令》（94/62/EC），通过加强对欧盟市场中包装的强制性要求，确保在2030年以前，实现欧盟市场上流通的包装均可进行二次使用或回收利用。与此同时，欧盟通过设定目标及其他废弃物的预防措施来减少包装和包装废弃物，推动包装的二次/可循环使用设计，实现包装的可重复使用或开发无需包装即可安全储运、销售和使用的生活消费品。

（2）美国

美国强调以清洁生产促进包装产业循环发展。早在20世纪60年代，美国就已关注包装回收及环境保护问题。美国在包装废弃物回收利用方面已形成产业化运作，至1990年已有37个州确定了各自的包装废弃物回收定额。如美国加利福尼亚州为鼓励包装容器生产商支持《废弃物处理预收费法》，规定包装达到一定的回收再利用水平即可申请免除税收。美国通过建立最大覆盖范围的回收体系实现包装废弃物的回收循环，例如，其对塑料瓶的社会回收网络已经覆盖多数人口，路边回收网络及回收设施遍布全国。与欧洲国家相比，美国更注重成本和收益的均衡，而欧洲国家则是倾向于采取预防为主的手段。美国认为仅仅依靠国家的强制力量进行包装废弃物限制效果甚微，利用市场的推动力让企业在废物的回收和再利用中得到收益才是实现包装回收的关键。从产品设计、生产、流通、回收和再利用等环节对快递包装的环保特性进行层层把控，在具体实施中，完善配套的法律法规，并制定可行的激励措施。

（3）德国

德国强调包装废弃物的回收处理与再利用。德国是世界上最早推崇包装材料回收的国家，早在1986年就制定了《废物回收与处理法案》，1990年出台了第一部包装废弃物处理法规《包装—V包装废弃物的处理法令》，同年，建立了独特的"二元回收系统"（又叫"双轨回收系统"），这是世界上首个包装废弃物回收利用系统，也是平行于德国政府环卫系统的包装垃圾回收系统，经营这一系统的是非政府组织——德国双重系统公司（Duales System Deutschl and GmbH，DSD，又称为"绿点公司"），该组织在1990年由95家包装生产商、零售商、原材料供应商和垃圾回收部门联合成立。

德国的"二元回收系统"包括了生产商、经销商、绿点公司、废物回收公司、废物处理公司等，如图3-10所示，整个系统的核心是绿点公司，它是帮助生产商和经销商履行其产品包装废弃物回收利用义务并完成《包装废弃物管理法》要求的回收率指标；依据包装条例专门从事包装废弃物收集、分选和再利用的全国性政策执行和协调机构。该系统有两套平行运作的系统。其一是包装物制造商或销售商负责回收并处理废弃包装物；其二则是由有资质的回收机构负责废弃包装物的回收和处理工作。从2003年开始，该系统向市场开放，更多的企业加入这一系统中。绿点公司与生产企业及经销商之间是委托关系，绿点公司与废物回收公司及废物利用公司之间也是委托代理关系。其具体操作如下：首先，德国政府通过《包装废弃物管理条例》规定了生产商和经销商必须负责其产品包装的回收和处理。如果生产商不想自己履行回收义务，可以支付相关费用给指定的机构来处理。其次，包装的回收由DSD负责实施，它向制造商和分销商收取许可费，使用"绿点"标志表示包装可回收。DSD通过招标选择合适的废品回收公司对产品包装进行收集、分类、处理和循环使用。

德国的二元回收系统具有以下特点和成效：首先，该系统通过生产者负责的原则，确保了包装材料的回收和处理责任明确。其次，德国对包装物进行了详细的分类，如零售包装、外包装、运输包装等，以便更有效地回收利用。此外，政府鼓励私人资本参与，提高了回收效率和降低了生产成本。通过这些措施，德国成功地提高了包装材料的回收率，降低了垃圾填埋场的压力，并促进了循环经济的发展。

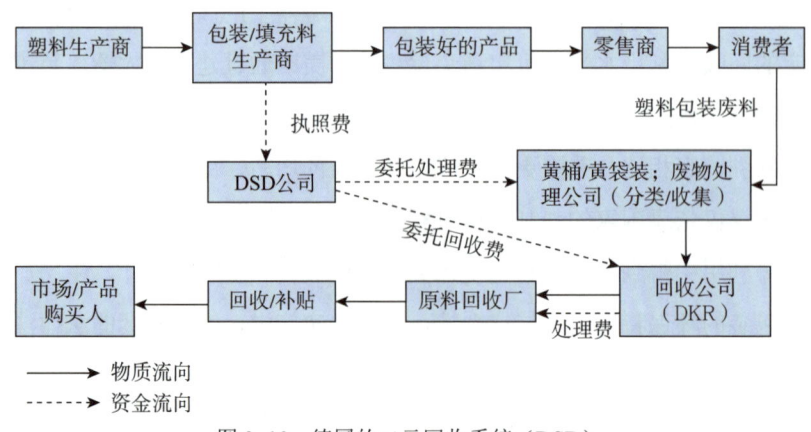

图3-10 德国的二元回收系统（DSD）

(4) 日本

日本强调包装资源循环利用的法治化管理。日本通过生产责任制度推动包装产业发展，制定并实施《能源保护和促进回收法》《包装再生利用法》，致力于回收体系构建并鼓励包装的再生利用。日本鼓励在境内建立大量的回收站，消费者将包装废弃物进行分类后，日本的收运系统将分类完毕的包装废弃物通过定时回收、集合中转等方式，运输至专门的处理中心进行再循环、再制造处理。日本公共场所押金制度及包装循环如图 3-11 所示。

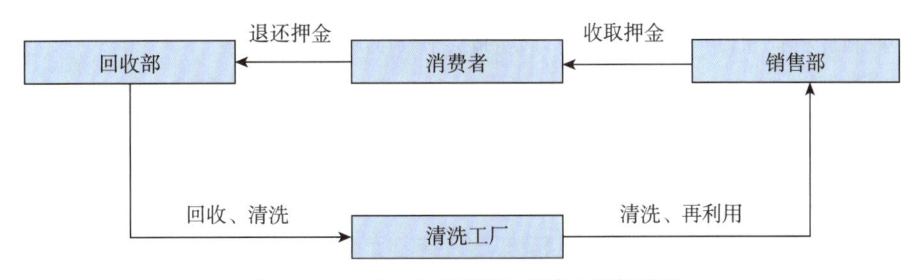

图 3-11 日本公共场所押金制度及包装循环

日本的包装资源回收利用主要方式包括：

①建立消费者付费制度。规定生产者可通过转嫁给消费者的方式来处理应承担的包装废弃物费用。

②回收系统方面，企业应当树立自己的品牌。

③大力支持与鼓励生产者创建废弃物回收系统与循环利用工厂来推动循环经济建设。

在分析发达国家关于包装废弃物回收成功案例的基础上，本报告对国内外包装废弃物的回收形式进行了总结，如表 3-5 所示，国外包装废弃物回收利用体系的特点如图 3-12 所示，美国与欧盟包装废弃物回收系统的对比分析如图 3-13 所示。

表 3-5 各国包装废弃物回收形式

国家	回收形式
德国	由政府参股的私人公司进行回收，如德国双重系统公司（DSD），属于民间回收组织，经费由生产者和经销商承担，消费者交回废弃物为无偿方式
法国	与德国类似，如环保包装公司 SA，经费由生产商承担，消费者无偿交回包装废弃物
美国	主要包括路边回收、分散回收和零散回收三种方式。其中路边回收被认为是比较有效的回收方式，居民手中的废弃物大多通过路边回收返还
日本	主要由政府设立在全国各地的回收站进行回收，零售商参与回收
中国（邮政）	主要由回收站及拾荒者进行回收，为有偿回收。北京、上海等部分城市对一次性塑料包装回收建立了类似德国 DSD 的回收系统

- 政策高度强制
具有强制的法律规定，高度明确生产者的责任，强调生产者必须对自身产品所造成的污染负责。
- 社会责任明确
回收组织独立于政府，由承担回收包装物法律义务的公司成立并承担运营费用。
- 监督机制完善
德国、奥地利回收机构由生产及制造厂商作为其股东，从而生产及制造厂商拥有该机构的股份，保证回收机构有完善的监督机制。
- 系统结构合理
德国、西班牙回收机构由上级政府监管，可很好地执行政府的环保方针。
- 内控效果显著
在国外的回收系统中，各个环节紧密相扣，各级签订协议书，责任分工明确。
- 宣传教育普及
重视对公众的宣传教育及普及工作，主要包括回收再利用废弃物对社会发展及个人社会的重要意义。

图 3-12　国外包装废弃物回收利用系统的特点

美国
- 强调制定总体回收目标
- 强调市场、经济和环境因素决定各种材料的回收率
- 尽量避免制定不合理的高回收目标或建立不现实的短期机构，提倡长期的回收行动
- 回收材料由市场因素驱动
- 基本的废弃物收集、分类及处理由政府机构主导

欧盟
- 注重根据不同材料及产品，采用不同的回收方案
- 注重立法作用和统一回收率、行动时间表
- 注重高回收目标和保证体系
- 回收体系运行成本较高，有时回收材料充斥市场

图 3-13　美国与欧盟包装废弃物回收体系的对比

综合分析可知，发达国家通过针对不同的利益群体采取有效机制，以推动生产责任制度的成功施行，而不仅是依靠单一的主体。从日本的经验可以看出，充分发挥生产者、消费者和政府的作用，可提高其积极性以主动承担责任。因此，借鉴发达国家"经济靠市场，环保靠政府"的宏观管理方式，我国在具体构建包装废弃物回收体系的过程中，还需要根据产品的不同特性（可循环类包装、一次性快递包装）来构建各自的回收体系。

3.3 循环包装行业的相关标准和质量控制

3.3.1 循环包装行业的相关标准

针对包装行业带来的环境污染问题，我国各级标准化技术部门陆续制定并颁布实施了相应的标准。

《中华人民共和国标准化法实施条例（2024 修订）》第五条至第十八条规定，按适用范围，标准分为国家标准、行业标准、地方标准、团体标准和企业标准五个级别。其中，国家标准由国务院标准化行政主管部门（国家标准化技术委员会）制定。行业标准由国务院有关行政主管部门制定，并报国务院标准化行政主管部门备案，在相应的国家标准公布之后，该项行业标准即行废止。对没有国家标准和行业标准而又需要在省、自治区、直辖市范围内统一的工业产品的安全、卫生要求，可以制定地方标准。地方标准由省、自治区、直辖市人民政府标准化行政主管部门制定，并报国务院标准化行政主管部门和国务院有关行政主管部门备案，在相应的国家标准或者行业标准公布之后，该项地方标准即行废止。团体标准是依法成立的社会团体为满足市场和创新需要，协调相关市场主体共同制定的标准，由本团体成员约定采用或者按照本团体的规定供社会自愿采用。企业生产的产品没有国家标准、行业标准、地方标准或团体标准的，应当制定相应的企业标准，作为组织生产的依据。企业标准须报当地政府标准化行政主管部门和有关行政主管部门备案。已有国家标准、行业标准或地方标准的，国家鼓励企业制定严于国家标准、行业标准或地方标准要求的企业标准，在企业内部适用。

按标准的约束力划分，国家标准和行业标准可分为强制性标准、推荐性标准和指导性技术文件三种。强制性标准是指根据普遍性法律规定或法规中的唯一性引用加以强制应用的标准，如 2021 年颁布实施的 GB 23350—2021《限制商品过度包装要求 食品和化妆品》，就是循环包装领域的一项强制性国家标准。推荐性标准是在生产、交换、使用等方面，通过经济手段调节而自愿采用的一类标准，又称自愿性标准或非强制性标准。绝大多数技术标准都是推荐性标准。违反推荐性标准通常不构成经济或法律方面的责任。但是，技术标准一经接受并采用，或各方商定同意纳入商品、经济合同，就成为共同遵守的技术依据，即在法律上具有约束力，并可用作法律制定、合同履行等方面的依据。指导性技术文件则是为仍处于技术发展过程中（如变化快的技术领域）的标准化工作提供指南或信息，供科研、设计、生产、使用和管理等有关人员参考使用而制定的标准文件。

一般情况下，参考标准的顺序为：国家标准、行业标准、地方标准、团体标准。越靠前级别越高，当其他标准与国家标准相冲突时，优先选用国家标准。循环包装行业部分相关标准如表 3-6 所示。

表 3-6　循环包装行业部分相关标准

序号	标准类别	标准号	标准名称	实施时间	时效性
1	国家标准	GB/T 5737—1995	食品塑料周转箱	1996	现行有效
2	国家标准	GB/T 5738—1995	瓶装酒、饮料塑料周转箱	1996	现行有效
3	国家标准	GB/T 16716.6—2012	包装与包装废弃物 第6部分：能量回收利用	2013	现行有效
4	国家标准	GB/T 16716.7—2012	包装与包装废弃物 第7部分：生物降解和堆肥	2013	现行有效
5	国家标准	GB/T 31271—2014	包装 循环再生率 计算规则和方法	2015	现行有效
6	国家标准	GB/T 32161—2015	生态设计产品评价通则	2016	现行有效
7	国家标准	GB/T 32163.2—2015	生态设计产品评价规范 第2部分：可降解塑料	2016	现行有效
8	国家标准	GB/T 32568—2016	重复使用包装箱通用技术条件	2016	现行有效
9	国家标准	GB/T 34345—2017	循环经济绩效评价技术导则	2018	现行有效
10	国家标准	GB/T 33761—2017	绿色产品评价通则	2017	现行有效
11	国家标准	GB/T 35612—2017	绿色产品评价 木塑制品	2018	现行有效
12	国家标准	GB/T 35613—2017	绿色产品评价 纸和纸制品	2018	现行有效
13	国家标准	GB/T 16606.1—2018	快递封装用品 第1部分：封套	2018	现行有效
14	国家标准	GB/T 16606.2—2018	快递封装用品 第2部分：包装箱	2018	现行有效
15	国家标准	GB/T 16606.3—2018	快递封装用品 第3部分：包装袋	2018	现行有效
16	国家标准	GB/T 16716.1—2018	包装与环境 第1部分：通则	2018	现行有效
17	国家标准	GB/T 16716.2—2018	包装与环境 第2部分：包装系统优化	2018	现行有效
18	国家标准	GB/T 16716.3—2018	包装与环境 第3部分：重复使用	2018	现行有效
19	国家标准	GB/T 16716.4—2018	包装与环境 第4部分：材料循环再生	2018	现行有效
20	国家标准	GB/T 37422—2019	绿色包装评价方法与准则	2019	现行有效
21	国家标准	GB/T 16716.5—2024	包装与环境 第5部分：能量回收	2024	现行有效
22	国家标准	GB 23350—2021	限制商品过度包装要求 食品和化妆品	2023	现行有效
23	国家标准	GB/T 37866—2019	绿色产品评价 塑料制品	2020	现行有效
24	国家标准	GB/T 39084—2020	绿色产品评价 快递封装用品	2020	现行有效
25	国家标准	GB/T 24295—2021	智能信包箱	2021	现行有效

（续表）

序号	标准类别	标准号	标准名称	实施时间	时效性
26	国家标准	GB/T 40065—2021	果蔬类周转箱循环共用管理规范	2022	现行有效
27	国家标准	GB/T 18455—2022	包装回收标志	2023	现行有效
28	国家标准	GB/T 23156—2022	包装 包装与环境 术语	2023	现行有效
29	国家标准	GB/T 41242—2022	电子商务物流可循环包装管理规范	2022	现行有效
30	国家标准	GB/T 43283—2023	快递循环包装箱	2024	现行有效
31	国家标准	GB/T 43802—2024	绿色产品评价 物流周转箱	2024	现行有效
32	国家标准	GB 43352—2023	快递包装重金属与特定物质限量	2024	现行有效
33	行业标准	BB/T 0040—2007	拼装式胶合板箱	2007	现行有效
34	行业标准	BB/T 0043—2007	塑料物流周转箱	2007	现行有效
35	行业标准	BB/T 0080—2019	木质围板箱	2019	现行有效
36	邮政行业标准	YZ/T 0155—2016	快件集装容器 第1部分：集装笼	2017	现行有效
37	邮政行业标准	YZ/T 0150—2016	智能快件箱设置规范	2016	现行有效
38	邮政行业标准	YZ/T 0160.2—2017	邮政业封装用胶带 第2部分：生物降解胶带	2017	现行有效
39	邮政行业标准	YZ/T 0160.1—2017	邮政业封装用胶带 第1部分：普通胶带	2017	现行有效
40	邮政行业标准	YZ/T 0167—2018	快件集装容器 第2部分：集装袋	2018	现行有效
41	邮政行业标准	YZ/T 0166—2018	邮件快件包装填充物技术要求	2019	现行有效
42	邮政行业标准	YZ/T 0171—2019	邮件快件包装基本要求	2020	现行有效
43	邮政行业标准	YZ/T 0175—2020	鲜活水产品快递服务要求	2021	现行有效
44	邮政行业标准	YZ/T 0174—2020	冷链寄递保温箱技术要求	2021	现行有效
45	邮政行业标准	YZ/T 0179—2021	农产品寄递服务及环保包装要求	2022	现行有效
46	邮政行业标准	YZ/T 0178—2021	邮件快件限制过度包装要求	2021	现行有效
47	天津市地方标准	DB12/T 868—2019	可循环木质包装箱运输包装测试方法	2019	现行有效
48	江苏省地方标准	DB32/T 3667—2019	托盘循环共用作业及服务规范	2019	现行有效
49	广东省地方标准	DB44/T 2169—2019	城市共同配送 托盘循环共用作业规范	2019	现行有效
50	甘肃省地方标准	DB62/T 4294—2021	共同配送托盘循环共用作业规范	2021	现行有效
51	北京市地方标准	DB11/T 1859—2021	快递绿色包装使用与评价规范	2021	现行有效

(续表)

序号	标准类别	标准号	标准名称	实施时间	时效性
52	湖南省地方标准	DB43/T 2529—2022	可循环快递包装应用规范	2023	现行有效
53	团体标准	T/GDLIA 0002—2019	智慧物流箱循环共用服务规范	2019	现行有效
54	团体标准	T/GSQA 003—2020	托盘循环共用管理要求	2020	现行有效
55	团体标准	T/SHBX 003—2022	中空塑料板材循环包装容器	2022	现行有效
56	团体标准	T/SHBX 002—2022	循环包装选择使用的评价和计算方法	2022	现行有效
57	团体标准	T/CGCC 83—2023	物流包装循环使用管理要求	2023	现行有效
58	团体标准	T/TMAC 87—2024	可循环使用包装箱碳减排量化核算指南	2024	现行有效
59	工业和信息化部	BB/T 0095—2024	折叠式胶合板周转箱	2024	现行有效

3.3.2 循环包装质量控制体系

下文以邮政寄递领域的质量控制体系为例进行说明。对于一般循环场景下的包装产品，该体系规定了循环包装的总体要求，标签、系统和作业要求，并给出了分类和评价与改进指标，适用于商贸企业、包装生产企业、第三方循环运营企业以及使用循环包装的各类企业。

该体系要求适用于包装用封套、包装箱、包装袋、电子运单、集装袋、填充物、胶带的绿色产品评价，同时适用于邮政封装用品的绿色产品评价。

3.3.2.1 循环包装基本要求

循环包装需满足以下基本要求。

①循环包装的使用应满足低碳性和系统性的总原则。

②企业内部循环应由企业组织资源、统一部署、部门协同，进行包装循环管理。

③循环共用时参与方包括包装运营方和包装使用方，循环包装可以由一方负责运营，也可以由多方共同负责运营。

④循环共用多方参与时，各方应对循环共用达成协议，包括参与企业资质、循环共用模式、标签要求、系统要求、作业要求、退出机制等内容。

⑤第三方社会化循环时，运营企业应具备相应的资金、技术实力，具备循环运营管理系统及管理制度。

⑥包装生产企业生产、管理过程和所生产的不同类型循环包装产品应满足相关产品、性能、试验、质量保证等标准的要求。

3.3.2.2 循环包装质量控制指标

分析我国相关标准规范，对循环包装制品质量进行检测与控制的技术指标主要包括：阻隔性能、物理机械性能、厚度等。

（1）阻隔性能

阻隔性能是指包装材料对气体、液体等渗透物的阻隔作用。阻隔性能测试包括对气体（氧气、氮气、二氧化碳等）与水蒸气透过性能测试。阻隔性能是影响产品在货架期内质量的重要因素，也是分析货架期的重要参考，通过该项检测能解决由于对氧气或水蒸气敏感而产生的氧化变质、受潮霉变等问题。

（2）物理机械性能

物理机械性能是衡量包装产品在被包装品的生产、运输、货架展示期、使用等环节对内容物实施保护的基本指标，一般包括：抗拉强度与伸长率、复合膜剥离强度、热合强度、耐穿刺性能、耐冲击性能、耐撕裂性能、抗揉搓性能、抗压性能等指标。

①抗拉强度与伸长率

抗拉强度与伸长率指循环包装材料在拉断前承受的大应力值及断裂时的伸长率。通过检测能够有效地解决因所选包装材料抗拉强度不足而产生的包装破损问题。

②耐冲击性能

循环包装产品或材料的耐冲击性能可防止因包装材料韧性不足而在受到冲击与跌落时出现包装表面破损的情况发生，可有效避免食品在流通环节中因冲击或跌落而导致的破损。

③抗压性能

循环包装在仓储及运输的过程中，不可避免地会发生堆码、挤压等情形，从而影响材料的包装性能。通过模拟包装在仓储、运输等过程中的堆码、挤压等情况，检测试样在试验前后性能的变化，从而对材料的耐压性能进行科学的量化分析和判断。

（3）厚度

循环包装材料的厚度及其均匀性是检测其各项性能的基础。包装材料厚度不足、厚度不均匀，会影响阻隔性能和物理机械性能，厚度过大则会造成材料浪费。因此，对材料厚度实施高精度控制也是确保质量与控制成本的重要手段。

3.3.2.3 评价指标要求

封套、包装箱、纸质填充物、塑料填充物、包装袋、胶带和电子运单等包装件的评价指标要求应符合 GB/T 35613—2017《绿色产品评价 纸和纸制品》和 GB/T 37866—2019《绿色产品评价 塑料制品》的规定。集装袋的评价指标则要求符合 GB/T 35611—2017《绿色产品评价 纺织产品》的规定。

参考相关标准，可将循环包装的主要评价指标和要求列于表 3-7。

表 3-7 循环包装的主要评价指标和要求

一级指标	二级指标	计量单位	要求	评价依据	评价方法
资源属性	基材	—	应采用对环境和健康危害小的原材料，应对所使用材料的潜在环境和健康危害性及防范措施进行说明	—	对申请企业提供的原材料采购与使用清单、统计报表等证明材料进行审查
	水的重复利用率	%	≥90% 或不用水	GB/T 7119—2018	对申请企业提供的记录、核算依据、计量器具有效文件等进行文件审查和计算核实
环境属性	重金属总量（铅、汞、镉、铬）	mg/kg	纸类、塑料类和纺织纤维类快递包装中重金属与特定物质限量应符合标准的要求。对于多种材料组成的复合材料快递包装，生产企业应声明复合材料快递包装中每种材料的种类，且每种材料应分别符合标准的相关要求	GB 43352—2023	对申请企业提供的检测报告进行审查或抽样检测
	油墨	—	应使用水性油墨	—	对企业提供的油墨采购及使用清单等证明材料进行审查
		—	对于吸收性承印物，油墨中可挥发性有机物（VOCs）含量应≤5%；对于非吸收性承印物，油墨中可挥发性有机物（VOCs）含量应≤25%	GB/T 38608—2020	对申请企业提供的检测报告进行审查或抽样检测
	胶粘剂	—	结构性黏结应使用水基型胶粘剂，非结构性粘接不得使用溶剂型胶粘剂	—	对申请企业提供的胶粘剂采购、使用清单及产品结构图等证明材料进行审查
		—	胶粘剂中苯≤100mg/kg，甲苯+二甲苯≤1000mg/kg，卤代烃≤1000mg/kg	GB 18583—2008	对申请企业提供的检测报告进行审查或抽样检测
品质属性	气味	级	评价结果应不大于 2 级	GB/T 35773—2017	对申请企业提供的检测报告进行审查或抽样检测
	可重复使用	次	≥20	GB/T 6716.3—2018	对申请企业提供的检测报告进行审查或抽样检测，并由申请企业提供产品重复使用情况证明
	重复使用标志	—	在产品表面印制重复使用标志，标志颜色和尺寸可根据包装本身的特征确定	GB/T 6716.3—2018	现场检查，是否印制重复使用标志

3.3.3 循环包装检测技术与方法

循环包装产品的检测同一般包装产品类似，不同的是，循环包装产品除了需要满足产品防护的基本要求，还需要满足循环场景下对产品耐用性、储运空间等的要求。

（1）样品选取

产品需要抽样检测的，应在经出厂检验合格的产品中抽取颜色较深、印刷内容多、结构复杂的产品进行测试，抽取的样品数量应符合表 3-8 的要求。

表 3-8 循环包装绿色产品检验抽样要求

样品名		样本量	RQL=10		
			检验品类	判定数	
				A1	R1
封套		20 枚	封套	0	1
包装箱		20 个	包装箱	0	1
包装袋		20 个	包装袋	0	1
电子运单		100 枚	电子运单	0	1
集装袋		10 个	集装袋	0	1
填充物	纸质填充物	3 m²	纸质填充物评价指标要求	0	1
	塑料填充物	50 个或 20 片 / 块	塑料填充物评价指标要求	0	1
悬空紧固包装		纸和薄膜 3 m²，其他 10 个	悬空紧固包装	0	1
胶带		5 卷	胶带	0	1
可重复使用型循环包装		10 个	可重复使用型循环包装	0	1

注：RQL——不合格质量水平；A1——合格判定数；R1——不合格判定数。

样品原则上应在生产企业的仓库中抽取，应在同一批次产品的不同摆放位置随机选取样品。

（2）抽样检验

抽样检验应从当前生产的并经出厂检验合格的产品中，按照 GB/T 2829—2002《周期检验计数抽样程序及表（适用于对过程稳定性的检验）》规定的判别水平 III 的一次抽样方案进行检验，样本单位为枚、个、条、块或卷，样本量、检验品类及不合格质量水平（RQL）见表 3-8。

（3）检验判定

在样本中，若不合格品数小于或等于合格判定数（A1），则型式检验合格；若不合格品数大于或等于不合格判定数（R1），则型式检验不合格。

对于技术要求中采用文件评审的指标，由生产企业提供技术要求中的相关证据，认证机构依据循环包装产品技术规范或标准以及相应的认定规则进行评价，符合要求的判定为合格，否则为不合格。

技术要求中需要采用抽样检测或需要提供产品检测报告的指标，应依据满足相关能力和资质的检测机构出具的检测报告，并结合现场检查的方式进行验证，测试的项目符合其技术要求指标的判定为合格，否则为不合格。

（4）物理机械性能检测

检测方法按照下列规定：

① 成品加工完成 24 h 后方能作为试验样品；

② 抗拉强度试验应按 GB/T 1040.3 — 2006 的规定进行检测；

③ 撕裂强度试验应按 QB/T 1130 — 1991 的规定进行检测；

④ 抗压强度试验应按 GB/T 4857.4 — 2008 的规定进行检测；

⑤ 跌落试验应在 0.8m 高度上，按 GB/T 16606.2 — 2018 的表 1 提及的内装物最大质量封装，按 GB/T 4857.5 — 1992 的规定进行面、棱、角的跌落试验各 20 次。

（5）环保要求

按 GB/T 2829 — 2002 中 5.6 规定的判别水平 III 的一次抽样方案进行检验，样本单位为个，样本量、判别水平、检验项目及不合格质量水平如表 3-9 所示。

表 3-9　环保要求型式检验样本量、检验项目及抽样方案

样本量 / 个	判定水平Ⅲ的一次抽样方案	
	RQL=8.0	
	检验项目	判定数
20	环保要求	A1　R1 0　　1

注：RQL——不合格质量水平；A1——合格判定数；R1——不合格判定数。

综上所述，近年来，我国已开始出台一些关于循环包装的标准，如 GB/T 16716《包装与环境》系列标准、T/ZGZS 0303 — 2022《废弃包装容器利用处置污染控制技术规范》、T/CPF 0054 — 2023《塑料包装制品易回收易再生设计要求及评价方法》等。这些标准旨在指导循环包装的设计、分类和评价。但现有标准数量偏少，且缺乏系统性和完整性，可能导致各地区、各专业门类循环包装的管理和运营存在不一致性。因此，相关标准对循环包装行业的指导和引领作用还有待加强。在循环包装相关法规方面，除了邮政系统，国家及其他部门出台的循环包装相关法律法规还很少，目前，业内主要是依靠《中华人民共和国环境保护法（2014 修订）》《中华人民共和国循环经济促进法（2018 修订）》等法律法规来管理循环包装相关业务。

针对上述问题，可以从以下几个方面予以改进和提高。

（1）完善标准

进一步研究和制定专门针对循环包装的标准，包括设计要求、清洗和消毒规范、循环承载次数

评价等，以提高循环包装的质量和安全性。

（2）立法和政策支持

制定相关法律法规和政策，明确循环包装企业的管理责任和行为规范，为企业提供激励和支持措施，促进循环包装的推广和应用。

（3）建立回收网络

构建完善的循环包装回收体系，包括建立回收站点、处理设施和循环回收链路，以确保包装废弃物的有效回收和再利用。

（4）加强宣传教育

提高公众对循环包装的认知和理解，通过宣传和教育活动提高消费者和企业对循环包装的接受度和使用意识。

4 循环包装行业的供求分析

4.1 循环包装行业供求概况

4.1.1 循环包装行业业务模式分析

从 2.1.9 部分可知，循环包装涉及的行业类别包括循环包装产品上游/原辅材料行业、循环包装生产制造行业、循环包装下游/用户企业、循环包装的相关平台及运营企业、循环包装相关技术与装备企业和相关教育研究与技术支持机构。以下简要分析主要循环包装行业类别的业务模式。

4.1.1.1 循环包装上游/原辅材料供应行业

循环包装行业的原材料包括纸包装材料、塑料包装材料、金属包装材料、木质包装材料等；辅助材料包括不干胶纸、胶粘剂等。以下以纸包装材料行业的重点——造纸行业为例，简要分析其业务模式。

（1）行业概述

造纸行业属于制造业，造纸的原材料主要是纸浆，按照原材料的不同，原纸可分为以废纸浆为原材料的"废纸系"纸种和以木浆为原材料的"木浆系"纸种。"废纸系"纸种主要包括箱板纸、瓦楞纸等，产业链下游主要是纸包装产品；"木浆系"纸种包括文化纸、生活用纸和白卡纸等。造纸行业的产业链如图 4-1[1] 所示。

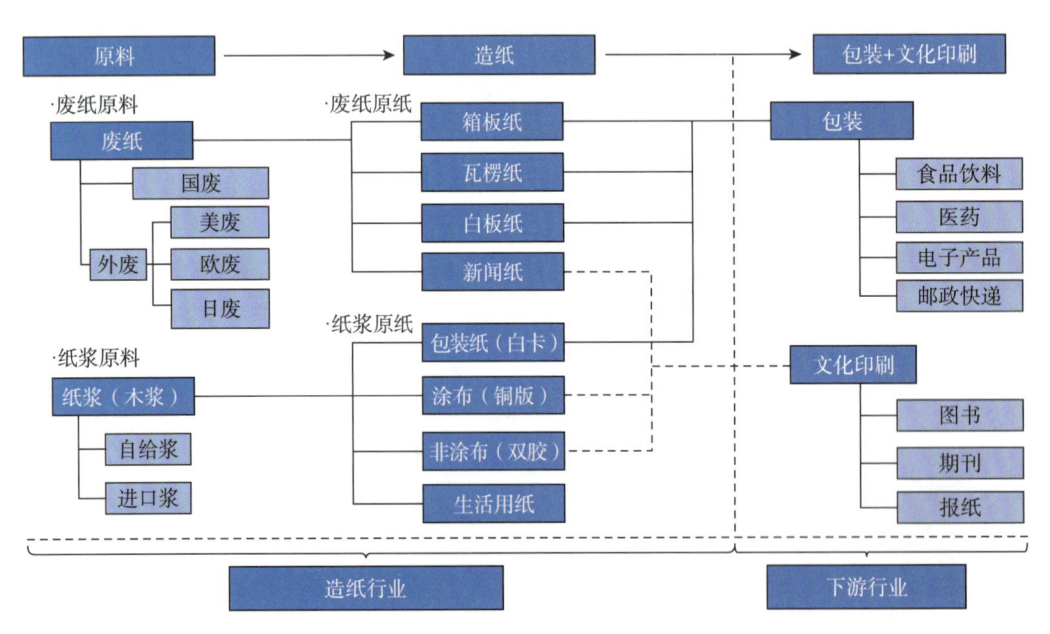

图 4-1 造纸行业的产业链

---

[1] 资料来源：https://www.moer.cn/articleDetails.htm?articleId=328872&location=home_browse&ivk_sa=1024320u；
https://baijiahao.baidu.com/s?id=1703884305886992338&wfr=spider&for=pc。

目前国内"废纸系"纸种的龙头企业主要有玖龙纸业（控股）有限公司、理文造纸有限公司、安徽山鹰纸业股份有限公司、山东华泰纸业股份有限公司等，"纸浆系"纸种的龙头企业主要有山东太阳纸业股份有限公司、山东晨鸣纸业集团股份有限公司、山东博汇纸业股份有限公司等。

（2）行业特点

造纸行业受宏观经济的影响，具有长期的波动性。其行业发展特点如图4-2所示。

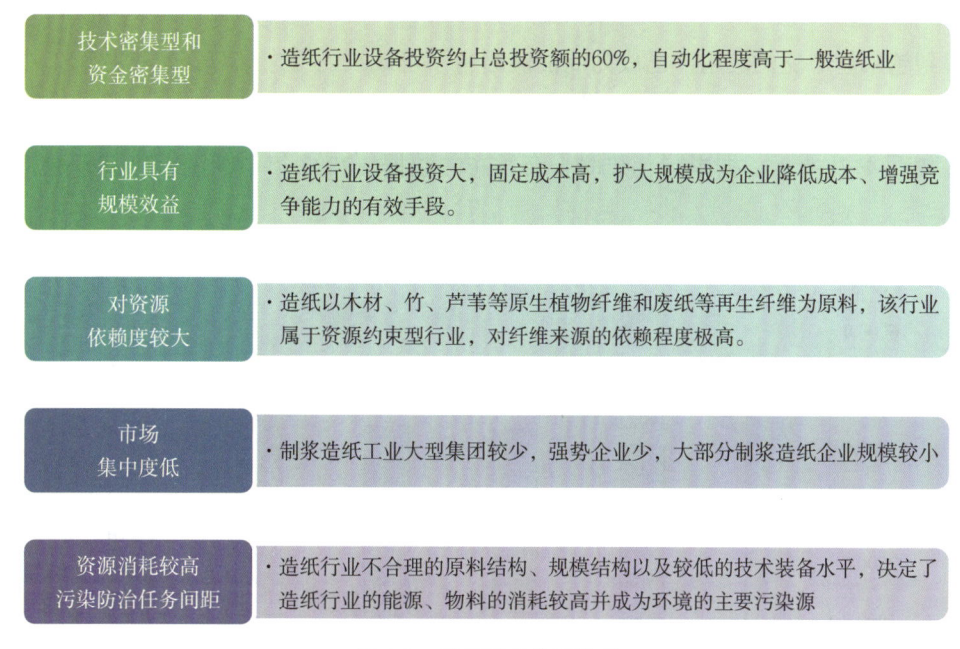

技术密集型和资金密集型	·造纸行业设备投资约占总投资额的60%，自动化程度高于一般造纸业
行业具有规模效益	·造纸行业设备投资大，固定成本高，扩大规模成为企业降低成本、增强竞争能力的有效手段。
对资源依赖度较大	·造纸以木材、竹、芦苇等原生植物纤维和废纸等再生纤维为原料，该行业属于资源约束型行业，对纤维来源的依赖程度极高。
市场集中度低	·制浆造纸工业大型集团较少，强势企业少，大部分制浆造纸企业规模较小
资源消耗较高污染防治任务间距	·造纸行业不合理的原料结构、规模结构以及较低的技术装备水平，决定了造纸行业的能源、物料的消耗较高并成为环境的主要污染源

图4-2 造纸行业发展特点

（3）行业经营模式和产业链特点

造纸行业经营模式为从上游采购废纸、木浆等原材料，生产成原纸产品后销售给印刷、包装等下游企业，由其加工成最终产品后面向各类消费行业，产业链表现为"制浆—造纸—加工"。其特点有以下几点。

①造纸行业涉及的下游行业广泛，包括包装、印刷、消费行业等。下游行业的景气程度直接影响造纸行业需求，进而影响行业供需关系，以及价格和产量的变化。

②决定行业新增产能是否实质减少，核心来自国家环保政策、去产能的行政调控，以及来自行业盈利回落而自动收缩。

③在当前经济预期平稳的格局下，造纸行业的波动幅度在逐步减小，同时叠加了越来越重的资金成本压力之后，库存的波动也开始被逐步压缩收窄。

④造纸行业是非典型的周期性行业，行业景气度与国家政策、上年销量需求密切相关，其周期性不是非常明显。

近年来，由于环保政策持续趋严，原料供给受限，企业生产成本增长，同时下游需求不振，盈利状况有所下滑。

4.1.1.2 循环包装生产制造行业

前已述及，循环包装实质上是传统包装的一个子集，其行业发展特点类似。以下以塑料包装行业为例进行简述。

（1）行业现状

近年来我国经济整体发展稳定，居民消费水平逐渐提高，有利于国内塑料包装行业下游需求的增长。由于具备保护商品、便于流通、方便消费、促进销售和提升附加值等多重功能，包装产品在现代社会得到越来越广泛的应用，已成为商品流通中不可或缺的组成部分。数据显示，中国塑料包装行业工业产值由2017年的4892.3亿元变化至2022年的4830.0亿元，塑料包装行业总体呈稳步增长态势，如图4-3[1]所示。据中国包装联合会发布的数据，2023年中国塑料包装行业工业产值已达5404亿元。

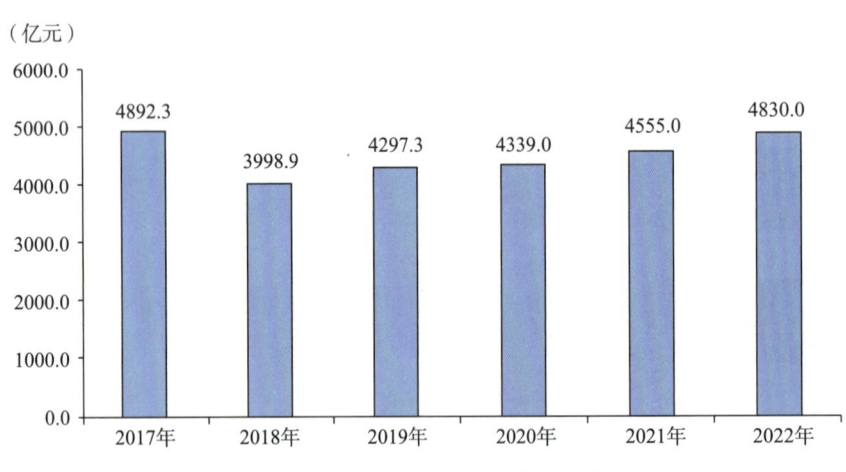

图4-3　2017—2022年我国塑料包装工业产值

（2）行业特点

①塑料包装行业具有明显的集群优势

我国塑料包装企业分布具有较强的区域性，珠三角地区、长三角地区以及环渤海地区是中国食品饮料、日化、电子信息制品等行业比较发达的地区，塑料包装作为配套产业，已分别在这三大区域形成了一定的产业集群优势，并且形成了产业协同效应。

②下游需求旺盛为行业发展提供空间

塑料包装行业下游行业广泛，就目前的主要下游应用行业而言，化工、食品、医药、电子信息等行业保持良好发展态势，对包装产品的需求维持较快增速。同时，塑料包装产品具有品种繁多、功能多样、包装质量轻、占用空间少、运输成本较低等优点，随着居民收入水平的提高，消费的不断升级将会带动塑料包装需求的持续增长。

1　资料来源：https://mp.weixin.qq.com/s?__biz=MzUzMzQyMzk5OQ==&mid=2247506539&idx=2&sn=44e95843b1cb9ed6f7e1334bc45aadf0&chksm=faa6a87bcdd1216dc96aaa78d4a42cc0c295e431ad5566b100b38d536ed18f0132520a0729c7&scene=27。

③技术升级推动行业高水平发展

各种功能性塑料不断推出；三层、五层、七层等多层塑料薄膜共挤技术；单一材质薄膜技术的研发等，推动塑料包装产业高水平发展。

④循环包装的庞大需求刺激塑料行业快速发展

塑料包装材料具有物理机械性能优异、加工性好、制品耐用性好以及循环再生性好等优点，这使其成为循环包装产品最佳的原材料之一，而"绿水青山就是金山银山"环保理念的广泛认同，使得绿色包装、循环包装的应用越来越普遍与成熟，常见的循环型托盘、箱、缓冲材料等多由塑料包装材料加工而成，这大大刺激了塑料包装产业的快速发展。

（3）行业经营特点

企业规模偏小、亟待整合和联合。在塑料包装行业，大型企业、国有企业较少，民营企业多且散，行业整体规模偏小，同时面临众多外资品牌的市场侵入，企业竞争相对激烈。塑料包装行业亟须通过企业联合、收购、兼并等多种手段，形成一些大型企业、联合企业，从而推动行业向前健康发展。

企业同质化竞争激烈。塑料包装行业大多数公司的规模较小，技术水平、生产规模有限，产品交付能力较弱，产品质量参差不齐，小规模企业之间同质化竞争普遍存在。

企业两极分化现象日趋突出。随着环保相关法律法规日趋严苛，行业竞争日趋激烈，中小型企业的生存压力也越来越大，而大型企业则有望持续提高研发创新水平、生产加工水平和生产管理水平，通过向产业链上下游延伸以及借助规模优势降低单位生产成本，进而分散经营风险和降低原材料价格波动对经营状况和盈利空间的影响。

4.1.1.3 循环包装行业下游/用户企业

（1）产品制造业

循环包装最先是在汽车工业中为解决不同零件向主机厂的流通这一问题而出现的，这种大工业生产中的厂内物流需要的循环包装是垄断程度较高的行业，其主要生产企业和行业资本集中在大型国际巨头企业中。

（2）电商及物流业

面向终端用户以及电商物流的循环包装属于新兴行业。近年来，随着国家环保政策的推行，绿色包装得到了有效的发展，循环包装是绿色包装的一种，因此出现了许多以创新型循环包装为主营业务的中小型电商与物流企业。电商及物流业典型的行业模式包括以下几种。

①循环包装的典型共用应用模式

例如，路凯托盘循环共用模式，是指供应链上下游企业共同租赁路凯提供的标准托盘，通过带板运输的形式来转移货物，托盘到终端使用完毕后再返回路凯进行维护保养，如图4-4所示。这种方式又称为共享模式。

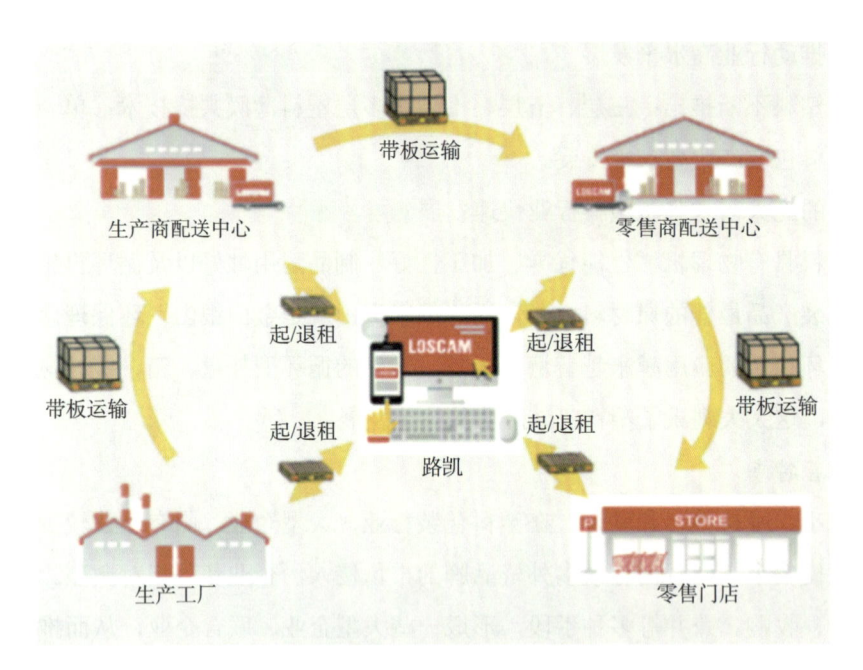

图 4-4　路凯托盘循环共用模式

（图片来源：https://image.baidu.com/）

②循环包装的典型回收模式

例如，孙月等提出的回收模式，当 GSM 模块发送信息通知工作人员前来处理时，工作人员利用叉车将托盘运往存储区域，随后再将空托盘运回分类回收箱内部存储区域，从而形成一个循环工作流程，如图 4-5 所示。

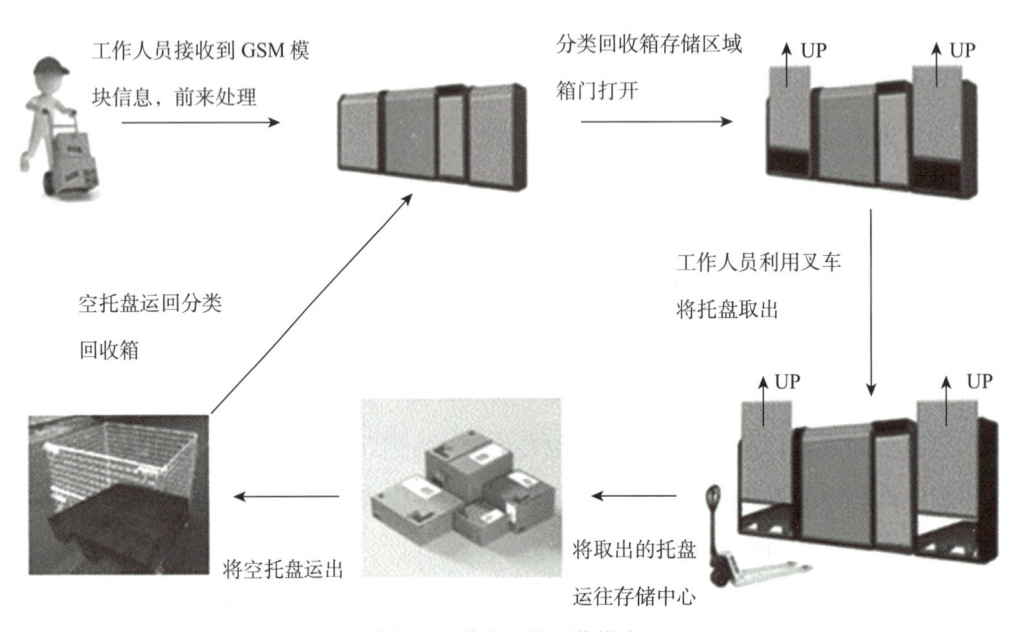

图 4-5　快递包装回收模式

③塑料包装材料的循环利用模式

山东英科环保再生资源股份有限公司（以下简称"英科再生"）打通了塑料回收利用全产业链，围绕塑料的循环利用，建立了一条完整的产品研发和商业化产业链，包括塑料回收、塑料再生、再生材料及产品市场推广等环节。英科再生的塑料循环利用模式如图 4-6 所示。

在塑料回收端，英科再生研发了 PS 泡沫减容机，提高了 PS 泡沫塑料回收效率，降低了回收转运成本。目前已在 50 多个国家应用，与全球 400 余个回收网点合作，形成覆盖全球的可再生塑料回收网络，保障了持续稳定、相对低价的原材料来源。

在塑料再生端，英科再生开发了先进的塑料再生造粒技术，生产的高品质再生 PS 粒子纯度达到 99%，性能指标接近新料粒子的水平，但生产成本低于新料粒子，具有性价比优势。

在塑料利用端，英科再生横向与纵向拓展再生塑料产品及应用领域。生产再生 PS 线条、环保成品框等消费品，实现再生塑料的高价值利用。

图 4-6　英科再生的塑料循环利用模式

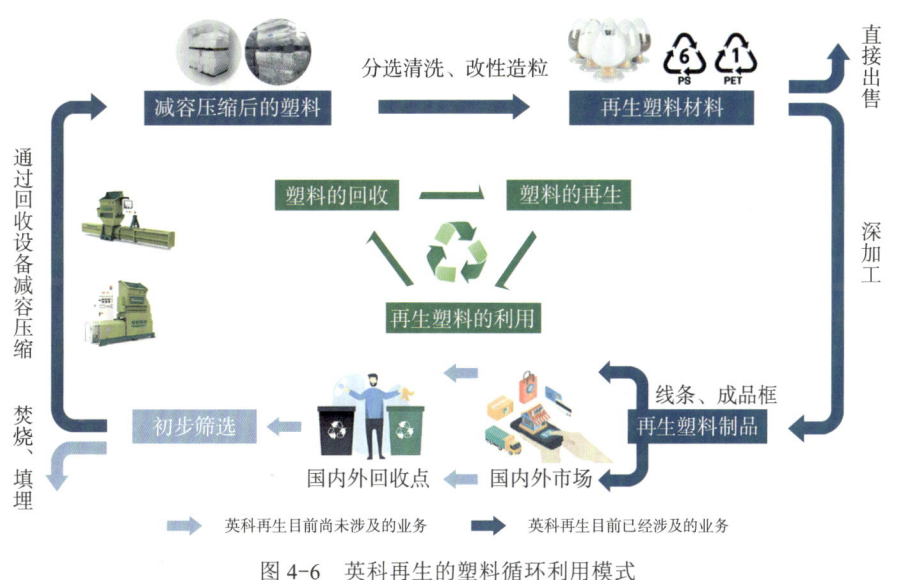

（图片来源：https://www.sohu.com/a/476539699_167954）

4.1.2　循环包装行业的资产存在形式

循环包装行业的资产包括两大部分，即无形资产和有形资产。

无形资产主要是商业信誉、专利使用权等。为循环包装而研发的专用材料、专有机构而形成的专利等属于无形资产。

有形资产包括固定资产、人力资源和流动资产。

固定资产是指企业生产经营中长期使用或者为某种目的而长期持有的资产，如循环包材生产厂家的建筑物、生产设备、运输工具，各相关企业的循环包装生产线等。

人力资源是指一定时期内组织中的人所拥有的能够被企业所用，且对价值创造起贡献作用的教育、能力、技能、经验、体力等的总称。循环包装企业内部除了行政、财务、销售等人员，还包括循环包装材料的生产研发人员、循环包装流水线的技术人员等区别于其他行业且在企业内占有大量比重的人员。

流动资产指在一年或者超过一年的营业周期内变现、出售或者耗用的资产和现金及现金等价物，主要包括货币资金、短期投资、包装材料供应商生产的材料库存以及机械企业里的销售的循环包装机等。

4.1.3 循环包装行业的经营成本

循环包装行业的经营成本主要是生产成本，也称为制造成本，主要包括直接材料成本、直接工资成本、管理成本。

直接材料成本包括循环包装生产过程中所消耗的原材料、设备与备件、能源及其他相关耗材的成本。

直接工资成本是支付给生产循环包装相关人员的劳动报酬，包括但不限于基本工资、奖金、劳动保障等。

管理成本是主要发生于企业管理过程中所消耗的资源的成本。

经营成本可分为固定成本和变动成本两部分。

固定成本是指在一定的范围内不随产品产量或商品流转量变动的成本，其中大部分是间接成本，如包材的折旧和包装机械的维护费、企业办公费等。

变动成本，如直接工资成本、直接材料成本、制造费用都是典型的变动成本，在一定期间内它们的发生总额会随着业务量的增减而成正比变动。

由于包装行业中单个产品的利润不高，需要巨大的业务量来维持企业的盈利，而且循环包装的包材成本和制造费用相对其他形式的包装更高，因此，变动成本部分远大于固定成本。

4.1.4 循环包装行业的利润来源

对于传统供应链中使用的托盘、围板箱等循环包装，其主要经营模式为使用权的转让，即租赁，故运营托盘租赁的企业的主要利润来源为租赁费。

对于面向终端消费者和电商物流的循环包装，其利润来源主要是需求企业的大量、可持续地购买使用。

4.1.5 循环包装行业进入/退出壁垒

4.1.5.1 主要进入壁垒

以纸包装原材料行业和循环包装制品行业为例加以说明。

造纸行业是高排放、高污染与高能耗的资源密集型产业。加上近年来产能过剩问题突出，造纸行业成为供给侧改革和环境保护的重点关注产业。该行业的主要进入壁垒包括：

高技术壁垒。造纸程序繁多、工艺复杂。包装用纸还有定量、厚度、紧度、平滑度、抗张强度、撕裂度、耐折度、伸缩率等一系列要求，技术要求高。

资金壁垒。造纸行业属于传统重资产型制造业，对资金需求量高。现阶段，我国造纸行业的产业政策要求不断淘汰落后产能，企业新建生产线的投资额需在数亿元以上，资金投入的规模和运转效率成为造纸企业持续发展的首要问题。

政策与环保壁垒。造纸企业具有废水排放量多、治理难度大、资金投入大等特点，行业环保要求高。从 2007 年开始国家就开始制定"节能减排"方案，对造纸企业的环境影响评价实行一票否决等严厉的管控；2017 年国务院办公厅颁布的《禁止洋垃圾入境推进固体废物进口管理制度改革实施方案》，使得大量中小型造纸企业赖以生存的重要原料来源——废纸的进口门槛大幅提高，废纸进口配额大幅缩减，进口量大幅减少。行业龙头纷纷通过进口废纸浆、建设海外基地以及寻找替代原材料的方式来弥补进口废纸的缺口，优质低价造纸原材料的获取能力将成为纸包装原料企业的核心竞争力，行业进入壁垒逐渐由此前的美废额度转向废纸浆建设项目。

对于循环包装制品行业，其进入壁垒与原材料行业有所不同。

行业成熟企业垄断壁垒。尽管循环包装行业是集中度不高，垄断程度较低的产业，但新企业的进入不仅需要一定量的投资和较高的起始规模，而且由于市场规模和成熟企业的阻碍，新企业将难以站稳脚跟。新企业要建立区域性或全国性的推销网和服务网并非一朝一夕，其与原有企业相比有明显劣势。

资金壁垒。如汽车、寄递等下游行业的特殊性，对生产设备要求特别高，资本需求量大。

大型客户供应商资格认证壁垒。建立良好的声誉及赢得下游客户的信赖需要时间，客户不愿意采用新兴包装产品供应商。

4.1.5.2 主要退出壁垒

退出循环包装行业的主要壁垒有：

资金回收壁垒。由于特殊设备相对少一些，其沉没成本不算高。

企业转型壁垒。由于循环包装行业的特殊性，一般都会有固定的上下游企业对接供求，退出该行业意味着放弃原有的客户资源，转型之后需要重新开始积累客户，因此，循环包装企业退出行业会比较慎重。

4.1.6 循环包装行业整体供给形势

随着国内部分原材料企业和电商、快递、物流和制造业企业的快速发展，特别是生鲜农产品的异地电商销售趋势日渐增长，越来越多的性价比较高且符合企业实际需求的相关技术的原辅材料企业、循环包装智能系统及相关附件企业，将会推动循环包装的广泛应用，从而释放循环包装的市场需求，带动循环包装的发展。

国际市场的潜在需求是我国循环包装未来快速增长的影响因素之一。随着在线销售和电商模式的全球推广与应用，以印度、中东、非洲等为代表的一些国家和地区的需求量很大；以欧洲、日本为代表的一些国家和地区的包装材料生产制造成本居高不下，因此，我国企业生产的相关产品在性价比上较国外厂商具有明显的优势，更加符合国际需求。

就循环包装几大技术领域的发展来看，新技术新产品的研发难度相对较大，循环包装领域的行业竞争相当激烈，为了满足消费者对产品的需求，生产企业普遍采取差异化的竞争策略，推出多品种、多规格、多样式、多功能的循环包装产品，以及就近服务的营销模式，加大对技术与产品的推广力度，进而影响了循环包装产品的市场供求。

因此，从整体来说，循环包装行业的整体供给情况会随着行业集中度的提高、优势企业的崛起而慢慢饱和，但行业需求量同时也会随着下游行业的发展而不断增加，包括国际市场的潜在需求也在慢慢增加。因此尽管整个包装行业在逐渐饱和，但循环包装行业将会在近几年出现供不应求的情况。

4.2 循环包装行业集中度与竞争态势

4.2.1 循环包装行业集中度

4.2.1.1 循环包装原辅材料行业情况

截至 2022 年底，全国疫情形势趋稳，工业、商业活动全面放开，因此，全国工业生产形势也开始好转。但由于中美贸易形势趋紧，部分抵冲了疫情形势好转带来的发展势头。下文以《中国包装年鉴（2022 版）》的数据进行分析。

循环包装行业涉及纸、塑料、金属、木及其他包装原材料。循环包装涉及的主要原材料行业概况如下。

(1）纸包装行业

2022 年，我国纸包装行业（含纸和纸板容器）规模以上企业[1]共 2827 家，企业数比 2021 年增加 310 家，累计完成营业收入 3045.47 亿元，同比增长 -5.01%，增速比 2021 年同期下降了 18.57 个百分点。全国纸包装行业累计完成利润总额 113.77 亿元，同比增长 -15.61%。2023 年，纸包装行业规模以上企业共有 2991 家，比 2022 年增加了 164 家。企业累计营业收入 2682.57 亿元，同比增长率为 -4.44%，增速比 2022 年同期提高了 0.57 个百分点。

其中，与循环包装关系相对密切的瓦楞纸箱行业的基本情况是：2022 年，全国瓦楞纸箱行业累计完成产量 3419.29 万吨，同比增长 -4.45%。产量排在前五位的地区是广东、浙江、湖北、福建、四川。其中，广东产量占全国总产量的 12.9%，同比增长 -13.17%；浙江占 8.92%，同比增长 -10.04%；湖北占 8.61%，同比增长 15.32%；福建占 8.21%，同比增长 29.64%；四川占 7.09%，同比增长 -13.39%；按年度增长速度，2024 年我国瓦楞纸箱行业完成产量预计 3265.4 万吨。

（2）塑料包装行业

塑料包装行业包括薄膜、片材等原材料和包装箱、托盘等制品。

2022 年，我国塑料薄膜制造行业规模以上企业共 2697 家，比 2021 年增加 263 家，累计完成营业收入 3822.01 亿元，同比增长 4.19%。增速比 2021 年同期下降了 14.24 个百分点。2023 年，规模以上企业共 2968 家，比 2022 年增加 271 家，累计完成营业收入 3781.04 亿元，同比增长 -1.10%，增速比 2022 年同期下降了 3.09 个百分点；累计完成利润总额 178.54 亿元，同比增长 -11.33%。

与循环包装十分密切的是塑料包装箱及容器制造行业。2022 年，我国塑料包装箱及容器制造行业规模以上企业共 2000 家，比 2021 年增加了 173 家，累计完成营业收入 1811.05 亿元，同比增长 -5.3%。2023 年，规模以上企业 2178 家，比 2022 年增加了 178 家，累计完成营业收入 1623.03 亿元，同比增长 0.18%。增速比 2022 年同期提高 5.48%。

（3）金属包装行业

2022 年，我国金属包装行业规模以上企业 864 家，比 2021 年增加 83 家，累计完成营业收入 1500.52 亿元，同比增长 5.17%，增速比 2021 年同期下降了 20.44 个百分点。2023 年，规模以上企业 928 家，比 2022 年增加 64 家，累计完成营业收入 1505.62 亿元，同比增长 -1.56%。增速比 2022 年同期下降 6.73%。

（4）玻璃包装行业

2022 年，我国玻璃包装容器行业规模以上企业 332 家，比 2021 年增加 41 家，累计完成营业收入 764.56 亿元，同比增长 4.32%。增速比 2021 年同期下降了 19.86 个百分点。2023 年，玻璃包装容器行业完成累计产量 1671.02 万吨，同比增长 0.37%。产量排在前五位的省份依次是山东、四川、河北、广东、福建。其中，山东完成累计产量 399.17 万吨（占 23.89%），同比增长 7.14%；

---

[1] 规模以上企业：年主营业务收入 2000 万元及以上的全部工业企业。

四川完成累计产量 321.21 万吨 (占 19.22%),同比增长 3.52%；河北完成累计产量 163.06 万吨 (占 9.76%),同比增长 11.85%；广东完成累计产量 112.39 万吨 (占 6.73%),同比增长 -10.49%；福建完成累计产量 88.57 万吨 (占 5.3%),同比增长 -7.42%。

（5）木制品包装行业

2022 年，我国软木制品及其他木制品制造行业规模以上企业 496 家，比 2021 年增加 53 家，累计完成营业收入 435.42 亿元，同比增长 -1.98%。增速比 2021 年同期下降了 11.68 个百分点。2023 年，规模以上企业 526 家，比 2022 年增加 30 家，累计完成营业收入 403.00 亿元，同比增长 4.45%。增速比 2022 年同期提高了 6.43 个百分点。

从 2022 — 2023 年数据看，我国包装行业各领域的总体发展趋势是类似的，即企业数量多、平均规模小，行业集中度不高。相对来说，纸包装、塑料包装两个行业的行业集中度略高于其他行业。

4.2.1.2 循环包装产品设计及生产企业情况

循环包装产品设计及生产企业涉及纸质、塑料、金属、木质及其他材质的循环包装制品。下文以纸包装和塑料包装为例进行叙述。

纸包装行业中参与循环包装制品，尤其是重型纸循环包装产品开发、生产的占比不高，一般只有大中型企业涉足。其主要产品为多层普通复合纸板、3A 重型瓦楞纸板或蜂窝纸板及其包装纸箱等。在调研的 1000 余家循环包装相关企业中，上述三类纸包装材料及制品企业仅占 3.3%。

以宝艺新材料股份有限公司为例，据了解，其重型纸包装产品产值仅 2500 万元 / 年，占该公司全年纸包装产品总产值（5.5 亿元）的 4.55%；重型包装涉足较多，进入重型循环包装领域较早的郑州市轻工包装有限公司（郑州市轻工包装重型纸箱有限公司）的情况也类似。比较典型的重型纸循环包装企业是特耐王中国集团公司。该公司分布于全国各地的数家分公司均使用统一生产的、专供的符合美国 ASTM 标准的 3A 重型瓦楞纸板，相关产品包括周转箱、围板箱、托盘等。但由于其产品标准和设备所限，3A 重型纸循环包装在行业中的占比并不高。

普通瓦楞纸箱产品进入循环包装领域的，主要是邮政行业，总量也不多。因此，纸包装行业循环包装相关产品生产集中度很低。

塑料包装行业中，参与循环包装的多是围板箱、钙塑瓦楞箱、注塑周转箱、普通卡板箱、托盘等。调研数据表明，生产该类产品的企业占全部塑料包装企业总数的 40.8%。但其行业集中度不高，大部分为小微企业，上市企业寥寥无几。随着塑料循环包装的进一步发展，行业整合趋势日趋明显，其行业集中度必将进一步提高。

金属包装行业中，参与循环包装的多是转运架、周转架、网箱、包装箱等。调研数据表明，全国生产该类产品的企业有 30 余家，占全部金属包装企业总数的 3.84%。

木质包装行业中，参与循环包装的多是钢边箱、围板箱、框架箱、可拆卸包装箱、托盘等。调研表明，几乎所有木质包装企业均生产该类循环包装产品，其数量巨大，但企业规模普遍较小。

由以上可知，除了木质包装行业和塑料包装行业，纸、金属和玻璃循环包装制造企业的总数不算多，占行业同类企业的比例亦不高。多数企业是把循环包装产品的生产作为其部分业务。

4.2.1.3 循环包装用户企业情况

循环包装用户企业主要包括运营平台类企业、食品饮料类企业、制造业零售业企业、电商物流类企业等。在调研的170家用户企业中，运营平台类企业的占比约11.2%，典型企业如上海乐橘科技有限公司、上海箱箱智能科技有限公司、万华化学集团股份有限公司、永康市知路科技有限公司、复海（上海）物联网股份有限公司和中集运载科技有限公司（以下简称"中集运载"）等；食品饮料类企业占27.6%，典型企业如利乐包装（北京）有限公司、北京红牛饮料销售有限公司、北京汇源饮料食品集团有限公司、东鹏饮料（集团）股份有限公司和安徽生鲜传奇商业有限公司等。制造业零售业企业占22.9%，典型企业如国美电器零售有限公司、费拉尔汽车零件（沈阳）有限公司、上海百阳精密汽车零件有限公司、河北蓓蕾汽车零部件制造有限公司、深圳市绒盛贸易有限公司等。电商物流类主要用户企业占25.3%，典型企业如江苏苏宁物流有限公司、中国邮政集团有限公司、上海圆通速递有限公司、中通快递股份有限公司、嘉兴环洋电商物流服务有限公司等。

4.2.2 循环包装行业典型企业发展概况

4.2.2.1 循环包装原辅材料企业

（1）典型纸制品包装企业

以厦门合兴包装印刷股份有限公司为例。

厦门合兴包装印刷股份有限公司（以下简称"合兴包装"）成立于1993年5月，2008年5月在深圳证券交易所上市。其主要从事包装一体化的研发与设计生产、销售及服务，在包装结构设计、色彩管理新材料研发、智能集成服务方面拥有丰富经验，以专业的视角整合产业链平台，致力于为客户提供设计、制造、运输、现场作业、品控等在内的全流程、全品类的一体化环保包装服务。

三十年来，该公司所服务的客户覆盖多个行业，涵盖众多中外知名企业。合兴包装拥有50多家生产基地，生产规模位居国内行业前列，基本实现全国及东南亚范围的地域覆盖，与集团化大客户形成多点对应、互动共联的多边供需生态。公司具有的经营优势有以下几点。

①多年异地多厂管控经验，"标准化工厂"的管理模式造就了国内排名前列的生产规模

合兴包装已形成标准化的建厂及生产流程，对瓦楞纸箱生产厂房、生产线、机器设备、仓库的设计和布局，以及工人的安排和生产都进行量化和标准化管理，形成较强的可复制性的标准化工厂建设流程，从而减少了新建工厂和安装生产线的时间，使公司运营成本降至最低。当挖掘到新的市场热点区域并做出建厂决策后，可以利用成熟的业务流程在短时间内形成具体、完整的操作方案，低成本和高质量地完成投产、生产、销售整个过程，使公司更快地进入新的市场区域并迅速占领市场。

②信息化建设与精细化管理有机结合，带来高效、集约成本优势

借助现代化的网络系统，合兴包装根据实际情况和运营特征，开发设计了符合企业经营管理的系统集成，将原料采购、生产组织、销售开发、客户关系、人事行政、财务统筹以及物流配送按照模块化的原则集中在统一的ERP系统平台。同时，公司建立了KPI管理体系，对各子公司的财务数据、生产统计数据（产品合格率、原纸消耗、主要生产辅料淀粉/油墨消耗、燃料蒸汽消耗、水电消耗）等相关关键数据进行收集、整理、对比、分析，并比照同行业的水平，将生产过程中影响成本的数据进行量化，随时监控各项运行指标的变动情况，迅速处理异常情况。目前，合兴包装正在与戴尔、百威、海尔等客户进行信息系统直联模式探索，期望能为行业物联网的建设做出贡献。

③通过服务众多优质客户带来的品牌效应

合兴包装多年来专注于瓦楞纸包装行业发展，可以全方位满足客户对质量、环保、安全的包装需求，"合兴"的品牌效应提升了合兴包装在行业中的综合竞争力。特别在"集团化、大客户"的蓝海战略下，其已积累了海尔、美的、格力、TCL、海信、宝洁、蓝月亮、立白、HP、富士康、戴尔、冠捷、联想小米、飞利浦、伊利、蒙牛、雀巢银鹭、康师傅、达利、旺旺、百威英博、青啤、华润、京东商城、得物、唯品会、顺丰、菜鸟物流等知名企业客户，随着上述客户业务规模的不断扩张，合兴包装凭借可复制的业务模式、质量管控体系、整体解决方案等服务优势，与客户协同发展。

④通过技术革新、人才投入创造的技术成果成为公司高质量、可持续发展的源动力

在多年经营中，合兴包装一直重视研发投入，在瓦楞包装方面具有较强的技术和研发实力。目前，其研发创新中心已建立了包装技术创新中心和柔印技术创新中心。其中，包装技术创新中心的包装安全检测实验室通过了ISTA（国际安全运输协会）实验室认证。同时，该公司也是八项瓦楞纸包装行业国家标准修订的主要单位之一。

持续性的研发投入有力推动了合兴包装各业务领域的研发和产品升级。目前，该公司共获得专利381项，其中，发明专利8项、实用新型专利350项、外观设计专利23项。同时，该公司建立的常规技术沟通渠道，可第一时间了解客户群的包装技术开发需求并第一时间在技术上给予支持，能够更早、更深地了解客户需求，围绕客户需求进行业务对接、技术创新。

⑤从包装制造商转型升级为包装服务商带来的模式创新

合兴包装的创新优势主要是业务模式不断创新。虽然其最终产品是以瓦楞纸箱等形式提供，但是凭借多年积累的行业经验，数年前该公司就实现了从产品导向到服务导向的业务升级。其主要特征是：

用包装产业供应链云平台（Packaging Supply Chain Platform，PSCP）进行包装行业整合。PSCP运用轻资产的拓展方式及线上线下互动模式，为包装产业链上下游企业和客户提供订单匹配、集中采购、产业链支持、信息交流等服务，推动产业链上的各关联方主体成员之间资源整合优

化、业务互通互联、制造智能协同、价值共创共享。目前，PSCP已实现销售收入43亿元，产业链整合渐入佳境。

投资进行智能包装集成业务（Intelligent Packaging Service，IPS）项目建设，向客户提供有特色的整体包装解决方案服务。

⑥通过规模优势，提升竞争力

合兴包装依靠内生性增长和外延式扩张相结合的方式，生产规模迅速发展壮大，生产规模上的优势大大提高了公司抵御风险的能力。

（2）典型塑料循环包装生产企业

以金发科技股份有限公司为例。

金发科技股份有限公司（以下简称"金发科技"）成立于1993年，是一家专业从事高性能新材料研发生产和销售的科技型上市企业，总部位于广州科学城，旗下拥有48家子公司，在南亚、北美、欧洲等地区设有研发和生产基地。

金发科技自主创新开发的改性塑料、环保高性能再生塑料、完全生物降解塑料、特种工程塑料、碳纤维及复合材料、轻烃及氢能源和医疗健康材料等产品广泛应用于现代社会的各个行业。产品远销全球130多个国家和地区，为全球1000多家知名企业提供材料解决方案。目前，金发科技是全球化工新材料行业产品种类最为齐全的企业之一，同时是亚太地区规模最大、产品种类最为齐全的改性塑料生产企业与再生塑料生产企业。

全球已累计生产超百亿吨塑料，产生的塑料废弃物超过70亿吨，但仅有约9%的塑料废弃物被回收。商品经济的高速发展，造就了塑料包装产业的繁荣，包装塑料约占全球塑料使用量的40%。但绝大多数塑料包装用后即弃，使用时间很短，大量的塑料废弃物暴露在环境中，给人类生存环境带来严峻挑战与风险。为解决上述塑料污染问题及助力实现"碳达峰 碳中和"目标，金发科技启动"绿色、低碳、循环"行动，持续落实包括对废旧塑料进行精细回收和高质化应用，研发完全生物降解塑料在内的双轮驱动战略，加速塑料全产业链的绿色低碳循环转型。金发科技的典型策略如下所述。

①发展塑料循环经济，推广应用再生塑料

金发科技自2004年开始探索塑料循环经济，目前在国内已有南北两大生产基地——清远基地和邳州基地，已建成厂房面积30万平方米，6个高性能再生改性塑料生产车间和60多条高标准的生产线，6个废塑料资源前处理生产车间，各类废塑料高质化处理能力达12万吨，具备年产超过30万吨再生塑料的生产能力。

金发科技通过构建塑料包装废弃物的回收网络体系，采用国际领先的塑料循环再生技术，将塑料包装废弃物新生为高性能再生包装材料，进而提供给包装厂制造新包装制品，再经由市场重新回到消费者手中，由此促成塑料包装的闭环模式，为实现"无废世界"和"净零未来"铺平道路。

目前，金发科技已经开发了国内外 500 余家优质供应商，建成 60 余个资源回收网点，构建了包括生活、海洋等多场景、多品种的塑料废弃物回收体系，通过回收站点、品牌回收商或者个体户进行塑料包装废弃物的收集，然后将其运输至分拣厂，再按材质、颜色、环保物质等进行精细化分类，按照相关标准进行严格的品质与安全管控监测，已形成充足稳定、规模化的资源供应能力，并能实现原材料的可追溯。

②研发绿色塑料，提供一次性塑料制品的替代方案

除再生塑料外，金发科技同时提供完全生物降解材料的解决方案，助力解决"白色污染"问题。金发科技是全球完全生物降解塑料的积极倡导者之一，是完整掌握完全生物降解塑料聚合、改性及终端应用核心技术的龙头企业。金发科技先后承担降解材料相关的国家重点研发计划 3 项，已建成年产 18 万吨聚己二酸 / 对苯二甲酸丁二醇酯（Poly [butyleneadipate-co-terephthalate]，PBAT）生产线。产品涵盖 PBAT、聚丁二酸丁二醇酯 (Poly[1，4-butanediol Succinate]，PBS)、PLA 树脂及相关改性材料，广泛应用于一次性包装（购物袋、果蔬袋、垃圾袋）、农用地膜、一次性餐饮具和 3D 打印耗材等领域。

③构建绿色制造体系

金发科技的"绿色、低碳、循环"行动的重点内容之一就是绿色制造，其通过引入绿色设计理念、实施绿色制造技术、研制绿色产品，实现生产制造的清洁化、绿色化和智能化。

绿色设计，在产品配方设计时就考虑到产品在生命周期内对环境的影响，使用符合 ROHS 要求的原材料，同时积极开发替代粉体，提高原材料利用率，降低生产现场粉尘污染。

绿色制造技术，积极开发使用清洁能源，以可再生能源代替不可再生能源；建设自动混配料系统，采用管道密闭输送原材料和集中除尘，实现减少人力，降低材料损耗、改善车间环境。绿色产品研发，开发环保高性能再生塑料和完全生物降解塑料，减少塑料废弃物污染，减少能源消耗和碳排放。

绿色工厂建设，积极参与国家标准《绿色工厂评价通则》（GB/T 36132 — 2018）制定，并成为塑料行业首家"全国绿色工厂"示范企业。

④技术标准引领

除了技术创新、绿色制造，金发科技也积极开展标准工作。金发科技在全国塑料标准化技术委员会、循环经济标准化技术委员会等多个标准化技术委员会担任重要角色，积极牵头和参与制定塑料相关的国际标准、国家标准、行业标准、团体标准等 130 多项，包括《塑料 再生塑料 第 1 部分：通则》（GB/T 40006.1 — 2021）、《塑料 再生塑料 第 8 部分：聚胺（PA）材料》（GB/T 40006.8 — 2021）、《塑料聚丙烯再生改性专用料》（GB/T 38288 — 2019）、《全生物降解农用地面覆盖薄膜》（GB/T 35795 — 2017）、《吹塑薄膜用改性聚酯类生物降解塑料》（GB/T 29646 — 2013）等。

⑤响应号召，发布"碳"战略，落实国家"双碳"目标

2021年10月，金发科技发布了"碳"战略与行动计划，目标是：

到2030年，单位产品温室气体排放量同比减少30%；

在2030年，生产绿色塑料100万吨，回收废弃塑料100万吨，生产再生塑料100万吨；2060年前根据国家发展要求，实现企业的碳中和。

绿色塑料包装材料通过金发科技的塑料包装可持续解决方案，不仅使塑料包装废弃物免于流入环境，而且也免于填埋和焚烧，实现了以循环经济为原则的经济效益、环境效益和社会效益的协同。

(3) 典型塑料薄膜包装企业

以江苏彩华包装集团有限公司（以下简称"彩华集团"）为例。

彩华集团创立于1993年5月，地处上海与苏州之间的昆山市，是一家专业从事印刷、软包装材料、多层共挤包装材料、高阻隔功能性包装薄膜研发、生产、销售及对外投资的科技企业。彩华集团投资并控股了包括昆山加浦包装材料有限公司、昆山张浦彩印厂、江苏彩华包装集团整体包装科技有限公司、嘉合实业（苏州）有限公司在内的10余家公司。产品销售遍及国内30个省、市、自治区，产品服务网络覆盖全球20多个国家和地区。

彩华集团始终秉持绿色、低碳、高性能的发展理念和绿色、低碳、高功能的可持续发展方向，坚持走"创新驱动可持续发展"的道路，持续推进产品和服务创新。其主要发展策略如下所述。

①新材料创新引领，推动复合膜高质量绿色发展模式

随着"限塑令"和《新塑料经济全球承诺书》的相继提出和落实，塑料软包装面临回收难、再利用率低等问题，同时全球对循环经济的发展和化石能源的高效利用需求也深刻推动了复合软包装材料高质循环利用技术的发展，目前单材化技术作为解决复合软包装回收再利用的重要技术正逐渐被产业化。复合塑料软包装回收技术主要以单材化和"去复合"为主。单材化包装中的各层薄膜材料的化学结构成分相同，且相同成分的薄膜材料质量占比不低于95%，其他成分（包括阻隔材料、胶黏剂、油墨等不同于基材化学成分结构的材料）质量占比不超过5%，产业化实现更为便捷，单材化成为复合软包装可回收技术的主流。

彩华集团遵循循环经济、低碳绿色、包装材料易回收及易重复利用的理念与发展趋势，与塑料软包装全球顶级设备供应商合作开发，通过共挤出+拉伸短流程制膜技术，借助聚合物界面极性调控技术、单材化结构功能设计技术赋予材料高质循环利用的特征，建立了年产8万吨的示范工厂。可替代现有市售80%的非单材化复合塑料软包装，实现塑料软包装消费后废弃物的可回收和可循环再利用。

②可回收性设计和单材化结构设计，助力软包装循环发展

可回收性设计和单材化结构设计等关键技术是基于塑料减量应用、功能保持和循环利用的重大需求，从设计阶段就确定包装在整个生命周期的分类、收集和处置方式。其核心技术包括可回收性

设计、采用蒸镀和阻隔涂层替代 EVOH、PVDC、PA 等不宜物理回收的材料赋予高阻隔功能等，该技术处于当今社会向"循环"转型的产业链中的源头位置及核心地位。彩华集团实施和采用包括减量、包装的再利用、重新设计产品和建立全新的商业模式等解决方案，奠定了塑料软包装环保、低碳和绿色等价值链的基础，也获得多项国家和国际发明专利。

③持续创新，为市场和社会创造更大价值

经过多年的技术积淀，彩华集团已拥有一支集合了江苏省高新技术企业、江苏省企业技术中心、江苏省高分子软包装材料工程技术中心、江苏省企业研究生工作站、江苏省重点企业研究机构、江南大学研究生工作站等产学研平台的科研团队；彩华集团运用先进的生产设备，利用自身技术优势相继转化了一系列成果，开发制造了多款易再生、可高质循环利用的功能性单材化塑料软包装，并在食品、日化用品等领域推广应用。项目产品荣获"2021 年度中国轻工联合会科学技术进步奖一等奖"。迄今为止，彩华集团已获 56 项发明和实用新型专利，主持和参与制修订国际标准、国家标准、行业标准和团体标准 30 余项，其中彩华集团参与制定的《绿色包装评价方法与准则》（GB/T 37422—2019）获 2022 年中国标准创新贡献奖标准项目二等奖。近年来，彩华集团共获中国包装总公司科学技术进步奖一等奖 1 项、二等奖 2 项、三等奖 2 项和中国轻工联合会科学技术进步奖一等奖。彩华集团在 2021 年度中国轻工联合会复合膜行业十强企业中排名第二。

(4) 典型金属包装企业

以奥瑞金科技股份有限公司（以下简称"奥瑞金"）为例。

奥瑞金在 1994 年创立于海南省，1997 年在北京建立集团总部，是一家以品牌策划、包装设计与制造、灌装服务、信息化辅助营销为核心业务的综合包装解决方案提供商。2012 年 10 月 11 日，奥瑞金在深圳证券交易所中小板市场挂牌上市。

奥瑞金长期致力于食品饮料金属包装产品的研发、设计、生产和销售，在为客户提供各类食品（奶粉罐头食品、滋补品、调味品、干果、大米、茶叶、宠物食品等）、饮料（功能饮料、茶饮料、啤酒、乳品饮料、植物蛋白饮料、果蔬汁、咖啡饮品、碳酸饮料、酒精饮品等）包装制品生产的同时，还向客户提供包装设计、灌装及二维码辅助营销等综合包装服务。主要客户品牌包括红牛、战马、东鹏特饮、乐虎、安利、体质能量、百威啤酒、青岛啤酒、燕京啤酒、雪花啤酒、加多宝、可口可乐、百事可乐、健力宝、元气森林、北冰洋、冰峰、飞鹤、君乐宝、伊利、露露、旺旺等。

奥瑞金不断进行商业模式创新，推进外延式发展进程，提高公司综合包装解决方案的服务能力，提高客户的产品竞争力和企业价值。在产业绿色发展战略方面采取了一系列措施，积极响应国家"双碳"战略，进一步增强了公司在包装行业及相关行业的品牌影响力。具体措施如下所述。

①新材料应用引领，践行产业绿色发展模式

在绿色包装材料应用方面，奥瑞金自成立之初就一直探索创新各种低碳、环保、绿色的包装材料，从早期的仿瓷涂料、粉末补涂、DR 材，到覆膜铁新材料。

2007年，奥瑞金在国内率先开展覆膜铁的研发，2011年完成覆膜铁试生产和性能测试，2014年，年产5万吨的覆膜铁中试生产线建成，项目累计研发投入近2亿元。覆膜铁包装产品填补了国内覆膜铁及其应用技术空白，研究项目获得授权专利40多项，其中，发明专利17项，并荣获第十七届中国专利优秀奖；2022年7月，"OGS覆膜铁"产品品牌通过中国包装联合会"中国包装优秀品牌"的评审，奥瑞金也因此主导制定了GB/T 43951—2024《食品容器用覆膜铁、覆膜铝》国家标准。

②创新罐型开发，适应多元化消费趋势

在中国传统制造业积极探寻转型升级主导的包装产品越来越焕发出强劲的发展势头。奥瑞金研发中心践行创新永不止步的企业精神，实施差异化战略，不断创新与进取，引领行业技术、产品发展，积极探索新产品、新技术研发的新思路、新模式，形成了一批行业领先的优质产品、技术成果。近年来，奥瑞金开发了如碗罐、酒杯罐、葫芦罐、哑铃罐、灯笼罐、修身罐、茶叶罐、能量环罐、复合盖等创新型产品50多款。这些创新型产品在奶粉、精酿啤酒、高端滋补品等领域助力客户产品增值，同时打造了自身创新包装的品牌形象。通过异形罐成型技术的开发与绿色环保包装材料在食品饮料领域的应用研究，不断助力客户产品的升级和品牌推广。

③积极探索循环经济下的金属包装

2020年10月，奥瑞金在浙江省绍兴市成立了国内第一家"包装物回收中心"——有伴再生，用以连接回收者与再生企业，为保级重熔、Can to Can循环模式奠定基础，该中心已经进入试运营阶段。

Can to Can循环模式是易拉罐从制罐包装到饮料销售、空罐回收、重熔再生、铸造轧制再到制罐包装的最佳的闭环生产模式。国外Can to Can循环早已存在，著名铝板带生产商Novelis借此在世界制罐行业中保持成本领先和环保领先。中国虽然已经是UBC回收率全球最高的国家，但是Can to Can循环的利用率为0，与国外发达国家差距很大。

奥瑞金作为中国金属包装的龙头企业，2012年发起成立了"金属包装可持续发展联盟"，探讨金属包装废弃物的回收再利用的循环经济之路。近年来，依据国家生产者责任延伸制度要求，奥瑞金启动Can to Can应用技术项目，该项目将完成铝材的保级重熔应用技术的研发，实现原材料在回收后的循环利用；目前重熔原材料在制罐技术环节已实现30%的应用，未来还会进一步突破。

截至2022年，奥瑞金在全国16个省/直辖市拥有包括三片罐、两片罐、制盖生产和饮料灌装、金属材料印刷在内的四十多家制造基地，拥有近百条国际领先的生产线和配套检验检测设备。三片罐年产能约为95亿罐，两片罐年产能约为135亿罐。公司拥有行业中首家通过CNAS认证的金属包装检测分析实验室，可对原材料、半成品、产成品进行严格的质量控制，其检测资格及结果被国际上73个国家及地区所承认。奥瑞金坚持走创新驱动可持续发展的道路，深入推动差异化产品、智能化包装、新材料研发应用的进程。通过成立包装设计公司、推进差异化产品研发、进军高端金属包装领域等措施，为客户提供"智能化、差异化、一体化"的智能包装服务。同时，奥瑞金的二维码信息服务平台，可为客户产品赋予可变二维码，助力客户的品牌营销与推广，提高客户产品的市场竞争力。

（5）典型乳品包装生产企业

以瑞典利乐公司（以下简称"利乐"）为例。

利乐于1952年在瑞典成立。其创新性地推出了一种耗材少、灭菌密封效果好的牛奶包装——利乐四面体纸包装，并成为最先为液态奶提供纸质包装的企业之一。通过在竞争中的不断进步和创新，利乐已经发展成为向牛奶、果汁及其他产品提供整套包装系统的大型供应商。1991年，利乐的业务延伸至液态食品加工设备、厂房工程及干酪生产设备。截至2023年底，利乐在全球共拥有87个销售办事处、27个市场公司、52个生产工厂、6个研发中心、6个客户创新中心和8个培训中心。2023年净销售收入逾108亿欧元（约合830.92亿元人民币），销售1830亿余件包装，产品行销160多个国家和地区。

利乐创始人鲁宾·劳辛（Ruben Rausing）在利乐成立伊始就把"包装带来的节约应超过其自身成本"作为利乐的经营理念。根据"2030战略"，利乐将"引领可持续发展转型"作为战略支柱之一，致力于保护地球的可持续未来，以及客户和自身业务的成功发展。该战略的目标如下所述。

①以创新引领低碳循环经济解决方案

目前，利乐正在努力加速实现理想饮料纸包装的愿景：一种完全采用可再生材料或再生材料，消费后可完全回收再利用，且满足碳中和的包装。

其一，利乐一直致力于推动消费后饮料纸基复合包装的回收再利用，并为此提出了"低碳循环经济"解决方案，方案不仅关注回收再利用，还将原料及生产过程中的碳排放影响也纳入考量，重视从原材料采用到消费后包装回收再利用的商业活动全过程所带来的整体环境影响，并积极探索减少食物浪费、减轻对水与土地等资源影响的方法。

其二，利乐根据"完全采用可再生材料且消费后可回收再利用"的理想饮料纸包装愿景，加速调整包装创新策略，确定了可再生包装、回收再生材料、可持续和防乱丢的开口方式，推进再生利用设计等研发项目，并制定了"实现完全可再生无菌包装"的产品研发路线，取得了系列创新成果：

2014年，利乐推出了全部使用可再生原材料的包装——利乐皇®植物基包装。利乐皇®植物基包装由纸板和植物基聚合物组成，纸板来自经FSC™（森林管理委员会™）认证的木材，植物基聚合物则来自经Bonsucro认证的甘蔗，是一款可被"种"出来的生物质包装。相较于一般的牛奶饮料包装，利乐皇®植物基包装能减少35%的碳排放。

2016年，利乐推出全球首个获得Vincotte最高级别认证的无菌纸包装——采用生物质塑料、搭载30毫米轻巧盖™的1升装利乐峰®无菌包装。

利乐枕®纤细型100毫升易撕口无菌包装能使乳制品和果汁饮料在常温下以小包装的形式生产和分销，之后再冰冻成冷冻产品，为厂商节省成本投入，实现常温储运冰激凌，降低运输过程的碳排放。该产品荣获2019年"世界之星"（World Star）饮料品类大奖、2018年Gama包装品类创新大奖等国际奖项。

2021年,由植物基塑料制成的梦幻盖®产品在中国首发上市。这些植物基塑料均来自获得Bonsucro认证(甘蔗可持续发展认证)的甘蔗,可完全追溯到其甘蔗产地,具有环保、可持续的优势。

②带领整个价值链实现可持续发展

利乐通过与供应商合作和第三方认证,努力保护生物多样性,并建立水资源管理方案。除了优化自身运营,也通过自己的解决方案与服务来协助客户优化运营,积极推广包装的回收再生利用与循环性。

一是推动源头降碳减排。利乐携手供应商降低供应链的碳排放,并为保护生物多样性做出贡献,包括推动包含二氧化碳减排目标的管理流程、在全球范围内推动FSC认证、推动铝业管理倡议组织(ASI)绩效标准认证,以及成为首家采购符合Bonsucro认证标准的植物基聚合物的公司等;

二是开展可持续运营。包括参与RE100(Renewable Energy 100%)可再生能源倡议,2018年,利乐全球实现50%使用可再生电力;2019年,利乐的碳排放总量相比2010年下降了11%;2020年,利乐提出了新的减碳目标:到2030年实现自身运营的净零排放,到2050年实现整个价值链的净零排放。2016—2020年,利乐连续五年荣登碳信息披露项目(Carbon Disclosure Project,CDP)A级供应商名单。

三是助力客户降耗减损。在客户运营层面,利乐通过高效的加工及灌装解决方案与服务,帮助客户降低能耗和水耗,减少食物损失。如提供采用划时代的电子束灭菌技术的新型灌装设备——利乐RE3灌装机;推出全球首创高酸饮料节能节水生产线,可以帮助客户减少67%的能耗,而CIP清洗、灭菌和产品转换的用水量也可减少50%。

四是推动资源循环利用。在回收再利用层面,消费后的利乐包装是一种可以100%回收再利用的资源。利乐与全球和本土的回收利用企业、非政府组织(Non-Governmental Organizations,NGO)、行业协会等开展合作,增加消费后包装的回收再利用。如:

2018年,利乐与各业界代表共同成立"饮料纸基复合包装回收利用专委会",以支持"包装企业在行动"绿色回收环保公益活动,共同促进废饮料纸基复合包装回收利用。

2019年,利乐与毕瑞科纳国际贸易(深圳)有限公司、斯道拉恩索公司(Stora Enso)等企业的首席执行官们共同创立了全球饮料纸基包装回收和环境联盟(The Global Recycling Alliance for Beverage Cartons and the Environment,GRACE),致力于在全球范围内促进饮料纸基包装的低碳、可持续、可回收。

2019年,随着全国垃圾分类工作的开展,上海、南京、成都、北京等地的垃圾分类企业陆续成为利乐公司的合作伙伴,逐渐形成牛奶饮料纸包装回收的新模式,同时,还和自然之友、零废弃联盟开展公众意识提升项目等。

2019年，利乐支持长期合作的回收企业——杭州富伦生态科技有限公司进一步扩大回收产能。

2020年，长期合作回收企业——北京市鑫宏鹏纸业有限公司在内蒙古投资建立新厂，2021年底投产。

2020年，利乐与可回收企业——上海程胜环保科技有限公司开展依托互联网平台和预约上门的牛奶盒回收激励试点项目（拾尚包项目）；覆盖上海市13.2万户居民，截至2021年5月，通过平台共回收14.67吨牛奶盒。

2020年10月，利乐支持富伦进行学校回收体系升级项目，计划覆盖15万人，参与学校数量由102所增加到180多所，预计牛奶盒回收80吨以上，其他可回收物回收30吨以上。

2022年10月12日，利乐发布《利乐中国碳中和行动报告（2022年）》，率先核算并披露范围3碳排放情况，在稳步推进自身运营减排的同时，携手价值链伙伴共同努力，期望用科学的态度和方法一起向全价值链碳中和目标迈进。

2022年底，利乐参与投资建设的国内首个低值可回收物分拣中心于厦门正式投入使用；合作的纸基复合包装再生利用企业共11家，相比2021年新增2家，包装资源化利用处理总产能提升至35吨/年。

2024年，利乐中国计划加大对工厂的绿色节能改造力度，包括锅炉的电气化改造；优化冷冻机、空调水泵的动力系统；实现LED节能灯具全覆盖；等等。

进入中国市场几十年来，利乐已由单纯的高品质乳品包装方案供应商转变为推动低碳环保和可持续发展的负责任的跨国企业，正努力成为可持续运营的典范。

4.2.2.2 循环包装产品设计及生产企业

典型企业如宁波喜悦、上海荣腾包装服务有限公司（以下简称"上海荣腾"）、浙江正基和江苏泰来包装工程集团有限公司（以下简称"江苏泰来"）。

（1）宁波喜悦

宁波喜悦成立于2005年2月3日，是一家专业研发、生产和销售可循环包装器具的企业，在本行业拥有30多年的生产经验。产品应用于汽车零部件的生产、周转、运输、仓储等各个环节。其引进美国、德国的先进技术和设备，为国内外汽车行业客户提供高品质、可循环使用的物流包装器具。

该公司的循环包装主要用于汽车工业中零件在不同工厂之间的物流，主要包括小、大型周转箱，定制化吸塑衬板、料架、内材等，如图4-7所示。

(a) 发动机机体循环托架　　　　　　(b) 汽车零件托架

(c) 零部件周转箱　　　　　　　　　(d) PP 蜂窝板围板箱

图 4-7　宁波喜悦的循环包装

(2) 上海荣腾

上海荣腾成立于 2017 年 8 月,是一家致力于可循环可降解包材研发、生产、运营及再利用的科技企业。企业在为客户提供可循环可降解外包装整体解决方案的同时,响应政府号召,以科技创新、推动可循环经济发展为企业使命,全力构建包装产业链绿色环保循环生态体系。该公司拥有石塑箱发明专利 2 项,曾为屈臣氏提供包装解决方案,如图 4-8 所示。

图 4-8　屈臣氏循环包装
(图片来源:https://image.baidu.com/)

(3) 浙江正基

浙江正基始创于 1990 年 3 月,长期从事塑料折叠周转箱、周转筐、乌龟车及配件等研发、生产、销售和租赁,具备自主研发、模具制造、注塑生产能力。该公司拥有一支有着 10 多年研发和生产塑料模具经验的人才队伍,已取得 40 余项专利技术,多套完善的塑料生产工艺。已成功服务于果蔬、农产品深加工、连锁配送、机械、电子、物流仓储、医药、食品、服装等 20 多个行业、数千家企业。

该公司的循环包装主要有塑料折叠筐、塑料折叠箱、塑料收纳箱和立库周转箱,如图 4-9 所示。还研发了符合标准化要求的带智能芯片的塑料折叠周转箱,可以搭配运输、仓储、拣选等设备使用,也可以在企业内部周转、生产、仓储等环节使用。

（a）塑料折叠箱　　　　　　　　　　　（b）塑料折叠筐

图 4-9　浙江正基的塑料折叠箱、塑料折叠筐

（4）江苏泰来

江苏泰来成立于 2009 年 4 月 17 日，是一家专业设计制造钢边箱/快装箱、围板箱/循环周转箱，出口免熏蒸木托盘、胶合板箱以及大型木质包装箱等工业包装整体解决方案服务商，产品主要应用于仓储物流、轨道交通、设备制造等工业领域。该公司致力于推动循环经济和循环包装的发展，通过提供可循环利用的金属包装产品，减少对资源的消耗和环境的污染。图 4-10 所示为该公司的一款卡扣箱。

图 4-10　江苏泰来的卡扣箱

4.2.2.3　循环包装用户企业

（1）邮政快递企业

典型企业如顺丰速运、京东快递、宁波小象回家科技有限公司（以下简称"小象回家"）等。

①顺丰速运

"丰·BOX"是一款支持同城件寄递、具有可循环使用及保障货物安全、不产生垃圾等特点的快递包装（如图 4-11 所示），与普通的一次性包装相比，这款共享循环箱采用拉链代替封箱胶纸，容易拆封、可折叠，方便携带并可再次使用，内部有物品绑定带，减少了泡沫填充物的使用，真正做到了"只有包裹，没有垃圾"。据顺丰官网介绍，"丰·BOX"可以循环使用数十次乃至上百次，不仅结实耐用，还具有防静电、防水、阻燃、隔热保温等特殊性能。据统计，2023 年，顺丰速运通过绿色包装措施，节约了超过 5000 吨纸张和塑料材料，降低包装成本约 15%。

"π-BOX"（丰多宝循环箱"π-BOX"）是顺丰速运在"丰·BOX"的基础上，于 2022 年 9 月推出的升级版快递循环箱，并率先在宁波、杭州、上海等地试点应用（如图 4-12 所示）。相较"丰·BOX"，"π-BOX"采用的是更易回收的单一化材料 PP 蜂窝板材，易清理，抗戳穿性能提升100%，并且使用魔术贴黏合箱盖，不需要使用胶带，10 秒钟即可完成折叠、封箱，能够减少打包过程中的人力成本和包装浪费。截至 2023 年底，"π-BOX"累计投放量已超过 130 万个。

图 4-11　顺丰"丰·BOX"
（图片来源：https://www.sohu.com/a/465853026_121106832）

图 4-12　顺丰"π-BOX"
（图片来源：https://baijiahao.baidu.com/s?id=1780858423081510688&wfr=spider&for=pc）

② 京东快递

"青流箱"作为京东循环包装的重要代表作，由可复用材料制成，箱体正常情况下可循环使用 20 次以上，破损后还可以"回炉重造"（如图 4-13 所示）。青流箱无须胶带封包，在循环使用的同时可做到不产生任何一次性包装垃圾，并配合京东快递自行研发的循环包装管理系统，借助唯一码和 RFID 管理技术，可实现循环包装全流程监控。"青流计划"实施以来，京东快递常温青流箱和循环生鲜保温箱等循环包装已累计使用超过 1.1 亿次，累计减少纸张使用超过 91 万吨，相当于减少砍伐了 637 万棵树；通过联动品牌商直发包装及纸箱循环利用，节省了超过 20 亿个快递纸箱。

图 4-13　京东"清流箱"
（图片来源：https://baijiahao.baidu.com/s?id=1595732121866817497&wfr=spider&for=pc）

③ 小象回家

小象回家智能环保循环箱（如图 4-14 所示），是一款高度符合生产型、电商型企业物流需求，能实现提高效率、降低成本的新型循环包装产品。该系列循环箱，采用新材料制作而成，可使用 3 年以上，周转千次；拥有平底可折叠、一次性安全卡扣等近 40 项专利技术，具备防水防潮、轻便易用、安全环保等特点。还可以加装 RFID 标签，帮助企业实现物流运输过程追溯。适用于服装纺织、快消、医药等行业上下游货物的物流周转包装循环使用。2021 年小象回家循环包装箱产品成功通过了由欧盟立法制定的 RoHS 环保认证，在绿色包装的道路上迈出了坚实的一步。小象回家于 2023 年荣获"国家级高新技术企业"称号。

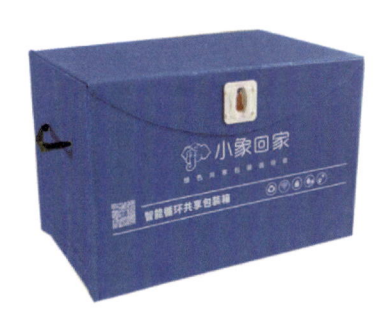

图 4-14　小象回家智能环保循环箱
（图片来源：http://www.tlyxcl.com/html/product_115.html）

（2）物流配送企业

典型企业如路凯、集保物流等。

① 路凯物流

LOSCAM 路凯成立于 1942 年，是招商局集团有限公司旗下专门从事托盘、生鲜周转筐等单元化物流器具循环共用的企业。路凯全球总部设于中国香港，下辖澳新、东南亚、大中华、新兴区四大区域，业务覆盖 12 个国家及地区，是亚太领先的单元化物流器具循环共用服务商。2023 年 4 月，路凯与集保旗下中国业务完成合并，成立路凯（大中华）控股有限公司。

路凯为供应链中各环节企业提供可循环共用的物流集装器具及解决方案，这些集装器具包括木托盘/塑料托盘、配套托盘笼、生鲜周转筐、物流箱等。致力于为客户提供优质的服务、创新的产品和量身定制的解决方案。所运营和推广的物流集装器具循环共用系统能有效提高供应链各环节间的货物装卸效率、DC 作业效率，并大幅减少货损以及物流综合成本，帮助企业真正实现供应链优化的实际效益。

载具标准化是实现循环共用的前提。2014 年，商务部、国家标准化技术委员会联合出台《商贸物流标准化专项行动计划》，将 1200 mm×1000 mm 托盘作为应用推广标准托盘，以重点企业为载体推广标准托盘及循环共用，鼓励对非标准托盘进行标准化更新，增加标准托盘使用量。在中国，路凯响应号召，致力于通过提供标准化的物流载具、社会化的运营服务以及数字化的流转平台，打造具备规模效应、协同效应与网络效应的载具循环共用生态圈，推动中国托盘与其他载具循环共用迈入动态流转时代，助力供应链效率提升和可持续发展。2023 年 4 月，路凯与集保旗下中国业务完成合并，成立路凯（大中华）控股有限公司，加速推进中国托盘和其他物流载具市场的发展。

图 4-15 所示是路凯的几款循环包装产品。

1200 mm×1000 mm 标准木托盘（日字底）
- 长宽高：1200 mm × 1000 mm × 156 mm
- 精选优质松木
- 国内快消品等行业最通用的标准循环共用托盘

标准化生鲜周转筐
- 长宽高：600 mm × 400 mm 系列
- 筐体结构牢固，堆叠稳固，载重 250 kg 不变形
- 底部防位移设计，降低远距离运输的倾倒风险

1200 mm×1000 mm 标准木托盘（川字底）
- 长宽高：1200 mm × 1000 mm × 156 mm
- 精选优质松木
- 国内快消品等行业最通用的标准循环共用托盘

图 4-15　路凯的循环包装产品

（图片来源：https://www.loscam.com.cn/）

② 集保

集保，其英文名 CHEP 是 Commonwealth Handling Equipment Pool（联邦搬运设备共享管理委员会）的缩写，该机构是（澳大利亚）联邦政府在第二次世界大战后，为盘活美军遗留在太平洋军事基地的大量搬运设备和木质托盘，达成社会范围的资源共享，从而支持国家经济的发展而成立的。

集保拥有最广泛的单元载具共享平台，产品包括托盘、可折叠周转筐、塑料周转箱以及金属容器，主要为快速消费品、零售、制造业、生鲜农产品、汽车制造、零部件生产及门店配送以及化工行业客户提供单元循环载具解决方案。集保运营管理超过 4 亿个单元化载具，依托全球 750 多个服务中心和 51 万个配送点为超过 50 万家企业提供基于单元载具共享的供应链解决方案，业务遍布全球 69 个国家和地区。图 4-16 所示是集保的两款循环托盘。

集保塑料托盘-1200 mm×1000 mm
集保塑料托盘内置加固钢条，RFID兼容，尺寸为 1.2 m×1.0 m×0.15 m，四向叉口设计，是高速自动化储存系统的理想选择。

尺寸：1200 mm × 1000 mm × 150 mm
自重：26.5 kgs

日字底木托盘-1200 mm×1000 mm
集保针对中国市场度身定做的高品质日字底木托盘是多种行业包括快速消费品、农产品、电子和汽车行业，货物仓储和运输的理想选择。

尺寸：1200 mm × 1000 mm × 154 mm
自重：28 kgs

图 4-16　集保循环托盘

（图片来源：https://www.chep.com/products/search?country=&platform=31&keyword=）

（3）商超配送企业

典型企业如香港共享快盆技术管理有限公司（以下简称"共享快盆技术"）、美团优选等。

①共享快盆技术

共享快盆技术成立于 2019 年 1 月 25 日，注册地位于香港。

共享快盆是一种绿色可循环使用的智能快递包装工具，通过物联网化传递的形式，为快递提供安全的外包装和产品溯源功能。同时优化分拣、运输、仓储和配送等各个物流环节，以一种更加简洁环保的方式寄送快递。它可以完美解决当前快递"非接触取件"难题：快递在发货时使用共享快盆包装，将快递放置在快盆内，通过 App 统一管理。快递在配送过程中一直存放在箱体内，而不接触外界。到达收件地后，用户通过 App 扫一扫，开启快盆，取出里面的快递，这样就可以真正做到隔离快递，隔离人和人接触。如图 4-17 所示。

5 号盆　　　　　　6 号盆　　　　　　10 号盆

图 4-17　共享快盆循环包装

（图片来源：http://www.jjhbox.com/）

②美团优选

美团优选是美团旗下的社区电商业务。美团优选构建了"大仓—网格仓—自提点"的三级物流体系，采取"预购+自提"的模式，赋能社区便利店，为社区家庭用户精选高性价比的蔬菜、水果、肉禽蛋、酒水零食、家居厨卫、速食冻品、粮油调味等品类商品，满足家庭日常三餐所需。用户可在每天0点到23点通过美团优选下单，次日到门店或团长处自提，最早次日中午前就可收到商品。

用户在美团优选下单后，各地大仓会根据下单情况滚动向供货商收货，在货品入库、完成分拣后便会送到网格仓，再按照对应团点进行分拣、装车、运输、联系团长取货，最后到达自提点。从用户端看，个人在手机App（如图4-18所示）上下单后，后台会将同一团长所联系"团员"的订单信息汇总发送到大仓，大仓内的工作人员进行称重、计量和包装，再根据货品性质、所属团长进行货品的周转箱装箱、托盘堆码和捆扎固定，然后通过配送车辆送至自提点。从中可以看出，美团优选的主要包装物料是需要循环使用的。调研可知，目前美团优选使用的包装容器大致包括：

周转筐、托盘、缠绕膜（用于将堆码在托盘上的周转筐捆扎起来）、保温箱和冰板（用于冷鲜食品配送）等，如图4-19、图4-20所示。

图 4-18　美团优选界面
（图片来源：美团App）

图 4-19　美团周转筐和注塑托盘
（图片来源：https://image.baidu.com/）

图 4-20　美团保温箱和冰板
（图片来源：https://image.baidu.com/）

由于周转筐不易在托盘表面牢固固定，在运转过程中往往要耗费大量缠绕膜进行捆扎。不过，这一问题美团已在进行系统研究。

（4）产品制造企业

典型企业如上汽大通。参见"2.4.3.1 汽车制造行业"。

（5）供应链服务企业

典型企业如上海乐橘科技有限公司（以下简称"乐橘"）等。

乐橘是结合智能包装与运输、仓储为一体的科技型供应链综合管理公司。致力于为企业客户打造基于智能托盘及智能物流的全球贸易系统，旗下包括乐橘平台、乐橘云盘、乐橘云箱、乐橘云途、乐橘云仓等产品。

广东上南复盘物流设备有限公司隶属于乐橘，是其控股子公司，致力于智能循环包装的研发设计和生产，废旧塑料的回收再生。目前正在建设智能循环包装华南运营中心及年产 3 万吨 PE/PP 再生塑料产业化项目。

乐橘本着"连接全球商业"的原则，使用户在乐橘的技术平台上可使用智能包装、智能物流以及交易服务，并构建连接工厂、物流企业以及下游客户的贸易生态。

乐橘自研了专用的物联网芯片，并拥有自主知识产权的核心算法。

乐橘云盘设计获得多项国家专利，满足多种货物运输需求。2019 年乐橘云盘在原有基础上进行了升级，2.0 版本的乐橘云盘在防滑性能、排水功能、牢固性上都得到了优化；2022 年，乐橘在云盘 2.0 的基础上迭代升级至云盘 2.3，云盘 2.3 均利用 100% 可回收再生塑料制成，可以实现静载 6 吨、动载 2 吨的承重规模；同时配置 RFID 电子标签，预留卡槽可放置定位模组，便于使用方通过智能管理系统进行托盘的收、发、存管理，并通过托盘、仓库及车辆等货物接触点获取数据，并对货物整体运输从监管、标准化、安全预防等角度进行科学管理。2023 年 7 月，乐橘超级工厂在上海浦东启动建设。

乐橘的循环托盘如图 4-21 所示。

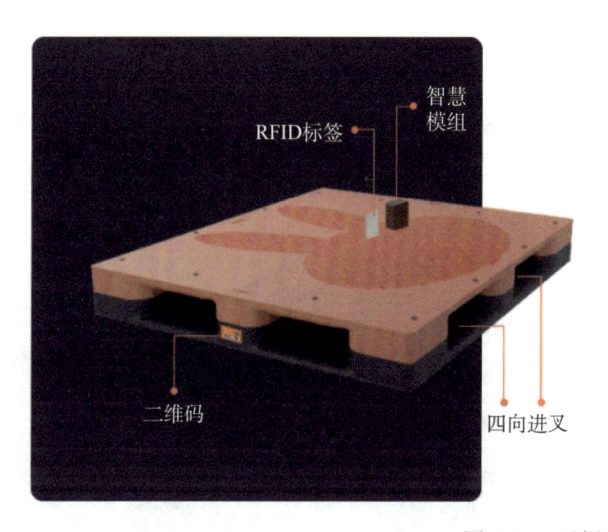

图 4-21 乐橘的循环托盘

（图片来源：https://www.yeloworld.cn/product/yelounits/index.html）

通过对供应链各环节的分析，乐橘同时提供包装箱共享解决方案，降低产品损失和废料回收处理成本，提高灌装和放料效率。乐橘循环围板箱如图4-22所示。

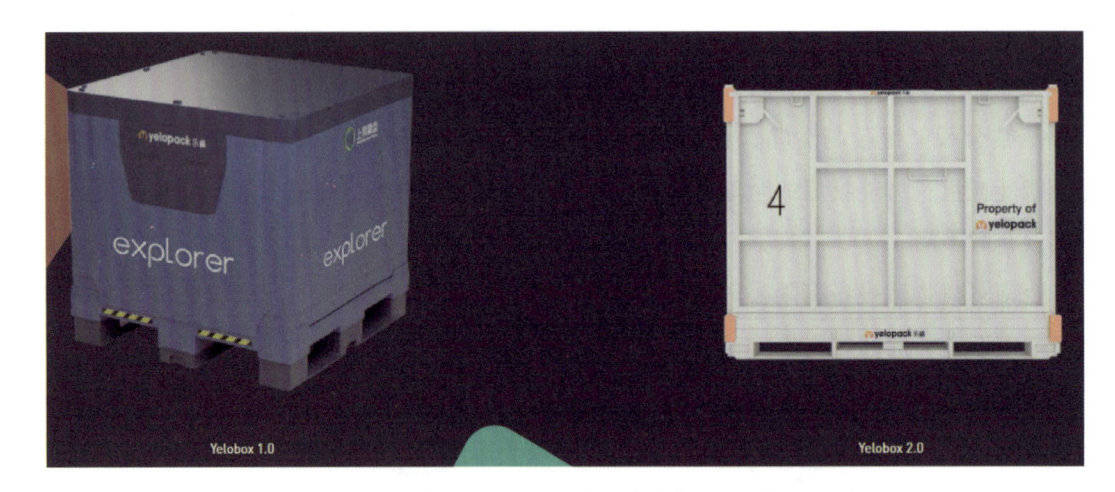

图4-22　乐橘循环围板箱

（图片来源：https://www.yeloworld.cn/product/yelounits/index.html）

4.2.2.4　循环包装相关附件产品生产企业

典型企业如海南天鉴防伪科技有限公司（以下简称"海南天鉴"）等。

海南天鉴是一家提供专业的防伪与窜货智能预警、产品溯源与精准营销服务，以及多级经销商管理系统的国家高新技术企业。海南天鉴下属有多个子公司，服务于全国不同地区的多个行业领域，已为我国众多知名企业提供核心信息技术支持与解决方案，致力于为用户打造集防伪、窜货智能预警、溯源、精准营销、客户关系管理、大数据分析等于一体的平台，为行业提供稳定的防伪、溯源、移动营销、大数据分析等一系列服务。其研发的三维码完美兼容二维码特性又区别于印刷二维码，本身就具有防伪特性，在物理上是结构的、立体的、唯一的、不可复制的。

4.2.2.5　循环包装相关平台及运营企业

典型企业如上海睿池供应链管理有限公司（Shanghai Unit Load Pool Co.，Ltd，以下简称"ULP"）等。

ULP是以单元化物流器具共享为核心业务的新型供应链管理服务企业，是物流网箱共享租赁平台。ULP运营的共享租赁平台在全球范围内供应、管理和回收标准物流网箱（如图4-23所示）。客户通过ULP共享租赁平台租赁循环包装以替代一次性包装，降低重复消耗，提高物流效率。

ULP客户遍及汽车零部件、白色家电、物流仓储等领域，与比亚迪、吉利、宇通、舍弗勒、霍尼韦尔、华域大陆、广汽本田、TRW等跨国公司和国

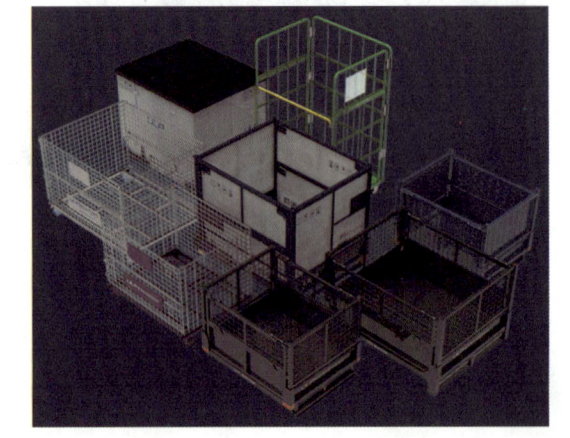

图4-23　ULP循环包装产品

（图片来源：https://www.ulpool.com/）

内知名企业建立了战略合作关系。

针对生产及仓储中用于国内、国际运输周转的单元器具需求，ULP 提供了动态及静态租赁服务，为客户设立单元器具专用账户，并提供专业化服务及 IT 技术支持。

4.2.2.6 循环包装相关装备生产企业

典型企业如展一智能科技（东台）有限公司（以下简称"展一"）等。

展一是一家集研发、生产、销售、服务于一体，专业为医药、化工等行业领域提供危化品"未来工厂"整体解决方案及相关智能装备、软件产品的高科技企业。其"化工未来工厂"产品，是指广泛应用工业物联网、数字孪生、大数据、人工智能等新一代信息技术融合、革新生产方式，以数据驱动生产流程再造，在实现分装车间灌装、物流转运、车间仓储环节的无人化、数字化工艺目标的基础上，满足用户网络化协同、智能化生产、绿色化制造、安全化管控、个性化服务延伸、智慧化管理的需求。

4.2.3 循环包装行业竞争态势

以循环包装使用大户——快递行业为例进行简要分析。

（1）行业竞争与集中度

2023 年，从国家到地方，均出台了各种支持快递行业发展的政策文件，在"快递进村"、客货邮融合发展、产业园区建设、快递员权益保障等方面给予政策及资金支持。各大快递公司也在价格、服务、供应链等方面展开新一轮比拼，龙头企业竞争进一步升级。

国家邮政局数据显示，2023 年，我国快递业务量累计完成 1320.7 亿件，同比增长 19.4%，其中，同城快递业务量累计完成 136.4 亿件，同比增长 6.6%；异地快递业务量累计完成 1153.6 亿件，同比增长 20.5%。国际/港澳台快递业务量累计完成 30.7 亿件，同比增长 52%。随着市场回暖，快递公司业绩整体向好。

2023 年，中国邮政的快递业务量为 151.3 亿件，占 2023 年全国快递总量的 11.46%；中通、圆通、韵达、申通、顺丰、京东六家民营快递公司快递业务量依次分别为 302.02 亿件（占比 22.87%）、212.04 亿件（占比 16.05%）、188.54 亿件（占比 14.27%）、175.07 亿件（占比 13.25%）、119.7 亿件（占比 9.06%）、77.2 亿件（占比 5.85%），合计占 81.35%，可见，民营快递公司占比很大。如图 4-24 所示。

由图 4-24 还可看出，快递行业的竞争状况比较激烈，行业集中度较高。据调研，各大快递企业对循

图 4-24　2023 年中国快递企业竞争格局（按快递业务量）

环包装的产品需求和运行模式相似，从循环包装产品制造端来看，快递企业使用循环包装时，铺底标准循环包装时需求量较大，在产能稳定情况下，铺底的循环包装随着使用，每年会产生补充和更换。定制化循环包装则根据客户需求实行定制生产，由客户定期、定量进行补充。

（2）价格战对循环包装的影响

自2012年以来，整个快递业历经过无数次大大小小的价格战。价格战不仅改变快递业的竞争格局，也部分地影响到快递包装循环的发展。在价格战的影响下，2009年全国快递平均单票价格为25.75元，2022年降至9.56元，2023年则降至9.15元，同比下降4.1%。可以预见，未来，几家快递公司在价格上还将展开激烈竞争。

但对于快递赛道的"玩家"而言，每一次价格战的背后很有可能就是市场份额的丢失，甚至被赶下"牌桌"。在价格战过程中，曾经失去市场份额的"掉队者"，只能通过价格战的方式重新抢回市场份额；"新入局者"想要快速占据市场份额，价格战在快速起量形成规模上几乎是唯一的选择；也有被动跟进的"引领者"，通过实体投入、技术升级、数字化转型等实现成本优化，并在价格战中把优势不断扩大。

在这种背景下，快递企业的生存压力显然明显大于"绿色""环保"等理念追求，因此，在快递行业实施大规模的循环包装业务，尚需一段时间。待竞争态势趋稳，国家有关政策进一步收紧，快递循环包装会迸发出巨大活力。

4.3 循环包装行业需求

4.3.1 需求变化周期及特点

从宁波喜悦这种典型的循环包装产品制造端来看，客户开始使用循环包装产品并铺底标准循环包装时，产品需求量较大，在产能稳定情况下，铺底的循环包装随着使用，每年会产生补充和更换。定制化循环包装则根据客户产品项目的升级换代，会持续产生新的需求。客户随着产能的新增和循环包装渗透率的提高，也将增加对公司产品的需求，因此客户对循环包装的需求是持续的、逐步增长的。

而从快递物流行业来看，受运营成本、相关政策和企业形象维护的影响，循环包装产品的年度需求随若干购物高峰（三八节、双"十一"、双"十二"等）而呈现一定的周期性波动，但每年总的需求量呈快速增长趋势。

4.3.2 需求市场分析

4.3.1.1 需求市场的标准及其特点

不同包装材料及其制品的特性决定了它们适应的不同下游市场。以下以纸包装制品和塑料包装制品为例进行简要分析。

（1）纸包装制品

纸包装制品价值低、制品强度和耐用度较低，适应的产品重量、产品种类、储运环境等都不同于塑料包装制品。因此，传统上，纸包装制品多用于一次性包装。近年来，纸包装制品也已在循环包装领域进行拓展，如用于粒状固体物料、块状物料等的重型易折叠循环包装箱、基于场内（或系统内）物流的一般产品包装等。随着循环包装相关政策越加完善，物流、回收体系的大规模建设，纸质包装材料的功能化高品质化技术应用，纸包装制品在循环包装领域必定会大放异彩。

（2）塑料包装制品

塑料包装制品由于成本低廉，有良好的耐用性、抗冲击性、可塑性、灵活性、隔离性，运输成本较低和易于加工的特点，被广泛应用于循环包装领域，如用于包装填充物、运输货物和储存产品等。通过适当的回收和再加工，塑料制品可以被循环利用多次，从而减少对原始材料的需求和环境负担。

4.3.2.2 市场的规模与变化趋势

调研表明，2023年亚太地区循环包装市场规模约占全球总规模的1/4，成为市场规模增长最快的循环包装市场，其中，中国的市场份额占36%以上。汽车零部件行业、电子商务行业的发展对我国循环包装市场发展的促进作用不可忽视。

观研天下数据中心对"有目的的为完成多次往返或循环使用而设计的，可以通过清洗、消毒、修复等手段延长使用寿命的，且不改变其设计初始的包装结构和功能保护性包装或容器"，即本报告所述的"循环使用的包装"作了分析。据其测算，我国2018—2023年的可循环包装市场规模（美元与人民币汇率按1∶7.11估算）如表4-1所示。

表4-1 我国2018—2023年的可循环包装市场规模

年份	全球市场规模/亿元	我国市场规模/亿元	占比
2018	2694.69	315.28	11.70%
2019	2851.11	342.84	12.02%
2020	3027.88	373.94	12.35%
2021	3215.61	407.57	12.67%
2022	3414.98	443.94	13.00%
2023	3640.32	485.07	13.32%

资料来源：观研报告网. 中国可循环包装行业现状深度研究与发展前景预测报告（2024—2031年）[EB/OL].（2024-06-19）[2024-08-18]. https://www.chinabaogao.com/pdf/92160/709260.pdf.

分析可知，我国在全球循环包装市场规模中已经达到了一定的占有率，且对全球市场增长有一定的助推作用；我国循环包装的整体发展速度也快于全球市场增长以及亚太地区其他市场的增长速度。随着国家相关政策的出台，各行各业循环包装的广泛应用，我国循环包装的发展速度将会进一步加快，市场规模将进一步扩大。

4.3.2.3 快递市场单品发展简况

据"快递行业绿色可循环包装问卷调查"的数据分析，调研对象选择的快递包装规格大多为邮政纸箱 1 号（430 mm×210 mm×270 mm）以及邮政纸箱 3 号（260 mm×150 mm×180 mm），选择上述规格的依据有寄递商品及其包装的尺寸体系、适应标准托盘规格尺寸和销售数量多的商品的尺寸及其包装的尺寸。现有商品再包装采购渠道多为直接与包装制造商合作。在此情况下，企业平均一件商品的快递包装成本在 1～2 元。

目前电商推广快递循环包装的主要障碍在于增加业务作业环节，这是由于这一环节需要考虑区域间循环箱调度、产业链上下游作业不协调、产品特点是否适合循环包装、客户成本增加以及如何从消费者手中把循环包装收回等问题。基于此，该调查建议从商品类型和常用包装尺寸入手设计通用型快递循环包装。且在设计过程中要满足以下要求：①强度高、空箱储运节省空间——通过折叠结构、套叠结构、组合结构设计等实现；②方便组装和折叠、方便多次封装、方便清洗和维修——通过产品外观设计（光滑、无凸凹不平）、模块化设计来实现。

4.3.3 循环包装行业的技术需求

（1）快递包装循环技术

为了使快递包装满足循环的基本条件，快递包装应具有可重复使用性、可回收性、环保性、减量性及标准性，在这一方面，我国已经成功研发了多种快递包装循环技术，如取代现有一次性包装，建立标准化单元包装体系，促进物流运输系统的标准化、模块化、智能化，响应国家绿色发展战略需求的丰·BOX 等。

（2）循环物料追溯技术

为了确保循环的有效发生，还需要对包装进行追溯，具体需求有：能够准确记录物料的来源、加工、运输等全生命周期信息，快速查询物料的追溯信息，对物料追溯数据进行有效管理和存储，保护物料追溯数据的安全性，包括数据的加密和权限控制，防止数据被篡改或泄露，提高效率和智能化程度等。在这一方面，我国主要通过研究 RFID、二维码/三维码追溯技术等来实现。

（3）循环技术方案

在循环行业中，具体的循环运行方式以及循环技术也是重要的因素。其中，需要考虑包装设计和制造，选择可持续和高耐用的材料，优化产品结构，确保产品的总体性能符合标准，在多次使用后依然具有良好的性能；还需要考虑如何有效地收集和回收使用过的包装，这就涉及追溯和管理体系，设置适当的回收设施，建立合作关系以确保回收物的流程畅通，制定回收标准和规范以及提高各参与方的积极性等。

（4）循环包装容器设计与开发

在这一领域，涵盖材料选择、强度耐久性、尺寸规格适应性及标准性、堆叠嵌套能力、结构组成、容器标识追溯以及安全卫生要求等需求。这些需求旨在确保循环包装容器能够实现持久、高效和环保的使用。

（5）循环包装相关材料研究与开发

目前，循环包装主要是使用传统材料进行制作的，业内对这一领域的研究十分关注。而这些材料应具有可持续性、环境友好性，需要与相关领域的标准机构合作，确保循环包装材料符合相关标准和认证要求；还应具有足够耐久性和强度，能够经受多次使用和处理过程中的冲击、挤压和其他外力，确保其在循环过程中不会出现破损或变形，在循环过程中保持良好的性能。除此之外还要具有良好堆叠和嵌套性能的材料，以节省存储和运输空间。

（6）基于循环包装的物流技术

由于我国物流行业起步较晚，迄今为止尚未建立起覆盖面广的、统一的回收物流体系。要解决这一问题，就需要制定相关标准、明确责任和流程、构建经济模型以及提高物流智能化水平等。

4.4 循环包装行业发展预测

4.4.1 循环包装行业发展规模

循环包装制品一般采用塑料、金属、木材或其他耐用材料，其中，塑料和金属材料不仅满足强度要求，而且贴合循环宗旨，最受推崇。塑料相对于木材和金属有着较轻的重量，还有着良好的耐用性和更好的可塑性。同时，塑料树脂材料的类别和生产加工工艺很多，不同树脂材料通过不同生产加工工艺可以制成不同性能、不同样式的塑料制品。

在包装行业中，纸及纸板包装应用广泛，其中，家电、快递外包装通常使用瓦楞板。瓦楞板市场的繁荣带来了沉重的环保负担，物流领域作为降低碳排放的"重点区域"，面临行业的绿色变革。

从循环包装产品的主要专业门类来看：

①纸质循环包装产品的规模在逐步扩大，其中，国内中小包装企业的崛起释放了相关包装机械的潜在市场需求。与传统包装工业不同，受制于纸质材料的本质特性，我国纸质循环包装在循环包装产品中的比例还不高（调研表明，一般纸包装企业中，循环包装占比仅在5%左右），但随着循

环体系的完善、功能性纸包装材料的大量应用，纸质循环包装产品将会有很大的发展。

②塑料循环包装产品是目前我国循环包装行业的主力军。截至 2023 年底，包括塑料的回收再生，塑料材质的循环包装产品占比约在 85% 以上。近几年，我国部分具有代表性的可循环包装产品生产企业，通过自主研发和创新，凭借明显的性价比优势，已在国内市场逐步替代国外厂商。首先，国内部分企业所生产的产品具有很高的性价比优势；其次，经过多年的发展，国内部分优势企业的一体化配套方案能力和产品的附加值大幅提高；最后，在循环体系构建、废弃物回收等服务方面，国内企业拥有及时、快捷的优势，可很好地满足下游企业对售后服务的需求。

③金属循环包装产品主要集中在耐用重型、大型包装方面。为了满足用户及消费者对产品的要求，生产企业多根据用户需求和产品储运要求进行循环包装产品开发，产品的适用性、通用性一般。随着循环包装体系的进一步完善以及国家政策法规的逐步覆盖，耐用、优质的金属循环包装产品将会越来越多。

④木质循环包装产品是最早参与循环的包装制品之一。国际、国内市场的潜在需求是我国木质可循环包装产品快速增长的因素之一。当前，随着绿色环保理念的进一步普及，国家相应政策法规的逐步完善，木质包装生产企业普遍采取差异化的竞争策略，推出多品种、多规格、多样式的木质可循环包装产品，以满足各种不同的客户需求。

⑤相关装备及附件产品市场容量不断扩大。尤其是针对特殊品类产品（化工、生鲜农产品等）的自动分选、自动包装机械的需求增长势必会促进循环包装行业的快速发展。

4.4.2 循环包装产品创新方向

调研资料表明，业界在循环包装产品方面有很多创意性的产品。其创新点主要体现在以下几方面。

（1）单元化、标准化循环包装设计

自 2017 年以来，中国贸易物流标准化行动联盟将工作重点由封闭系统转向开放式托盘循环共享。封闭系统，即在全国建立网点，统一管理，在实际统一管理下进行封闭流通和循环共享；开放系统，则由众多物流包装供应企业（包括生产企业、运营企业和维修企业）、托盘运营网点和运营管理平台组成统一的联盟，使用符合联盟开放循环标准和认证的托盘产品，为众多企业用户提供开放组织系统的服务。如 ULP 开发的仓储笼、塑料围板箱、铁网箱、仓库笼、金属折叠箱等，均在自建的循环包装池中运行，供全国各地的用户租赁使用，其采用了单元化、标准化的设计理念，以适应不同用户的需求。

教育部的发展方向是，针对常见的内装物规格及类型，开发生产不同类型的标准循环包装箱。如衣物循环包装箱、食品循环包装箱、果蔬循环包装箱、生活用品循环包装箱等，分门别类进行使用及管理，可大大提高循环包装的便利程度和专业度，并降低运营成本。

（2）循环包装容器的轻量化

包装容器在循环中的逆向物流成本是影响循环经济性的重要因素之一。上海诸捷环保包装科技有限公司设计的轻量型可循环铁包装箱，卡扣式金属密闭箱采用镀锌薄板材，经过滚压、冷作硬化增加强度，可替代传统的胶合板木箱。由于采用了轻量化设计，在保证强度的前提下，减少了钢板厚度，大大降低了材料成本，具有明显的价格成本优势。

（3）研究自动装箱的高效循环包装箱

针对自动装箱工艺开发了 PP 材质的循环包装箱，其摇盖压舌部位的双压线结构不仅使其适用于循环，还解决了其他塑质包装箱在自动装箱时遇到的压舌不到位的问题。适合于采用机械进行开箱、装箱和封口。

（4）研究带电子签封或 RFID 芯片的智能化可循环物流包装箱

带电子签封的可循环物流包装箱采用聚碳酸酯作为箱体原料，以珍珠棉作为内衬，所有材料可以 100% 回收再利用。在包装箱内嵌入电子签封，通过无线射频识别技术可实现自动识别商品信息和电子化开闭锁；在箱体外嵌入电子墨水屏，通过电子墨水屏可实现包装箱状态及商品订单信息的多次读 / 写与显示；结合包装箱应用管理系统，还能实现授权指定用户扫描开箱。该包装箱可现场回收，循环使用，并有效提高物流配送的安全与监管效率。

可循环的折叠快递箱，采用榫式折叠结构，折叠后快递箱体积减小，箱体的箱底与箱盖有便于固定和堆码的凹凸结构；内部镶嵌无源 RFID 芯片作为快递信息存储装置，解读器解读快递箱货物信息，不使用粘贴快递单号的方式，节约、环保；同时，无线射频技术可以实现非接触式信息传递，可同时识别多个标签，极大地提高工作效率。

4.4.3 循环包装技术发展趋势

4.4.3.1 国际技术走向

总体上看，国际循环包装行业的技术走向如下所述。

广泛应用再生材料。如挪威 Packoorang 公司使用回收的瓶子和服装厂的聚酯边角料制成可循环使用的邮袋。Packoorang 的邮袋可重复使用 100 次以上，内部的减震衬垫可确保产品安全，也可根据内容物灵活调整大小，同时可防风雨、可回收、具有安全锁定机制。美国加利福尼亚 B2B 初创公司 Returnity 为想要放弃一次性物品的公司和组织提供可重复使用的包装解决方案。该公司提供一系列可重复使用的物品，例如，邮寄信封、托运箱、服装袋、信封和行李袋，所有这些都可以为品牌定制。同时，还可通过其物流系统（包括清洁、维修和更换可重复使用的产品）帮助企业快速实现产品的可重复使用。

注重循环包装产品的耐用性、品质和系统服务。如美国 ORBIS 公司生产的可循环塑料包装具有耐用性及刚性好、内表面光滑、易于搬运、可清洗消毒等特点，且采用低压注塑，对原料分子链的破坏较小，进行回收时比传统高压注塑产品循环再生的次数更多。ORBIS 公司还通过以下步骤帮助其客户降低环境影响。①分析。仔细分析现行制度，确定初步的建议。②证明。展示循环包装的投资回报。③设计。提供完全的计划和设计解决方案。④实施。与客户生产运营系统无缝集成。⑤发展。跟踪客户并进行持续改善。按照设计，可重复使用的塑料箱、托盘、垫木和散装系统在其使用寿命过程中被反复使用。产品可以回收和再加工成新的包装产品，一直循环下去，不产生进入固体废物流的废旧塑料。

智能化可追溯技术应用。如德国 LivingPackets 公司用更智能、更安全的替代品取代人们熟悉的快递纸盒，培育循环经济的新基础。其主要生产的产品 The Box 是一款可重复使用的包装，由可重复使用的材料制成，坚固耐用的外壳材料具有减震功能，可以保护运输的货品。内置的创新固定系统减少了包装浪费，如填充材料和胶带等。纸质标签替换为通过内置平板显示器显示的电子标签，新增动态更改送货地址的功能，进一步降低物流的碳足迹。

打破工业循环包装产品与销售循环包装产品的界限。如瑞典使用可循环的托盘和木箱系统进行日用杂货配送，与类似的一次性纸板箱包装相比，重复使用木箱可以减少 74% 与二氧化碳相关的排放，而且木箱的寿命可达 15 年，木箱包装报废后，其材料可以再次制成其他规格的新木箱。

4.4.3.2 国内技术水平及差距

为了实现快递包装绿色化，目前国内主要研究方向为设计方便储存和运输的可循环快递包装箱，使包装箱能循环利用几十次甚至几百次，解决现有包装箱只能使用一次的问题，减少快递包装原料的使用和包装废弃物的产生。

在材料的选择上，以低碳、耐抗压、不易损坏、可循环使用的塑料和纸张等材料为设计的主流方向，实现包装"资源的高效利用和循环利用为核心"，在循环利用的基础上，充分考虑材料可循环问题，"使用过程中不会产生有害物质，并可以回收再生产的新型材料"，如 PP、PE、PET 等可循环包装材料。其中，PP 材料是一种可塑性聚合物，由丙烯的单体制成，对酸、碱和化学溶剂有异常抗性，由于其具有高强度的机械性能和良好的高耐磨加工性能，因此利用 PP 材料加工设计可折叠、可拆卸的共享包装容器，其稳固性、抗压性良好，不容易损坏，同时可回收使用。相较 EPS，EPP 的机械强度、抗冲击性、耐候性、耐磨性等性能都更具优势，由 EPP 制作而成的包装可以多次重复使用。此外，EPP 本身具有良好的可降解性，在报废之后也容易进行处理或者转化成其他仍具有使用功能的商品，是制造循环包装的优选材料之一。

国内的循环包装在品种、质量、新品研发能力以及经济效益等方面，均与发达国家存在一定差距。国内包装产业主要存在企业规模小，低水平重复建设，产业集中度低；包装产品品种少，质量低，技术含量低；产品结构不合理，主要高档包装设备和原辅材料严重依赖进口；创新能力不足，废弃物的回收利用率低等问题。

4.4.3.3 国内相关技术发展趋势

(1) 完善物流基础设施网络

物流基础设施网络是开展物流活动的重要基础和关键支撑，完善物流基础设施网络对物流业高质量发展而言意义重大。中共十九大提出要加强物流基础设施网络建设。2020年《政府工作报告》提出重点支持"两新一重"建设，传统基础设施将加快与新型基础设施融合。随着物流设施网络与区域经济协同发展，物流基础设施"补短板"和"锻长板"将成为重要发展方向。5G网络、人工智能、大数据、区块链等现代信息技术与物流设施融合，实现线上线下资源共享，互联高效、网络协同的智能物流骨干网有望形成，并将成为现代化基础设施体系的重要组成部分。

(2) 加速循环包装数字化转型

近年来，世界主要经济体正进入以数字化生产力为主要标志的全新历史阶段，我国以数字经济为代表的新动能加速孕育形成。传统企业数字化转型和新兴数字企业进入物流市场同步推进，商业模式和发展方式加快变革，拓展产业发展新空间。现代信息技术从销售物流向生产物流、采购物流全链条渗透，将助力物流业务在线化和流程可视化，增强全链条协同管理能力。数据和算法推动物流大数据利用，传统物流企业加速数字化、智能化、网络化，智慧物流模式将全方位提升管理效能。

(3) 推动物流绿色可持续发展

物流业是支撑国民经济发展的先导性、基础性、战略性产业，发展绿色物流是物流企业践行绿色发展理念，实现新旧动能转换、由大变强，推动物流高质量发展的必然选择，也是带动上下游企业发展绿色供应链的重要抓手。国务院发布的《关于加快建立健全绿色低碳循环发展经济体系的指导意见》中要求打造绿色物流，一方面，推广应用绿色低碳运输工具，在城市物流配送、邮政快递等领域优先使用新能源或清洁能源汽车；另一方面，逐步健全行业绿色认证体系，推广可循环包装产品，培育可循环快递包装新模式，强化快递包装绿色治理。在相关政策加持下，物流行业、快递行业中的循环包装发展势头十分强劲。

5 循环包装行业的科技发展概况

5.1 循环包装行业的主要研究方向及研究内容

5.1.1 循环包装行业领域主要研究方向

通过对近 20 年来国内外循环包装领域相关科技文献的检索，本行业领域研究论文基本情况如图 5-1 所示。可以看出，有关循环包装的论文共 518 项，按热度排，依次是循环包装相关政策研究文献 98 篇（占 19%）；快递包装循环技术研究 97 篇（占 19%）；循环物料追溯技术共 95 篇（占 18%）；循环技术方案 65 篇（占 13%）；循环包装容器设计与开发 75 篇（占 14%）；循环包装相关材料研究与开发 49 篇（占 9%）；基于循环包装的物流技术研究 39 篇（占 8%）。

图 5-1　循环包装行业领域相关文献分析

由上述分析可知，近年来，循环包装领域的主要研究方向包括：
①循环包装相关政策研究
②快递包装循环技术研究
③循环物料追溯技术
④循环技术方案
⑤循环包装容器设计与开发
⑥循环包装相关材料研究与开发
⑦基于循环包装的物流技术研究

5.1.2 循环包装行业领域主要研究内容

5.1.2.1 循环包装相关政策研究

通过对近十几年的学术论文检索可知，业内针对循环包装相关政策的研究论文占到了 19%，这说明，循环包装的推广应用受政策影响很大，从业者最关心的也是这一领域。在这一领域中，相关研究主要集中在可行性、法律法规和循环体系的构建等方面。

（1）关于循环包装可行性

针对我国电商行业迅速发展所带来的快递包装的环境污染和资源浪费问题，赵琳等在《"双碳"目标下我国电商快递包装绿色化发展研究》中首先研究了低碳经济与循环经济视角下电商快递包装绿色化的实践现状，其次剖析了电商快递包装绿色化在当前发展过程中面临的主要问题和制约因素，最后从四个方面提出了推动电商快递包装绿色化发展的可行性建议，以期为电商快递行业走上绿色和可持续发展道路贡献一份力量。我国电商快递包装绿色化实践是一项任重而道远的工程。对电商快递行业来说，主动走上快递包装绿色化道路不仅是为了顺应行业未来的发展趋势，还是为了更好地履行企业社会责任，从而实现我国建设资源节约型和环境友好型社会的目标。为此，政府监管部门、电商物流企业以及消费者三方应相互协作，针对电商快递包装绿色化实践过程中存在的各种问题，从加快构建快递包装标准、健全快递回收体系、加大电商快递包装新材料技术的创新研发，提高全社会环保意识等方面入手，做好电商快递包装生产、使用、回收、处置全链条治理，促使我国电商快递行业朝着绿色和可持续方向发展，达到经济效益、社会效益和生态效益相互统一、相互促进的局面。

针对可循环使用快递包装意愿不强的问题，黄鹏等在《环保标识对消费者选择可循环使用快递包装的影响》中将消费者对可循环利用快递包装的使用意愿作为切入点，采用结构方程模型，以实验和问卷调查相结合的方法，分析消费者在无视觉刺激、弱视觉刺激和强视觉刺激 3 种条件下选择可循环使用快递包装意愿的差别。研究结果表明，在消费者对可循环使用快递包装的环保属性有充分感知的前提下，若可循环利用快递包装外印有显著的环保标识或标语，消费者将更加愿意使用可循环使用快递包装，而更高的环境关爱程度与环保卷入程度将会提高消费者的使用意愿。环保标识切实可以促进消费者选择可循环使用的快递包装，同时在推广过程中也需注意增进消费者对环保理念的理解程度。

针对塑料包装回收问题，孙荐等在《发达国家塑料包装回收对我国的启示》中通过对发达国家治理塑料问题的回顾和总结，调查了可持续包装箱演变过程和不同的回收方法。以当今国内塑料包装的垃圾增量来看，单靠企业的技术创新或政府的末端治理是很难推动这项重大的社会变革的，末端治理当然可以精准且快速地解决某一类垃圾问题，但日益庞大的垃圾产量以及错综复杂的垃圾类别使技术创新始终无法赶超上来。从这点来看，发达国家的政策导向和企业解决方案越来越多地开始把重点放在增强消费者意识的措施上，这不仅是环境意识，还是以更具差异性的方式来理解塑料使用的利弊，从而制定出能够获得广泛社会认可、更好的媒体宣传以及提升消费者能力的具体策略。不仅如此，消费者也应更多地参与政策制定和商业战略实施，这有助于更好地鼓励和授权消费者为其在塑料污染方面的行为负责。

（2）关于相关政策和立法问题

针对包装废弃引起的资源环境问题，赵云芬等在《包装物循环利用立法之中外比较》中从指导思想、基本原则、具体制度、管理方式、回收渠道、处理措施等方面对德、日、美、中四国进行比较，以期找出我国与其他国家的差距，为我国包装物循环利用立法提供思路。通过比较发现，我国包装物循环利用立法至少还存在以下几个问题：缺乏明确的立法指导思想；立法政策性强，操作性差；立法规定的循环过程不完整；立法目标、指标不明确；回收渠道混乱。

针对我国废塑料闭路循环体系呈现高附加值废塑料再利用水平低、低附加值废塑料回收体系缺失的问题，杜欢政等在《构建废塑料闭路循环体系的现实困境及路径突破》中认为这与我国目前税收政策不完善、再生废塑料用于食品包装的法规欠缺以及回收政策精细化程度不足、难以形成正向引导有关。构建废塑料闭路循环体系，要以打通废塑料的物质流为基础，建立分类回收、处理、利用的"闭路循环产业链"。针对高附加值废塑料，要以发挥市场价值驱动作用为主，推动废塑料高价值回收利用；针对低附加值塑料，要探索押金回收机制，补足再生利用产业链，实现全产业链价值流增值。

针对香烟的生产和销售过程中消耗大量的卷烟箱，而卷烟箱在一次利用后大部分被直接当废品处理掉，从而造成的资源严重浪费问题，为找到烟箱循环利用的合理模式，杨湛等在《卷烟包装箱循环利用的工作流程研究》中对卷烟包装箱循环利用的作业流程和作业规范进行了分析研究。首先根据工业企业和商业公司的特点制定了商业公司烟箱回收总体流程，其次对烟箱回收流程进行了设计，最后对于烟箱回收运输环节以及物流线上的操作环节进行了分析并制定了相应的规范。

曹乐等在《限产政策背景下可循环快递包装发展问题研究》中针对可循环快递包装由于制造成本高、回收体系不完善等无法大面积推行的问题，通过对现有政策的分析，结合可循环快递包装的发展现状，分析了限产政策给包装行业的变革带来的影响，对可循环快递包装的发展问题进行研究分析，最后从政府和企业两个角度提出了解决方案，即政府角度制定统一标准、明确各方责任、促进立法实施、加强监督管理；企业角度加强合作、技术革新、树立绿色观念。

姚涵菁等在《循环经济视角下快递包装标准化策略探析》中从循环经济视角出发，聚焦快递绿色包装问题，从快递包装的材料生产与设计、快递包装的统一与规范、快递包装的节约使用与处理、标准快递包装纸箱的回收与有效再利用等维度，对快递包装存在的问题进行深度剖析。循环经济视角下包装系统还存在材料滥用、尚未形成多方参与的完善系统、尚未进行轻量化合理化包装设计等问题，对此，快递包装标准化发展可从包装材料的标准化生产、完善绿色环保包装标准、快递包装的循环利用、完善快递包装的标准体系和回收体系几个方面出发。

（3）关于循环体系的构建

针对快递包装的循环利用体系构建问题，陈秀玲等在《快递包装循环利用体系研究》中认为目前我国资源的循环利用体系发展还处于初级阶段，循环回收体系的构建是循环经济发展的一项重要的内容。该研究在分析快递包装回收现状的基础上，从回收主体和回收流程两方面构建了快递包装循环利用体系，对快递包装循环利用的理论研究和实际应用都具有一定的参考价值。

日本在商品包装设计的循环利用方面一直走在世界前列。郭玲玲等在《日本在商品包装设计方面的循环利用》中研究了日本使用的环保包装设计，发现这些环保设计大多能够减少包装体积和重量，减少浪费资源和收集再循环加工时的困难，更重要的是它们有利于维护人体的健康。

（4）关于循环包装前景

针对低碳包装设计的循环发展应用问题，曾润在《谈低碳包装设计的循环发展应用之趋势》中认为，在低碳包装设计领域应该强调循环应用发展趋势，希望结合包装设计角度审视话题，在植入低碳概念的同时减少包装垃圾数量，确保低碳型包装设计实现可行性的操作，满足其设计要求。在不久的将来，低碳包装产业也必将成为循环经济体系中的一个非常重要的组成构件，对人类生存空间发展起到越来越重要的作用，并为全世界所有的行业领域所重视。

黄昌海在《我国塑料基循环包装材料市场与趋势浅析》中先对2015—2019年我国的包装工业产值以及塑料包装行业产值进行了数据统计，并对塑料包装箱及容器使用的可循环包装热点领域进行了行业数据统计及2020—2024年的市场规模进行了分析；对助推循环包装的主要领域——汽车零部件行业和电商物流行业的可循环包装使用规模进行了数据分析。

综上所述，循环包装的发展，与相关技术涉及的主要专业领域密切相关。因为在不同专业领域内，包装材料或技术定位不同，推广应用难度显然也不同；另外，循环包装的受益主体是用户，如果不是经济利益的驱动，其推广应用难度也会很大。因此，需要政府和行业主管部门认真研究，出台相应的鼓励、补贴或促进政策。

5.1.2.2 循环技术方案

关于循环包装技术方案的研究论文占到了19%。这说明，光有循环包装产品并不能很好解决该行业的根本问题，具体的循环运行方式以及循环技术也很关键。在这一领域中，相关研究主要集中在提高循环次数、增加推广应用效益的技术方法，提高循环系统参与各方参与积极性的措施，循环体系中的关键环节如回收业务、逆向物流、物料租赁和废弃物回收等业务模式和推进循环的政府—企业—驿站—消费者多方关联参与模式几方面。

（1）提高循环次数、增加推广应用效益的技术方法

锂电池模块运输基本上是一次性包装，成本较高且不具有环保性，陈岩等在《电池模块运输发货循环包装模式的建立》中探索了电池模块运输循环包装模式。采用循环型扣式木包装箱代替传统木制包装箱，单套包装箱平均可以重复使用50次左右，是一种非常经济适用、能够循环利用的包装方案。另外，这种包装方案非常便于锂电池模块的运输，同时能够很方便地进行拆卸与回收，多

次回收利用，和一次性木质包装箱相比，在很大程度上节省了包装成本，拥有可持续性、绿色环保等优势。

梁美华在《基于一体化包装设计的包装循环经济的研究与探讨》中提出了包装一体化设计是加速包装工程绿色循环系统建立的起点。包装一体化设计，其实就是借助产品生命周期中与产品相关的各种技术、环境协调性、经济信息，利用并行设计等各种先进的设计理论，使设计出的产品具有先进的技术性、良好的环境协调性以及合理的经济性的一种系统设计方法。包装设计是原创性很强的综合学科，它是包装工程循环系统的先导，优秀的产品包装设计是科学技术与文化艺术的完美结合，没有包装的生态设计，包装工程循环系统的实现只能是一个口号，而无法变成现实。

刘雅琪在《替换外包装塑料袋的布袋循环物流模式探究》中提出了一种以简单为特点、以菜鸟驿站为依托的绿色物流模式——布袋循环物流模式，用以替换外送服务过程中的外包装塑料袋。该物流模式下的专有布袋选用帆布材料，以此替代外包装塑料袋；驿站分为商品区和布袋存放区（专有管理区域）；驿站负责商品区、布袋存放区及布袋的清洁管理。此模式依托现阶段基本成熟的菜鸟驿站，可以减少商品外送时外包装塑料袋的使用。由于外送服务的产品可视化，此模式不会使顾客的隐私受到影响。随着居民环保意识的逐步提高，新兴环保措施在人群中的接受度也不断提高。菜鸟驿站已基本在全国推广，也为此模式的实施奠定一定基础。因此，布袋物流循环模式可作为过渡时期绿色物流模式的一种参考。

（2）提高循环系统参与各方参与积极性的措施

赵银银等在《基于"互联网+"背景的充气循环物流包装箱设计研究》中通过分析物流包装现状与需求，提出现有物流包装的一系列问题，并提出把可持续发展、绿色包装、"互联网+"理念和共享经济几方面作为物流包装箱体的设计方向，以设计一款充气式可循环使用的物流包装箱体，给予使用者更舒适、方便的体验。

李亚迪在《基于绿色供应链的运输包装物循环使用问题研究》中对绿色供应链与逆向物流的概念及现状进行了分析，并通过结合高校实例，提出了对运输包装物高效循环使用的应对方案。即通过建立一个连接高校和快递公司双方的平台，便于双方交换信息，以实现物流包装物的循环利用。

缪亮在《基于循环经济视角下绿色物流包装研究》中探究了循环经济视角下绿色包装的重要性，物流包装的现状以及绿色物流包装的应用情况，并提出了循环经济视角下绿色物流包装策略：利用税收杠杆，加强对企业的管控；重视包装材料，加大研发力度；加大管理力度，提高材料利用率；使用三方包装，推动循环经济。

（3）循环体系中的关键环节如回收业务、逆向物流、物料租赁和废弃物回收等的业务模式

周澍在《可重复使用包装技术在家电产品物流循环模式上应用的研究》中提出了物流循环模式的改进意见：物流服务商将家电销售环节的物流回收工作纳入物流服务范围，建立循环使用周转箱的物流新模式。对于家电产品生产厂商及经销商销售后的家电产品，改变目前通用的经销商负责配送的方式，由物流服务商提供城市配送送到最终客户，同时将包装箱回收。物流服务商负责跟

踪周转箱的使用情况，并和家电产品生产厂商共同建立周转箱的信息协调机制，掌握周转箱的动态信息。由物流服务商进行专门回收工作，统一将使用后的周转箱运抵各地区域配送中心（Regional Distribution Center，RDC）仓库，并统一运回中央配送中心（Central Distribution Center，CDC，位于生产厂商周边，用于存放回收的包装箱及包装材料），再送回生产厂商的包装线边，实现周转箱的循环使用。

航材包装贯穿于器材的储存、运输、装卸、分发等多个环节，是航材物流系统各组元的联系桥梁和纽带，赵磊在《绿色循环视角下的航材包装优化策略》中通过分析航材包装的重要地位和作用，梳理航材包装存在的主要问题，从绿色低碳和回收再利用角度提出包装改进建议和对策：建立航材包装逆向物流模式，完善回收利用体系，建立航材包装逆向物流模式，主要是在军民融合思想指导下，着眼供给侧结构性改革大背景，推动军地双方以多种方式构建共同的逆向物流系统和物资回收网络，解决航材物流活动中包装材料供给与需求之间的矛盾。将逆向物流纳入整个航材物流的发展规划，可以有效实现航材包装逆向物流的规模效应、成本优势和资源共享，实现部队和航材生产、修理厂的合作共赢，并在整个航材物流和供应链规划中实现可观的环境效益和经济价值。

时红林在《汽车KD项目循环包装租赁模式研究》中提出近几年随着国内汽车行业的发展壮大，每年全散件组装（Knocked Down，KD）出口业务量的不断攀升。同时KD出口对包装箱量的需求量也越来越大，对包装质量要求也越来越高，这对于包装箱的使用有着推手一般的作用。目前国内KD出口包装普遍使用的是一次性木箱包装，但木箱本身具有一定的缺陷，如成本相对较高，手工制作标准化程度低，质量控制难度大，装箱和拆箱效率低等，尤其是雨季，当木板水分含量高时，易造成钣金件生锈和感染白蚁等。当下迫切需要探寻引进新的包装形式，解决目前包装存在的问题，以适应未来国外KD业务的发展需要。而可循环包装租赁模式本身具有的优势能够有效地解决当前KD项目包装规划中的问题，是未来KD包装的发展趋势。

冯孝中在《塑料包装的循环再生——木塑材料加工技术》中研究了用废弃的塑料包装生产木塑材料的必要性、可行性。木塑材料的开发应用不仅开辟了废旧塑料包装的应用领域，使废旧塑料由污染源变为再生资源，而且可在包装等诸多领域代替木材，节约可贵的木材资源。利用该技术生产代木耕品，工艺简单，原料价廉易得，具有良好的社会效益和经济效益。木塑材料加工技术作为变废为宝的实用技术，具有较高的推广价值。

（4）推进循环的政府—企业—驿站—消费者多方关联模式

针对我国绿色低碳的电商产业链循环发展体系不健全的问题，王妍在《苏州电商产业链循环发展体系构建研究》中认为电商产业链涉及了生产制造产业、物流配送产业、商贸产业等，这条产业链的一头连接着企业，另一头连接着消费者，为千千万万的消费者提供产品和服务，同时这个产业链需要接受政府政策的指导和市场监管部门的监督，所以一条完整的电商产业链涉及企业、政府和消费者三个方面，需要三方的共同努力才能构建循环发展体系。

循环包装的整个过程，涉及不同性质的各种参与方，也涉及不同行业门类。为了构建合理、可行的循环经济发展体系，必须在相关法律法规体系下，建立起政府、企业（用户）物流（驿站）以及消费者等循环相关方的密切联系。

5.1.2.3 循环包装容器设计与开发

关于循环包装容器设计与开发的研究论文占到了14%，总数也不少，而且，循环包装领域的专利技术也多集中在这一领域。在这一领域中，相关研究主要集中在循环包装设计中的选材问题、循环包装容器的规格及标准化、循环包装容器系统的结构组成方案、包装容器的特殊功能性结构四方面。

（1）循环包装设计中的选材问题

张康等在《绿色循环的共享包装纸箱结构设计理念探究》中对绿色循环的共享包装纸箱结构的设计理念进行了探究，并提出目前包装材料的非绿色化主要体现在两个方面：一是包装材料难以降解；二是包装材料对人体和生态系统有毒有害。在快递包装材料的选择上，应选择对人体和生态系统无毒无害、符合绿色材料的标准、易于回收再利用的包装材料；对于不可回收和利用的包装，应选用可自行降解且降解周期短的材料。共享包装纸箱要采用可回收利用的材料，同时建立专门回收制度。相关部门应当出台相关政策措施促进快递包装的回收。

上海诸捷环保包装科技有限公司设计了一种轻量型可循环金属包装箱，采用镀锌钢板经过机器滚压加工成型，将箱板加工成高强度波纹状结构，箱盖顶部有固定卡扣，密封后可达到防潮、防尘、防盗的目的，可用于替代传统的胶合板木箱。卡扣式可循环金属包装箱组装简便，密封性好，能保证内装物在运输过程中的安全性。该包装箱适合较轻产品的包装及作为周转箱使用。可广泛用于液体类物品、防潮防水物品、家具家居用品、易碎物品、工业机器人、医疗类设备及精密仪器等的运输包装。轻量型可循环金属包装箱在拆箱时，可保持箱体结构不被损坏，做到多次循环使用；废弃后也可作为废钢材完全回收处理。

（2）循环包装容器的规格及标准化

钱静雯在《共享经济下循环包装箱的分析研究》中对共享经济下的循环包装箱进行研究。她提出由于包装箱规模和材质的限制，循环包装箱能够运输的商品十分有限，可以在统计快递包装的常见规格及内装物类型的基础上，针对性地根据不同商品研发制作不同类型的循环包装箱。例如，可以设计衣物循环包装箱、食品循环包装箱、生活用品循环包装箱等，分门别类进行使用及管理，这不仅可以提高循环包装箱便利程度，扩大其应用范围，也可降低用户企业管理费用。我国有多家快递公司，各家快递公司的业务范围和服务对象都存在较大差异，这在一定程度上影响了循环包装箱在全国范围内的使用。该研究提出，可在各快递公司公平合作的前提下，建立快递公司的相互回收机制，各快递公司对回收机制内所有其他公司的循环包装箱进行分拣后归还至对应公司。这一机制可在便民的同时，弱化了快递公司业务范围对推广使用循环包装箱的影响，加快了循环包装箱的普及。

（3）循环包装容器系统的结构组成方案

张珣等在《可循环利用快递包装设计研究》中对循环包装的设计理念进行了研究，提出了以下3点。①在快递市场上，为了避免快递商品在运输过程中被挤压和损坏，可选取如塑料、铝合金等可塑性强、不易损坏、重量轻的材料，在可回收利用的前提下降低运输成本。此外在商品包装的过程中，会使用一些填充物，像充气袋、气泡膜以及泡沫板等。若利用这些不可降解的轻质材料进行缓冲防护，则由于这些材料轻泡易破，只能够一次性使用。所以，在循环包装领域的缓冲防震包装推荐更耐用、更有弹性的 TPU 等橡胶性材料，其可回收、可降解，并且可以多次利用。此外，企业应根据市场需求，选取或开发环保包装的新技术、新设计以及新材料。所谓新材料，即指在开发生产过程中可减少环境污染、降低生产成本，本身质量好、耐用性高、承受能力强，可适用于不同的运输工具和储存环境。②分析研究可知，当前快递包装存在着包装繁杂、拆解困难、缓冲性能不佳、个人信息易泄露、不便提拿、质量差等问题。可循环利用快递包装的设计根基就在于解决上述问题。对此，提出设计的具体思路如下。首先是包装的规格化设计。快递包装服务于快递运输，需在设计上充分考虑到快递企业运输过程中的机械化搬运以及运输过程中的货品安全性。因此，包装规格应分类设计出不同规格、不同尺寸的正方形、长方形以及圆筒形等盒式或袋式包装结构。其次是在包装结构上采用整体可以折叠、展开或可拆卸、可组装形式，这样不仅可以减少快递包装的空间占有量，提高储存量，还可以在运输环节增大运输量、节约成本。最后，是解决回收流程中使用者接纳储放的便利性和高效性问题。可使快递包装融入智能芯片技术，开发设计能与手机相连接的App，给快递包装植入一颗"大脑"，让用户信息私密化，流通过程可追溯，分拣配送高效有序，简化快递流程。③目前我国众多快递公司基本没有建立起普遍和完善的快递包装回收体系。建议首先从驿站或快递员做起，代发代收，起到推广宣传作用；其次，在小区和大型办公场所等处，打造全场景回收模式，建立自动回收快递包装装置，专人定时进行收集整理。最后，联合政府、科研机构、品牌商户等各界力量，打造开放式回收网络，同时建立回收共享反馈机制，以积分等形式进行共享流通。这样，可以大幅度增强流通性，继而带来用户流量和经济增长，形成良性生态链。

孔祥富等在《一种基于循环利用的快递包装箱设计》中设计了一种可循环利用的快递包装箱，创新设计使用高强度的 PVC 材料，提高包装箱品质，增加回收利用率。气囊、信息二维码以及密码锁代替了现有的发泡缓冲材料、快递单以及封装胶带，极大减少了快递包装垃圾，且保障了安全性。

（4）包装容器的特殊功能性结构

康子安等在《基于可循环利用的快递盒设计研究》中设计了一款可循环快递盒，其为了便于回收，减少回收过程中空间的使用，因此在保证强度的前提下，采用折叠式设计结构。通过折叠，可将快递盒体积缩小为原体积的一半左右，有利于在有限空间的高效率利用，提高单车运输的利润。同时，在快递盒底部设计有防滑圆点型垫片，以防止在运输或码垛过程中垛堆的坍塌或箱体的滑落。市面上常见的快递盒内部填充物有保利龙（EPS）、纸浆模塑、起点薄膜或充气柱、珍珠棉

（EPE）等。通过对以上四种材料的优缺点比较分析发现：珍珠棉具有柔韧、质轻、富有弹性、导热率低、耐气候性好、缓冲性能强等优点，并且具有环保的特性，可反复回收利用，而且珍珠棉可以加工成各种形状应用包装内部填充。因此，可选择珍珠棉为内部填充材料。

董晓玮等在《可循环快递包装设计》中认为快递盒作为一种产品，还要考虑其与环境之间的交互关系。快递盒主要会经历出库—运输—派送—回收几个关键点，而这之中比较特殊的主要是运输和派送环境。由于运输和派送的环境属于动态的环境，传统的快递盒在运输过程中可能由于相对滑动或者碰撞导致快递内部投递物品损坏，而造成相对位移的主要原因是盒体间没有相互关联，各为独立的个体。解决这个问题可以考虑从快递盒体设计入手，使盒体之间保持相对固定即可。考虑到在运动过程中有颠簸或者刹车时只可能出现单方向轻微的相对滑动，盒体之间的相对固定可以通过设计互相嵌合的凸起和凹槽来实现。

冯仁宇等在《一种可适用自动装箱的循环包装箱的设计和制作》中设计的可自动装箱的循环包装箱经检测性能良好。通过循环包装箱的回收后上自动包装机测试可知，循环纸箱可连续回收10次，开箱包装性能成功率大于95%。通过对比纸箱和循环包装箱的回收后耐破强度、边压强度、戳穿强度、黏合强度、抗压强度指标的测试结果可知，纸箱的回收次数最多为1次，循环包装箱可实现回收10次以上。

曾倩在《一种带电子签封的可循环物流包装箱设计》中设计了一种带电子签封的可循环物流包装箱。该包装箱可现场回收，多次循环使用，减少资源浪费，降低经济成本，同时可有效提高物流配送的安全与监管效率。将物联网技术应用于物流包装箱，使传统的一次性纸质或塑料包装箱向电子化的可循环包装箱发展，促进了绿色物流发展，同时带给用户更安全便捷的使用体验。下一步，循环包装箱还将不断完善功能，如实现库房全面监管、货物跟踪定位等，实现对仓储及物流全方位、高效率的管理，使整个物流供应链更加透明化、数字化与智能化。

朱现伟等在《绿色循环可折叠快递箱的研制开发》中设计了一种可循环的折叠快递箱。其采用榫式折叠结构折叠后，快递箱体积减小，便于存放，折叠后箱子的各个面堆放在一起，节省箱子的储存空间，展开后呈四方体结构且接口处稳定牢固。箱体的箱底与箱盖有便于固定和堆放的凹凸结构，箱体侧面有易于人工搬运的开孔，便于快递行业派送。采用内部镶嵌无源RFID的芯片作为快递箱信息存储装置，解读器解读快递箱货物信息，不再采用粘贴快递单号的方式，节约环保，减少纸张消耗。并且，无线射频技术可以实现非接触式信息传递，可以同时识别多个标签的内容，极大地提高了信息传输效率、工作效率。在可循环快递箱内部设置可供安装网络GPS芯片的位置，可以根据场景的需要确定是否安装GPS芯片。相比原来的无源RFID的芯片，采用网络GPS芯片可以降低投资费用，减少基础设施的投入。网络GPS芯片功能多、精度高、定位速度快、覆盖面广、保密性强、查询作业简便、提供信息准确。能够使调度中心与客户实时获取到货物的位置信息和时间信息，为贵重物品以及危险品运输提供安全保障，同时通过货物跟踪系统来丰富信息共享资源。

5.1.2.4 循环包装相关材料研究与开发

循环包装材料是循环包装生产的必需材料，如今循环包装主要使用传统材料制作，专用的循环材料很少。业内对这一领域也很关注，相关研究文献占比为9%。主要研究内容集中在循环包装材料的减量化和环保性及相关研究、循环包装容器的回收再生技术两方面。

（1）循环包装材料的减量化和环保性及相关研究

郭金强等在《塑料包装材料的减量化与单材质化技术》中认为减量化和单材质化是塑料包装材料环保化设计的两个重要技术途径，是从原料消耗和废弃物回收利用两个不同角度阐释的塑料包装材料环保化产品理念。通过减量化和单材质化技术的广泛推广和使用，一方面可从源头实现塑料包装减量，另一方面便于塑料包装废弃物的回收利用，可以有效解决当前塑料包装产品造成的环境污染问题，推动塑料包装行业向低碳、可持续方向健康发展。

李昊津等在《低碳循环纤维模塑包装产业的发展趋势探讨》中认为纤维模塑的发展将废纸等废弃物"变废为宝"创造了全新的可再生资源，节约了纸浆消耗、保护了森林等植被资源，还减少了由制浆带来的高污染、高能耗，替代了塑料制品的部分市场。"碳达峰、碳中和"目标是我国的重大战略决策，事关中华民族永续发展和构建人类命运共同体，是一场广泛且深刻的经济社会系统变革，未来每个人、每个系统、每个组织都将涉及其中，绿色低碳的纤维模塑企业将会面临更大的发展机遇。

上海太太乐张西强在《调味品包装材料可循环使用的战略思考》中对调味品包装材料的可循环性进行分析，认为过度包装给环境带来了额外的负担。包装作为一次性消耗品，在使用后被消费者随意丢弃进入生态循环体系，会污染环境，并给生态环境带来不良的连锁反应。可循环包装在调味品行业的应用和推广一定是利国利民以及符合社会发展潮流的。

（2）循环包装容器的回收再生技术

艾利丹尼森在《不干胶标签创新助推包装行业循环发展》中推出了循环标签，艾利丹尼森CleanFlake™粘胶剂技术在保证标签功能性的同时，还可以确保标签在回收过程中面材和粘胶剂能从PET瓶片上完全分离，避免回收过程中因粘胶剂污染而影响再生PET的品质，实现瓶到瓶回收，打造塑料瓶循环再生的良性闭环。通过增加回收材料的供应，CleanFlake™粘胶剂技术可以帮助用户降低回收成本，为品牌打开环保包装的新局面。目前，该技术已经被多家终端品牌商所应用。

蔡志强等在《高性能三元聚乙烯专用料在重包装膜袋（FFS袋）减薄降塑应用及循环回收利用的研究》中对FFS袋持续减薄、回收及再利用的解决方案进行了讨论。中国石油化工股份有限公司是国内首家加入终止塑料废弃物联盟（The Alliance to End Plastic Waste，AEPW）的企业，中国石化石油化工科学研究院开发的以废塑料生产低杂质油品技术（SPWO）为代表的系列化技术，将废塑料再次"变为"塑料，同时副产芳烃等化工原料。该技术有更广的适用性，适用于来自城市生活垃圾中分拣出的废塑料、工农业生产过程中产生的废塑料以及医用废塑料等，这些原料均为无法物理回收或物理回收成本过高的混合废塑料，可以是 PE、PP、PS、PVC、ABS 等塑料中的一种或多种。

循环包装材料大多是在原有传统材料的基础上进行改进，市场较小，应用范围较窄，但性价比高。行业应研制具有较高创新性的新材料，以满足循环包装材料的响应性能。

5.1.2.5 循环包装物料追溯技术

循环包装物料的追溯与寻迹是实现有效循环的技术关键之一。关于循环包装物料追溯技术的相关研究论文占到了 18%，总数不少。在这一领域中，相关研究主要集中在追溯码应用效果及相关技术、RFID 技术原理及产品、RFID 相关应用技术、二维码溯源技术缺陷及改进、新型溯源技术方案与产品几方面。

（1）追溯码应用效果及相关技术

针对现有 PET 透明包装产品表面光滑，透明度较高，吸墨性相对较低，附着力及耐磨性能差等技术难点，以及喷印油墨本身为无色透明，导致生产线喷印读取设备及软件解码困难，喷印解码效率低的问题，黄开旭等在 PET 透明包装产品上加装隐性矩阵码智能喷印系统，成功解决了隐性矩阵码喷印质量差、解码效率低等一系列问题。

为解决卷烟包装生产中小盒与条盒二维码无法精准关联等问题，李钰靓等根据包装机组基于工位的运行特点，设计了一种包装机组产品二维码信息关联系统。该系统以 STM32 单片机为控制核心，首先生成小盒二维码序列，其次将序列进行分割并组码，最后使用关联扫码器进行关联，实现小盒—条盒二维码信息的十合一关联。以 ZB45 硬盒包装机组为对象进行测试，结果表明：系统关联准确度达到 99.95%，与基于时间的关联方法相比，关联准确率提高 3.55 个百分点。该技术可为提高卷烟包装工艺全生命周期的管理水平提供支持。

（2）RFID 技术原理及产品

针对 RFID 技术在智能包装中的应用，章登科等介绍了 RFID 技术与智能包装的结合，在商品仓储管理、零售管理、医疗管理以及身份识别等场景的应用现状。其发现 RFID 技术作为一种新型通信技术，有着巨大的市场应用前景，通过与传统条形码的对比，RFID 技术通过信息感应就能实现数据统计，不再需要逐个扫描，大大节省了人力和物力，但由于 RFID 设备造价昂贵，因此 RFID 电子标签成本偏高，严重限制了其在智能包装领域的发展应用。

针对 RFID 技术在酒类产品包装中的应用，郭虹等认为 RFID 技术虽有很多优势，但仍存在成本高，RFID 标准和协议不统一，安全性差等问题，因而应用并不普及。

针对军用物资配套包装存在标识识别自动化程度低、信息量小、识别修改困难的问题，严凤斌等分析了配套包装的三种分类，并以灵活性最强的任务型配套为例，分析了军用物资配套包装应包含的四个信息要素，分析了 RFID 技术在军用物资配套包装标识识别中的实施过程和要求，以提高保障的精确性和及时性。通过 RFID 技术的应用，可以实现配套包装的整体信息、弹药分项信息、器材分项信息和其他信息在整个运输过程和使用环节的自动化识别，并可利用读写终端进行修改，提高保障的精确性和及时性。

  针对传统的人工包装模式具有效率低、人力成本高等缺点，无法满足信息时代的发展需求，宋毅等设计了一款功能完善、实用性强的生鲜品电商包装系统。该系统利用 RFID 技术，将用户交互模块与数据库进行充分结合，开发出功能强大的智能化读写功能，便于作业人员在包装操作期间，将生鲜品包装信息写入系统；在分拣操作期间，准确、高效地读出生鲜品包装信息，从而促进电商企业向信息化、智能化、自动化方向不断发展。经过应用实践表明，生鲜品电商包装系统具有很高的可靠性和有效性，不仅可以自动完成大量生鲜品包装，还能降低作业人员的体力劳动强度，为最大限度地提高生鲜品包装效率和效果提供重要平台支持。

  针对现有包装管理系统存在的问题，田立新等开发了一种基于 RFID 技术的包装管理系统。相关论文首先在对电子标签特性分析的基础上，阐述了基于 RFID 技术的包装管理系统的构成。其次对系统在物流各个环节的应用方式进行了详尽的论证，并探讨了数据库的同步机制。最后基于包装管理系统应用 RFID 技术，对包装箱的装箱、运输、入库和后期管理等物流环节实现信息化管理。该系统可为具有共性的、不同行业的物流信息化管理提供实例和参考。

  针对林产品电商物流领域的人工包装效率不高及准确率较低等问题，纪祥月等提出了一款基于 RFID 技术的林产品多功能智能化包装工作平台设计方案，该工作平台可实现林产品在物流过程中的溯源、称重、分拣及包装等多项功能，可降低一次包装及二次包装中的出错率，并能满足人们对现代生活的高质量需求。

  针对物流系统中存在的问题，王丽敏等通过分析问题提出系统框架，并且针对系统框架对其中的采购、生产装配、销售和售后给出具体的 RFID 技术应用情况，为 RFID 技术应用到制造企业、提高企业的自动化水平提供了理论依据。且表明，虽然 RFID 技术在中国才刚刚起步，但是其巨大的潜力是有目共睹的。

  针对产品保质保鲜和信息可溯源等问题，刘浩川等设计了一种基于 RFID 技术的可视化智能包装箱，采用电子标签实现对产品的溯源防伪，并装有温湿度和时间指示标签来显示产品的新鲜程度。同时，通过插入冰板来保证保鲜效果，设有封闭带、气囊、围挡等来实现产品的固定，通过结构设计使包装箱能够便于装配与存放。

  针对人工方法进行农产品包装存在效率低和易出错的缺点，张航东设计了一种农产品电商智能包装系统。该系统通过将 RFID 技术、可视化软件和数据库管理相结合，利用 RFID 技术高效自动读写功能，首先在包装操作中在农产品包装中写入农产品溯源信息，其次在分拣操作中读出农产品溯源信息，同时可以对库存信息进行有效管理，从而提升电商企业的智能化水平。经实际系统运行验证，该系统可以自动化完成 40 箱农产品包装和分拣操作，且系统运行稳定可靠，可有效提高包装效率。

  针对人工方法进行生鲜品包装存在效率低的缺点，马也骋设计了一种生鲜品电商包装系统。该系统通过将 RFID 技术、用户交互软件和数据库技术进行结合，利用 RFID 自动化读写功能，在包装操作过程中向生鲜品包装写入生鲜品包装信息，在分拣操作过程中读出生鲜品包装信息，从而提高生鲜品电商企业智能化水平。经实际运行验证，该系统可以自动完成50箱生鲜品包装正确识别RFID标签，可以有效地提升包装效率。

通过将RFID技术与包装技术相结合，赵燕妮研究了一种应用于食品、药品包装盒的智能包装技术，通过对智能包装的技术原理和技术路线进行分析，提出了一种附带RFID标签的新型包装盒包装方法。

针对快递行业存在的废弃垃圾过多、客户信息容易泄露、运输环节不够智能化等诸多问题，李慧颖等基于RFID、包装标准化等技术，提出一种新型物流模式，并以顺丰快递为例，采用净现值法对其进行评价。评价结果显示，这种物流模式不仅可以很好地解决快递行业现存问题，还会给企业带来良好的盈利效果，是一种值得广泛推广的物流模式。

实现食品安全是基础农产品的供应链安全机制的保证，基于RFID技术的农产品包装的追踪与溯源是有效的实施办法。郑大宇通过在整个农产品供应链中实施危害分析（Hazard Analysis and Critical Control Point，HACCP），确定实现追踪溯源的必要条件和分析存在问题，因此，基于RFID技术农产品包装的追踪与溯源是我国食品安全的关键技术，将对我国21世纪农业的健康发展和社会稳定意义深远。

（3）RFID相关应用技术

根据RFID技术和物流配送的概念，郭继红等完成了水果包装模块和基于RFID技术的自动配送系统的设计，建立了一套基于RFID技术的水果包装和自动配送系统。系统可以完成水果分类包装、贴RFID便签，以及识别、跟踪、获取供应链的信息，能够大大节省时间和减少人工成本，简化物流配送过程和提高配送效率，具有较强的应用价值。

基于RFID技术的药品生产管理信息化需做到在药品整个生产周期及管理过程的可追溯性，可实现从药品原材料、生产过程、流通过程、销售过程，到消费者安全使用的全流程信息化追溯。同时，药品的整个监管过程也需信息化，并构建完善的药品监管溯源体系。张婕好等针对以上问题介绍了一种基于RFID技术的钱夹式药品包装，它不仅给服用者以更灵活、理性的消费体验，还可通过终端连接制作厂商或药房医院，给消费者提供辨伪咨询等服务。药品生产管理及包装信息化模式虽然存在成本较高、应用平台整合难度大等问题，但其价值体现在能使高度复杂的数据共享成为现实，可帮助我国包装机械和制药行业打破"小而散"的行业态势，同时还能减少企业人工与管理成本，完善流通与销售监管，因此，具有较好的市场发展前景。

为解决包装印刷行业纸管类物料识别难题，张永立等研究了一种基于RFID技术搭建的印刷制品制造过程物料信息感知系统。首先，分析了软包装工艺流程，给出了复合车间的数据采集平台部署方案；其次，解析了包装印刷行业标准纸管，规划了三种RFID标签安装方式，并结合生产工艺流程给出了RFID读写器安装情景及标签编码规则；再次，设计了纸管物料RFID实时采集与处理方案及系统架构，详述了关键控制点；最后，搭建了RFID标签测试环境，分析了不同纸管曲率、读写距离和 3 种安装方式对 RFID 识别数据的影响。结果表明，纸管曲率、读写距离和 3 种安装方式对 RFID 标签读写的影响不大，该系统可实现工位上下物料、叉车搬运和物料缓存等多场景下的物料感知。该研究提出的印刷制品制造过程物料信息感知系统可实现印刷制品过程物料生产信息自动感知，为印刷包装行业的智能化升级提供参考。

李彪等通过将数据库技术 NET 技术和 ASP 等技术相结合，建立了基于 RFID 技术和二维码技术的新疆哈密瓜溯源系统，使新疆哈密瓜等特色农产品的质量得到保障，并提升其品牌价值。该系统详细记录了新疆哈密瓜在种植、采购、包装、流通和销售各个环节的信息数据，实现了溯源。该系统的建立有助于加强政府部门对农产品质量安全的监管，可使消费者了解农产品的生产和运输等信息，宣传和提升了新疆哈密瓜的品牌价值，为新疆其他特色农产品的溯源系统建立提供了成功范例。

由于木质包装问题而导致的国外退货事件频发，严重损害了我国出口企业的国际声誉。李一农等提出了一种基于 RFID 技术的数字证书，用于出境木质包装的防伪认证。该数字证书使用 MD5 数字摘要和 RSA 公钥加密技术，难以伪造，并具备追溯功能。同时，证书认证方式简单快捷，可在高精度的条件下加快检验检疫工作人员的检查质量。

为了实现通用的"RFID 包装箱"，赖晓铮等设计了一种对包装箱内物品不敏感的纸基 RFID 标签天线。该标签天线采用悬置微带多层介质结构，天线地板面积是辐射单元面积的两倍。仿真和测试结果表明：在多种介电常数的物品包装箱中，此 RFID 标签天线均较好地与标签 Ic 阻抗匹配。

为解决目前物流系统中智能包装 RFID 标签冲突的问题，在研究已有防碰撞算法的性能和缺点基础上，针对大量标签场景，周伟辉等设计了一种分组动态帧时隙的混合查询树（GDFSA-HQT）算法。该算法在每一轮识别之后估计还没有识别的标签数量，如果还没有识别的标签数量小于或等于 354 个，则先采用动态帧时隙 ALOHA（DFSA）算法对标签进行识别，再采用混合树查询算法（HQT）进行标签识别；若未被识别标签数大于 354 个，则先对标签进行分组处理，再分别采用 DFSA 和 HQT 进行标签识别。仿真实验表明，GDFSA-HQT 算法的吞吐率能够保持在 0.82 左右。GDFSA-HQT 算法解决了标签碰撞问题，在大量智能包装的物流系统中具有良好的应用前景。

食品供应链中的可追溯系统变得有必要。RFID 技术和 EPC global 网络标准是新兴技术，为开发高性能可追溯系统带来了新的机会。Worapot Jakkhupan 等分析、设计和开发了基于 RFID 技术和 EPC global 网络标准的可追溯系统，符合全球食品在可追溯性信息的完整性方面的要求。附加组件包括批次管理系统和电子交易管理系统，帮助传统的系统来补齐缺失的信息。实验结果表明，附加组件可以显著提高可追溯性信息的完整性。EPC global 网络标准和电子交易管理系统可以提高 RFID 操作中的性能。

可追溯性正在成为一种提供更安全食品供应和连接生产者和消费者的方法。针对食品可追溯性的法律和监管方面，并为确定有效追溯系统的基本支柱和功能，Regattieri A 提出了一个通用框架。相关论文首先通过分析从字母数字代码、条形码和 RFID 研究中获得的评估标准，阐明了可能的技术资源。其次，介绍了 Parmigiano Reggiano（著名的意大利奶酪品牌）使用的可追溯系统，该系统是使用所提出的通用框架开发的。基于字母数字代码和 RFID 技术的集成，该系统运行良好，对奶酪生产商和消费者都有很好的效果。

针对 RFID 技术当前的应用和新的可能性，以及这项技术的局限性和挑战，Ruiz-Garcia L 认为，RFID 技术已在动物识别和跟踪中使用多年，在许多农场中是一种常见的做法。此外，它还被用于食品链的可追溯性控制。传感器在标签中的应用，使监控易腐食品的冷链成为可能，并在环境监测、灌溉、特种作物和农业机械等领域开发新的应用。然而，在未来几年中，这一技术还会面临挑战和限制：在恶劣的环境中操作，如有灰尘、极端温度下；难以管理的巨大数据量；由于在作物冠层中传播导致信号强度降低，需要更长的读取范围；不同频率的行为，需要了解每个应用程序的正确频率；标准的多样性和粒度级别丰富；等等。

（4）二维码溯源技术缺陷及改进

针对二维码技术在食品金属包装追溯中的应用前景与问题，孟莹对此收集并分析了相关资料，其认为，在生产过程中，二维码的数据平台可以根据生产需要，自动生成需要加标产品的追溯二维码，每个追溯码都具有唯一性。可以选择采用喷码机喷码或激光灼烧二维码两种方式，将追溯二维码加标到金属包装上。

针对二维码智能应用问题，曾国波认为二维码作为新时代接入互联网、物联网的端口，凭借其成本低、应用简单、快捷、安全性高等特点，被广泛应用在各行各业。建立以二维码为基础的云平台，可为企业提供一套全方位的产品信息化技术及应用解决方案，更好地实现产品的营销、防伪、防窜货、溯源及大数据分析等管理及服务，成为互联网时代各行各业接入网络、转型升级的切入口之一。

二维码也被应用于烟草产品原料、生产、流通等环节的跟踪，当前对各环节的数据采集及关联分析正处于研究发展阶段。朱皓然结合 GD 包装机生产工艺特点，对生产过程中的小盒与条盒的二维码数据进行采集和关联设计，以读码器为采集元件，并用软件将接收到的数据进行关联，对过程的异常情况做纠错处理。二维码检测及关联系统应用于 GD 包装机上，实现了小盒与条盒二维码数据的关联。试验数据表明，读码识别率可达到 99%，数据关联正确性达到 99.5%，反馈效果较好。

张漫辉介绍了一种以可变二维码码包作为信息手段记录和区别物料最小单元，作为物资供应链运作的追溯手段，实现了供应链过程的质量跟踪与追溯的批次管理系统。该系统运用于卷烟包装用纸管理，提高了质量管理的准确性和物流配送的灵活性，降低了仓储成本、仓储压力以及调度出错率等。

针对广告监管和假冒伪劣商品识别两个问题，五岳忠设计了一个基于区块链的二维码包装广告监管和防伪溯源系统。相关论文中介绍了 3 个关键技术：二维码、区块链和 Python Django Web 框架；首先对系统体系框架的顶层用户、中间层系统服务和底层区块链网络的需求进行分析，其次依据需求分析设计了 3 个子系统，即二维码子系统、广告监管子系统和防伪溯源子系统；最后利用

Django 框架，使用 Python 技术与 MySQL，采用 B/S 架构，开发 Web 应用系统。该应用系统能对商品生产、流通、推广、销售的全过程进行灵活、精细的控制访问，提升了商品与服务的品质。

熊承霞分析了在全媒体时代严峻的食品安全问题带给人类的风险，通过解析二维码技术监控食品的生产过程，以及利用二维码创建网络销售的全信息阅读，建立从生产加工、包装材料选择到远程购物的"食品生命周期表"，试图呼吁食品包装厂商的良知和诚信，透过二维码探索食品安全的防范和追溯制度。

针对假酒的问题，王守友等介绍了各类新型防伪技术在酒包装防伪设计中的应用，其中溯源防伪设计近年来得到了更多的应用。将二维码溯源防伪设计、信息隐藏溯源防伪设计、RFID 溯源防伪设计等应用于酒包装中，可以进行物流跟踪、防伪和溯源。这作为一种创新的应用模式，突破了原有的应用形式局限，完善了企业管理，提高了管理效率，提高了消费者满意度，并塑造了良好的企业和政府形象，目前正受到越来越多的关注。

针对药品假冒伪劣问题，郑磊介绍了一种可以在药品包装上用的 DataMatrix 二维码符号，它作为唯一一个允许验证药品真实性的标识符而被广泛应用于药品追溯过程中，因此，在药品包装上正确、合规地使用 DataMatrix 二维码具有重要的意义。

（5）新型溯源技术方案与产品

针对包装箱不能循环回收利用、安全性及抗压性能较差且缺少数码化应用等问题，王学琴等开发了一种具备数码化功能的防盗、抗压、可循环使用的新型包装箱。以瓦楞纸板为箱体材料，通过在箱体印制二维码、AR 识别区、条形码和防伪码，可得到数码化防盗、抗压、可循环使用包装箱结构的设计方案，之后对其进行防盗、循环使用和数码化等功能测试，并对其抗压性能进行分析。结果显示，与普通包装箱相比，该包装箱在安全性、抗压强度以及可循环利用等方面进行了特殊的设计，且加入了数码化的元素设计，能够在一定程度上提高消费者的体验感，使商品具有防伪、溯源、防窜货、微营销等功能，可推动快递单的电子化，增强个人信息的保密性与安全性。

张爱军等提供了一种可实现自动上锁功能的循环包装箱结构，其技术方案是在箱体上增设了智能化的锁具，并对其配合模式进行了创新性设计：在解锁转头插入锁孔的同时，执行扫码动作，既可以基于二维码实现开锁认证，又可以获得二维码中具有的锁具信息或箱体信息，从而实现信息汇总或信息追溯，为仓储物流的信息化管理奠定了基础。

张爱军等提供了一种可替代烟草瓦楞纸箱的新型智能循环包装箱。该技术方案是利用软胶片条将塑料板材连接成箱体结构，基于塑料板材的坚固性以及软胶片条的重复折叠能力，可实现包装箱的循环重复使用，相较常规瓦楞纸箱，可显著降低使用成本。同时，得益于塑料板材和软胶片条良好的密封性，该包装箱可有效避免外界湿气和水分影响烟草产品品质，而且不存在普通瓦楞纸箱的异味问题。此外，由于塑料板材具有更高的结构强度和抗压能力，因此当箱体受外力挤压时发生变形损坏的概率大大降低。通过增设信息化的智能锁设备，可在仓储、物流环节实现识别、定位、追溯等信息化管理功能。该发明尤其适用于烟草产品的仓储和物流，具有良好的使用效果。

每个循环包装具有唯一的数字化身份。方宏林提供了一种循环包装的追踪系统及方法，该循环包装的追踪系统包括容器管理商、零部件商、集中仓和主机厂四个角色入口，系统依据角色确定事件，形成作业任务，并生成预发货单和实发货单以同步发送给上下游相关方，实现循环包装的追踪：首先在包装运营方的出入库地点设置数据采集节点，用于监控包装容器空载进/出库的数量和时间；其次在包装使用方的出入库地点设置数据采集节点，用于监控包装容器进入的数量和时间，以及装载产品后出库的数量和时间；再次在包装中转库的出入库地点设置数据采集节点，用于监控重载包装容器进/出库的数量和时间；最后在包装回收终端的出入库地点设置数据采集节点，用于监控包装容器重载进入和空载出库的数量和时间；据此来追踪追溯循环包装的流转全过程。

综上所述，目前，RFID 标签的应用相对较多，且随着 RFID 技术的发展，其在制造企业内部物流中的应用也将越来越深入。其数据采集处理的优点及动态的控制能力将对物流产生深远积极的影响，并将全面促进物流业的发展。

5.1.2.6　快递包装循环技术研究

在互联网商业模式下，快递包装是最早被人们关注的循环包装应用领域之一。业界对相关技术的研究同样也很关注，相关研究文献占比 19%。重点研究内容集中在新型快递包装产品设计、提高快递循环包装使用效率、快递循环包装系统的技术升级、快递循环包装系统的理论基础以及循环包装回收体系研究与建设策略几方面。

（1）新型快递包装产品设计

杨洪苏等在《基于电子标签技术的可循环追踪防盗纸快递包装盒的设计》中设计了可追踪的循环包装盒。其利用 RFID 技术实现用户信息保护，利用近场通信（NFC）技术实现快递盒锁定。快递盒的整体设计包括 NFC 无源智能锁设计、RFID 设计、快递盒防水加固设计。快递盒通过电子标签与用户和快递公司进行云端数据交换，可实现快递追踪，用户信息保密和快递物品保护，同时也可以减少纸张与胶带用量，有利于保护环境。

杨玉春等在《基于可循环使用理念的快递包装研究》中研究了快递包装。其认为可循环的快递包装应选用高强度的、耐用的、可降解的塑料环保材料；坚持环保无胶的设计原则，快递包装盒的侧挡面采用锁合的方式。塑料材质具有一定的韧性，可以适当扭曲以改变形状，可以适当调节位置使两侧挡板与预留出的尺寸较为合适的上下板接口相扣合，使之成为一个牢固的整体。其使用建议是：①当包裹送到消费者手里时，快递员可以等消费者取出商品，当面回收；②快递公司可在快递柜旁边同时设立快递回收箱，消费者在取完包裹后，可以直接将快递包装拆开，平摊放回快递回收箱，若是不适合当场拆箱的商品，消费者也可以回家取出商品后，等有时间再归还包装；③在使用初期，可制定鼓励机制，若消费者归还快递包装，可以积分，积分达到一定额度可以兑换现金，用于寄送快递。

鄢玲在《快递包装循环箱的设计使用与回收探讨》中对快递包装循环箱生产使用的材质、生产规格、设计功能，在推广使用中制定相应法规和构建监督体系，在回收体系中搭建公共信息平台和成立专门运营机构等方面提出了设想。其认为，快递循环包装箱可有效解决传统快递包装大量使用纸箱、塑料袋、泡沫填充物、气泡垫和胶带带来的资源浪费、环境污染等问题，具有良好的节能减排效益。具体如何推进循环包装箱规模化使用和运营，建立行之有效、完善的社会化回收体系，真正实现绿色环保快递包装，还需进一步细化深入研究。

陈思杨等在《基于正交实验的快递包装循环利用的优化分析》中对快递包装的循环利用进行了优化分析。最后提出几点建议。首先，政府进行相关的环保宣传，并对企业、个人制定一系列的激励措施。政府还可以完善快递包装的循环利用体系，出台相关的推动政策。其次，企业应该做好成本控制，推进快递包装回收点的设立。在政府的引导下将企业的经营成本优化，同时加大研发投入以提高技术含量，提高快递包装循环利用率，寻找盈利模式，提高民众的参与度，尽到企业的社会责任。最后，个人应当提高自身的意识修养，积极参与快递包装的循环利用。

（2）提高快递循环包装使用效率

电商快递业务量的持续上涨造成了相关包装资源的紧张，一次性包装资源过度消耗问题急需解决。张涵等在《电商循环快递包装回收问题及对策研究》中认为目前循环快递包装回收主要以自营回收、联合回收、委托回收和具体回收四种模式为主，存在人员参与度低、成本高、循环流通不顺畅、安全性差和商品适用性不好五个问题。并提出了针对电商物流快递包装回收的五个主要对策：增强使用快递盒的消费者权益；加大政府补贴与支持；借鉴德国二元回收体系，促使多方参与联合回收；保护消费者隐私；设计多规格循环快递包装。

在电子商务快速发展背景下，高校快递包装如何回收利用成为一个重要问题。颜庭干等在《高校快递包装回收模式研究》中通过对南京信息工程大学快递回收的观察、访谈和问卷调查，确立了个体与学校在快递包装回收过程中的关键价值，并通过模糊数学等定量方法对回收模式的可行性进行评价，提出一种新型回收模式，即高校快递包装回收站点的设立应考虑到学生的便利性和可达性，设置在人员比较集中的区域：分别在三个校内菜鸟驿站旁及各宿舍楼附近。同时，在回收站点放置拆卸快递包装的工具，如剪刀、马克笔等。配备了工具，更能提高学生配合快递包装回收的积极性。为保证回收模式中个人环节的参与度，还可制定针对个人的包装回收激励政策。

大学生是使用可循环快递包装物的主要群体之一。研究大学生对可循环快递包装物的使用意愿具有重要意义。杨德才等在《大学生对可循环快递包装物采纳意愿的实证研究》中以大学生对可循环快递包装物的采纳意愿作为研究对象。通过分析后得出结论：大学生对可循环快递包装物能否保护物品十分关注，增强包装物的保护功能，将促进大学生对可循环快递包装物的使用；部分大学生认为使用可循环快递包装物是一个正确选择，加强对可循环快递包装的宣传有助于大学生对其认可和使用；大部分大学生并不了解可循环快递包装物，说明学校的教育力度和社会宣传力度依然不够。

（3）快递循环包装系统的技术升级

邱睿在《可循环使用快递包装装置融合"互联网+"的设计》中将"互联网+"的概念引入可

循环快递包装的设计。目前使用的快递包装绝大部分为不可回收的材料制成，存在回收效率低下，回收成本高，污染环境等弊端。将可循环使用的快递包装装置与手机移动端 App 有机结合，一方面实现快递包装装置可循环，另一方面通过手机 App 端实时查看快递位置并跟踪快递轨迹，同时，使用扫码开锁等方式进行快递的取出等功能，从根本上满足了用户对快递时效性、安全性的要求。

崔文婧等在《EPR 视角下校园快递包装循环利用体系研究》中针对校园快递包装废弃物和环境污染问题，基于生产者延伸责任（Ex-tended Producer Responsibility，EPR）视角，分析了我国快递包装物的循环利用现状，总结了校园快递包装循环利用的难点，构建了高校快递包装循环利用体系。最终得出结论：在快递包装回收循环利用中引入 EPR 制度，建立健全以共用回收模式为主的校园快递物流回收体系，规范企业标准、激发高校消费者，能够从一定程度上提高高校快递包装回收循环利用率，减少资源浪费。在解决校园快递包装物循环利用问题时，首先，要在高校开展试点工作，加快快递包装回收利用的进程。其次，也需要政府及快递包装产品链上各个环节的努力。从试点推进实施，并结合全社会的具体情况，才是研究校园快递包装回收利用的根本意义。校园快递包装回收利用是一个联动工程，需要政府、生产企业、物流服务平台、生产者责任组织（Producer Responsibility Organisation，PRO）、回收中心、高校消费者等多方面的共同努力，更需要步入规范化、法治化的轨道。

张琛等在《可循环快递包装回收体系的模式研究》中基于快递包装物的全生命周期理论，深入分析了我国快递公司对包装回收存在的问题及综合需求，提出了一种适合我国快递包装回收的"碎片化逆向物流"循环体系，并提出了以下建议。①构建数据化管理平台。未来，快递包装回收的"互联网+"发展模式是必然趋势，快递企业对包装的回收必须科技赋能，通过智能技术实现可循环包装的定位、调拨及附近网点的识别。②加强上下游快递企业联动。快递行业上下游企业是推动快递包装标准化、减量化和循环化的中坚力量，快递企业的积极参与是推动包装回收体系构建的重要因素。打通线上、线下回收行业的生态圈，将客户、废品回收商、再生资源产业和垃圾处理机构有机整合，构建完整的快递废弃物回收体系，从而解决快递废弃物的环境污染问题。③全国实施循环容器标准化和共享共用。在快递包装回收方面，相关的标准需及时跟进，通过标准规范可循环包装的模数、产品性能、快递物流作业、收寄、投递操作的规范等。推进快递包装回收标准化，可实现全国快递包装回收标准化，实现可循环包装共享共用。④建立行之有效的监督运行机制。对各级电商平台及卖家、快递企业、生产企业和消费者进行监管，确保快递包装回收体系能够持续发展和运行。

耿惠君等在《基于碳足迹的快递包装箱循环利用的策略研究》中对循环箱的碳足迹进行了研究。新的包装箱产品的碳足迹主要产生于原材料的获得和生产制造过程。在循环利用过程中只有运输阶段涉及第一范畴的碳足迹，及直接消耗燃料能源排放的温室气体，其他阶段只涉及第二、第三范畴的碳足迹，而且排放量较小，这与包装箱的破损程度和运输距离、运输装载率等因素相关。有数据显示，一次使用的 1 吨瓦楞纸箱存储的碳足迹为 1474 千克当量的二氧化碳，因此通过包装箱的循环利用可以大幅度降低能源消耗，达到节能减排的目的。

(4) 快递循环包装系统的理论基础

祁子怡等在《基于系统动力学的可循环快递包装发展的影响因素分析》中对可循环快递包装发展的影响因素进行了分析。其认为政府的正确引导与支持是可循环快递包装发展的关键和初始推动力，政府应进一步加大法律强度和宣传力度，增强公众和企业的参与意识，规范行业标准，加大奖惩力度，同时加大对可循环快递包装发展的扶持力度，完善整体发展规划。同时，快递与回收企业要建立健全回收循环的机制，采用多种途径以及激励措施激励用户即时返还可循环包装，促进包装的循环利用，这是可循环包装推广的重难点。另外，包装生产企业也要研发出经济适用、耐用、方便回收与循环利用的包装，这样才能让市场接受。这三点满足后，在市场机制作用下能促进行业快速良性发展，形成政府主导下，政府、企业、消费者多方协同一体化的建设局面。

陈珊等在《集聚式快递包装循环生态圈构建》中利用 Eviews 建立相关模型验证集聚式快递包装绿色循环生态圈的可行性，并为改善快递包装物回收率低下的现状提出可行性参考建议。其认为回收体系中需要政策推进无接触式配送以及对绿色技术研究、应用的支持，高校则引导学生树立资源回收观念并参与及配合回收，企业着力研发并使用新型无接触式快递盒，进行更多技术、模式创新，探索建立快递行业"逆向物流"机制。构建"政府—企业—高校—学生"多方联动的快递包装回收体系旨在探寻如何进一步提高快递包装的绿色化、减量化、可循环，为改善快递包装物回收率低下的现状提供参考。

何婧等在《可循环利用的快递包装设计研究》中指出，可循环快递包装是今后快递包装行业发展的趋势。目前市面上的大部分快递公司的包装形式基本相同，但在使用率和环保性、可循环利用方面还存在着诸多不足。我国快递包装设计还处于起步阶段，这与我国快速发展的电子商务进度存在较大差距，形成了较大的滞后。所以，在今后快递包装设计时应该注重快递包装的应用性、美观性和环保性，升级改造快递包装也会直接或间接影响消费者对电商平台、企业的好感度、忠诚度。可循环利用快递包装设计是绿色环保理念下的必然产物，是顺应时代发展趋势的必然需求。虽然目前我国快递市场的管理机制还不健全、相应法律法规还存在着缺失、消费者快递包装回收的意识还很薄弱，以及快递包装回收体系尚未建立。但是问题在被挖掘出的那一刻，就是问题即将被解决之时。相信今后人们对快递包装的可循环使用的重视度越来越高，快递包装的回收体系也会建立并完善，而由快递包装所造成的污染也会得到有效的缓解。

董晓玮等在《可循环快递包装设计》中通过对现有的国家标准、行业标准以及共享单车模式的相关分析，结合热力学第二定律的熵增理论明确共享化的优点，并通过人因工程学对产品交互进行分析，明确了相关可循环快递共享化的基础设计要求。之后，通过对产品标准化、尺寸体系化、交互人性化以及组合模块化的研究，设计出了可循环快递包装箱，在一定程度上又可称为共享化快递箱。

王璇在《快递包装资源循环利用的对策研究》中运用文献资料法、问卷调查法、数据分析法等，重点分析了快递包装流向及处理现状，提出了快递垃圾大量浪费的问题及相应对策：快递包装所产生的资源浪费和环境污染的现状已经成为不容忽视的问题，要清除这些快递垃圾绝不是某个行业单独就可以完成的事情，只有国家、政府、企业、社会、个人等多方面的共同努力才能使这个问题得到改善。在政府的引导下，企业要不断地生产、推广并使用智能、绿色、可再生的包装材料，同时，整个社会都要承担起资源利用和环境保护的责任，带动每个人形成绿色节约的意识和风尚，引领快递行业走向节能环保的新道路，为我国的生态建设以及可持续发展做出贡献。

刘如意在《快递包装垃圾回收利用现状与绿色化发展建议》中对快递包装垃圾的回收提出了建议：为了促进快递包装的绿色化发展，一是需要主管部门明确责任主体、实施必要财政手段；二是需要行业、企业和末端消费者达成共识，杜绝过度包装；三是通过示范点建设和信息化手段，构建可循环快递箱社会化体系；四是要多加宣传、增加补贴、布点社区快递包装垃圾投放点，以及建立快递包装垃圾分类标准。

王强等在《快递包装物循环使用效率分析》中基于北京市快递包装物在充分得到回收且合理处置的情况下，结合数据包络分析法（Data Envelopment Analysis，DEA）中的 Cost-C 模型对北京市 2016—2018 年在回收快递包装物方面的投入产出效率进行了分析，结果显示在对快递包装物进行回收后，人员、设备的投入与发电量、纸浆产出为有效单元。在大力支持新型绿色物流包装材料和技术的同时，政府和企业应该从现实出发，从已产生的快递包装物角度进行考虑，在方便人民大众的同时，考虑经济效益最大和快递包装物充分解决，大力推动城市绿色物流建设。仅纸箱类包装物的回收再加工，每产出 1 吨新的纸张便可减少 17 棵树木的砍伐。积极鼓励市民养成包装物直接回收的良好习惯，有利于企业直接对可二次使用的包装物和废弃物进行再加工和"变废为宝"。

（5）循环包装回收体系研究与建设策略

闫映宇等在《快递包装循环利用体系建设的问题、原因及对策》中研究了循环包装利用体系的对策，并提出构建快递包装循环利用体系是发展循环经济、发展绿色物流、实现治理体系与治理能力现代化的基本要求。研究发现，现阶段快递包装循环利用体系面临着技术体系不成熟、法律体系松散、标准体系不完善、监管体系不严密、激励机制不健全等问题，问题产生的原因包括行业发展现状的制约、市场机制的缺陷等客观原因以及社会参与不足、主体责任难落实、政府引导力度不够等主观原因。因此，构建快递包装循环利用体系需要政府优化顶层设计、企业承担社会责任、市场发挥调节作用。

陈秀玲等在《快递包装循环利用体系研究》中对快递循环利用体系的构建提出了以下建议。①政府应对开展快递包装循环利用的快递、电商企业或专业第三方企业给予一定的政策支持或资金补贴，协助第三方企业搭建开放式的信息服务平台，激发企业开展快递包装循环使用的积极性。除了对企业层面的物质激励，更重要的是对消费者参与环境保护主动性的刺激和激励。政府应当加强快递包装回收理念的宣传，增强消费者的环境保护意识，促使消费者积极参与快递包装循环利用的行列。②快递包装的生产材料是快递包装循环利用的源头，如果在快递包装原材料、产品设计阶段就认识到循环使用理念的重要性以及由此带来的效益，那么，无论是企业还是消费者参与快递包装循环的积极性都将大大提高。因此，应当在快递包装产品设计的时候，就考虑其循环利用的问题，坚持循环经济的 3R1D 原则，从源头上解决快递包装难以循环使用的问题。

罗子灿等在《生产者责任延伸制度下快递包装选择及设计策略》中以生产者责任延伸制度为背景，基于包装设计的可回收性和耐用性两个因素建立供应链最优化决策模型，研究和比较了包装生产商仅生产一般快递包装与仅生产可循环快递包装两种模式。研究结果表明：随着包装回收率的提高，包装生产商会提高快递包装的可回收性，但可循环快递包装的耐用性需要考虑耐用性与可回收性之间的关系。当耐用性与可回收性相互促进时，耐用性会随之上升；当耐用性与可回收性相互冲突时，耐用性会随之下降。在仅生产可循环快递包装时，包装生产商的利润与社会福利高于仅生产一般快递包装时，但对包装生产商进行包装收集的激励要低于仅生产一般快递包装时。

姜青苗等在《绿色物流下我国快递塑料包装材料再生利用研究》中对绿色物流下我国快递塑料包装材料再生利用进行了研究，提出建立以快递包装垃圾资源化利用利益相关主体为核心的网络化运作模式，从包装垃圾的分类回收，到运输和处理，各个部分的参与主体协同合作，构成快递包装废弃物资源化利用的规模化产业链条。将互联网技术与快递包装废弃物的资源化利用结合起来，实现智能分类与收运处理，根据利益相关者原理分析优化设施布局与计划方案，使快递包装垃圾能得到合理回收利用的同时，主体的投资运营目标也能得以实现。

曹乐等在《限产政策背景下可循环快递包装发展问题研究》中对限产政策背景下可循环快递包装发展问题进行了研究。其认为目前许多资金较充足的大型企业均发挥带头作用，在行业中率先探索发展可循环快递包装，但大多各自为战。企业间应加强沟通，即结合现有情况，进行技术交流，共谋合作发展。可统一平台，统一不同企业的包装标准，交错设置循环包装站点，利用各方资源完善共同可循环快递包装的模式，形成业内单独构建的物流体系，增加可循环快递包装的使用次数。若能达到预期设想的次数，现有的部分可循环包装单次使用的成本可以做到低于一次性传统包装的成本，成本低、效益高时，其价值得以彰显，各企业将纷纷加入，推动可循环快递包装进一步发展，形成良性循环。原材料导致的价格差异是可循环快递包装成本相对传统包装成本居高不下的原因。企业可通过技术革新降低成本，解决现有问题。企业除自主研发、合作研发外，可向社会各界征集相关技术人才或方法，匹配方案和资金，使方案与资源都得到最大限度的利用。绿色生活在社会上逐渐普及，大量人群开始重视绿色发展理念。大型企业应看到可循环快递包装背后的隐性收益，在明确和肩负社会责任的同时，把握住可循环快递包装带来的社会正面影响，获得消费者好感，打造品牌效应，对企业的正面宣传可起到良好作用。

王欢等在《主体异质性视角下快递包装循环共用的利益分配研究》中在主体异质性视角下对快递包装循环共用的利益分配进行了研究。其认为：收益共享是快递包装循环共用的前提，结合快递包装的消费特点，考虑特殊时期引起的需求回收同时变化，调整收益费用共享契约的相关参数，从供应链协调角度出发，对快递包装循环共用供应链上异质主体的利益分配进行分析，可达到利益分配合理化和供应链协调的目的，进而使各异质主体积极接受并响应，实现循环共用异质主体和供应链的效益最大化。

5.1.2.7 基于循环包装的物流技术研究

相关研究文献占比8%。可以看出，对于循环包装的物流模式及体系，早期国外学者先于国内学者进行了研究，我国对此的研究进度相对缓慢。但是随着我国近些年物流行业的发展，对于回收物流模式和体系的研究不断走向成熟，并且不断与时俱进，丰富了以往国外学者对回收物流模式和体系的研究内容。目前针对循环包装的物流技术研究主要集中在循环包装回收体系的逆向物流技术、循环包装物流模式及体系构建，以及循环包装回收模式与回收物流经济性三方面，涉及的领域以及研究视角相对集中，具体研究内容相对丰富，具有一定的研究意义。

（1）循环包装回收体系的逆向物流技术

季永伟在《包装物逆向物流促进经济发展的思考》中提出通过建立第三方包装物逆向物流中心，完善包装废弃物的回收体系，提高对包装废弃物的利用效率。由于逆向物流具有不确定性的特征，制造企业自身构建逆向物流体系，需要投入人力和财力，这加大了企业的生产成本。第三方包装物逆向物流中心作为连接消费者和生产制造商的一个纽带，可以降低这种不确定性，对废弃的包装物进行专业集中的处理，将可以再次使用的包装废弃物返回厂家，不可以再次使用的包装废弃物通过分类加工后，形成新的包装物原材料，重新回到生产领域。第三方包装物逆向物流中心不仅具有专业的管理人才和完整的信息网络，而且大批量包装废弃物的集中处理可以带来规模经济效益，相比之下，更加集约化和效率化。低碳、绿色的包装材料应成为包装行业的发展趋势，低碳包装材料主要是指可重复使用材料、可再生材料、可食用材料、可降解材料，加大对低碳、绿色的包装材料的研发，实行低碳包装，可完成我国包装行业由"高能耗""高排放"到"低能耗""低排放"的转变，实现低碳消费，促进经济可持续发展。再通过逆向物流，可使废弃的包装物沿供应链下游向上游流动，让包装废弃物获得新的使用价值，实现循环经济，减轻经济发展对资源的需求和生态环境的破坏。

李平等在《低碳循环经济背景下湖南电商物流回收体系构建研究》中对低碳循环经济背景下湖南电商物流回收体系构建进行了研究。其认为，首先，电商物流回收很有必要建立相关的行业规范与标准，以降低物流包装材料回收的难度，完善相关法律法规，借鉴国外经验制定有关包装再利用、物流回收管理及物流包装的法律法规。其次，强制要求电商、物流、销售、消费者等相关利益者按照"先回收、后利用、再循环"的流程，对包装绿色化及物流回收体系的构建共同负责，明确责任与义务。根据企业包装材料回收利用程度，给予适当的税收减免政策。再次，完善电商物流回收相关规定，电商物流回收需要做到及时反馈，要有相应的物流回收反馈体系，集中收集消费者的消费偏好、回收需求，优化物流回收路径，减少回收成本。最后，政府及企业都需要努力开拓不同途径增强消费者的物流回收意识。一方面，政府主动宣传电商物流回收的重要性，让大部分消费者都能理解电商物流回收的意义，可以通过社区宣传、发放回收小册子等形式让环保理念普及到千家万户；另一方面，企业要鼓励消费者积极配合废弃物回收，对于积极主动参与物流回收的消费者，企业可给予相应的积分，以方便消费者有需要时可利用积分抵扣现金消费。同时，政府对于积极参与物流回收的企业可以给予相应的税收减免及优惠政策，并支持物流行业协会积极发展。

（2）循环包装物流模式与体系构建

罗晓华等在《基于汽车行业循环取货物流的包装标准化思考》中对汽车循环物流包装的标准化提出了建议。其认为，标准化包装容器选择时，应优先考虑塑料箱，每箱的装载重量不超过15千克，以便人工搬运，减轻物流作业人员的劳动负荷。另外，多种规格的塑料箱能够满足外形规则且相对较小零部件的包装需求，通过一定规格的塑料托盘将多种规格的塑料箱按标准摆放并堆叠，形成一个标准的捆包，方便重叠又可以提高装卸效率。单个零部件重量超过15千克及外形不规则的情况下考虑使用物流台车。物流台车自身重量较重，现场的移动和堆码必须使用叉车才能完成，这样可以保证货物在运输途中的完整性和取放作业的方便性。总之，选取包装容器必须考虑零部件的尺寸、重量，以及作业要求等现场条件。

耿会君等在《基于碳足迹的快递包装箱循环利用的策略研究》中提出了循环包装物流的改进建议。包装箱循环利用过程中两个环节的链接都需要运输系统完成，这也是碳足迹增多的主要环节，因此运输系统逆向物流线路的优化是降低循环利用碳足迹的关键。在循环利用的加工环节和送至生产制造企业的过程中，首先应通过历史数据选择合适的快递包装箱归集点，以降低运输里程；其次应选用合适的运输路线优化模型，对运输路线进行优化，减少运输过程中的碳足迹。国家政府相关部门以及快递行业协会应共同构建快递标准化体系，制定相关快递包装标准。该标准体系不仅应包括包装箱的尺寸、材料等方面的标准，还应该联合包装箱生命周期内的供应链采用企业共同制定使用过程中的相关设备标准，比如托盘、集装箱、运输载体等，做到整个供应链运行过程中的无缝衔接和包装箱在各企业的通用性。另外，强调包装箱物流模数的概念和应用，在多种规格的包装箱混装时，也能充分利用包装箱运输载体的空间。通过标准化体系的构建为快递包装箱的循环利用打下坚实的基础，给包装箱的循环利用创造客户需求，以促进快递包装箱在整个供应链流程中的循环使用。

陈青云在《快递包装回收循环再利用现状及对策研究》中对循环包装中物流中心的选址给出了建议：电商和快递公司应该在快递送达终端建设合理的回收场地，并且鼓励消费者对快递包装主动回收。建立消费者个人档案，对响应积极的消费者进行适当的物质鼓励，以发挥快递包装回收工作的积极宣传作用。此外，政府有关部门也要对快递公司和电商快递包装回收工作予以一定的帮助，促进快递包装的回收工作积极有效地开展。

张雨在《快递绿色包装存在四大认识误区该如何建设回收体系方案》中对循环包装的回收体系方案建设给出了建议：依托国家邮政局，联合菜鸟、京东等各大电商公司，以及各大快递企业，建立地网联盟，在此基础上由国家邮政局联合各大公司共同出资组建混合所有制企业——全国循环包装租赁公司，并授权该企业独立自主市场运营，管理全国循环包装回收信息平台。考虑到绿色物流的公益性，国家应该对末端无人化智能回收网点（回收箱）建设给予政府启动资金支持，后续维护运营及更新改造由企业按市场机制运作。考虑到包装物租赁收费及包装物作为网络的巨大流量入口资源，该公司的运营模式可以进一步探索与创新，形成国家推动，启动市场；企业联盟，合作推进；共享共用，市场化运营；标准化推进，社会化回收的运作模式。

（3）循环包装回收模式与回收物流经济性

曹英楠等在《绿色视角下高校快递包装回收模式设计研究》中对高校内快递包装的回收模式给出了建议。①建立线上交易平台，使回收过程精简化、标准化。首先要建立线上交易平台，可以与快递公司或现有的快递平台（如菜鸟裹裹、快递100等）进行合作。其中菜鸟裹裹在高校的使用率较高，基本包含85%以上的快递业务，覆盖国内外100多家快递公司，可提供国内外快递公司的物流查询、寄送快递的服务。与菜鸟裹裹合作开设快递包装回收服务，在App界面增加快递包装回收板块，不仅方便学生进行快递包装回收，还能起到良好的宣传效果。利用线上信息化平台，使收件人信息与快递包装相关联，回收站点的工作人员扫描二维码或条形码，将回收的信息输入App，收件人即可在App客户端上接收回收信息。回收的快递包装有统一的付费标准，所以在整个回收过程中，学生只需将快递包装送到回收站点，节省时间和精力。②加强线下回收站点管理，使回收过程高效运转。加强站点管理主要包括站点选址和站点工作人员管理两个方面。首先站点要分为流动站点和固定站点，固定站点一定要靠近快递站点，若二者距离较远，会降低学生主动回收的积极性；流动站点设置在宿舍楼下，站点开放时间按照学生上课时间来制定，站点工作人员只需在固定的时间到流动站点进行回收工作，可提高工作效率。其次，在回收站点工作人员上岗前，要对其进行严格的培训，使其熟练掌握回收的操作流程，避免因工作人员操作不熟练而导致回收缓慢。

罗娟等在《物流循环包装共享新模式研究》中认为共享循环包装箱回收环节在不同情况下有三大特点。一是自主回收。主要针对"仓配一体化"的自营企业，比如京东、苏宁易购、国美电器，这些企业拥有自己的物流团队进行配送服务，管理模式统一且标准化，配套设施齐全。由自营企业进行自主回收，便于加强企业的内部管理，同时能够有效保证服务质量。因此，企业需要承担整个运行模式的所有开支，并且为了方便运作，需要自行投产建设相应的设施，比如回收点或者处理中心，这种建设成本之高显而易见。二是合作回收。主要针对类似"三通一达"的物流配送型企业。这些企业专注于快递包裹的运输服务，服务种类相对单一，主营业务已然纯熟。因此在增值业务上的发展空间相对有限，利润率偏低，所以采取合作的方式进行共享循环包装箱的回收循环利用，这样不仅节约成本，还能使流程更简捷，在有效提高回收效率的同时，更好地推进我国资源节约型社会的建设。通过各个企业合作的方式回收，能够整合资源构建共用设施，减轻各物流公司的回收经济压力，同时又能兼顾回收环保的共同目标，达到多方共赢的理想境界。三是委托回收。物流企业在购买共享循环包装箱后，将其再循环的工作外包给第三方回收处理企业来操作。配套设施均由第三方企业准备，物流企业可以专注于自己的主营业务，这也是高效率工作形式的体现。

随着国家邮政局提出快递业实现绿色化、减量化、可循环的发展要求，菜鸟、苏宁、京东、顺丰等越来越多的企业投身于循环包装研究设计，循环包装的应用在近几年开始呈爆发式的增长，取得效果良好，并且各个企业都开启了试点应用研究，投入了相当数量的循环包装试行，引起了社会的广泛关注和政府的高度重视，成为快递、物流行业包装的新亮点。苏宁物流共享快递箱尺寸和普通快递纸箱的尺寸相同，长约 0.3 米，宽 0.2 米，为可循环的塑料质地，能最大限度地解决电商物流大量使用纸箱及过度包装的问题，平均每个"漂流箱"每天可循环使用两次，总计可以循环使用 1000 次左右，之后还可进行回收重塑。灰度环保科技有限公司的 ZerOBox 采用高科技材料，重量轻、无毒无害，不需要胶水、胶带就可成型使用，并且采用一体化生产制造体系，原材料价格稳定，质地纯净无毒，防水、抗压、防震，不容易开裂且具有较高耐热性，使用温度可达 110～120℃，成品单次使用价格比纸箱低 30% 以上，平均可循环使用 14 次以上。京东物流的"青流箱"是使用 PP 材质的食品级环保箱，具有去胶带、防盗的功能，其单次使用成本相比普通纸箱降低了三成以上，通常情况下，"青流箱"的使用次数可达 20 次以上。"菜鸟联盟"循环包装箱为可折叠设计，不需要任何辅助工具即可成型，"插拔式"的指环锁扣设计代替传统的包装胶带，不仅可以杜绝胶带的使用，还能确保货物不被他人私自开启。菜鸟与英氏（YeeHoO，海澜之家集团旗下自有高端婴童生活方式品牌）合作落地的 B2B 循环箱项目，通过搭载自研 RFID 芯片，搭配菜鸟包装研发的循环箱管理系统，以"一箱一码"的形式，对每一个箱子进行高效识别和数字化管理，进而助力商家实现以箱为单位的数字化供应链管理，并提供包括"循环方案—箱体供应—回收清洗"的综合性服务。顺丰自主研发设计的"丰·BOX"循环包装箱不仅开创了用拉链代替封箱胶纸、易拆封、可折叠、防盗、内绑定、无内填充等产品结构创新，还增加了防水、阻燃、隔热保温等特殊性能，并通过搭建监控系统实现循环包装箱回收、调拨顺利进行，丰·BOX 更拥有多达数十次乃至上百次的使用寿命。顺丰新一代 π-BOX 循环快递箱，可循环使用 70 次以上，采用更易回收的单一材料 PP 蜂窝板材，易清理，抗戳穿性能提升 100%，保护了寄件安全，整箱材料 96% 可回收，箱体采用简单易操作的自锁底折叠结构和全箱体魔术粘贴合模式，免去使用胶带纸、拉链等易耗材料。小象回家的智能循环共享包装箱，采用新材料制成，耐磨耐压，防水防潮，可使用 3 年以上，周转千次。平底可折叠设计只需将折叠侧边向两侧一拉，箱子即可成型，无须进行底部盒盖组装（或黏结）固定或封口，安全卡扣一按即封箱完毕，同时可数秒内完成折叠收纳。其箱体可加装 RFID 芯片，采用新一代物联网技术跟踪追溯，保证货物在运输过程中的安全。湖南金丰林印刷包装机械科技有限公司将 RFID 技术应用于普通包装箱上，主要目的是产品溯源和防伪；将物联网 RFID 技术与包装箱有效结合，实现包装产品的全方位信息监管，大幅度地提升了传统包装产品的灵活性，推动了安全化及智能化发展，从而提高管理效率，降低整个供应链的战略成本和风险，促使传统行业向信息化、智能化升级。申通快递中转的 RFID 环保袋代替一次性的编织袋，可循环次数多，相比一次性循环编织袋而言，有效地降低了成本；在运营管理方面，其 RFID 为企业提供了环保袋的有效耗材数据，有利于对环保袋本身生命周期的管理与评估，一袋一码，一袋一锁扣，保护了快递中转过程客户的隐私及物品的安全，提高企业整体运作效率，具有很好的可操作性。

综上可知，循环包装现阶段主要应用于快递、电商物流领域，将 RFID 技术应用于循环包装是循环包装行业未来的发展趋势，可为循环包装的回收、调拨等亟待解决的问题提供有效数据支撑。

5.2 循环包装行业的研究机构及重点研发团队

5.2.1 循环包装行业的主要研究机构

5.2.1.1 主要研究院所

（1）邮政科学研究规划院有限公司

邮政科学研究规划院有限公司是中国邮政集团有限公司的直属单位，前身是始建于 1965 年的邮电部邮政科学技术研究所。邮政科学研究规划院有限公司立足定位，跟踪新理论、新技术、新设备，研究邮政、金融、寄递和电商的发展战略、规划、网络、流程、业务、技术和管理，提供咨询建议；负责实物网、信息网工程的设计工作，承担邮政、金融、寄递和电商终端设备的开发工作；提供邮政情报和用品用具检测、包装研发、定额服务。

邮政科学研究规划院有限公司对邮政免胶带封装箱技术要求进行了研究，研发了免胶带封装箱，即利用特殊的折叠方式，不使用胶带可实现封箱，其具备了节能环保、新工艺设计、可循环使用、高性价比等特点，同时符合国家邮政局对快递封装用品绿色化的要求。可为快递包裹"减负"，实现邮件包装绿色化、减量化，做到真正零胶带、零污染、零浪费，对环境更友好。

此外，还对 EMS 通用包装箱规范化管理方案进行研究。为响应行业监管和集团包装管理体系对包装箱提出的明确规范化要求，解决邮政 EMS 通用包装箱存在的客户体验不佳、采购价格偏高、管理不够规范的问题，邮政科学研究规划院有限公司绿色包装创新实验室开展了"EMS 通用包装箱规范化管理方案研究"。该项目从"产品标准化"和"管理规范化"两大主线入手，通过对 EMS 通用包装箱的现状及问题深入剖析，与竞品充分对标，提出方案建议，其寄递事业部已根据项目内容制定后续工作计划，项目方案后续将逐步落地。

（2）中包包装研究院有限公司

中包包装研究院有限公司的发展目标是成为以高端的科技支撑，创新的经营业态，良好的盈利能力，强烈的社会责任为特征的行业引领性公司，促进中国包装有限责任公司（原中国包装总公司）实现建立科技型、创新型、先导型公司的战略。为此，中包包装研究院有限公司一方面以资源为纽带，内部统筹系统内的科技资源，外部联合国内外的科研机构；另一方面以资本为纽带，通过重组调整及投资孵化，控股一批基于高科技研发成果的创新工厂，形成一批具有高附加值的产品与模式可复制的服务。

其具体做法是以中国包装科研测试中心和中国出口商品包装研究所两家科技型事业单位的框架为基础，以中包包装行业生产力促进中心有限公司和天津天测包装设计公司以及具备科技研发能力的生产企业等单位为支撑，以信息标准、科技研发和成果孵化、推广及应用为核心业务，对接国际、国内包装研究机构、大专院校，服务行业及社会，搭建包装行业的核心研究机构。

（3）中国出口商品包装研究所

中国出口商品包装研究所于1974年由外经贸部[1]报经中央领导和国务院批准成立，为中央机构编制委员会办公室核批事业编制的中央财政预算事业单位。中国出口商品包装研究所代表中国作为世界包装组织（World Packaging Organization，WPO）和亚洲包装联合会(Asian Packaging Federation，APF) 理事国成员，参与相关国际活动：2005年加入国际包装研究机构协会（International Association of Packaging Research Institutions，IAPRI）；为国际标准化组织包装与环境技术委员会（ISO/TC122/SC4）（中国/瑞典）联合秘书处、中国秘书处和国内技术对口机构，全国包装标准化技术委员会包装与环境分技术委员会（SAC/TC49/SC10）秘书处所在单位；承担商务部出口商品包装技术服务中心工作职责，拥有联合国援助支持设备仪器较齐全的国家认可试验室，并作为部级认定的外经贸系统科技成果检测鉴定机构；承担包装行业科学技术奖、"包装之星"设计奖评审办公室工作职能。"世界之星"包装奖作品推荐组委会秘书处所在单位；主办《绿色包装》学术期刊。

（4）中国包装科研测试中心

中国包装科研测试中心是根据中法两国政府合作协议，于1988年正式成立的，位于中国天津。该中心直属中国包装有限责任公司，是对包装产品进行检测与科研开发的专业化机构。按照包装标准对各种包装件、包装容器及包装材料进行检测，参与包装标准、检测规范的制定及推广实施；开展包装新技术、新材料的科研开发；代表国家对包装质量进行认证、检测、评定和仲裁，经政府主管部门认可，签发质量合格证书；参加国际包装组织及其技术交流活动，并承担国际包装技术的部分标准化制定工作；提供包装技术信息和咨询服务，提供包装技术指导，承担包装检测技术的培训任务。

中国包装科研测试中心近期主要科研成果包括：

运输包装件喷淋试验，获2000年中国包装总公司科技进步三等奖；

低阻隔薄膜低温气体透过率测试仪，获2004年中国包装总公司科技进步二等奖；

气雾罐耐压测试仪的研制，获2006年中国包装总公司科技进步二等奖；

气雾罐安全性能成套检测仪器的研制，获2010年中国包装总公司科技进步二等奖；

国家标准GB/T 4857.23—2012《包装 运输包装件基本试验 第23部分：随机振动试验方法》，获2015中国包装总公司科技进步三等奖；

---

[1] 2003年与国家经济贸易委员会内负责贸易的部门合并为中华人民共和国商务部。

国家标准 GB 23350—2009《限制商品过度包装要求 食品和化妆品》，获国家标准创新贡献一等奖；

机电产品层积材包装的模块组合化设计软件研发，获 2015 年中国包装总公司科技进步二等奖；

物流安全综合监控记录仪，由中国包装科研测试中心、天津中包包装科技发展有限公司承担，2016 年被认定为天津市重点新产品；获 2016 年中国物流采购联合会科技进步奖二等奖。

5.2.1.2 高校研究机构

（1）武汉大学图像传播与印刷包装研究中心

武汉大学图像传播与印刷包装研究中心（原印刷与包装系），位于湖北省武汉市，创建于 1983 年，现设有印刷工程和包装工程等专业研究室；并设有印刷与包装实验中心、图像传播工程与技术研究中心、印刷材料测试实验室、多媒体实验中心、色彩检测实验室、丝网印刷实验室、印刷工程实验中心、包装材料测试实验室、摄影实验室、包装设计室、网络工作室、动画设计室等专业实验室和研究机构。拥有近千万元的实验实习设备，包括全套德国海德堡"印能捷"全数字化生产流程实验设备、英国克劳斯尔德 M656IM 电分机、高端联网系统、北大方正彩色照排系统、ITC 型印刷适性仪、全套美国 X-Rite 色彩检测设备与完整的纸张油墨检测系统，包装材料检测仪器等。

（2）暨南大学包装工程研究所

暨南大学包装工程研究所是暨南大学的教学和科研单位，建立于 2005 年 4 月，位于广东省珠海市。主要研究方向是产品运输包装、食品与药品包装和包装印刷，研究所现已形成包装工程专业学士、硕士、博士完整的人才培养体系。

如今承担包括国家自然科学基金项目、国家科技支撑计划项目、省部级科技项目在内的各类科研项目 24 项，在包装材料化学物迁移、产品运输包装结构系统分析与优化等研究领域已形成优势和特色。相关成果获广东省科学技术奖一等奖。暨南大学包装工程研究所积极为地方经济建设服务，先后为美的集团股份有限公司、八达通新能源汽车运输（深圳）有限公司、深圳市网印巨星机电设备有限公司、永南食品有限公司等企业提供产品包装分析与服务。

（3）江南大学·江苏无锡印包科技服务中心

江南大学是教育部直属、211 工程、国家"双一流"建设高校。该校在国内最早开办包装工程专业（1963 年）、较早开办印刷工程专业（1986 年），拥有全国最早的包装工程专业博士点、硕士点；全国轻工业包装标准化中心、国家轻工业包装制品质量监督检测中心挂靠在江南大学。

江南大学包装材料与制品研究团队自 2021 年起依托江苏无锡印包科技服务中心，并陆续开展了电动自行车、生鲜农产品、大型平板电视以及电商平台贵重物品等的循环包装技术方案及循环机制研究。

（4）中北大学包装工程系

中北大学是一所由山西省人民政府与工业和信息化部、山西省人民政府和国家国防科技工业局双共建，山西省人民政府管理的多科性教学研究型大学。其前身是1941年八路军总司令部在太行抗日根据地创办的我党我军第一所兵工学校——太行工业学校，被誉为"人民兵工第一校"。

中北大学包装工程专业创建于2002年，是中国包装联合会团体会员单位、中国包装联合会科学技术专业委员会委员单位。2007年荣获"全国包装教育先进集体"，2012年获批教育部国家级工程实践教育中心，2022年入选山西省一流本科专业。中北大学包装工程专业以军品包装为特色，包装防护技术和智能包装设计与制造为主要方向，从事包装材料及其废弃物资源化利用、包装容器设计与制造、包装工艺与自动化设备等方面的研究工作。面向国家和国防战略需求、现代化包装防护要求和智能制造前沿，培养具有良好的科学文化素质和高度的社会责任感，具备一定的国际视野和终身学习能力、良好的沟通与合作能力，能够胜任包装工程及相关领域技术研发、技术管理等工作的高素质专门人才。

（5）郑州大学包装设计研究中心

郑州大学包装设计研究中心以郑州大学材料科学与工程学院包装工程专业为依托而成立。该研究中心以引领设计领域新需求为活动宗旨，将设计和现代生活中与人们利益休戚相关的主题紧密结合，通过展现设计与商业、设计与科技、设计与文化的各种关联，来揭示设计的深刻内涵和现实意义。

（6）湖南工业大学"先进包装材料研发技术"国家地方联合工程研究中心

湖南工业大学"先进包装材料研发技术"国家地方联合工程研究中心于2017年12月由国家发展和改革委员会正式批准建立，是湖南工业大学首个国家级科研平台，也是国内唯一的包装类国家级研发平台。重点针对包装材料的制备及其功能化、高性能化、绿色化等关键技术问题展开研究，旨在组建与社会发展相适应、具有国内领先水平的包装材料与技术自主创新研发平台，为包装行业的发展提供技术支撑。该研究中心集研发、检测、成果转化于一体，引入包装领域最优质的研发力量，引入企业战略合作伙伴共建实验室，有效优化整合科研资源，实现检测与研发条件对内对外共同开放共享。

该校相关研究方向建有包装新材料与技术的研发中心、具备资质认证能力的检测平台、承载校企合作共建实验室的平台、具有工程转化能力的成果孵化中心和包装新材料与技术的展示中心等。

湖南工业大学"先进包装材料研发技术"国家地方联合工程研究中心的主要研究成果包括：

浓酱与粘稠食品智能包装设备研发；尼龙薄膜双向拉伸过程中的结晶机理与流变行为研究；基于材料基因工程的外场诱导聚烯烃熔体松弛时间及模型研究；高性能纸浆模塑包装制品关键技术研究及产业化；复杂工况下的卷筒纸印刷高速在线质量检测及剔除关键技术；高性能纸质代塑品绿色智能制造关键技术与产业化；等等。

（7）江苏大学包装技术研究所

江苏大学包装技术研究所的前身是江苏工学院机械工程系包装机械研究室，成立于1984年1月。主要从事自动定量技术、动态称重技术、真空包装技术、自动装箱技术、热收缩包装技术、包装材料成型技术等方面的研究，在动态检测与控制、定量技术等方面形成了自己的特色。现有研究用房近300平方米，科研实验基地依托江苏大学工业中心及测控实验室建立。研究所现有人员10名，是一支老中青相结合、充满朝气和活力的科研队伍。

（8）深圳市湖工大包装技术研究院

深圳市湖工大包装技术研究院由深圳精盈包装产业有限公司全额投资建设。其理事会由湖南工业大学和深圳精盈包装产业有限公司双方共五名代表组成。遵循"分工合作，协调配合"的基本原则，湖南工业大学负责申报科研项目及立项，配合深圳精盈包装产业有限公司引进、接收相关国内外专家、教授等人才和技术研发团队，深圳精盈包装产业有限公司负责业务开拓、成果转化、日常管理和市场化运营工作，校企共建，全程合作。

深圳市湖工大包装技术研究院着重打造"国际包装交流交易网"。涉及包装材料、包装装备、包装工艺、包装印刷、包装设计、包装检测、包装产品、仓储物流、包装供应链、包装解决方案、包装研究、科技研发、学术论坛、人才培训、人才实训、人才交流、人才银行、产业金融、包装展览、国际交流、科研成果推广、包装科研成果转化等的展示与交易，解决目前包装行业、产业资源客观事实存在的信息不对称的痛点，打破行业乱象，重建行业规则，重塑行业形象，促进包装产业健康、可持续发展。

（9）上海第二工业大学"上海市逆向物流与供应链协同创新中心"

上海第二工业大学"上海市逆向物流与供应链协同创新中心"于2021年获批成立，其围绕国家重大物流需求，聚焦新能源汽车动力电池和电子商务两大领域，致力解决新能源汽车动力电池逆向物流、电商平台逆向物流、逆向供应链金融数字化等关键问题，推动逆向物流与供应链相关领域的协同创新与产业创新发展，助力国家绿色低碳循环发展经济体系建设。

5.2.1.3 相关企业研究机构

（1）中国邮政绿色包装创新实验室

中国邮政绿色包装创新实验室筹建于1989年，是经国家认证认可监督管理委员会评审认定，具备国家有关法律、行政法规规定的质检中心的基本条件和能力，可以向社会出具具有证明作用的数据和结果，专业从事邮政和快递用品用具及设备产品质量监督的第三方质检机构和邮政行业唯一的国家级实验室。

中国邮政绿色包装创新实验室成立以来，以中国邮政集团有限公司绿色发展的痛点需求为导向，研究低碳环保减量化、可循环、可回收，并契合生产实际的绿色包装产品，推动邮政业务与绿色包装技术的融合创新。主要研究方向包括包装物有毒有害物质的检测、绿色环保包装物的研发和新型包装物的应用及推广、特殊包装（如冷链包装技术）在中国邮政的应用研究等。中国邮政绿色包装创新实验室与中国包装科研测试中心、北京邮电大学、天津科技大学、江南大学、石家庄邮电职业技术学院等建立了合作关系，通过试验、验证、转移与扩散，实现科技成果在邮政行业工程化应用与产业化推广。自成立以来，其在包装研发领域获得5项国家实用新型专利，在《绿色包装》

《物流技术与管理》《中国标准化》等专业期刊共发表绿色包装研究方面论文 20 余篇，推出邮政新型信盒、可循环集装邮袋、可降解快递袋、可降解封箱胶带、悬空紧固包装、可重复使用免胶带箱、包装回收装置等多种绿色包装产品。

（2）顺丰"顺启和包装实验室"

顺丰"顺启和包装实验室"于 2019 年 6 月 10 日在深圳市宝安区天格科技园成立，面积超过 1200 平方米，总投资 2000 万元。顺丰"顺启和包装实验室"由顺启和（深圳）科技有限公司旗下的 TRANKSPACK 绿色包装研究院全力打造，实验室搭建起产、学、研协同合作机制，通过联动产业上下游资源，推动包装测试的行业标准化建设；在深化行业标准方面，顺丰"顺启和包装实验室"也在不断探寻新的目标。TRANKSPACK 绿色包装研究院包装研发总工程师张波涛表示，在服务内容上，实验室将配合系统平台实现包装研发、打样、测试、生产、供应等全产业链的平台化运作，通过国际国内相关实验室认证，逐步将实验室打造成行业级以及国家级标杆单位。

（3）苏宁物流研究院

苏宁物流研究院是一家工、学、商融合的研究机构，致力于打造一个面向行业的开放创新的智慧平台，在包装方面坚持减量化、循环化、绿色化发展。截至 2021 年底，苏宁物流已经 100% 实现 45 mm 以下"瘦身胶带"封装，电商快件不再二次包装率达到 99%。循环中转袋实现全覆盖，所有网点全部设置标准包装废弃物回收装置，可降解塑料袋使用规模也按计划扩大，可循环快递箱（盒）全国投入 40 余万个，其中北京使用量达到 3.8 万个。苏宁物流"青城计划"行动推行以来，包装环节实现单包裹减碳 56g，面对"双十一""双十二""年货节"等各种大促节点，以全国 29 大绿仓为中心，苏宁物流联动合作伙伴提前规划直发包装，并通过一联单、3D 包装等绿色化、智能化措施，持续为包裹"减负"。

苏宁物流持续推动实行可循环快递包装规模化应用探索，结合现有资源，联合可循环包装企业、厂家合理谋划建设，确保试点范围内可循环快递包装高效循环流转使用，构建合理的成本分担机制。同时继续强化技术创新应用，实现可循环快递包装流向的全链条实时监控，提高循环率和周转效率。

（4）中企盟（北京）电商物流技术研究院

中企盟（北京）电商物流技术研究院是由原中国电子商务协会物流专委会、中国电子商务协会农业食品分会、中国电商物流产业联盟重组后成立的法人机构，与中国商业联合会商贸物流与供应链分会联合办公开展行业工作。承接商贸物流、供应链领域相关规划、标准、行业研究分析、数据统计、咨询、培训、会议会展、金融投资辅导、新技术孵化、产业上下游商业合作、国际交流等。经过十多年的沉淀，积累了商贸物流供应链产业上下游企业资源近 3 万家，包含传统商贸、电子商务、配送、运输、仓储、综合服务、技术装备等多种类型的企业；我国商贸物流领域唯一行业智库，中国商业联合会专家委员会商贸物流与供应链智库秘书处设于中企盟（北京）电商物流技术研究院。

（5）城市智能物流研究院（雄安）

由京东物流、南开大学等九家单位共同发起的城市智能物流研究院（雄安）于 2018 年 10 月正式成立。城市智能物流研究院（雄安）坚持未来视角和世界眼光，将雄安新区定位为全球智能物流样板城市和中国物流创新示范高地，聚焦京津冀世界级城市群智能物流枢纽规划、城市物流系统顶层设计、物流大数据和云计算平台建设、空间物流探索及体系搭建、城市智能物流前瞻研究等，服务雄安新区智能物流和智能城市建设，实现城市空间的合理利用和智能物流的立体覆盖，为全球城市智能物流和现代物流体系建设提供示范。随着城市智能物流研究院的揭牌，未来京东将通过更多城市物流规划和空间物流课题研究，推动现代化物流技术的转化落地，为中国城市的智能化建设贡献力量。

5.2.2 循环包装行业的相关研究团队

5.2.2.1 高校相关研究团队

江南大学张新昌教授、王利强教授及其包装材料与制品研究团队，其研究方向为包装材料与制品；包装技术与机械；包装创新设计；产品整体包装解决方案；等等。研究团队共在 SCI、EI、CSCD 等刊源发表学术论文 140 余篇；申报发明专利近百项，授权发明专利 50 余项。曾获国家、省、校级教学科研奖项十多个；完成各类科研课题 30 多项；主编教材及教学参考书 6 部，其中包括两本国家"十一五"规划教材：《包装概论》和《包装计算机辅助设计》。《包装概论》教材还获评"2008 年度普通高等教育精品教材"、获批 2018 年度江苏省高等教育重点规划教材。2016 年起，该研究团队开始在循环包装领域深耕，目前已申获相关专利 10 余项，发表相关研究论文十数篇。

武汉大学刘兴海教授及其团队，研究方向为：①智能材料与结构漏指示器和智能结构等，用于食品药品品质检测、柔性新能源器件和烟用材料等领域；②智能传感与感知，小分子柔性传感器印制，涉及小分子传感器、温湿度传感器及其感知系统，用于生鲜冷链、食品药品安全监测、智能应急管理、智慧医疗、智慧仓储和环境保护等领域；③绿色包装与材料，水性油墨（涂料）研发，涉及天然色素油墨、水分散连接料和特种涂料的配方研制，用于烟草工业、3C 电子、汽车涂料和包装印刷等领域。该研究团队共发表论文 40 余篇，其中，SCI 收录 32 篇，申请发明专利 18 项。

天津科技大学王玉峰教授及其研究团队，主要研究方向为功能性包装材料、包装废弃物的处理等。在国内外重要学术刊物和学术会议上发表论文 60 余篇，如 *A Cationic Polyacrylamide Dispersion Synthesis by Dispersion Polymerization in Aqueous Solution*，*A Cationic Polyacrylamide Dispersion Synthesis by Dispersion Polymerization in Aqueous Solution* 等，并完成多个科研项目，如天津市教委项目："非均相 Fenton 氧化技术处理包装印刷废水研究"；制浆造纸工程国家重点实验室开放基金："海泡石负载多金属非均相 Fenton 催化剂的制备及催化氧化难降解造纸废水研究"等。

湖南工业大学刘跃军教授、曾广胜教授、钟云飞教授等及其研究团队，主要研究方向为新型包装材料、物流包装、食品包装与安全等。该研究团队发表多篇高质量论文，完成多项科研项目，如刘跃军及其团队的"低温、高流动性聚酰胺树脂的研制与工程化应用"，曾广胜及其团队的"生物质纤维基复合包装材料关键技术及应用"，钟云飞及其团队的"复杂工况下的卷筒纸印刷高速在线质量检测及剔除关键技术"，等等。

5.2.2.2 企业相关研究团队

顺丰包装实验室研究团队于2016年正式成立。其中，50%的实验室人员来自包装工程专业、25%是食品和药学专业、20%是物流管理专业。2018年6月，由包装实验室升级为SPS中心(Sustainable Packaging Solutions，意为"可持续包装解决方案")，分设研发和推广两个部门，其中核心研发部门涵盖快递、重货、冷链（生鲜+医药）、特种物流需求等几大方向，定期为医药、副食、3C、生鲜等领域提供通用型的和定制化的包装解决方案服务。各解决方案通过SPS中心推广部向顺丰及其客户体系快速传播和复制，以形成有效的周期性解决方案应用反馈，推动用户体验和服务品质的改善，最终构建起从研发到应用的连通式服务体系。2013年，成功设计出的可拉伸式珍珠棉缓冲包装获国家专利。2014年，顺丰开始将纸箱、文件封、胶带满版印刷改为无底纹印刷，减少油墨用量约70%。按每年印刷1.5亿个物料计算，约可减少750吨油墨使用量。研发π-BOX以及丰·BOX等产品，并投产使用。

浙江景兴纸业股份有限公司研究团队于2017年设计的一款循环烟箱专用箱板纸，为提高烟箱循环利用率，降低烟箱的损坏率，提高烟箱单次循环使用率成了重点需攻克的难点。为保证能达到多次重复使用且纸箱强度不下降、不破损，不影响二次使用，除了瓦楞原纸需提升强度指标，纸箱的面、底纸均需使用美国华松牛卡纸和澳大利亚牛卡纸。该研究团队开发的循环烟箱专用箱板纸用于卷烟包装箱，以全废纸进行生产以降低生产成本，替代进口美国华松牛卡纸和澳大利亚牛卡纸，可在循环使用及纸箱强度等各方面达到相关要求。

江苏前程木业科技有限公司研究团队开发了几种典型的重复使用循环木包装系统。该系统的大面积推广大幅减少了木材的消耗量，为节材代木与低碳经济做出了贡献。其中，托盘共用系统的研发推行，与欧标托盘相当的中标托盘的标准制定、产品开发、重复使用运作模式等，正在积极推进之中。采用速生林原料制成的、以层积材为主制造的节材代木包装制品正在大力开发，这些举措将大幅减少对森林资源的消耗。

5.3 循环包装行业的相关专利技术

5.3.1 循环包装行业领域专利概况

近年来，我国循环包装行业中，有关循环包装结构的专利共 668 项，其中，循环包装盒/箱相关专利共 528 项、循环包装袋及其他包装结构相关专利共 82 项、循环包装附件（衬垫、封口结构等）相关专利共 58 项；有关循环包装材料的专利共 38 项；有关循环包装方案的专利共 46 项；有关循环包装智能化的专利共 62 项。如图 5-2 所示。

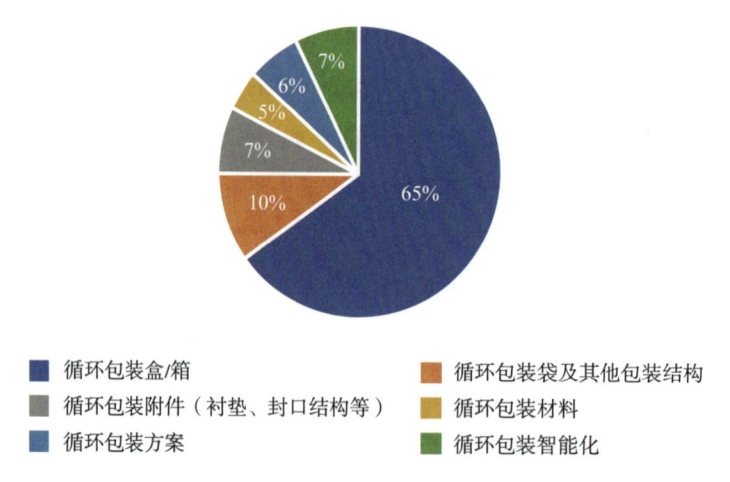

图 5-2　循环包装专利方向

其中，就涉及最广泛的循环包装结构方向来说，产品创新开发的重点包括三个领域：首先是循环包装箱、盒的开发，占 79%；其次是循环包装袋和其他结构，占 12%；再次是循环包装相关附件专利，占 9%。如图 5-3 所示。

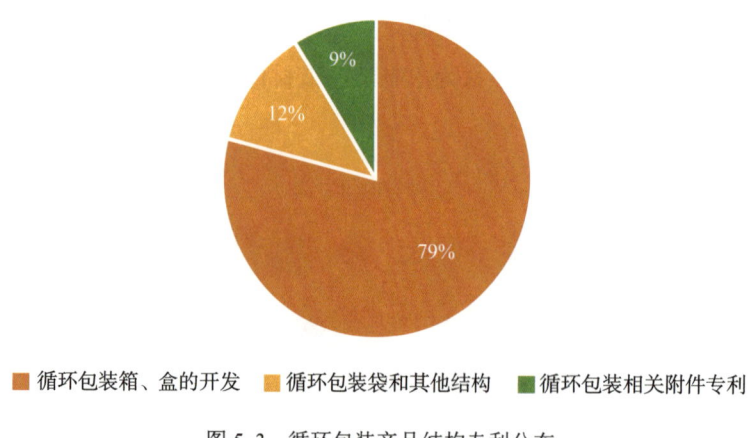

图 5-3　循环包装产品结构专利分布

5.3.2 循环包装行业主要专利综述

5.3.2.1 循环包装袋

循环包装袋相关专利主要涉及各种功能型循环包装袋的材质和结构创新等方面。

（1）功能性材料与局部结构创新

图 5-4 所示为循环复用包装袋（专利号：CN206954822U），其袋体至少一侧设置有用于封折开口的折口舌，折口舌与袋体之间设置有用于黏结封条的防粘连涂层，防粘连涂层的宽度大于封条宽度，防粘连涂层包括第一涂层和第二涂层，第一涂层位于折口舌远离袋体的一侧面边缘，第二涂层位于袋体上与折口舌折叠后相对应的位置处。本专利产品具有能够无限循环使用、避免浪费、降低包装成本等优点。

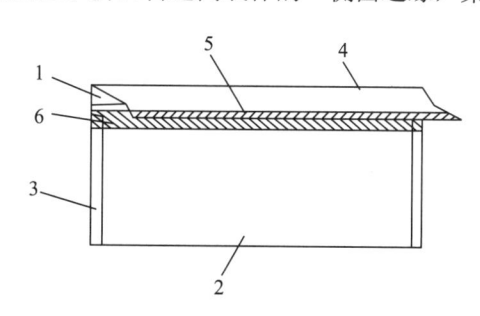

图 5-5 所示为一种氧化铝高强度循环包装袋（专利号：CN216995941U），涉及吨包袋技术领域。其袋体的上部设有 2 个挂耳，底部设有放料口，顶部封闭并设有接料口，其挂耳的两臂向下延伸并分别连接有第一加强带和第二加强带，第一加强带、第二加强带的下端延伸至放料口的边缘处；袋体上还设有水平加强带，其带沿水平方向环绕袋体的侧面，与袋体、第一加强带、第二加强带固定连接。本专利产品用于运输氧化铝粉等粉料，具有结构强度高、可多次循环使用、便于放料的优点，相对于现有的循环包装袋，其循环使用的次数大幅增加，降低了包装运输成本。

1. 前袋；2. 后袋；3. 封口舌；4. 折口舌；5. 第一涂层；6. 第二涂层

图 5-4 循环复用包装袋

（2）功能性循环包装袋

图 5-6 所示为一种软性商品快递绿色环保可循环包装袋（专利号：CN207826896U），包括包

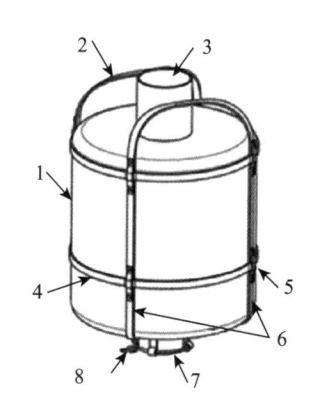

1. 袋体；2. 挂耳；3. 接料口；4. 水平加强带；
5. 金属加强片；6. 第一加强带；7. 放料口；8. 易拉绳

图 5-5 一种氧化铝高强度循环包装袋

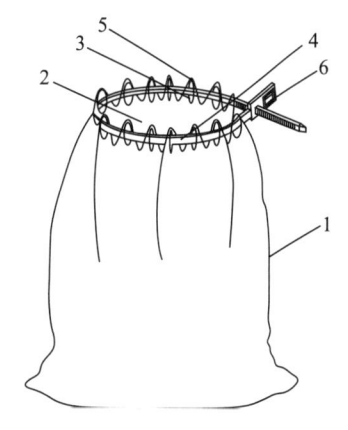

1. 袋体；2. 扎口；3. 孔洞；4. 二维码铅封条；5. 不锈钢圈；6. 二维码

图 5-6 一种软性商品快递绿色环保可循环包装袋

装袋体、扎口、孔洞和二维码铅封条，袋体上方设有扎口，扎口边缘处等距离均匀设有孔洞，穿过孔洞设有二维码铅封条。无纺布或牛津布袋作为包装袋主体，具有防水属性，可进行循环使用，解决快递包装带来的环境问题和资源浪费问题，同时带有二维码的铅封取代了黏性胶带，通过扫描二维码，可以获取快递的所有信息，整个过程没有塑料袋，没有胶带，是真正的环保快递包装，实现快递电子化、无纸化。且铅封号码具有唯一性，只能将铅封破坏才可将快递打开，避免发生快递在运输中人为的破坏和盗取。

图 5-7 所示为一种可循环利用的环保型包装袋（专利号：CN214932436U），该包装袋包括外袋，外袋的表面固定连接有固定扣，固定扣的表面固定连接有把手，外袋的顶部的外圈固定连接有拉链，拉链的表面固定连接有圆形盖。外袋的内腔与隔层的表面接触，隔层的表面固定连接有固定柱，固定柱的顶部固定连接有拆卸卡扣，固定柱的表面固定连接有储物篮，储物篮的底部固定连接有透气层，通过现有的包装袋在外观上增加多层旋转储物层，增加美观性及可循环利用性，可多次重复使用，避免资源浪费、环境污染，且在功能上具有多样性，人性化设计魔术贴使可拆卸内胆可适应多种不同场景的使用以及不同包装物的应用。

图 5-8 所示为一种循环使用的液体包装袋（专利号：CN214525484U），该包装袋的袋体由多个片状轻质材料拼接而成，袋体底部一侧设置液体流通口，袋体顶部两侧分别设置吸管固定扣与吸嘴固定扣。吸管由硬管、软管以及吸嘴组成，硬管位于袋体内，其长度固定设置，与袋体的对角直线的长度相同，硬管的一端位于袋体下侧远离液体流通口一端的边角处，另一端与吸管固定扣固定连接，软管部分一端与吸管固定扣固定连接，另一端设置吸嘴，吸嘴与吸嘴固定扣活动连接。通过设置口径较大的液体流通口，从而实现对液体循环包装袋袋内液体的补充，以及该包装袋的循环利用。

图 5-9 所示为物流面单及具有物流面单的循环包装袋（专利号：CN112455908A/ CN211253549U），物流面单上层具有的拉伸强度大于分拣操作施加的作用力，并且能够进行热敏打印，其胶层的胶黏

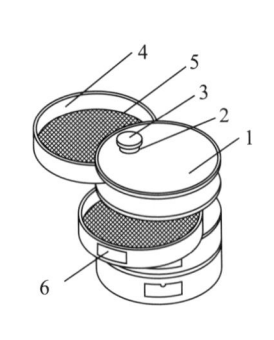

1. 隔层；2. 固定柱；3. 拆卸卡扣；4. 储物篮；5. 标签盒；6. 透气层

图 5-7　一种可循环利用的环保型包装袋

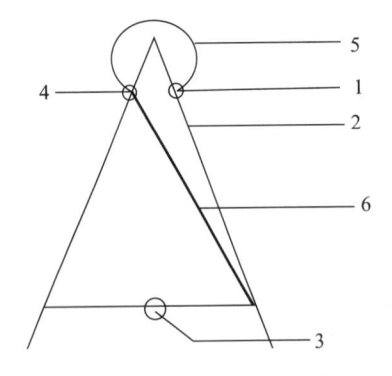

1. 吸嘴固定扣；2. 袋体；3. 液体流通口；4. 吸管固定扣；5. 软管；6. 硬管

图 5-8　一种循环使用的液体包装袋

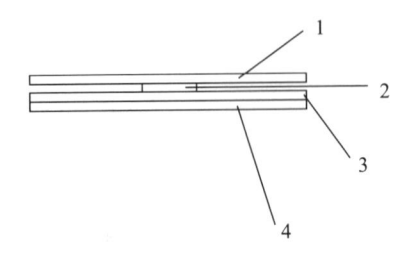

1. 上层；2. 撕开辅助层；3. 胶层；4. 底层离型纸

图 5-9　物流面单及具有物流面单的循环包装袋

性大于分拣操作施加的作用力，且胶层的胶黏性大于上层具有的拉伸强度以及大于循环包装袋的拉伸强度，同时物流面单还包括底层离型纸。这种具有物流面单的循环包装袋在实现可重复使用的目标时，还能保障运输安全。

5.3.2.2 循环包装箱/盒

循环包装箱/盒的研究重点在于箱型结构创新、折叠方式创新以及环保材料及绿色包装技术创新几方面，以下是一些典型循环包装箱/盒专利。

（1）箱型结构创新

图 5-10 所示为基于改性塑料材料的全折叠循环快递包装箱（专利号：CN114955158A），该包装箱包括箱体、箱底及箱盖。箱体采用热压、模切和热黏合工艺加工成型，箱体各体板及其与箱盖、箱底连接部位为一体热压变薄或直接黏结改性塑料片材而成为铰链；箱底由三层结构构成，内层为底板，中间层为底压板，外层为改性塑料片材，底板和底压板通过铰链分别与后板和前板黏合连接，底压板通过尼龙搭扣与底板连接，并在两侧粘贴塑料片材与侧板搭接以避免缝隙；箱盖包括盖板与箱盖注塑件，盖板及箱盖注塑件黏合形成一圈定位凹槽；箱盖注塑件上通过铰链与橡胶条连接，橡胶条通过铰链连接插舌，与箱体上的插槽锁合；各体板边缘、箱盖及箱底边缘经热压塑造形成坚固封闭的压边。该专利产品具有加工简单、使用便捷、循环、封缄牢固的特点。

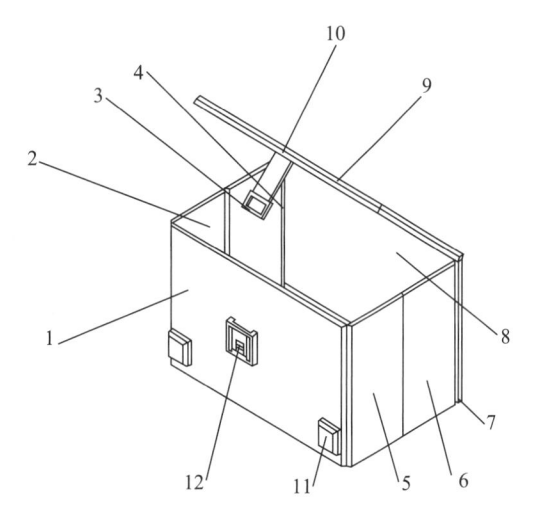

1. 前板；2. 前左侧板 1；3. 后左侧板 2；4. 左侧留空板；5. 前右侧板 1；6. 后右侧板 2；7. 右侧留空板；8. 后板；9. 盖板；10. 箱盖注塑件；11. 垫块；12. 锁扣

图 5-10 基于改性塑料材料的全折叠循环快递包装箱

图 5-11 所示为多功能可折叠包装箱（专利号：CN215044575U），该包装箱由连接在一起的底板、盖板、左侧板、右侧板、后侧板和前侧板组成，各板连接部位设有 V 形槽，盖板、后侧板和前侧板边缘部位设计有 U 形槽，箱坯沿压痕槽折叠，各部分相互扣合成型，箱板均由具有反射性或耐磨性的内层、泡沫中间层和具有高强度功能性的外层构成，本多功能可折叠包装箱具有保温、缓冲防护以及可折叠仓储的堆码功能，且机械强度好、密封性强，适用于多种场景的可循环包装。

图 5-12 所示为一种循环包装箱底托结构（专利号：CN213893538U），该循环包装箱底托结构包括托板、侧板、销块和底板。底板的四周端面开设有连接槽，且底板的拐角处开设有插接口侧板的一侧表面设有插接板，侧板背离插接板的一侧表面设有连接块，侧板通过连接块与底板上的连接槽相互卡接，托板上开设有插接槽，侧板通过插接板与插接槽相互卡接限位安装在托板上，托板的底端表面设有滑轮。此循环包装箱底托结构具备结构简单、便于使用，且在使用时可防止包装箱在托板上滑动、滑落等优点。

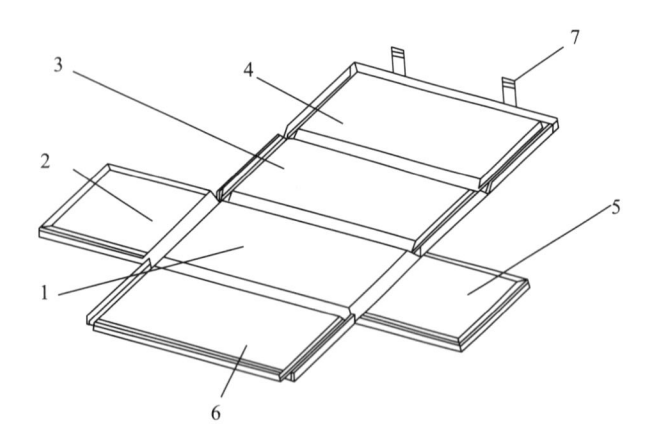

1. 底板；2. 左侧板；3. 后侧板；4. 盖板；5. 右侧板；6. 前侧板；7. 锁扣公扣
图 5-11　多功能可折叠包装箱

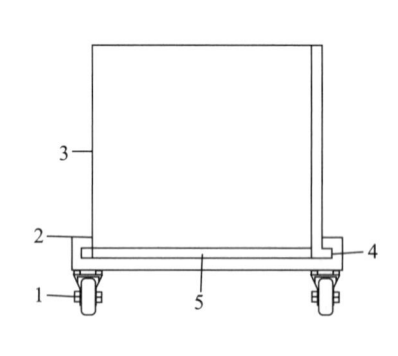

1. 滑轮；2. 托板；3. 侧板；4. 插接槽；5. 插接板
图 5-12　一种循环包装箱底托结构

图 5-13 所示为免胶带免粘结的可折叠循环包装箱坯（专利号：CN211996533U），该包装箱坯箱底板的前方延伸设置前板，箱底板的后方延伸设置后板，前板的外侧延伸设置前板摇盖，后板的外侧延伸设置后板摇盖；箱底板的左侧延伸设置左侧板，箱底板的右侧延伸设置右侧板，其中左侧

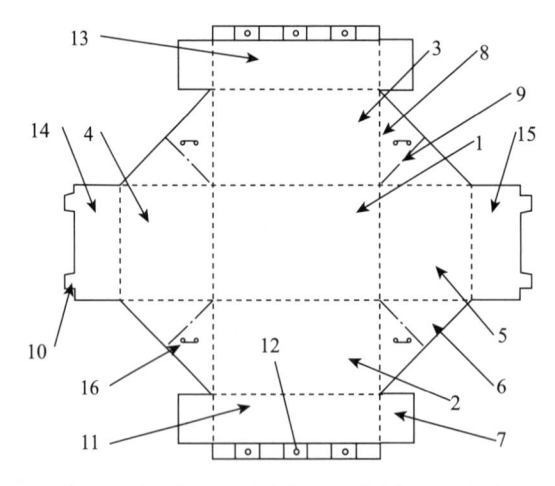

1. 箱底板；2. 前板；3. 后板；4. 左侧板；5. 右侧板；6. 平分板；7. 插舌 2；8. 内折线；9. 外折线；10. 第一插舌；11. 前板摇盖；12. 预留圆孔；13. 后板摇盖；14. 左侧内摇盖；15. 右侧内摇盖；16. 槽口
图 5-13　免胶带免粘结的可折叠循环包装箱坯

板的外侧延伸设置左侧内摇盖，右侧板的外侧延伸设置右侧内摇盖。该包装箱坯能够使包装箱在不使用的情况下实现多次折叠、重复使用，具有防盗启的功能。

图 5-14 所示为循环包装箱（专利号：CN207045934U），其箱体的封口处设置有封边，封边的边缘设置有用于黏结封条的防粘连涂层，防粘连涂层的宽度大于封条宽度，箱体的两侧均设置有与防粘连涂层平行延伸的补充涂层。该包装箱具有能够无限循环使用、避免浪费、降低包装成本等优点。

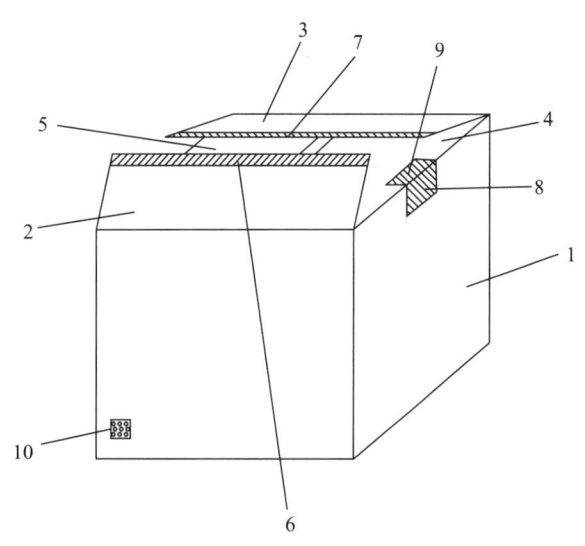

1. 箱体；2. 左外封边；3. 右外封边；4. 前内挡边；5. 后内挡边
6. 第一涂层；7. 第二涂层；8. 补充涂层；9. 垫底涂层；10. 二维码
图 5-14 循环包装箱

图 5-15 所示为可重复使用的循环包装箱（专利号：CN217416453U），该包装箱包括外箱体和内箱体。内箱体置于外箱体内部，外箱体包括外面板，外面板顶部连接有顶板，外面板底部连接有第一底板，外面板和第一底板设置有活动部，活动部两侧对称开设有切缝，内箱体包括内面板，内面板底部连接有第二底板，此时内箱体在外箱体内部形成支撑，将内装物放入内箱体内封装后，在进行搬运时将手放置在向内弯折的活动部的位置，即可上下进行搬运，相较于现有穿孔式拎孔，易将箱体撕裂、导致箱体重复使用率低的问题，该产品在方便手动搬运的同时，承重和支撑能力强，重复使用率高。

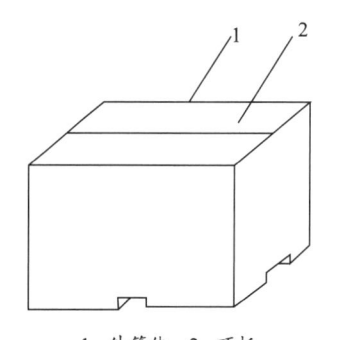

1. 外箱体；2. 顶板
图 5-15 可重复使用的循环包装箱

图 5-16 所示为循环包装箱（专利号：CN216916977U），该包装箱包括箱盖、箱体，箱体包括前后侧板、左右侧板和底板，箱盖连接在后侧板上，箱盖上连接有箱盖插舌，底板上连接有加强板，加强板上固定有向内翻转并与前侧板固定的翻板，左右侧板的一侧连接有内盖，另一侧连接有侧盖板，侧盖板上设有侧盖板插槽，内盖上连接有与侧盖板插槽配合的内盖插舌，翻板上设有与箱

盖插舌配合的翻板插槽；合上内盖时内盖插舌插接在侧盖板插槽上，合上箱盖时箱盖插舌插接在翻板插槽上，箱盖紧贴在内盖上。该循环包装箱具有结构设计合理、封装及开箱方便、机械强度高、防盗性能好、无须胶带、包装绿色环保等优点。

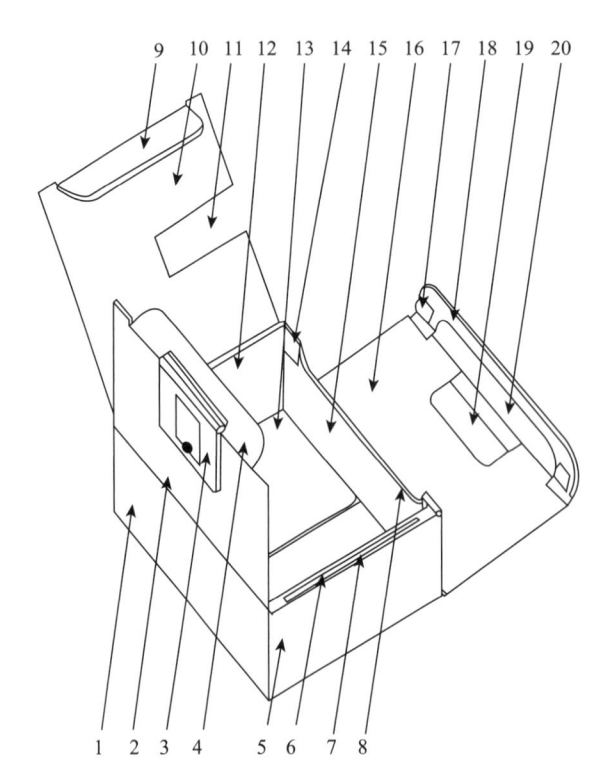

1. 循环包装箱；2. 箱盖；3. 底板；4. 箱盖插舌；5. 左侧板；6. 侧盖板；7. 侧盖板插槽；8. 前侧板槽口；
9. 内盖插舌；10. 内盖；11. 内盖槽口；12. 右侧板；13. 底板；14. 前侧板锁定件；15. 前侧板；16. 加强版；
17. 翻板锁定件；18. 翻板；19. 锁体部；20. 翻板插槽

图 5-16 循环包装箱

图 5-17 所示为可回收循环包装的物流运输用围板箱（专利号：CN217049441U），该围板箱包括底架、支撑柱、第一围板、第二围板、牵引滑座，第一围板的外壁面和第二围板的外壁面均设置有固定板，固定板的内部螺纹连接有固定螺杆，侧槽的内部滑动安装有牵引滑座，转座的一侧铰链有支撑柱；该围板箱的内部设置可进行折叠的第一围板和第二围板，当第一围板和第二围板展开时，第一围板和第二围板的连接处通过带有磁吸盘的包边进行连接，连接高效稳定，同时在侧槽内部设置通过牵引杆带动的牵引滑座和支撑柱，可滑动支撑柱至围板的对应安装位置，通过固定板一侧的固定螺杆，将围板与支撑柱连接为一体，从而通过支撑柱对围板进行支撑。

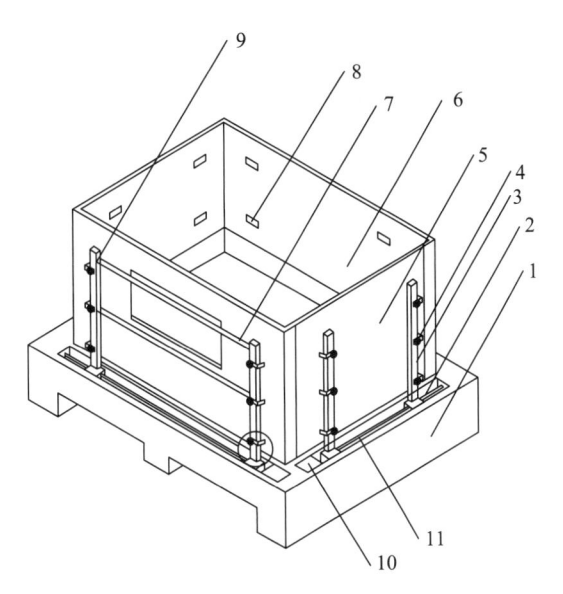

1. 底架；2. 侧槽；3. 支撑柱；4. 固定板；5. 第一围板；6. 第二围板；7. 加强杆；8. 毛毡吸块；
9. 杆座；10. 牵引电机；11. 牵引杆
图 5-17 可回收循环包装的物流运输用围板箱

（2）折叠方式创新

图 5-18 所示为一种循环包装结构（专利号：CN217146906U），其包括底托、盖体、连接件和至少两块围板，位于底层的一块围板的底部与底托连接，位于顶层的一块围板的顶部与盖体连接，连接件连接在相邻的两块围板之间，围板配置成在外力作用下可在使用状态和折起状态之间切换。这种循环包装结构灵活性较高，可以满足不同发货体积的需求，并且降低成本。

图 5-19 所示为一种循环包装装置（专利号：CN217261506U），其包括底托板、支撑板和盖板，其中支撑板可拆卸安装在底托板上，盖板可拆卸安装在支撑板上；底托板具有支撑底座和固接块，支撑底座不少于一处的均布设置在底托板的下方；固接块不少于一处的设置在底托板的上方；盖板具有固接块，固接块不少于一处的设置在盖板的下方，并与固定块相对设置；支撑板下端可拆卸安装在固定块中，支撑板上端可拆卸安装在固接块中。上述装置不仅设计合理，使用方便，而且操作简单，整体零部件少，均采用一体成型设计，实用且易于操作，并且能够重复多次使用。

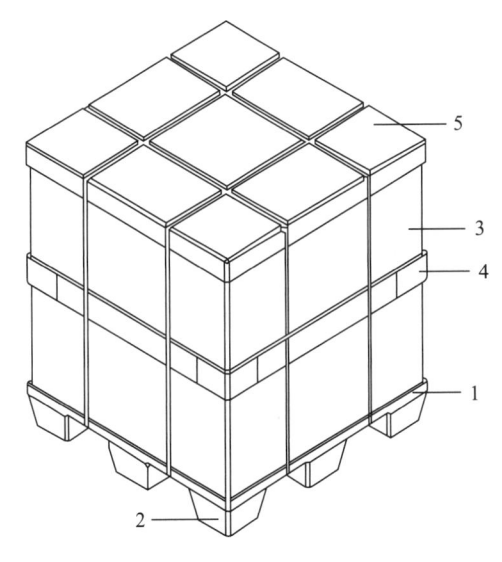

1. 底托；2. 支撑脚；3. 围板；4. 连接件；5. 盖体
图 5-18 一种循环包装结构

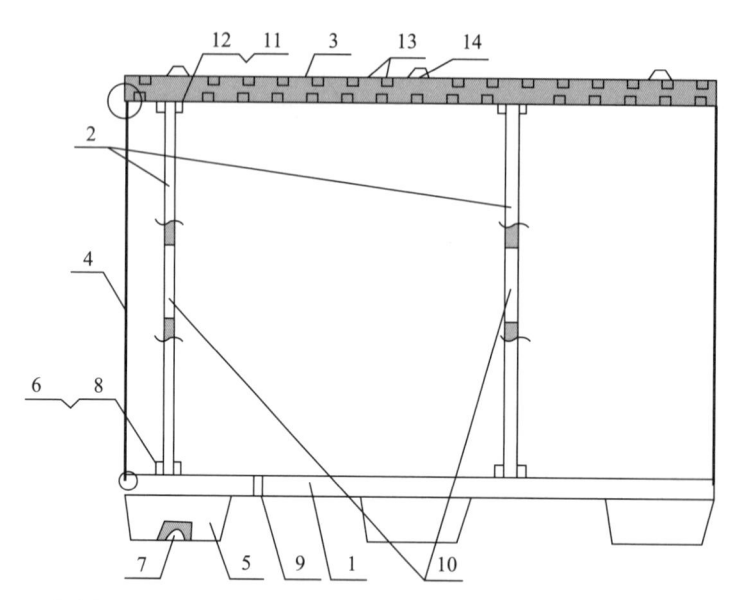

1. 底托板；2. 支撑板；3. 盖板；4. 外封箱板；5. 支撑底座；6. 固定块；7. 心抵孔；8. 固定分块；
9. 泄压孔；10. 安装定位孔；11. 固接块；12. 固接分块；13. 减重孔；14. 中心抵接块

图 5-19　一种循环包装装置

图 5-20 所示为一种智能循环包装容器（专利号：CN216425157U），其结构是：底座的底部边缘设置有支撑角码，底座的顶部设置有围板，围板的顶部设置有顶盖，顶盖的顶部设置有与支撑角码相配合的码垛；控制盒设置在围板的前表面，控制盒的前表面设置有显示屏、蜂鸣器、RFID 读写模块和温湿度传感器，控制盒的内腔设置有处理器、GPS 定位模块、存储模块和传输模块；处理器电性输入连接 RFID 读写模块、GPS 定位模块和温湿度传感器，处理器电性输出连接存储模块、显示屏、蜂鸣器和传输模块，其结构合理，在使用的过程中，便于收纳，方便码垛，节约空间，且智能化程度较高，方便使用。

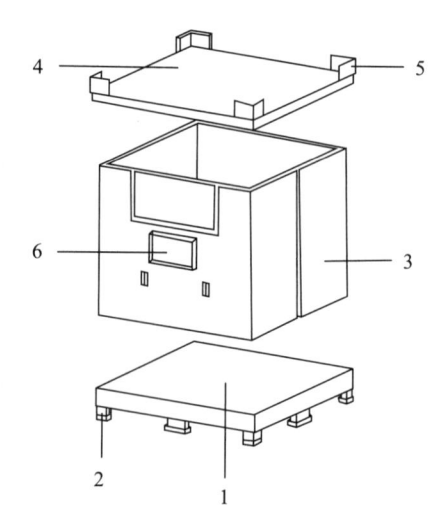

1. 底座；2. 支撑角码；3. 围板；4. 顶盖；
5. 码垛；6. 控制盒

图 5-20　一种智能循环包装容器

图 5-21 所示为一种快速折叠循环包装箱（专利号：CN216301762U），由底板、第一侧板、第二侧板和盖板等构成。其中，第一侧板和第二侧板通过折痕线连接底板的左右两侧，第一侧板或第二侧板的外侧至少设有一盖板，大小形状相同的第三侧板和第四侧板，与底板的上下两边通过压痕线连接，第三侧板和第四侧板的左右两边均设有延伸段，延伸段通过热熔工艺与第一侧板和第二侧板上表面固定连接。该快速折叠循环包装箱制造成本低，结构简单；折叠快速，单人双手一步即可完成；可循环使用，主要用于家居日常和快递行业，方便快捷。

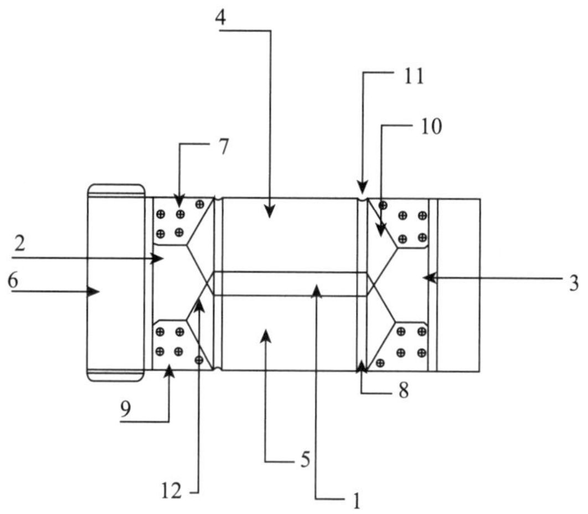

1. 底板；2. 第一侧板；3. 第二侧板；4. 第三侧板；5. 第四侧板；6. 盖板；7. 热熔工艺；8. 折痕线；9. 延伸段；10. 斜面过渡段；11. 缺口；12. 斜向压痕线

图 5-21 一种快速折叠循环包装箱

图 5-22 所示为快递物流循环包装箱（专利号：CN113879701A），该包装箱包括箱体、气囊、多个气柱单元以及多个连接组件。箱体具有容纳腔，箱体包括底板、顶板和连接底板及顶板的侧板，侧板、顶板及底板共同围成容纳腔；气囊连接于箱体的侧板，气囊具有充放气孔；多个气柱单元均连接于气囊并与气囊相连通，气柱单元至少包括一个气柱；连接组件设置于气柱远离气囊的一端，连接组件与气柱一一对应，相对的气柱能够通过连接组件连接，以使多个气柱能够平行或交叉，进而将箱体的容纳腔分隔为多个容纳空间。该快递物流循环包装箱能够反复使用，有利于降低运输成本。

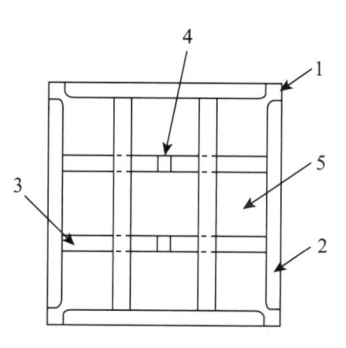

1. 箱体；2. 气囊；3. 气柱单元；4. 连接组件；5. 容纳空间

图 5-22 快递物流循环包装箱

图 5-23 所示为物流用可折叠循环包装箱（专利号：CN216834721U），该包装箱由底板、左侧板、右侧板、前侧板、后侧板和顶板合围构成，左侧板和右侧板的上部均向上延伸且可向内折叠形成顶部支撑，在左侧板和右侧板及其延伸的顶部支撑上沿高度方向设有向内的第一折棱，在箱体内前侧板和底板相交的内侧棱边连接活动衬板，活动衬板的一侧边端固定连接绑带，绑带

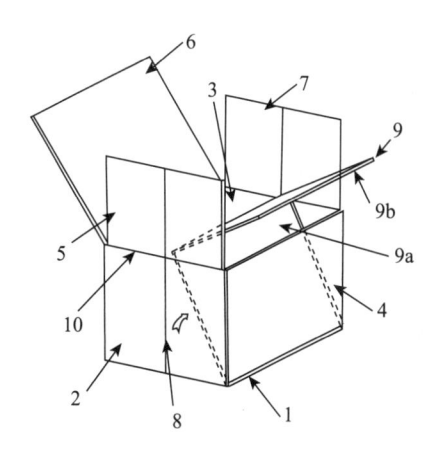

1. 底板；2. 左侧板；3. 右侧板；4. 前侧板；5. 顶部支撑；6. 顶板；7. 顶部支撑；8. 第一折棱；9. 活动衬板；9a. 底衬板；9b. 后衬板；10. 第二折棱

图 5-23 物流用可折叠循环包装箱

可绕过折叠的箱体与活动衬板的另一侧边端相连接。该包装箱可反复循环使用、有效降低仓储运输成本，并具有结构简单、折叠体积小、折叠状态稳定、开合方便的优点。

图 5-24 所示为中空板循环包装箱（专利号：CN217576041U），该包装箱包括外包装、内包装、第一锁板组件、第二锁板组件、内箱体和内盖板。内箱体具有上端敞口的容纳腔，内盖板用于封闭内箱体的敞口端，内包装包裹在由内箱体及内盖板组成的中空箱体的外周侧，外包装环绕包裹在内包装的外周侧，外包装通过第一锁板组件及第二锁板组件锁止连接，内箱体和内盖板为中空板。材质中空板，可实现多次重复使用、降低包装成本及符合绿色包装减碳趋势；且箱体上安装了锁扣，可实现防盗功能。

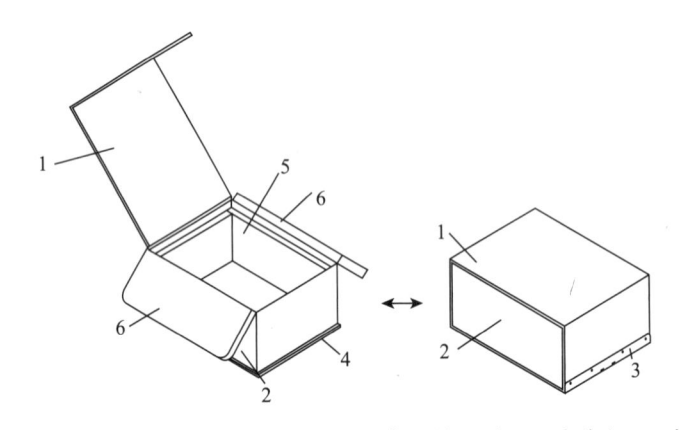

1. 外包装；2. 内包装；3. 第一锁板组件；4. 第二锁板组件；5. 内箱体；6. 内盖板
图 5-24　中空板循环包装箱

图 5-25 所示为循环包装箱锁扣装置（专利号：CN215923132U），该锁扣装置包括箱体锁扣机构和箱盖锁扣机构，箱盖锁扣机构包括箱盖座、箱盖座固定板、开箱扳手、锁舌连接块、锁舌滑块、斜锁舌，开箱扳手设置在箱盖座的扳手槽口上并设有转动臂，锁舌连接块设置在箱盖座的连接块槽孔上，转动臂铰接在锁舌连接块上，锁舌滑块滑动设置在箱盖座固定板上，锁舌滑块通过斜面与锁舌连接块滑动配合；开箱时，开箱扳手带动转动臂转动，转动臂拉动锁舌连接块回缩，锁舌连接块顶推锁舌滑块纵向移动，使锁舌滑块上的斜锁舌与箱体锁扣机构的斜锁块分离，实现开箱。该锁扣装置具有结构简单合理、操作轻便、自动上锁、使用稳定可靠、回收利用率高等优点。

图 5-26 所示为循环包装型周转箱（专利号：CN216140461U），该周转箱结构如下：周转箱主体的底部设置有底座，主体呈中空设置，主体的一侧滑动安装有箱盖，箱盖的表面上端一侧设置有可视窗口，箱盖的表面下端一侧设置有提拉手柄，主体的内部等距阵列设置有托板，托板的表面设置有围边，主体的顶部对称设置有两组限位组件。该周转箱能够根据实际情况，对主体内部的空间大小进行灵活调整，便于转运不同的产品，大大提高了实用性和使用范围；能够对箱盖的位置进行限位和锁死，避免该周转箱在转运途中由于意外触碰等导致的箱盖上移而导致的外部杂质进入或者内部产品掉落，能够很好地保护主体内部的产品。

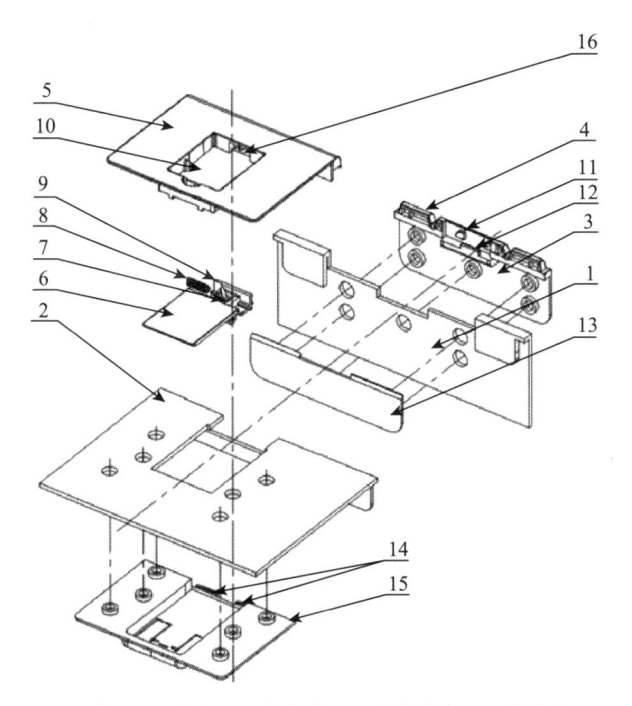

1. 箱钳；2. 箱盖；3. 箱体座；4. 定位锁舌；5. 箱盖座；
6. 开箱扳手；7. 锁舌连接块；8. 弹簧；9. 锁舌滑块；
10. 扳手槽口；11. 斜锁块；12. 箱体滑轨；13. 箱体座固定板；
14. 左右箱盖滑轨；15. 箱盖座固定板；16. 连接块槽孔

图 5-25 循环包装箱锁扣装置

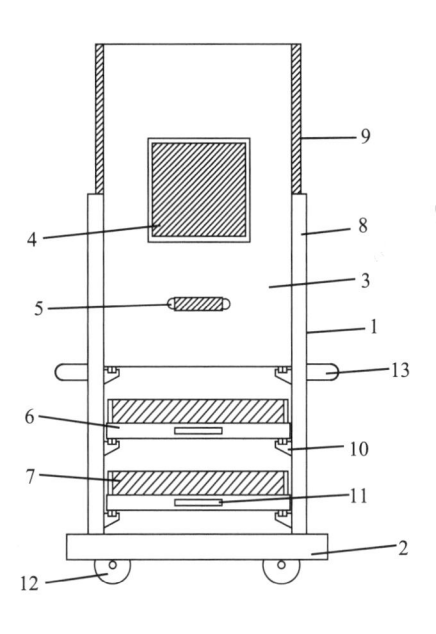

1. 主体；2. 机座；3. 箱盖；4. 可视窗口；
5. 提拉手柄；6. 托板；7. 围边；8. 侧边；
9. 阻尼滑块；10. 支撑块；11. 拨块；
12. 行走轮；13. 推拉把手

图 5-26 循环包装型周转箱

图 5-27 所示为可折叠的循环包装箱（专利号：CN215476387U），该包装箱包括底部、侧部和顶部。其底部由两块底板对称连接而成，侧部包括左右相对的第一侧板和前后相对的第二侧板，第一侧板由两块壁板对称连接而成，壁板包括从下至上依次设置的第一三角板和第一梯形板，两块底板的连接线与第二侧板平行，并且两块底板的连接线与两块壁板的连接线连接。此包装箱的底部、侧部均能够沿连接线折叠和展开，底部是封闭的不会出现漏底的现象，循环包装箱使用完后，底部和侧部可折叠，顶部也能够折叠，减少收纳空间的同时还方便循环包装箱的运输。

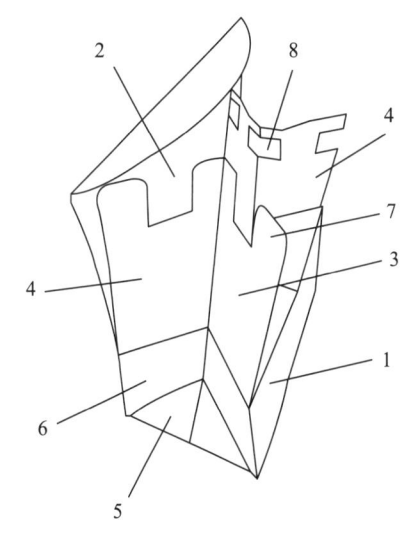

1. 第二侧板；2. 侧顶板；3. 后顶板；4. 顶板；5. 第一三角板；6. 第一梯形板；7. 凸起；8. 开口

图 5-27 可折叠的循环包装箱

图 5-28 所示为连接牢固的围框箱（专利号：CN215399953U），该围框箱包括上箱体、下箱体和托盘三部分。上箱体的第一挡板与下箱体的第二挡板围成箱体的侧面，下箱体的底板为箱体的底面，不需要专业工具即可固定连接，简单方便快捷；隔条可以让装置叠放时，箱体之间留有空隙，支撑块让承托底座与地面之间留有空隙，方便人员搬运时用力；方便灵活的木围框损坏之后很容易进行替

换，该围框箱的整体投资较少，使用寿命长，是一种可靠的、坚固的放置工具；另外，可以在挡板上制作标签，这样在大量放置围框箱时，能更快捷地找到所需的物品，使用方便。

图 5-29 所示为可折叠循环包装箱（专利号：CN214241697U），该包装箱结构如下：在箱体封口处设有可拆卸的拉扣组件，拉扣组件包括配合连接的锁扣板、定位板和带码拉扣，锁扣板垂直固设在盖板的边缘，定位板设置在锁扣板的外侧并卡合在箱壁上，锁扣板、箱壁和定位板上设有对应的通槽，带码拉扣的一端依次穿过通槽并锁住锁扣板、另一端卡合在定位板上并在末端翘起；带码拉扣的外表面上还设有识别码；该包装箱简洁、稳固，易于组装和使用，一货一扣一码的设置，安全性和隐私性高，能够适应于智能化的物流运输。

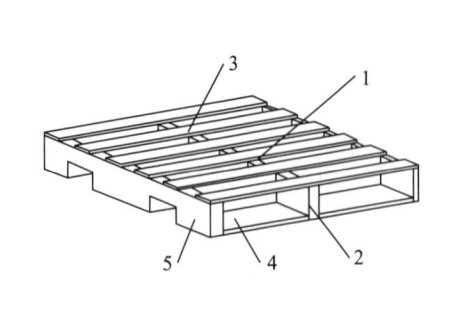

1. 托盘；2. 承托底座；3. 承托板；4. 承托底板；5. 支撑块
图 5-28 连接牢固的围框箱

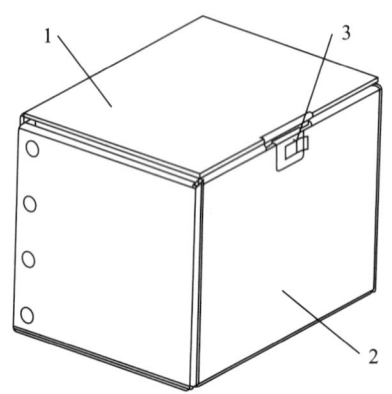

1. 盖板；2. 箱壁；3. 拉扣组件
图 5-29 可折叠循环包装箱

图 5-30 所示为循环包装箱（专利号：CN212739090U），包括底板和相互围合的侧板。侧板包括前侧板、后侧板、左侧板和右侧板，底板包括中心对称的第一底板和第二底板，第一底板和第二

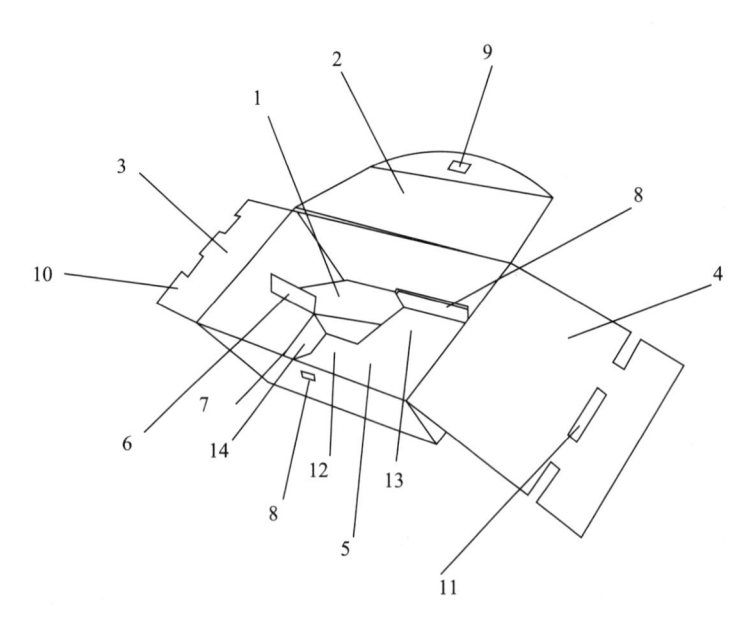

1. 底板；2. 上盖板；3. 第一上翼板；4. 第二上翼板；5. 折弯锁合板；6. 耳板；7. 重合板；8. 卡扣配合板；9. 卡扣；10. 插片部；11. 插孔部；12. 矩形部；13. 直角梯形部；14. 引导翼板
图 5-30 循环包装箱

底板均包括折弯锁合板、耳板和重合板，两块折弯锁合板分别从前侧板、后侧板底部向下延伸，折弯锁合板的端部一体成型有耳板，耳板和折弯锁合板连接处压制有第一折痕，重合板包括相互固定连接的引导翼板和下配合板，两块引导翼板分别从左侧板和右侧板底部向下延伸，下配合板和折弯锁合板一体成型。下配合板和折弯锁合板的连接处压制有第二折痕。本专利产品展开、折叠方便，结构牢固，底板无缝隙，且安全性能高，使用寿命长，十分实用。

图 5-31 所示为一种环保循环包装箱（专利号：CN212922352U），该包装箱主体由蜂窝板与承重边条拼接而成，且每相邻两组蜂窝板之间设置一组承重边条，蜂窝板与承重边条之间设置有铆钉，蜂窝板与承重边条通过铆钉固定连接，承重边条的中部开设有槽口，槽口内部的两侧槽壁上均设置有啮合齿。蜂窝板具有轻量化等特点，拼接成型的箱体重量低，材质环保，不浪费纸以及木材，能够循环使用，并且承重边条的设计可以提高整体承重能力，此外加装的定位器能够实时定位包装箱所在位置，提高安全性，拥有更好的使用前景。

图 5-32 所示为一种具有连杆结构的物流用可循环包装结构（专利号：CN213769615U），该结构包括压铸底托、围板箱和吸塑盘；压铸底托及围板箱形成外围整体，可将装整好工件的吸塑盘依次堆叠在围板箱内，吸塑盘中心位置处设置有标识色带，标识色带采用黄色色带，将产品布局一分为二，吸塑盘前端边缘处设置有指向色带，指向色带采用白色，与围板箱外围标识一致，提醒叉车进叉方向；吸塑盘上设置有若干个均匀分布的容纳腔，吸塑盘底部设置有对应容纳腔的受力凸起，相邻的容纳腔之间设置有对应的承压凸起，腔位中间设计结构以避让产品的机械加工端面；同时在吸塑盘对角位置预留方框，可以印刷或者刻上与产品相关的料号信息。

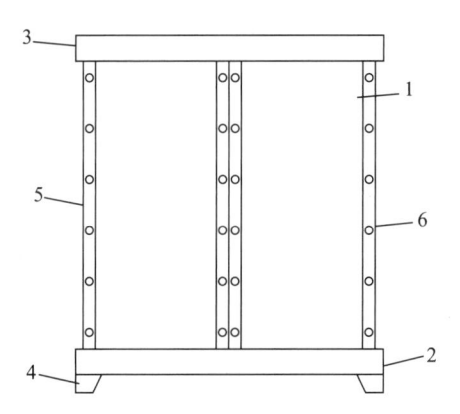

1. 包装箱主体；2. 底座；3. 顶盖；4. 防滑脚垫；5. 承重边条；6. 铆钉
图 5-31　一种环保循环包装箱

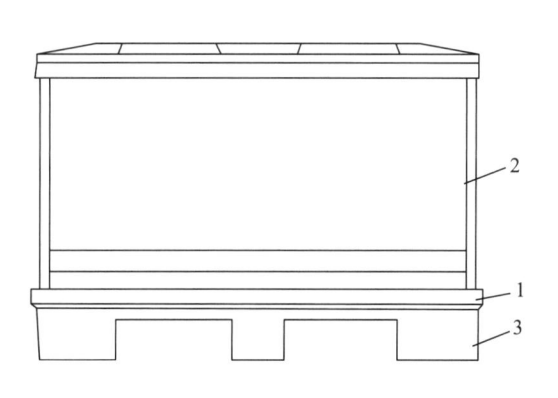

1. 压铸底托；2. 围板箱；3. 支撑柱脚
图 5-32　一种具有连杆结构的物流用可循环包装结构

图 5-33 所示为一种便携式循环包装木箱（专利号：CN216862136U），其底板上表面的四个拐角处安装有螺纹杆，前后同侧两个螺纹杆之间套接有多个第二密封板，左右同侧两个螺纹杆之间套接有多个第一密封板，螺纹杆的上端共同套接有顶板，顶板的上表面固定安装有套在螺纹杆外侧的固定件，固定件的外侧螺纹安装有螺纹套，螺纹套的上端固定安装有第一锥形套，且螺纹杆贯穿第一锥形套。和现有技术相比，本专利产品能够改变木箱的大小，满足不同大小的货物装箱需求，便

于拆装，拆开时占用体积较小；方便携带，同时能够进行循环使用；组装时，方便快捷，操作简单。

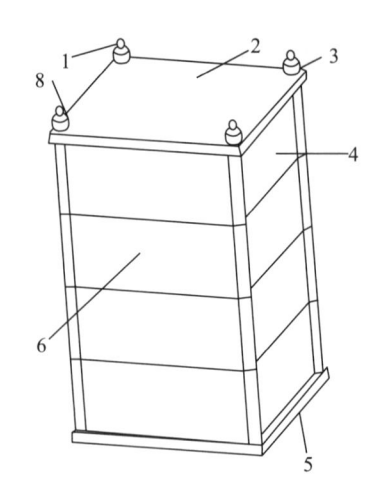

图 5-34 所示为一种胶膜类循环包装箱（专利号：CN216270417U），其可有效降低包装成本，提高装置防护能力，材料可回收使用；该包装箱由双层吸塑盖、围板、端板、蜂窝支撑板和双层吸塑底板等构成，围板安装在双层吸塑盖顶端，端板配合安装在围板通腔内部，蜂窝支撑板分别与围板通腔壁和双层吸塑底板顶端连接，双层吸塑盖底端与围板顶端配合连接。

图 5-35 所示为一种包装箱及其折叠方法（专利号：CN114030733A），其包括底板和设置在底板四周的第一侧板和第二侧板。第一侧板和第二侧板均有两个，两个第一侧板相对设置，两个第二侧板相对设置，第一侧板和第二侧板与底板活动连接，第一侧板的两侧均与第二侧板活动连接，第一侧板的中部设置有从上至下的第一折痕，底板上设置有与第一折痕连接的第二折痕，第二折痕连接相对的第一侧板，底板的四个角的顶点处设置有与第二折痕连接的斜折痕。该包装箱的底板和第一侧板均能够沿第一折痕、第二折痕折叠和展开，底板与第一侧板和第二侧板活动连接，包装箱使用完后，将底板和第一侧板折叠，两个第二侧板能够贴合，在减少收纳空间的同时方便循环包装箱的回收转运。

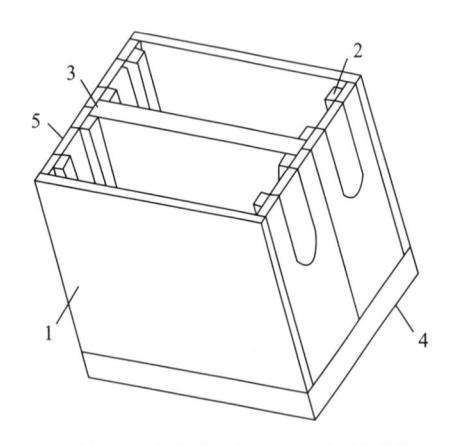

1. 螺纹杆；2. 顶板；3. 第一密封板；4. 第一环形块；5. 安装槽；6. 第二环形块；8. 第一锥形套
图 5-33　一种便携式循环包装木箱

1. 围板；2. 端板；3. 蜂窝支撑板；4. 双层吸塑底板；5. 密封板
图 5-34　一种胶膜类循环包装箱

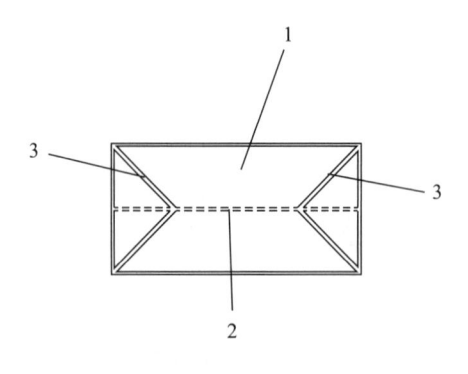

1. 底板；2. 第二折痕；3. 斜折痕
图 5-35　一种包装箱及其折叠方法

图 5-36 所示为一种带顶部锁合结构的循环包装箱（专利号：CN215623318U），该循环包装箱包括箱体、箱盖和锁定件；箱盖包括正面摇盖、顶面摇盖、左摇盖和右摇盖，左摇盖和右摇盖分别对称连

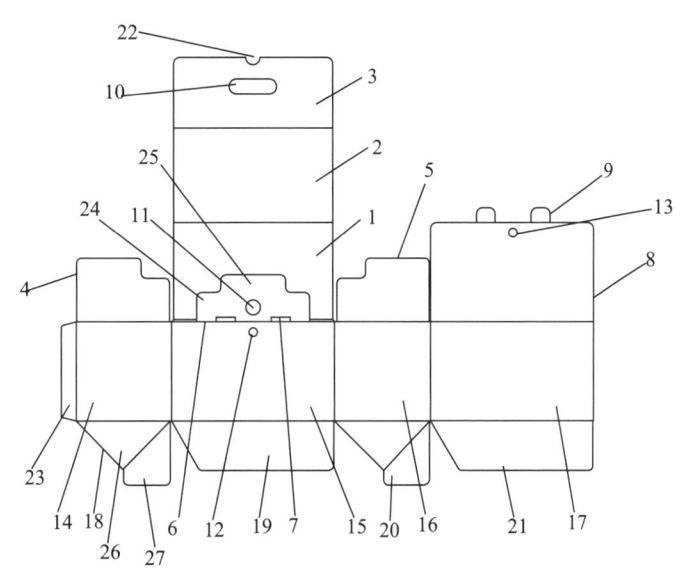

1. 前支撑板；2. 下支撑板；3. 后支撑板；4. 左摇盖；5. 右摇盖；6. 正面摇盖；7. 插槽；8. 顶面摇盖；9. 插舌；10. 提拉槽；11. 第一通孔；12. 第二通孔；13. 第三通孔；14. 第一侧板；15. 第二侧板；16. 第三侧板；17. 第四侧板；18. 第一挡板；19. 第二挡板；20. 第三挡板；21. 第四挡板；22. 弧形凹槽；23. 封边条；24. 矩形本体；25. 凸出部；26. 三角形本体；27. 梯形压制部

图 5-36　一种带顶部锁合结构的循环包装箱

接在箱体顶部周向边缘相对的两边，正面摇盖和顶面摇盖分别连接在箱体顶部周向边缘相对的另外两边，正面摇盖上设置有插槽和第一通孔，正面摇盖所在一侧的箱体侧面上设置有第二通孔，顶面摇盖远离箱体的一端设置有第三通孔和插舌；封箱时，正面摇盖与左摇盖和右摇盖相互制约锁止，插舌对应插入插槽，锁定件依次穿过第三通孔、第一通孔和第二通孔将包装箱封合。本专利产品的优点是省去了一次性包装袋、包装纸、封箱胶等材料，减少了不可降解胶带的使用，减少了"白色"污染，实现了包装箱的重复循环使用。

图 5-37 所示为间距可调的隔板组件及包含隔板组件的卷料循环包装箱（专利号：CN215827285U/CN113335736A），其包括调节滑轨、支撑调节板，调节滑轨包

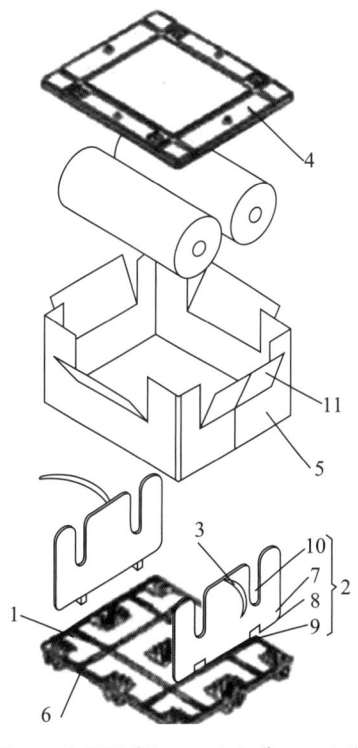

1. 调节滑轨；2. 支撑调节板；3. 捆扎带；4. 上盖；5. 围板；6. U形滑板滑槽；7. 支撑板本体；8. U形滑板；9. 插销杆；10. U形定位槽；11. 翻转板

图 5-37　间距可调的隔板组件及包含隔板组件的卷料循环包装箱

括互相垂直的 M×N 条滑轨轨道，支撑调节板包括支撑板本体、U 形滑板、插销杆，插销杆插固在调节滑轨的固定孔中实现调节滑轨、支撑调节板的安装连接，调节滑轨为双层日字形结构；包装箱包括上盖、围板、底板、间距可调的隔板组件，支撑调节板用于放置卷料辊类产品，围板设有四面开门方式连接的翻转板，便于四面取放料，上盖的下板面设置有与支撑调节板上端部弹性接触的缓冲棉，可加固支撑调节板。该专利产品结构简单、内部支撑间距、空间可调，满足不同尺寸的卷料辊类产品包装使用，通用性高、可循环利用、降低包装成本、提高包装效率、提高资源利用率。

图 5-38 所示为可折叠循环包装箱（专利号：CN306501654S）。这是一个外观设计专利。其两侧板上带有向内的压线，折叠时侧板对折，整体呈平板状。使用时向外拉动拉手即可展开侧板成型。

图 5-39 所示为一种具备缓冲保护功能的服务器循环包装箱（专利号：CN112173433A），其包括底板、第一侧板、第二侧板，第一侧板安装在底板的上下两侧，第一侧板两侧安装有支撑板，支撑板靠近第一侧板的一端开设有第二通孔。本专利产品内部的四个支撑板折叠形成 U 形加强结构，四角 U 形结构提高了循环包装箱整体的承压能力，箱体内部集成了缓冲垫，产品可以受到更好的保护，性能比较稳定，质轻，受外界环境影响小，便于包装，提高了工作的效率。此外，通过魔术贴对整个箱体进行固定，避免了对箱体造成破坏，包装箱不使用时能够拆卸，恢复原始状态，便于下次的使用，从而能够多次循环使用，减少资源的浪费，降低包装成本，有利于环境的保护。

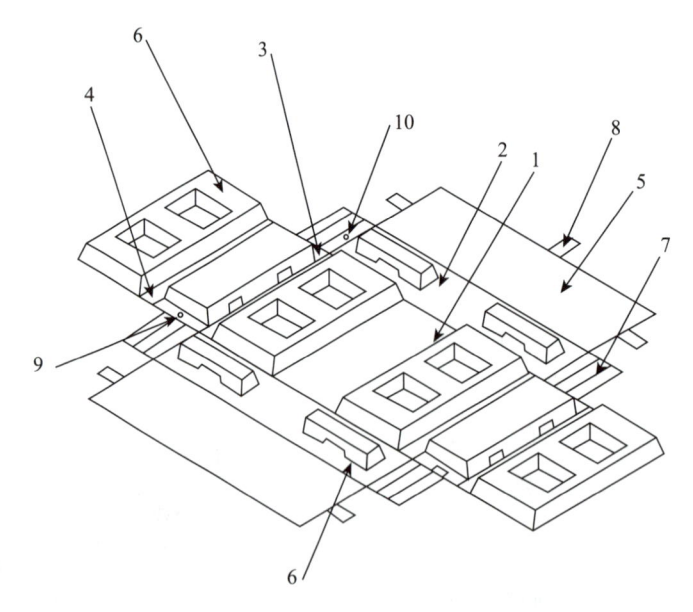

图 5-38 循环包装箱（可折叠）

1. 底板；2. 第一侧板；3. 第二侧板；4. 第一盖板；5. 第二盖板；6. 缓冲垫；7. 支撑板；8. 魔术贴勾面；
9. 第一通孔；10. 第二通孔

图 5-39 一种具备缓冲保护功能的服务器循环包装箱

图 5-40 所示为一种可循环包装箱（专利号：CN212448844U），包括外箱体，外箱体内腔通过

减震弹簧固定连接有内箱体，内箱体内腔对称固定设有固定气囊，外箱体顶部设有箱盖，箱盖中部设有透明塑料板，透明塑料板一侧位于箱盖顶部固定设有控制开关，外箱体与内箱体之间通过减震弹簧固定连接，可以提高内箱体的缓冲抗震性能，防止内箱体内部存放的物品运输过程中损坏；箱盖通过磁铁套与磁铁柱之间的磁性吸力吸附固定在外箱体顶部，不仅方便对包装箱进行封箱，而且可以重复开箱封箱，不需要使用一次性耗材如胶纸、贴纸等辅助包装；通过充气嘴对固定气囊进行充气可以对箱体内部存放的物品进行挤压固定，可以防止物品运输过程中晃动。

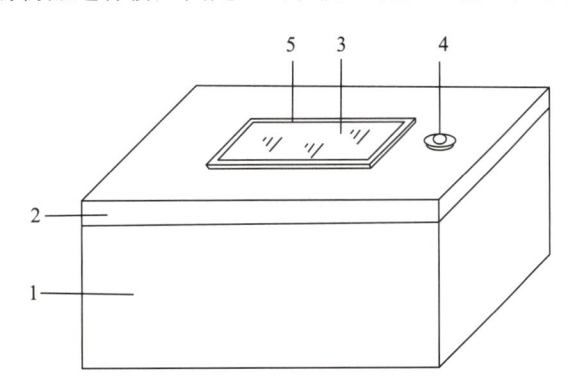

1. 外箱体；2. 箱盖；3. 透明塑料板；4. 控制开关；5. 塑料边框

图 5-40　一种可循环包装箱

图 5-41 所示为一种便捷式循环包装木箱（专利号：CN212606506U），包括端板、固定螺栓和基板，端板的一侧设置有侧板 A，端板的另一侧连接有侧板 B，端板的上端设置有顶板，端板的下端设置有底板，侧板 A 和侧板 B 的两端均连接有卡块，端板一侧的一端开设有卡槽 A，端板一侧的另一端开设有卡槽 B，基板的内表面喷涂有纳米银抗菌层，基板的外表面涂覆有隔温层，基板的内部开设有中空腔。本专利产品便于携带，经久耐用，能够满足工作需求，适合普遍推广。

图 5-42 所示一种包装箱（循环）（专利号：CN305918813S），这是一项外观设计专利，与图 5-38 类似，规定了一种循环包装箱的形状。

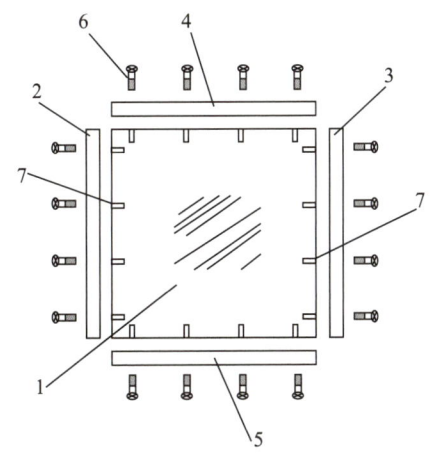

1. 端板；2. 侧板 A；3. 侧板 B；4. 顶板；5. 底板；6. 固定螺栓；7. 定位插孔

图 5-41　一种便捷式循环包装木箱

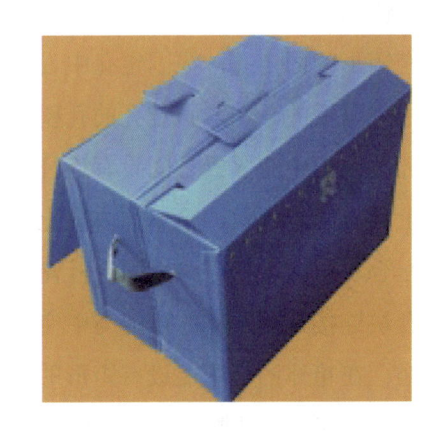

图 5-42　包装箱（循环）

图 5-43 所示为一种可降温的循环包装箱（专利号：CN211309334U），其有箱体，箱体由顶板、侧板和底板组成，侧板外覆盖有隔热层；顶板的外侧设置有安装盒，安装盒内设置有驱动装置，驱动装置包括驱动电机、第一锥齿轮、第二锥齿轮和旋转轴，驱动电机的输出轴与第一锥齿轮的内腔配合连接，第一锥齿轮与第二锥齿轮啮合，第二锥齿轮与旋转轴的一端固定连接，旋转轴的另一端固定连接有安装架，安装架呈圆环状，安装架的径向上设置有支撑杆，支撑杆的中心处设置有贯穿孔，贯穿孔与旋转轴配合连接，安装架的一端的端面上设置有放置盒，放置盒通过伸缩杆与安装架连接，放置盒内设置有降温装置。本专利产品降温效率高，能够长时间保持包装箱内部的低温环境。

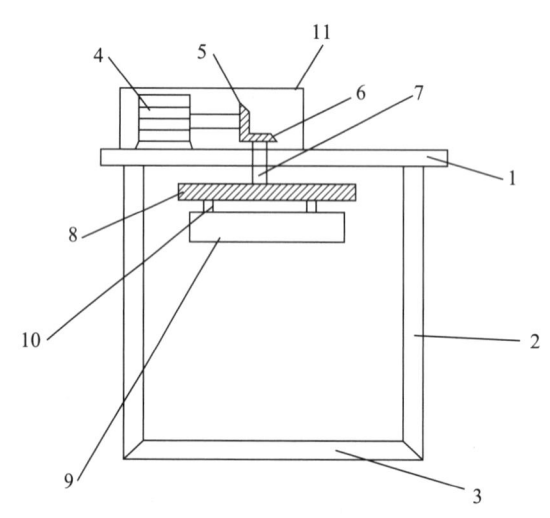

1. 顶板；2. 侧板；3. 底板；4. 驱动电机；5. 第一锥齿轮；6. 第二锥齿轮；7. 旋转轴；8. 安装架；9. 放置盒；10. 伸缩杆；11. 安装盒

图 5-43 一种可降温的循环包装箱

图 5-44 所示为一种高性能缓冲抗振的循环包装箱（专利号：CN211309333U），其在箱盖的侧面的底部连接有固定块，在箱盖的底面设有矩形的固定孔，在固定孔中设有中空隔板，中空隔板的一端与固定孔的孔壁铰接，在固定孔孔底与中空隔板之间设有连杆机构，在箱体上设有固定组件，箱体的内壁上设有活动槽，配合块与活动槽配合，固定杆侧面的底部与配合块连接，固定杆的顶端与中空隔板的底面接触；在箱体的外壁上设有矩形的导向孔，

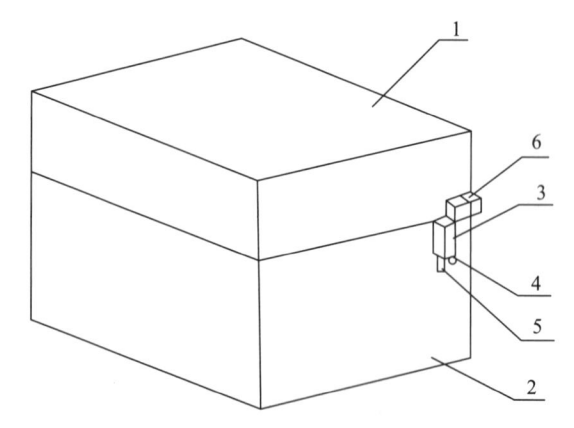

1. 箱盖；2. 箱体；3. 配合杆；4. 固定块；5. 拨板；6. 导向孔

图 5-44 一种高性能缓冲抗振的循环包装箱

导向孔的孔底与活动槽的槽底连通，连接板穿过导向孔后与配合块远离固定杆的侧面连接，配合杆的底面与连接板的顶面连接，配合杆的顶面的一侧与固定块底面的一侧接触。本专利产品解决了原有包装箱中填充物存在资源浪费的问题。

图 5-45 所示为一种抗压式循环包装纸盒（专利号：CN211224270U），包括箱体和箱盖，箱体包括底板、侧壁板和连接柱；连接柱用于连接相邻的侧壁板和底板，底板包括左底板、中底板和右底板，箱盖包括依次设置的左侧盖、中间盖和右侧盖。使用时，通过连接柱将侧壁板和底板拼接起来，组成箱体，若需要增加箱体的容纳空间则通过连接柱连接相邻的侧壁板和底板来增加整体箱体的长度，同时盖体也可以根据箱体的变化而变化。连接柱在起到连接作用的同时还能起到支撑作用，在不增加箱体厚度的情况下提高箱体的抗压性能。在使用过后还能将箱体拆除还原，便于存放，循环利用。

图 5-46 所示为一种防水循环智能包装箱（专利号：CN110589171A/CN210654096U），包括天盖、围板箱体和地盖，天盖和地盖分别安装在围板箱体的顶部和底部；天盖和地盖相对的面上分别设有天地盖楔形密封槽，天地盖楔形密封槽内设有天地盖内密封条；围板箱体的顶部和底部四边分别设有围板箱体密封条；围板箱体的顶部和底部分别嵌入在天盖和地盖上分别设置的天地盖楔形密封槽内，围板箱体密封条位于天地盖内密封条内并与天地盖内密封条贴合。以环保型 PP 材料制成的箱体代替纸质箱体，天地盖体同样采用了环保型 PP 材料并采用了全密封胶条密封工艺，可解决纸箱等一次性包装不防水、抗压强度小、不能多次循环回收利用的问题。

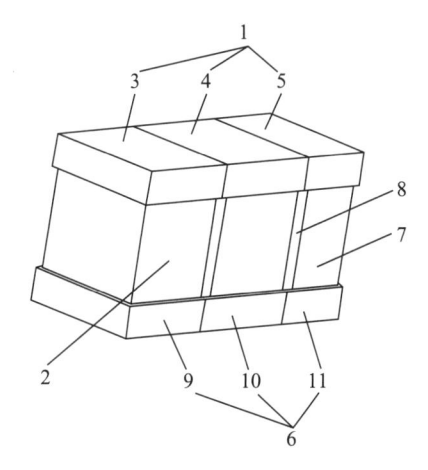

1. 箱盖；2. 箱体；3. 左侧盖；4. 中间盖；5. 右侧盖；
6. 底板；7. 侧板；8. 连接柱；9. 左底板；10. 中底板；
11. 右底板
图 5-45 一种抗压式循环包装纸盒

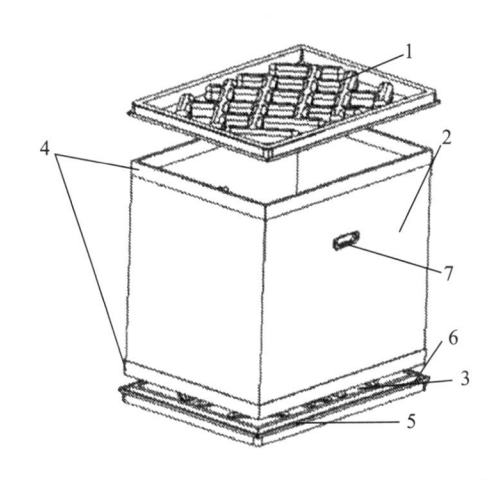

1. 天盖；2. 围板箱体；3. 地盖；4. 围板箱体密封条；
5. 天地盖内密封条；6. 天地盖楔形密封槽；7. 镶嵌扣手
图 5-46 一种防水循环智能包装箱

图 5-47 所示为一种易搬卸抗压可循环包装纸箱（专利号：CN211337072U），包括箱盖，箱盖底部与箱体顶部开口处连接，箱盖外侧壁与若干的凸耳固定连接，凸耳外侧壁粘接有魔术贴圆毛片，箱体外侧壁顶部黏结有魔术贴刺毛片，箱体底部固定连接有锁舌一号片和锁舌二号片，箱体底部通过锁舌一号片和锁舌二号片自锁，箱体和箱盖内侧壁和外侧壁均粘接有防水膜，箱体和箱盖通过魔术贴可撕拉连接。箱体底部为自锁底结构，无须胶带，节约了大量的资源，箱体和箱盖内侧壁和外侧壁的防水膜，可在一定程度上防止运输过程中灰尘或水浸湿损坏箱体，延长箱体使用寿命，实现循环利用运输纸箱，节约资源保护环境。

图 5-48 所示为一种智能缓冲循环包装箱（专利号：CN110371425A），包括双层结构吸塑底托、充气柱、吸塑承载平托板、硬质围板和硬质箱盖，硬质围板设于吸塑承载平托板上方，硬质箱盖设于硬质围板顶部。

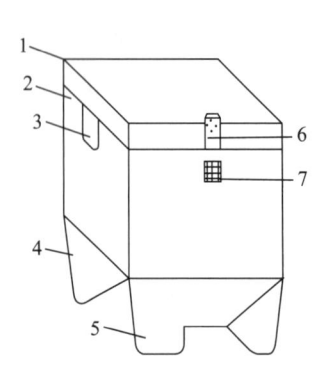

1. 箱盖；2. 箱体；3. 凸耳；4. 锁舌一号片；5. 锁舌二号片；6. 魔术贴圆毛片；7. 魔术贴刺毛片

图 5-47　一种易搬卸抗压可循环包装纸箱

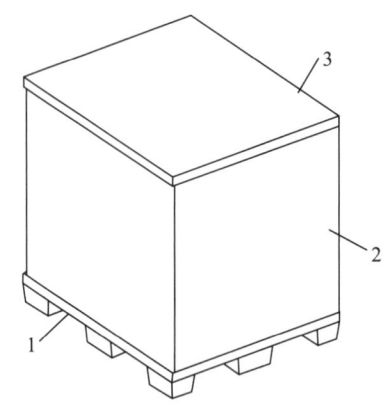

1. 双层结构吸塑底托；2. 硬质围板；3. 硬质箱盖

图 5-48　一种智能缓冲循环包装箱

图 5-49 所示为智能缓冲循环包装箱的双层结构底托结构。其中，充气柱设于双层结构吸塑底托和吸塑承载平托板之间，充气柱内设有智能无线气压监测装置，以确定空气气柱中气压符合程度，结合承重吸塑板即吸塑承载平托板并套装硬质围板和硬质塑盖，可对装载商品有效缓冲，保护循环包装箱。

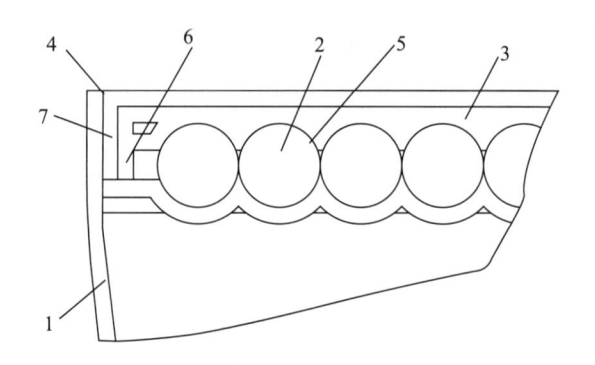

1. 双层结构吸塑底托；2. 充气柱；3. 吸塑承载平托板；4. 底围托板；5. 半圆柱形气柱形腔；6. 平托围板；7. 围板卡槽

图 5-49　智能缓冲循环包装箱的双层结构底托结构

图 5-50 所示为一种嵌套式可循环包装箱（专利号：CN210823270U），主要用于转运物料。该嵌套式可循环包装箱由以下主要部分构成：底座、可折叠的支架，以及托盘框架。底座与托盘框架之间采用可拆卸连接方式，托盘框架采用与装载物料相似的可拆卸连接方式。底座上装有多个支撑座，而托盘框架的周边则安装有相应的安装座。这些支撑座和安装座通过紧固件牢固地连接在一起。这一设计使嵌套式可循环包装箱具备了便捷的装卸物品特性，同时确保了物料的安全运输，并且可多次循环利用，从而提高了物品转运的效率，节省了成本。

图 5-51 所示为一种电商物流可循环使用包装箱（专利号：CN210943029U），包括上箱体、下箱体以及铰链。上箱体和下箱体之间通过铰链实现活动连接。下箱体的底部外壁装有凸起块，左右侧壁上都安装有卡块，前壁上固定有定位块。上箱体的前壁上设有定位孔，与定位块相匹配。这一可循环包装箱的设计具有多项便捷特性。当合上上箱体和下箱体时，圆杆可以插入定位块的侧壁开设的孔内，从而实现固定的需求。此外，两个圆杆的末端通过螺纹杆和螺纹槽的设置，可以相互连

接，从而实现了包装箱的锁定功能。在运输过程中，这一设计确保箱体部件不会脱离，提高了物流运输的可靠性和安全性。这种电商物流可循环使用包装箱方便了物流运输工作，并减少了潜在的运输风险。

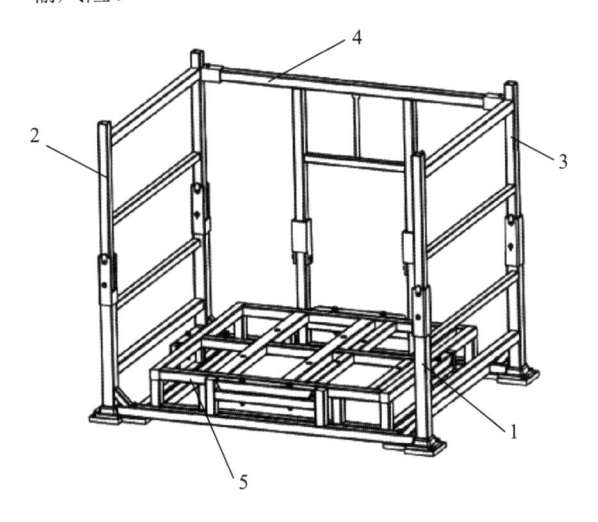

1. 底座；2. 左架；3. 右架；4. 后架；5. 托盘框架

图 5-50　一种嵌套式可循环包装箱

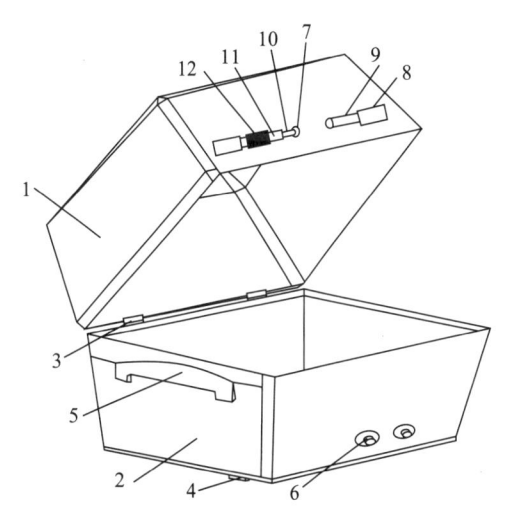

1. 上箱体；2. 下箱体；3. 铰链；4. 凸起块；5. 卡块；6. 定位块；7. 定位孔；8. 套管；9. 圆杆；10. 螺纹杆；11. 转杆；12. 防滑套

图 5-51　一种电商物流可循环使用包装箱

图 5-52 所示为一种四次循环包装箱（专利号：CN110254893A），其采用单张纸板制成，包括依次折叠连接的左端板、后板、右端板、前板和封合襟片。左端板和右端板的上下两侧分别与防尘襟片连接，后板的上侧与第一盖板连接，下侧与第一底板连接。第一盖板上设有撕拉条、撕拉线，并且端部装有防盗插舌和非防盗插舌。后板与第一盖板的折叠连接处设置插缝。前板的上侧与第二盖板连接，下侧与第二底板连接。第二盖板上同样设置有撕拉条、撕拉线，并且端部也有防盗插舌和非防盗插舌。第二盖板与前板的折叠连接处同样设有插缝。底板的左侧与三角板连接。这个创新的四次循环包装箱采用自锁底结构，这一设计能够实现四次循环使用，从而提高包装的经济性。

图 5-53 所示为一种木质循环包装箱（专利号：CN110203528A），其包括固定封盖机构、导圈、固定架、底座、木箱板、限位架等关键部件。固定封盖机构位于木箱板的顶部，通过设置按压杆，商品可以被可靠地固定。按压杆上的按压头被置于商品上方，并且通过锁紧架上的齿块对第二齿条进行限制，以确保方形杆上的齿块能够有效地限制第二齿条，从而将按压头稳固地压在商品上方，牢固地固定商品。此外，通过拼接连接杆，可以实现连接杆上的螺纹杆与第二螺纹槽的相对锁紧。如果发现一个连接杆过短，可以无限地添加连接杆，直至按压头能够有效地压制商品，确保延伸杆机构被牢固固定，以防止商品在运输和搬运过程中与木质箱体发生碰撞和摩擦。这个创新的木质循环包装箱提供了一种有效的方法，可以在运输和搬运商品时确保商品稳固，降低碰撞和摩擦的风险。

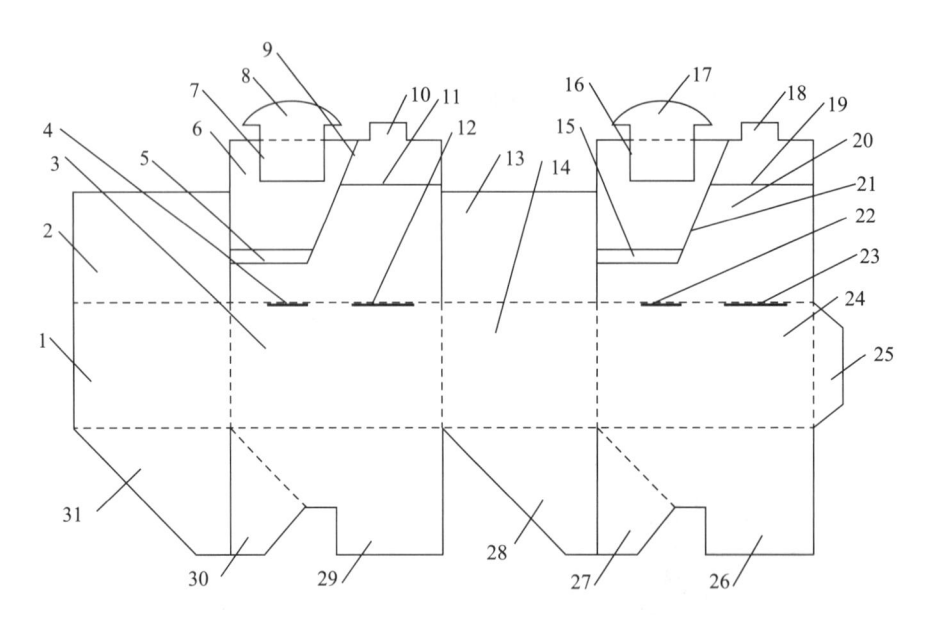

1. 左端板；2. 第一防尘襟片；3. 后板；4. 第一插缝；5. 第一撕拉条；6. 第一盖板；7. 第一撕拉线；8. 第一防盗插舌；9. 第二撕拉线；10. 第一非防盗插舌；11. 第三撕拉线；12. 第二插缝；13. 第三防尘襟片；14. 右端板；15. 第二撕拉线；16. 第四撕拉线；17. 第二防盗插舌；18. 第二非防盗插舌；19. 第六撕拉线；20. 第二盖板；21. 第五撕拉线；22. 第三插缝；23. 第四插缝；24. 前板；25. 封合襟片；26. 第二底板；27. 第二三角板；28. 第四防尘襟片；29. 第一底板；30. 第一三角板；31. 第二防尘襟片

图 5-52　一种四次循环包装箱

图 5-54 所示为一种便捷式循环包装木箱（专利号：CN210126719U），该木箱主体结构呈长方体，其下端配备左右方向分布的木箱稳定放置底座。木箱主体结构的上端装有可拆卸的木箱连接上盖板，并且具有一圈膨胀螺丝柱。木箱主体结构和可拆卸木箱连接上盖板通过螺丝紧固柱紧密组合在一起。可拆卸木箱连接上盖板的上端还设有顶部加固支撑板，而木箱主体结构的左侧则采用开口结构。这个便捷式循环包装木箱的优势在于有效保障箱体的完整性，使其在后续的重复利用过程中更加方便。特别是在需要取出链条结构时，可以轻松地将其一端拉出，从而在链条的取出和安装过程中提供更多的便利。

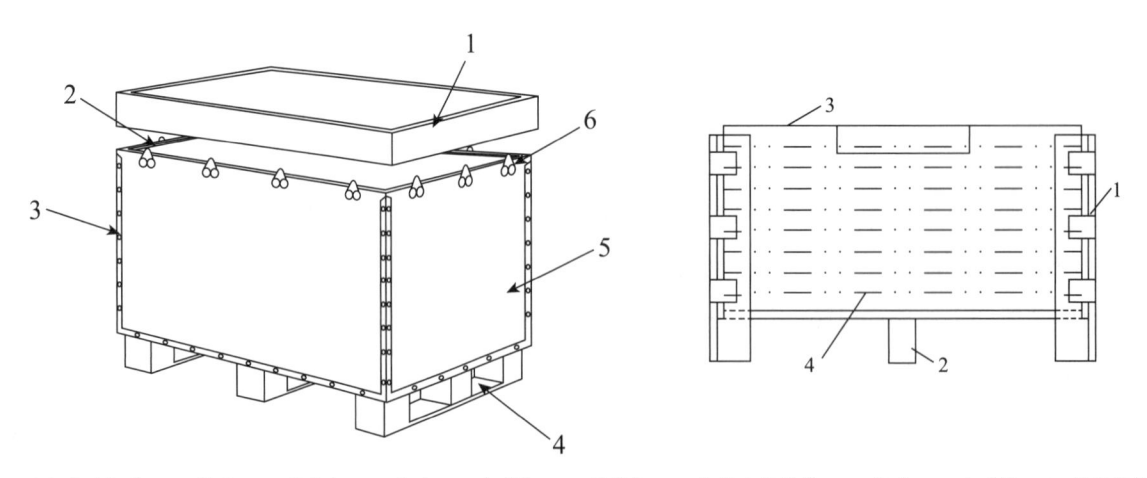

1. 固定封盖机构；2. 导圈；3. 固定架；4. 底座；5. 木箱板；6. 限位架　　1. 木箱主体结构；2. 底座；3. 上盖板；4. 链条结构

图 5-53　一种木质循环包装箱　　　　　　　图 5-54　一种便捷式循环包装木箱

图 5-55 所示为可折叠包装箱（专利号：CN210235590U），该箱体包括底板和侧壁，侧壁与底板边沿通过可旋转的连接方式相连，而侧壁之间采用可拆卸的固定连接方式连接。箱盖的一侧与侧壁相连接，另一侧与相应的侧壁采用可拆卸的固定连接方式连接。箱体和箱盖都由两层结构组成，外层采用柔性材料，内层采用硬质材料，外层充当支撑角色。这个可折叠包装箱的创新设计具有多项优点。首先，它采用了可循环使用的箱体，可解决传统纸箱一次性使用的问题，减少资源浪费。其次，通过旋转折叠箱体，可有效解决现有循环包装箱无法折叠的问题，降低回收、运输和仓储成本。

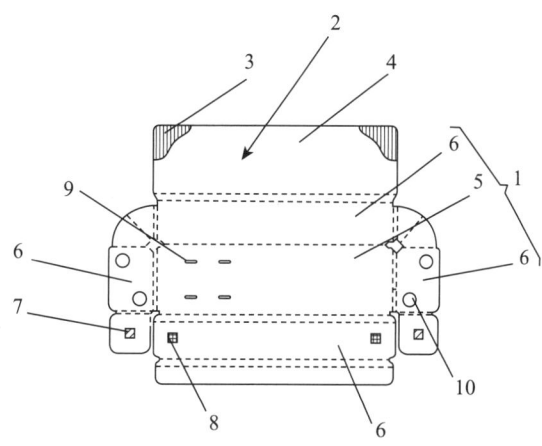

1. 箱体；2. 箱盖；3. 外层；4. 内层；5. 底板；6. 侧壁；7. 粘毛；8. 贴刺；9. 安装孔；10. 透气孔

图 5-55 可折叠包装箱

图 5-56 所示为一种三次循环包装纸箱（专利号：CN109808992A），其是一页成型，箱底采用高强度的自锁底结构。包装纸箱的前盖板端部设置了防盗插锁，前盖板上有一条撕拉线，前盖板与前板的折叠连接处设有插缝。同时，包装纸箱的后盖板端部设置了插锁，后盖板上有两条撕拉线，后盖板与后板的折叠连接处也设有插缝。前盖板的防盗插锁可以插入后盖板和后板折叠连接处的插缝，实现首次封箱循环；后盖板的插锁可以插入前盖板和前板折叠连接处的插缝，实现第二次封箱循环；包装纸箱的防尘襟片采用胶带封合，实现第三次封箱循环。该纸箱可实现三次循环使用，降低物流成本；具有结构简单、实用性强的特点；使用防盗插锁可减少胶带使用量，提高包装经济性，减少资源浪费。

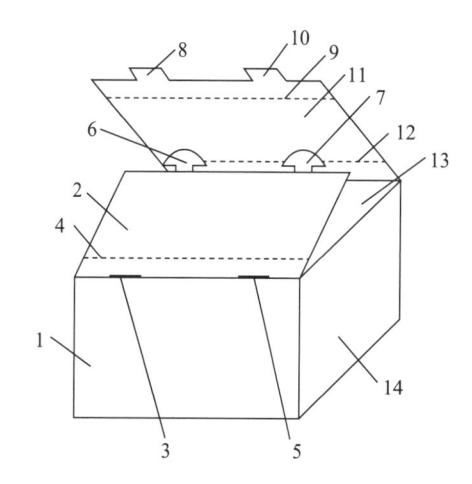

1. 前板；2. 前盖板；3. 第一插缝；4. 第一撕拉线；5. 第二插缝；6. 第一防盗插锁；7. 第二防盗插锁；8. 第一插锁；9. 第二撕拉线；10. 第二插锁；11. 后盖板；12. 第三撕拉线；13. 右盖防尘襟片；14. 右端板

图 5-56 一种三次循环包装纸箱

（3）环保材料及绿色包装技术创新

图5-57所示为一种无胶快速成型循环物流包装盒（专利号：CN209757774U），这种包装盒具有快速成型的特性，并采用独特的锁扣设计，无须胶带黏合即可安全封口，同时还具备显窃启功能。在包装盒回收时，不会留下任何使用痕迹，可以直接再次利用。此外，该实用新型的包装盒成型后能够快速摊平，便于回收、存储和运输。

图5-58所示为一种新型循环包装箱（专利号：CN209667571U），由底部、侧部和上盖部组成。底部包括两块底板和两块底插板，其中底板通过铆钉与相邻一侧的底插板连接，与相邻的另一侧的底插板贴合，同时底板之间相互卡合。底板上还设有预折线。此外，底板上还设有容纳铆钉进入的避让孔，避让孔的数量为2～4个，而铆钉的数量为2～5个。该循环包装箱具有多个优点。首先，它可以实现循环使用，且无须使用胶带；其次，其底部稳定性较高，同时提高装箱效率。

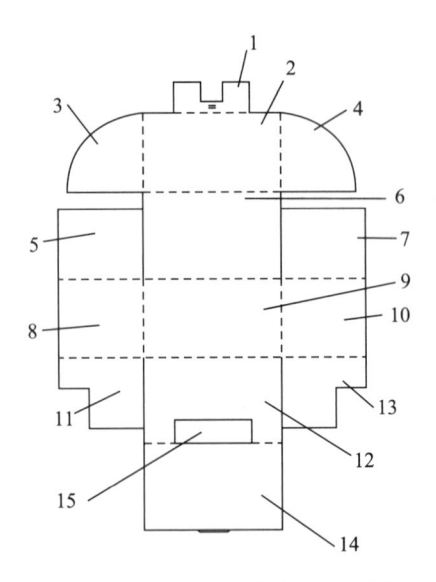

1. 插片；2. 盖板；3. 侧襟片；4. 侧襟片；5. 支撑板；6. 后侧板；7. 支撑板；8. 左侧板；9. 底板；10. 右侧板；11. 支撑板；12. 第一前侧板；13. 支撑板；14. 第二前侧板；15. 开口

图5-57　一种无胶快速成型循环物流包装盒

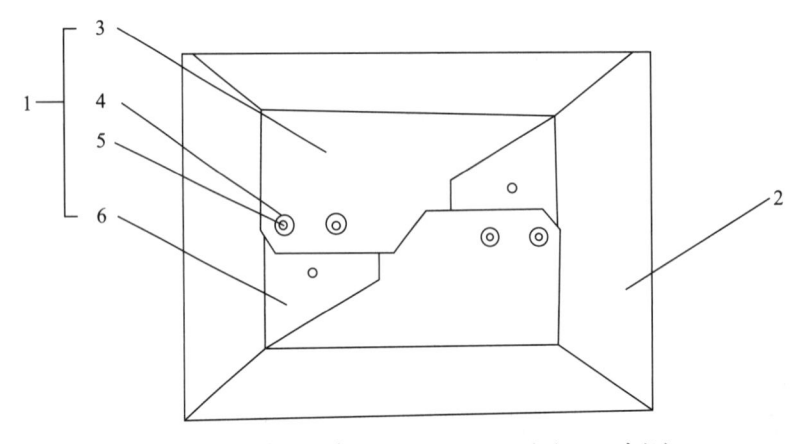

1. 底部；2. 侧部；3. 底板；4. 避让孔；5. 铆钉；6. 底插板

图5-58　一种新型循环包装箱

图5-59所示为一种绿色循环包装箱（专利号：CN208947853U），包括箱体和上盖，其中上盖的下表面设有卡块，以与箱体上端开口卡合。上盖与箱体之间通过密码锁固定连接，以确保包装的安全性。箱体上还设有输入按钮，以提供操作便利。另外，箱体的一侧配备了二维码，用于保存绿色循环包装箱的相关信息，而箱体的侧面设有标识牌，用于标示绿色循环包装箱的编号。上盖的上端面设有多个L形凸起，而箱体的下端面设有多个L形凹槽。这个创新的绿色循环包装箱具有多项优点。它实现了快递包装箱的循环使用，可以适应不同大小的货物，并提供良好的保温和冷藏效果。同时，箱

体的智能化设计,包括密码锁和二维码标识,提高了包装的安全性和跟踪可追溯性,为物流行业提供了重要的解决方案。

图 5-60 所示为基于 RFID 技术的可折叠绿色循环包装箱(专利号:CN209127165U),包括箱底,箱底的左右两侧均通过折痕连接方式连接有侧板,箱底的前后两侧分别通过折痕连接方式连接有前挡板和后挡板。两块侧板对应着前挡板和后挡板的两端,分别通过折痕连接方式连接有前连接板和后连接板。前连接板和后连接板的表面通过折痕分成了三角部和站立部,其中三角部与前挡板和后挡板固定连接。另外,后挡板远离箱底的一侧通过折痕连接方式连接有盖板,而盖板远离后挡板的一侧通过折痕连接方式连接有封板。前连接板的表面固定连接有魔术贴圆毛层,封板的表面固定连接有与魔术贴圆毛层相对应的魔术贴尖毛层。这个创新的可折叠绿色循环包装箱具有多项优点。它实现了对箱体的折叠,从而大大减少了箱体的空间占用量。同时,箱体的设计允许使用 RFID 技术,提高了对包装箱的追踪和管理能力。

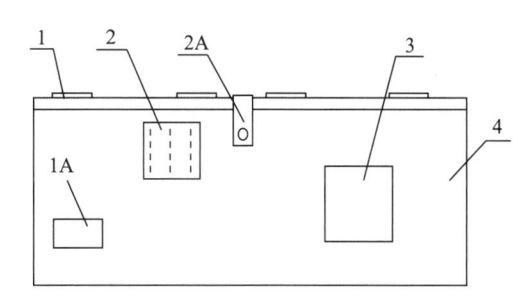

1. 上盖;2. 输入按钮;3. 二维码;4. 箱体;1A. 标识牌;2A. 密码锁
图 5-59 一种绿色循环包装箱

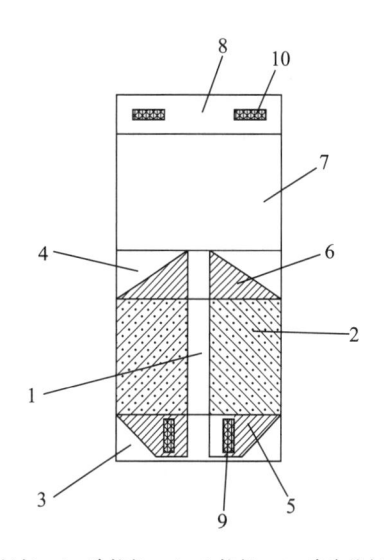

1. 箱底;2. 侧板;3. 前挡板;4. 后挡板;5. 前连接板;6. 后连接板;7. 盖板;8. 封板;9. 魔术贴圆毛层;10. 魔术贴尖毛层
图 5-60 基于 RFID 技术的可折叠绿色循环包装箱

图 5-61 所示为一种新型快递循环包装盒(专利号:CN208412450U),该包装盒内的底板的四个角落设置有钩子,位于对角线上的钩子通过可拆卸的带孔橡胶拉力带连接。此外,四个侧面板上设置有卡扣,每个卡扣与其相邻的钩子通过弹性绷带连接。橡胶拉力带的内部装物起到固定作用,无须额外的填充物来进行缓冲,从而节约了资源,减少了人力物力成本。此外,包装盒的外体材料和结构也经过重新设计,提高了抗压性能,使箱体在碰撞后不容易受损或变形,同时能够实现重复循环利用,有利于环境保护。

图 5-62 所示为一种可循环式包装箱(专利号:CN208412448U),该包装箱由一个六面体的箱体组成,包括内支撑箱和外柔性箱。内支撑箱包括围板、顶板和底板,其中顶板和底板只有一条边缘与围板连接。在围板未连接顶板和底板的相对位置上,侧板上设有折痕,侧板可以沿着折痕方向折叠。该包装箱便于在不使用时将其折叠成平板状,以方便回收和再利用。这种设计可显著减少回

流、仓储和运输的成本，同时解决现有循环包装箱无法折叠的问题，提高包装的可持续性。

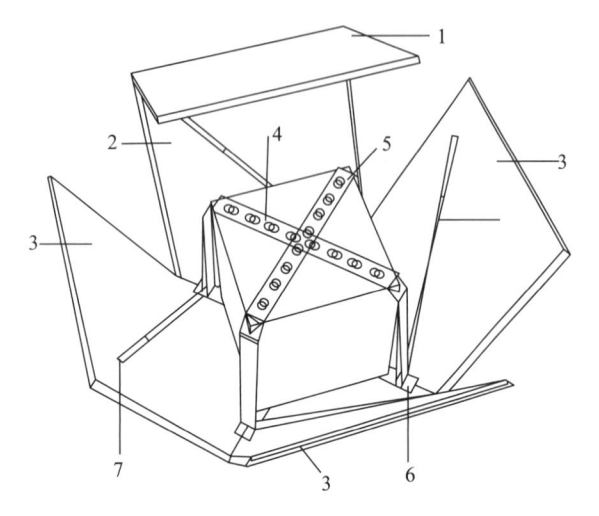

1. 顶盖；2. 侧面板；3. 侧面板；4. 橡胶拉力带；5. 孔；6. 钩子；7. 卡扣

图 5-61　一种新型快递循环包装盒

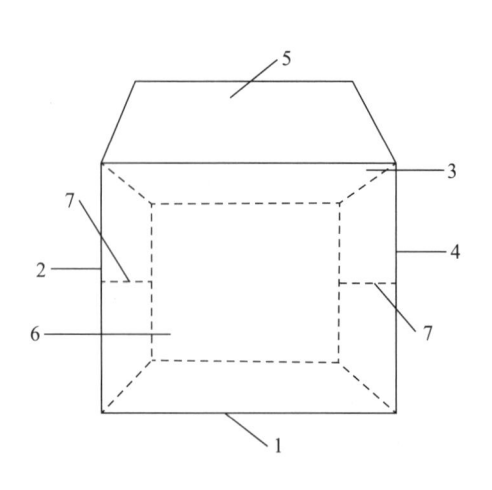

1. 前侧板；2. 左侧板；3. 后侧板；4. 右侧板；5. 顶板；6. 底板；7. 折痕

图 5-62　一种可循环式包装箱

图 5-63 所示为一种易折叠的可循环包装箱（专利号：CN207902913U），其制作材料为挤塑成型的塑胶中空板。箱体结构的底部由第一封箱板、第二封箱板、第三封箱板和第四封箱板组成。其中，第一封箱板和第三封箱板是矩形箱体的两个底部，它们延伸并一体成型。第一封箱板的宽度与相邻面的宽度相同，而第三封箱板的宽度为相邻面宽度的二分之一。第二封箱板和第四封箱板是延伸并一体成形在另外两个矩形箱体的两个底部。第二封箱板的一部分区域叠放在第一封箱板上，第四封箱板的一部分区域叠放在第三封箱板上。第二封箱板与第一封箱板叠放区域采用铆钉连接，第四封箱板与第三封箱板叠放区域也采用铆钉连接。这种结构易于折叠，从而节省存储和运输空间。

图 5-64 所示为一种木质循环包装箱（专利号：CN208233592U），该包装箱由三个主要部分组

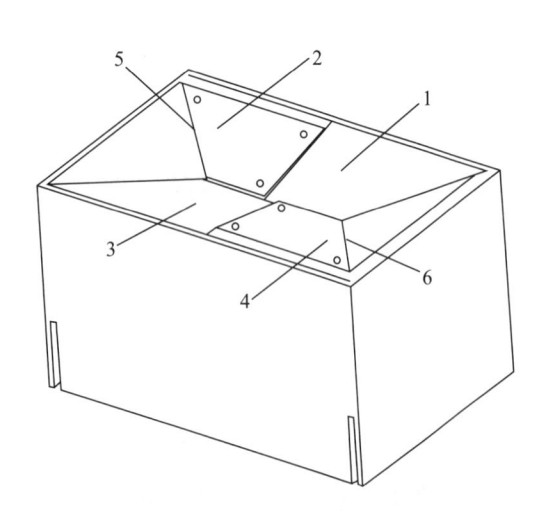

1. 第一封箱板；2. 第二封箱板；3. 第三封箱板；4. 第四封箱板；5. 第一折边；6. 第二折边

图 5-63　一种易折叠的可循环包装箱

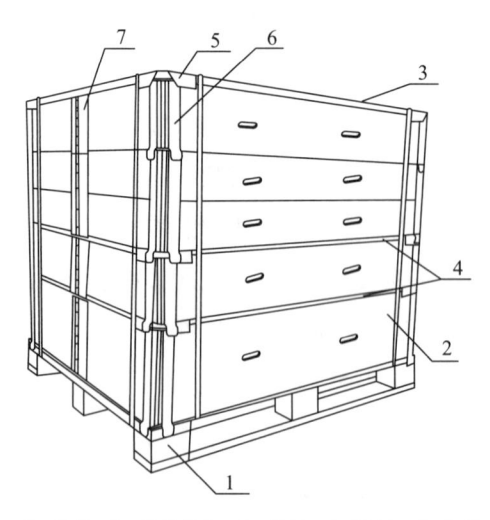

1. 托盘；2. 存货框体；3. 盖板；4. 隔板；5. 包角；6. 角合页；7. 侧合页

图 5-64　一种木质循环包装箱

成，包括位于底部的托盘、叠加放置在托盘上的多层存货框体以及设置在顶部的盖板。托盘和存货框体均采用木质材质制成，以确保其结构的稳定性和耐用性。在存货框体的上下两层之间，具有活动连接的设计，以提供灵活的包装选项。这款木质循环包装箱具有多重优势，包括结构简单、易于使用、包装成本低、保护性好并能提高作业效率；同时，可以通过循环使用，减少资源浪费，有益于环境保护。此外，它还有助于提高仓库利用率，提高仓储效率。

图 5-65 所示为可循环包装盒（专利号：CN205470245U），该包装盒由两部分组成，包括一侧具有开口的盒体和连接到盒体开口处的盒盖。在盒体的内侧设有锁钩，而盒盖上则设有与锁钩相配合的锁环。此外，盒体上还设有锁孔，该锁孔位于锁钩的中部位置。这一创新的可循环包装盒结构简单，使循环利用变得方便。锁钩和锁环的配合使盒体的启闭和锁定功能更加便捷与完善，同时还可用于检测盒体的状态。此外，这种包装盒具有便捷的收纳方式和出色的保护性能等特点。

图 5-66 所示为纸质循环包装箱（专利号：CN202022348U），该包装箱由多层纸板经过裁剪和压折而成，是长方体结构，包括两层套接在一起的外箱身和内箱身。在包装箱的端部开口处，设计了一次性封装结构，该结构包括外盖，外盖上设置了一次性可撕开的密封带，以便在需要时快速打开包装。与此同时，位于端部开口与外层封装结构之间的内层封装结构允许多次使用，内层封装结构包括一个箱盖，以及一个可固定封盖的卡片，以确保在多次使用过程中包装仍然保持完好。该纸质循环包装箱能够实现多次使用，以达到方便使用和环保之目的，同时其结构简单、易于在现有设备上实现制造。

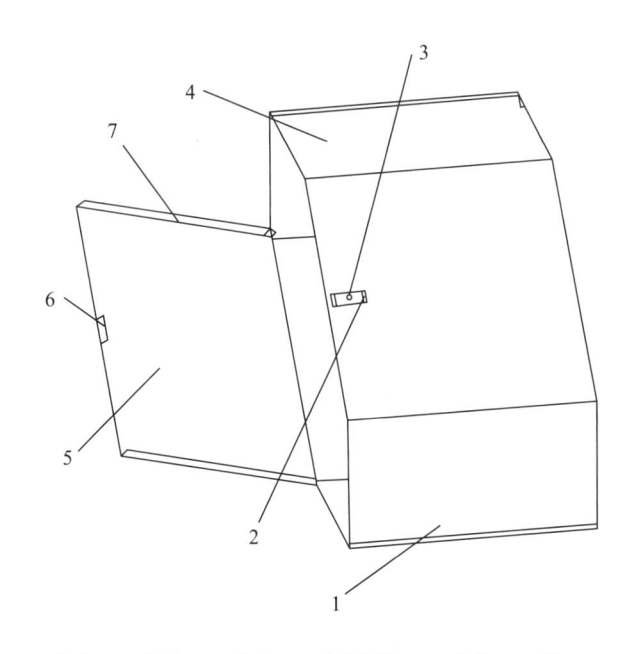

1. 盒体；2. 锁钩；3. 锁孔；4. 盒体侧部；5. 盒盖；6. 锁环；7. 盖沿

图 5-65 可循环包装盒

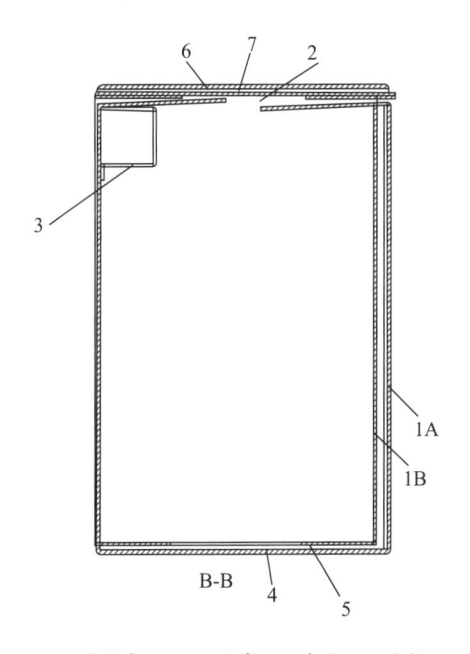

1A. 外箱身；1B. 内箱身；2. 卡片；3. 支架；4. 外下盖；5. 内下盖；6. 外盖；7. 箱盖

图 5-66 纸质循环包装箱

图 5-67 所示为拆卸式可循环包装箱（专利号：CN201472760U），主要由底座总成、前门总成、侧门总成、箱盖总成、弹簧夹和弹簧护套组成。其独特之处在于，底座总成的上方，前后两侧各设有前门总成，左右两侧各设有侧门总成。箱盖总成放置在前门总成和侧门总成上，每个总成的周围都有凹槽，弹簧护套镶嵌在这些凹槽内。通过两个弹簧夹将每两个总成的外表面压入弹簧护套，以夹紧并连接它们。这一设计使安装和拆卸变得简便，提高了回收效率。相对于现有的进口零部件包装从澳大利亚到上海的物流，这种包装箱可以降低 41%～61% 的成本。因此，它在汽车零部件进出口物流运输包装领域具有广泛的应用前景。

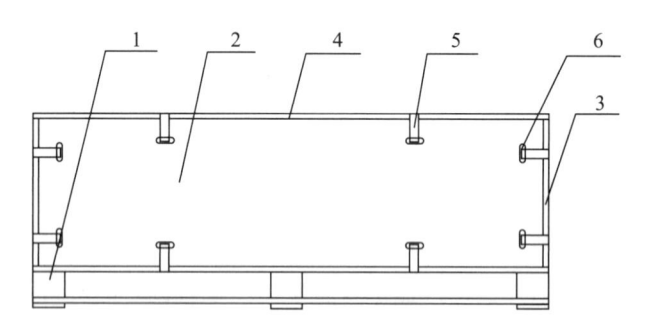

1. 底座总成；2. 前门总成；3. 侧门总成；4. 箱盖总成；5. 弹簧夹；6. 弹簧护套
图 5-67 拆卸式可循环包装箱

图 5-68 所示为一种可复用包装箱（专利号：CN109775125A），包括箱体和上盖。箱体的顶部边缘设有一条拉链，拉链的一端连接着一个拉锁。箱体的上下两面对称设置了上盖和下盖，它们通过同一条拉链与箱体连接以实现闭合，形成了上下两个 C 形结构。通过操纵拉锁和拉链的协同作用，可以多次打开和关闭包装箱，无需再使用胶带，从而实现可重复使用。此外，由于上盖在未打开的状态下，不允许打开箱子的其他部分，因此可以在需要时使用密封带将其贴在拉锁内部的拉链上，以增加安全性。如果密封带受损或拉链受损，这将表明箱体已被非授权打开。这一设计的目的在于防止包装箱被未经授权的人打开。

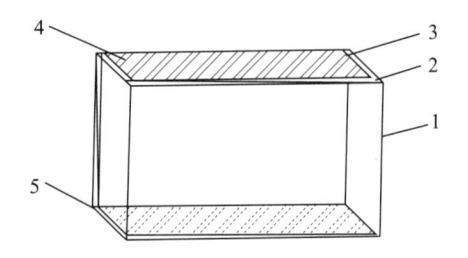

1. 箱体；2. 拉链；3. 拉锁；4. 上盖；5. 下盖
图 5-68 一种可复用包装箱

5.3.2.3 循环包装附件

循环包装附件专利主要集中在循环包装的封口、连接、组合等装置的结构原理创新，以下是一些典型的循环包装附件专利。

（1）封口结构创新

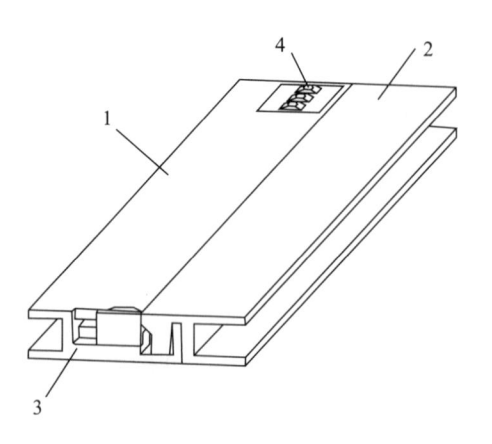

图 5-69 所示为免胶带可重复使用的封口件（专利

1. 封口锁板；2. 封口插板；3. 定位板；4. 密码锁
图 5-69 免胶带可重复使用的封口件

号：CN111703737A），其包括一个封口锁板以及一个封口插板，它们能够在封闭包装箱时相互连接并确保封口的完整性。封口锁板内含一个定位板，内设一个可滑动的锁芯，锁芯上配备了一个锁舌（I）以提供额外的安全性。封口插板则在其上部装有一个凸台，凸台一侧设置了一个或多个能够与锁芯上的锁舌（I）相契合的锁舌（II）。这一封口件的使用操作非常便捷，既能够提供高度的封口强度，又能在高效性上有出色表现。而且，此封口件的应用不仅不需要对包装箱进行特殊的结构改动，还能够直接应用于现有的包装箱结构上，从而使其具备更高的应用价值。

图 5-70 所示为一种便捷式锁扣（专利号：CN216140526U），该锁扣包括以下关键组件：上基板，位于循环包装箱的盖板内侧；锁板，位于盖板的外侧，与上基板卡接以形成牢固的连接；插板，从锁板底部向下延伸，其中包括一个通口，通口内部有一个锁舌，锁舌从通口内壁逐渐向外倾斜，锁舌的一端固定在通口内壁上；下基板，位于循环包装箱的箱体内侧；扣板，位于箱体的外侧，与下基板卡接以形成牢固的连接；扣板上方设有伸出口，下基板上有一个基座，基座靠近锁板一侧开设了一个插槽，插槽外侧内壁上有卡口，用于插板插入；这一设计涉及方便的锁止与打开操作，显著提高了封箱和拆箱的效率。

（2）连接结构创新

图 5-71 所示为循环包装箱用连接装置（专利号：CN201647236U），其包括连接片以及连接插扣，连接片的两端分别经折弯处理，其中一端形成与连接片本体折叠的弯折端，另一端与连接片本体一体的展平端，在连接片两端的至少一端设有通孔；连接插扣呈两端与中间不在同一平面的凹形，连接插扣的两端分别设有冲压孔，在冲压孔的边缘形成两片齿向相对的压齿，连接插扣中间相对两端形成凸平面，在凸平面与两端之间为光滑的供连接片插入锁紧的插槽。本装置结构简单，降低了包装箱的加工要求，特别是钢制插扣在包装箱箱体上的定位精度，降低了工人的劳动强度。

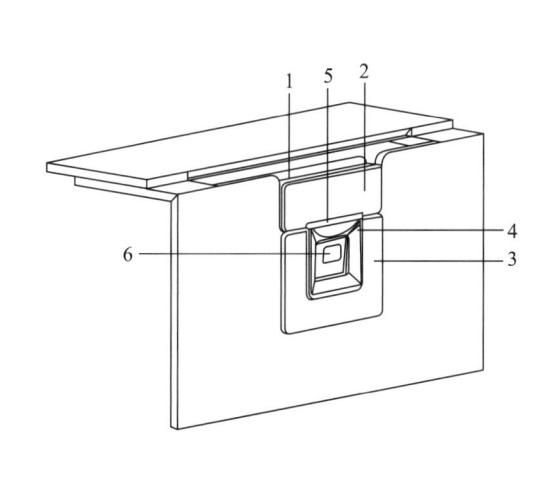

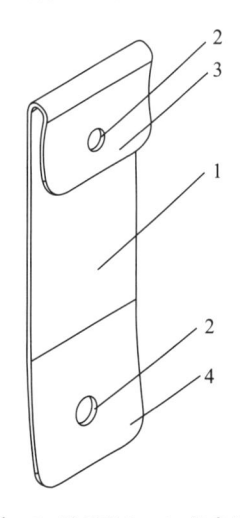

1. 上基板；2. 锁板；3. 扣板；4. 基座；5. 摩擦楞；6. 按压槽

图 5-70　一种便捷式锁扣

1. 连接片；2. 圆形通孔；3. 折弯端；4. 展平端

图 5-71　循环包装箱用连接装置

图 5-72 所示为循环包装箱箱板之间的连接扣件（专利号：CN101811592A），其包括能相互扣合与拆卸的弹簧插片和连接插扣，弹簧插片的上部为能插入包装箱箱板边外缘设置的钢带的沟槽的

折弯端，中部有呈"Ω"形的钣金件，在"Ω"形钣金件与弹簧插片主体之间形成一个中间贯通的孔槽，弹簧插片的下部通过折弯形式形成两片弹性片，两片弹性片的两端嵌入"Ω"形钣金件形成的孔槽；连接插扣的中间部位形成一个凸平台，与凸平台连接的两端的中间处分别冲压成方形孔，并在该方形孔的两侧形成使包装箱的箱板连接固定的压齿。

图 5-73 所示为用于连接模块化包装箱箱板的连接件（专利号：CN202690616U），其包括有固定设置在包装箱箱板侧边的 Z 形角钢，至少一个固定连接在两相邻包装箱箱板的 Z 形角钢上的第一连接件或第二连接件。第一连接件包括能够将两相邻包装箱箱板呈垂直连接并分别固定在两相邻包装箱箱板上的 Z 形角钢上的套筒和单头插杆。第二连接件包括能够将两相邻包装箱箱板呈同平面连接的套筒和 U 形插杆，套筒直接固定在两相邻包装箱箱板上的 Z 形角钢上。通过单头插杆与套筒、U 形插杆与套筒的锁合，可以较快捷地将处于平行或垂直位置的两片箱板连接起来，能使箱板进行模块化拼装，即在长度与高度方向上均可以再进行一次拼装，扩展其尺寸规格，从而构成另外一种规格的循环包装容器。

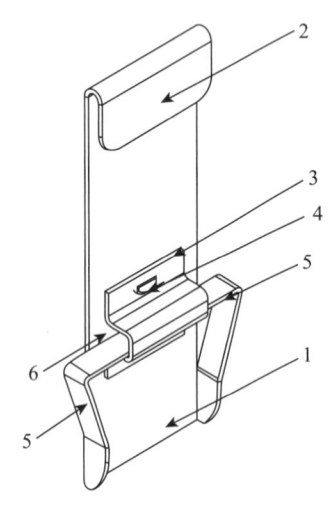

1. 弹簧插片；2. 折弯端；3. "Ω"形钣金件
4. 舌片；5. 弹性片；6. 孔槽
图 5-72 循环包装箱箱板之间的连接扣件

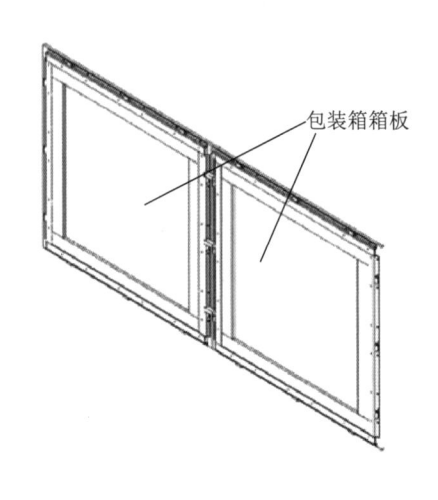

图 5-73 用于连接模块化包装箱箱板的连接件

（3）组合方式创新

图 5-74 所示为一种新型组合式循环包装内衬（专利号：CN206969347U），包括底板，底板上开设有若干个连接孔，并垂直固定有若干个刀卡，且所有的刀卡的底端均固定在连接孔内。刀卡包括横向刀卡和纵向刀卡，所有的横向刀卡均垂直连接纵向刀卡，横向刀卡的底端开设有若干个卡口，所有的横向刀卡均通过卡口卡套在纵向刀卡的上方，且横向刀卡的卡口的顶端均设置有套

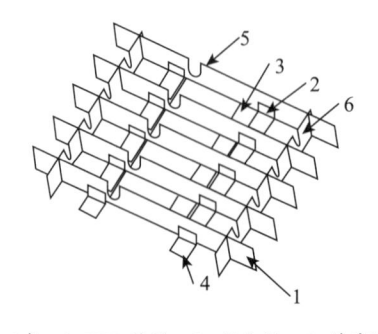

1. 刀卡；2. EVA 垫块；3. 纸内衬；4. 蜂窝板
5. 横向刀卡；6. 纵向刀卡
图 5-74 一种新型组合式循环包装内衬

叠脚。底板通过刀卡与另一底板相连接，通过设置该新型组合式循环包装内衬，采用借位的方法利用产品自身原有的空隙，在中空板内衬底部开槽，将高度方向对错相交，可使产品局部受到保护的同时降低了整体高度，使包装数量增多，整托重量降低。

图 5-75 所示为一种节能环保型绿色循环包装管理装置及管理方法（专利号：CN114603346A），该方法基于节能环保型绿色循环包装管理装置来实现，此循环包装管理装置包括一处理盒，处理盒上部一端开设有滑槽，滑槽内部滑动连接有滑块，滑块一端设有弹簧A，弹簧A末端与滑槽内部一端固定连接，滑块上侧设有撑开组件，处理盒内部一侧设有固定杆，固定杆与撑开组件间隙配合，撑杆一侧与撑开组件一端转动连接，固定板一侧设有推开组件。该装置通过设置的撑开组件配合固定杆使纸盒自动折叠，便于对其进行回收，可降低回收工作量，提高回收工作效率。

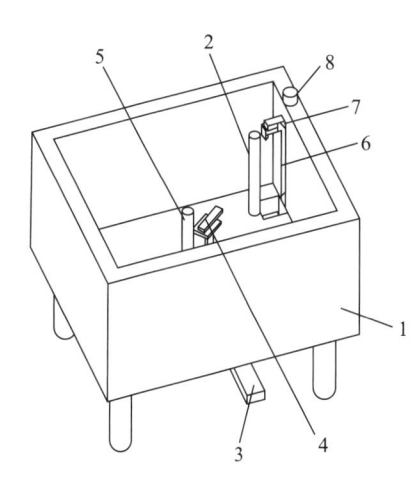

1. 处理盒；2. 固定杆；3. 踏板；4. 推开组件；
5. 移动杆；6. 限位槽；7. 除钉组件；8. 驱动装置
图 5-75 一种节能环保型绿色循环包装管理装置

图 5-76 所示为铁容器循环包装装置（专利号：CN216140357U），包括箱体，箱体的一侧转动安装有箱门，箱体的下端设置有底板，底板表面上设置有凸台，凸台的上端安装有收纳盒，收纳盒包括盒身和底座，收纳盒通过底座卡接在凸台的上端，箱体的上端设置有顶板，顶板的表面两侧对称设置有吊装件，吊装件上开设有吊装孔，使装置能够根据实际需要对收纳盒的内部空间进行灵活调整，大大提高和扩大了装置的实用性和使用范围；能够实现对多组收纳盒的组装拼接使用，结构简单，使用方便，能够快速对多组收纳盒进行组合和拆卸，并使箱体具有防水和阻燃的功能。

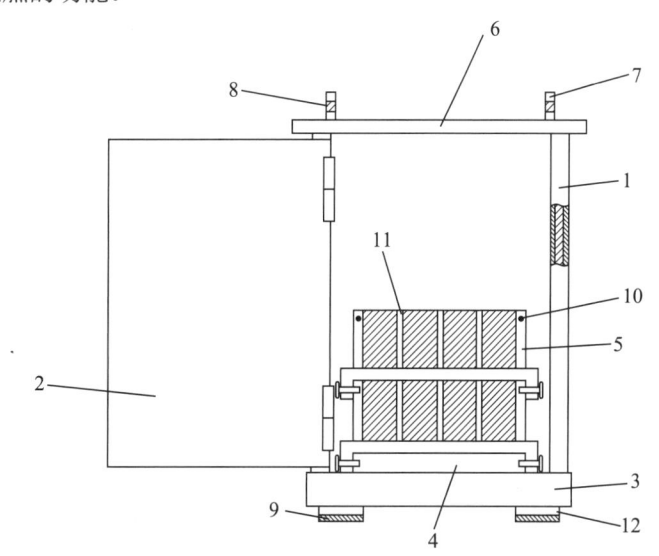

1. 箱体；2. 箱门；3. 底板；4. 凸台；5. 收纳盒；6v 顶板；7. 吊装件；8. 吊装孔；9. 防滑垫；10. 定位孔；11. 栅格板；12. 脚撑
图 5-76 铁容器循环包装装置

5.3.2.4 循环包装材料

循环包装材料专利主要涉及材料的功能性处理、新材料的开发两方面。以下是循环包装材料典型专利。

（1）循环包装材料的功能性处理

图 5-77 所示为抗污高强度瓦楞纸板及应用其的箱体（专利号：CN217435221U）。抗污高强度瓦楞纸板包括第一内层板、第二内层板、第一限位凹块、第二限位凹块、第二圆形缓冲柱、第三圆形缓冲柱、第一外层板、第二外层板等。该瓦楞纸板的优势在于：其第一圆形缓冲柱、第一支撑块、第二支撑块、第二圆形缓冲柱和第三圆形缓冲柱等，具有良好抗压能力和缓冲恢复能力，当采用整体结构制作成型的箱体使用时，使用寿命长，同时不易损坏，可循环包装使用；第一抗污涂层、第二抗污涂层，具备良好的防污性，防止污渍静止在第一加强外层板、第二加强外层板的表面；增加的第一加强外层板、第二加强外层板，能进一步地提高整体结构的抗压强度，有效延长制作成箱体后整体结构的使用寿命。

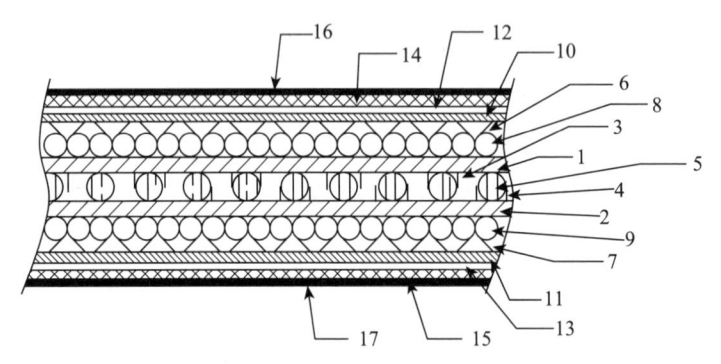

1. 第一内层板；2. 第二层内板；3. 第一限位凹块；4. 第二限位凹块；5. 第一圆形缓冲柱；6. 第一支撑块；7. 第二支撑块；8. 第二圆形缓冲柱；9. 第三圆形缓冲柱；10. 第一外层板；11. 第二外层板；12. 第一黏胶层；13. 第二黏胶层；14. 第一加强外层板；15. 第二加强外层板；16. 第一抗污涂层；17. 第二抗污涂层

图 5-77 抗污高强度瓦楞纸板及应用其的箱体

图 5-78 所示为纸蜂窝生鲜冷链循环包装箱（专利号：CN216612357U）。该包装箱的每个箱板都包括蜂窝纸板、铝箔和涂层。其中，蜂窝纸板包括内层面纸、外层面纸和蜂窝芯。蜂窝芯黏结在内层面纸和外层面纸之间。铝箔黏结在内层面纸未与蜂窝芯黏结的一侧。外层面纸未与蜂窝芯黏结的一侧涂有涂层。涂层的材料为水性上光油。该包装箱的环保性较好。

图 5-79 所示为一种防粘贴和不沾灰的循环包装箱（专利号：CN215555452U/CN113371325A），包括包装箱本体，包装箱本体由箱板组成，箱板包括塑料板和位于塑料板外侧的硅质层，硅质层为防粘硅质层，塑料板为中空板或蜂窝板；该包装箱通过在塑料板

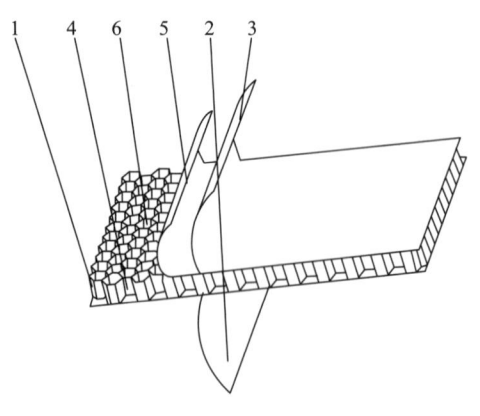

1. 蜂窝纸板；2. 铝箔；3. 涂层；4. 内层面纸；
5. 外层面纸；6. 蜂窝芯

图 5-78 纸蜂窝生鲜冷链循环包装箱

外设置含有硅质层的薄膜层，或直接在塑料板外设置硅质层，可以使包装箱的箱板具有防粘贴和不沾灰的功能，当包装箱需要通过快递运输时，粘贴在包装箱表面的快递单可以被轻松撕下且不在包装箱表面有残留，包装箱可以循环多次使用并保持整洁，从而节约资源。

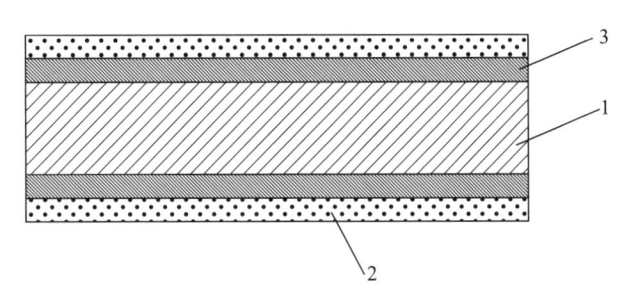

1. 塑料板；2. 硅质层；3. 薄膜层
图 5-79 一种防粘贴和不沾灰的循环包装箱

（2）循环包装新材料开发

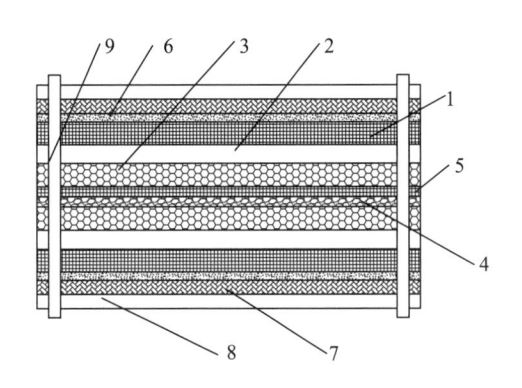

图 5-80 所示为一种循环包装箱用 PP 蜂窝板（专利号：CN111823660A），这种 PP 蜂窝板包括两个预浸料表皮层，两个预浸料表皮层相邻的一侧均设置有 GMT 层，两个 GMT 层相邻的一侧均设置有 PP 蜂窝层。通过将蜂窝芯作为循环包装箱芯材，然后搭配预浸料层，在中温 100～160℃进行快速模压成型，从而避免了在使用胶水或者采用高温热熔精细热塑的情况下大量资源浪费的情况发生；通过加入 GMT 层，从而使该 PP 蜂窝板具有耐热老化、耐湿防潮、防霉无异味等特点，避免了在梅雨季节时生菌霉变，从而导致低温发脆比较严重的情况发生；通过加入 XPS 保温层，使该 PP 蜂窝板具有极低的吸水性、高抗压性和抗老化性，确保其保温性能持久、稳定的同时还拥有优良的憎水和防潮性。

1. 预浸料表皮层；2. GMT 层；3. PP 蜂窝层；4. 聚氨酯层 5. XPS 保温层；6. 三聚氰胺层；7. 泡沫保温木塑层；8. 聚乙烯膜；9. PP 龙骨
图 5-80 一种循环包装箱用 PP 蜂窝板及其制备方法

"一种循环包装箱用 PP 蜂窝板及其制备方法"（专利号：CN111099112A），属于包装箱制备技术领域。该 PP 蜂窝板由预浸料上下面层和 PP 蜂窝芯材里层形成；预浸料由粉末状环氧树脂组合物热熔浸渍增强材料制得；PP 蜂窝芯材是双面覆无纺布的 PP 蜂窝芯。该 PP 蜂窝板防水防潮，绿色环保，力学性能优良，制备的包装箱强度高，重量轻，能对内装产品提供较好保护，且能多次循环使用以降低包装成本。

"一种防静电无卤阻燃循环包装箱及其制备方法"（专利号：CN111086281A），属于包装箱制备技术领域。该包装箱是由防静电无卤阻燃复合材料箱板经模压成型制得。复合材料箱板由预浸料上下面层和泡沫芯材里层构成；预浸料由粉末状环氧树脂组合物热熔浸渍增强材料制得；粉末状环氧树脂组合物以质量份数计，包括100份环氧树脂，5～30份苯并噁嗪树脂，0.1～20份固化剂，3～50份增韧剂，1～20份导电填料，1～20份助剂和5～100份无卤阻燃剂。该包装箱具有较好的抗静电性能和阻燃性能，阻燃性能达到UL94V-0级，可用于电子电器行业对内装电子电器产品的保护，箱体强度高，能多次循环使用，以降低包装成本。

5.3.2.5 包装循环方案

包装循环方案相关专利主要涉及循环方法及物料管理、供应链管理以及循环共享系统开发三方面。以下是一些包装循环方案典型专利。

（1）包装循环方法与物料管理

图5-81所示为一种循环包装物的回收方法及信息系统（专利号：CN113379078A），循环包装物可通过此信息系统进行使用、回收管理。循环包装物上有编号，其回收方法包括以下步骤：建单、收件、安装、派件和拆卸。该回收方法及信息系统可高效地使用循环包装物、快速地处理业务数据、科学地管理循环包装物；与手工操作状态下的循环包装物相比，不仅提高了循环包装物的使用效率，而且通过系统向用户推送"货物包装图片"、向系统的使用者发送"循环包装使用奖励"等方式，提高了用户和使用者的满意度，这有利于循环包装物的应用推广，以及减少一次性包装物对资源的浪费。

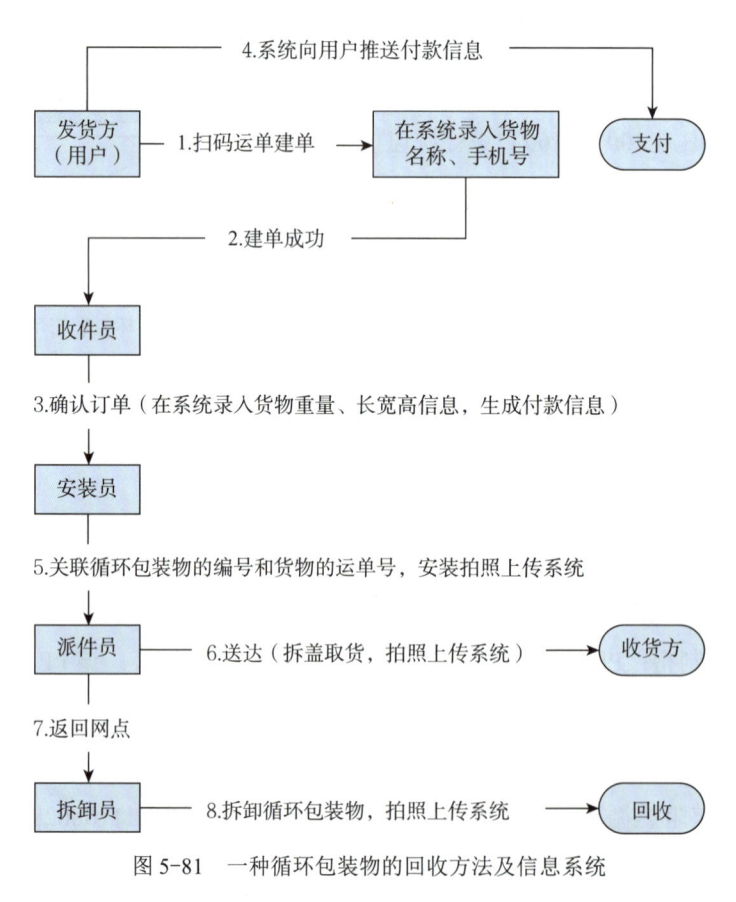

图5-81 一种循环包装物的回收方法及信息系统

"基于物联网的循环快递包装智能回收一体柜系统及方法"（专利号：CN113173323A），涉及快递物流技术领域。该系统包括组成为一体柜的回收柜和快递柜、能够放置在回收柜内的循环包装，还包括依次电性连接的RFID识别判断模块、主控系统、机械传输装置；回收柜上开设有适配于循环包装的插入口；循环包装上设置有RFID电子标签，插入口处设置有适配于RFID标签的RFID天线。该方法主要包括初始、取件、归还、租借四个步骤。收件人在快递柜取件后，只需将空置的循环包装归还至回收柜内，就能实现循环包装的回收，十分便捷。这种系统及方法能够促进循环包装普及，减少快递包装废弃物带来的日益严重的环境污染问题。

图5-82所示为基于强化学习算法的零部件供应循环包装箱配送调度方法（专利号：CN115358464A）。该方法通过建立多中心循环包装箱配送数学模型；使用强化学习算法确定配送方案；使用真实历史数据验证循环包装箱配送调度算法。相较于传统的强化学习算法，该方法添加了输入指导层，不用每次计算便可将所有的配送中心数据输入算法，节约了计算资源，加快了求解速度；该方法添加了嵌入层，通过数据升维的方式使输入的配送中心数量可变，模型泛化能力强，求解效果好；对强化学习算法添加了RNN网络，用于储存模型参数，使问题参数不用重新计算，加快了求解速度。

（2）循环包装供应链管理

图5-83所示为一种基于特征融合的供应链循环包装箱需求预测方法（专利号：CN115204468A），该方法通过构建基于特征融合的供应链循环包装箱需求预测模型进行模型训练，并使用训练好的模型进行供应链循环包装箱需求预测。该方法分别使用长短期记忆网络和卷积神经网络对应提取数据的时序特征和全局特征，使提取的数据特征更全面、更充分；通过拼接、投影、残差连接等一系列操作进行时序特征和全局特征的融合，使模型可有效地利用不同数据特征。

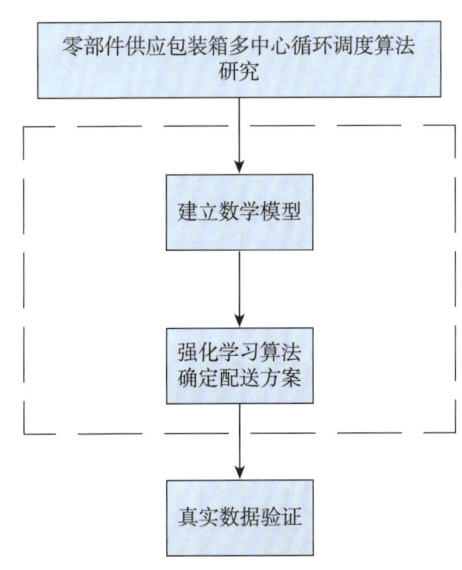

图5-82 基于强化学习算法的零部件供应循环包装箱配送调度方法

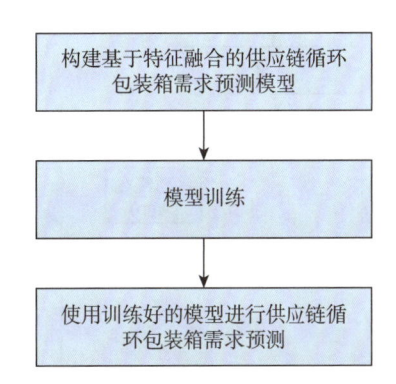

图5-83 一种基于特征融合的供应链循环包装箱需求预测方法

（3）循环共享系统开发

图 5-84 所示为一种用于包装的循环方法、系统及设备（专利号：CN115392678A），涉及包装技术领域。该循环方法包括：接收目标部门发出的用箱请求；依据用箱请求确定目标包装；获取目标包装对应的循环模式；依据循环模式对目标包装进行循环使用和/或回收。该循环方法能够有效地、动态地处理循环包装分布不均、费用提取困难、使用效率低、闲置率高等实际问题。

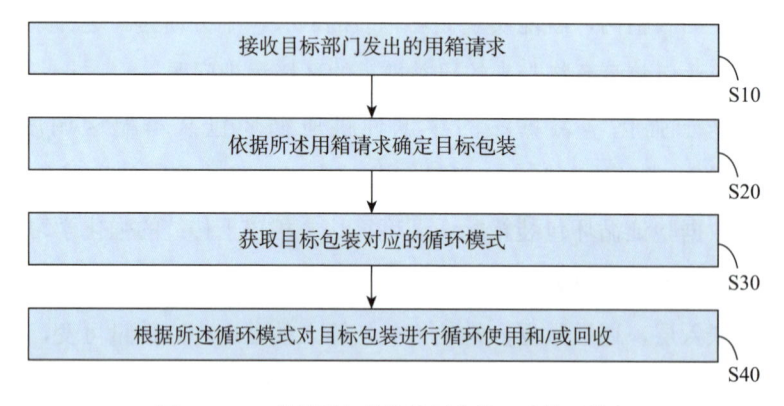

图 5-84　一种用于包装的循环方法、系统及设备

"一种基于图卷积的零部件供应循环包装箱配送调度方法"（专利号：CN115063066A）的步骤是：构建基于图卷积的编码器；构建基于注意力机制的解码器；强化学习训练循环包装箱配送调度模型；使用训练好的配送调度模型求解循环包装箱的配送和调度问题。

图 5-85 所示为一种企业包装管理系统（专利号：CN113902254A）。该系统包括：用户平台和管理平台；管理平台包括：包装设计、包装评审、包装申请、包装入库、包装使用方法、包装出库、包装维修、包装报废、包装改制以及包装台账等功能模块；用户平台通过数据通信方式访问管理平台，并通过各功能模块完成包装整个生命周期的管理。

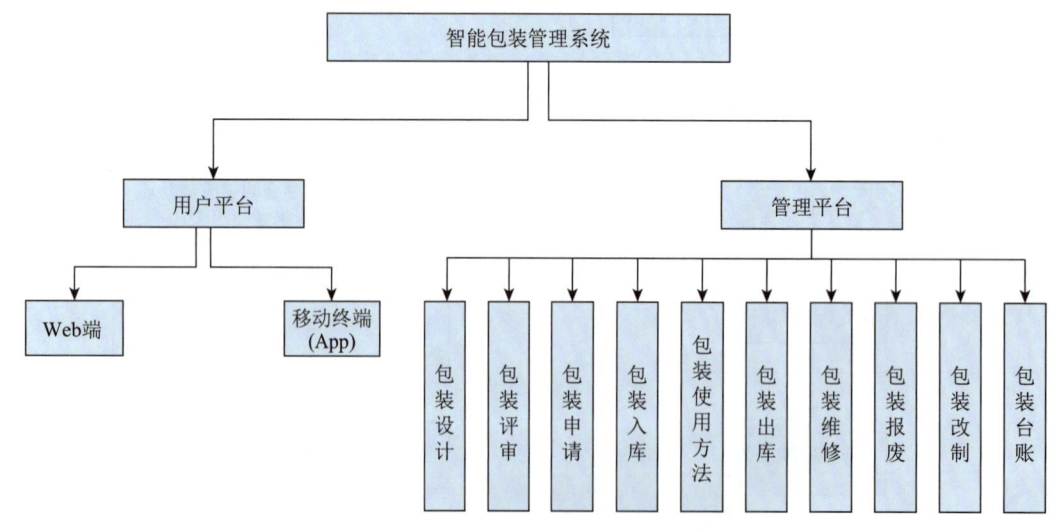

图 5-85　一种企业包装管理系统

图 5-86 所示为一种循环包装的追踪系统及追踪方法（专利号：CN113409060A）。每个循环包装具有唯一的数字化身份，该循环包装追踪系统包括容器管理商、零部件商、集中仓和主机厂四个角色入口，系统依据角色确定事件，形成作业任务，并生成预发货单和实发货单以同步发送给上下游相关方，实现循环包装的追踪。首先在包装的运营方的出入库地点设置数据采集节点，用于监控包装容器空载进/出库的数量和时间；其次在包装的使用方的出入库地点设置数据采集节点，用于监控包装容器进入的数量和时间，以及装载产品后出库的数量和时间；再次在包装中转库的出入库地点设置数据采集节点，用于监控重载包装容器进/出库的数量和时间；最后在包装回收终端的出入库地点设置数据采集节点，用于监控包装容器重载进入和空载出库的数量和时间；据此来追踪追溯循环包装的流转全过程。

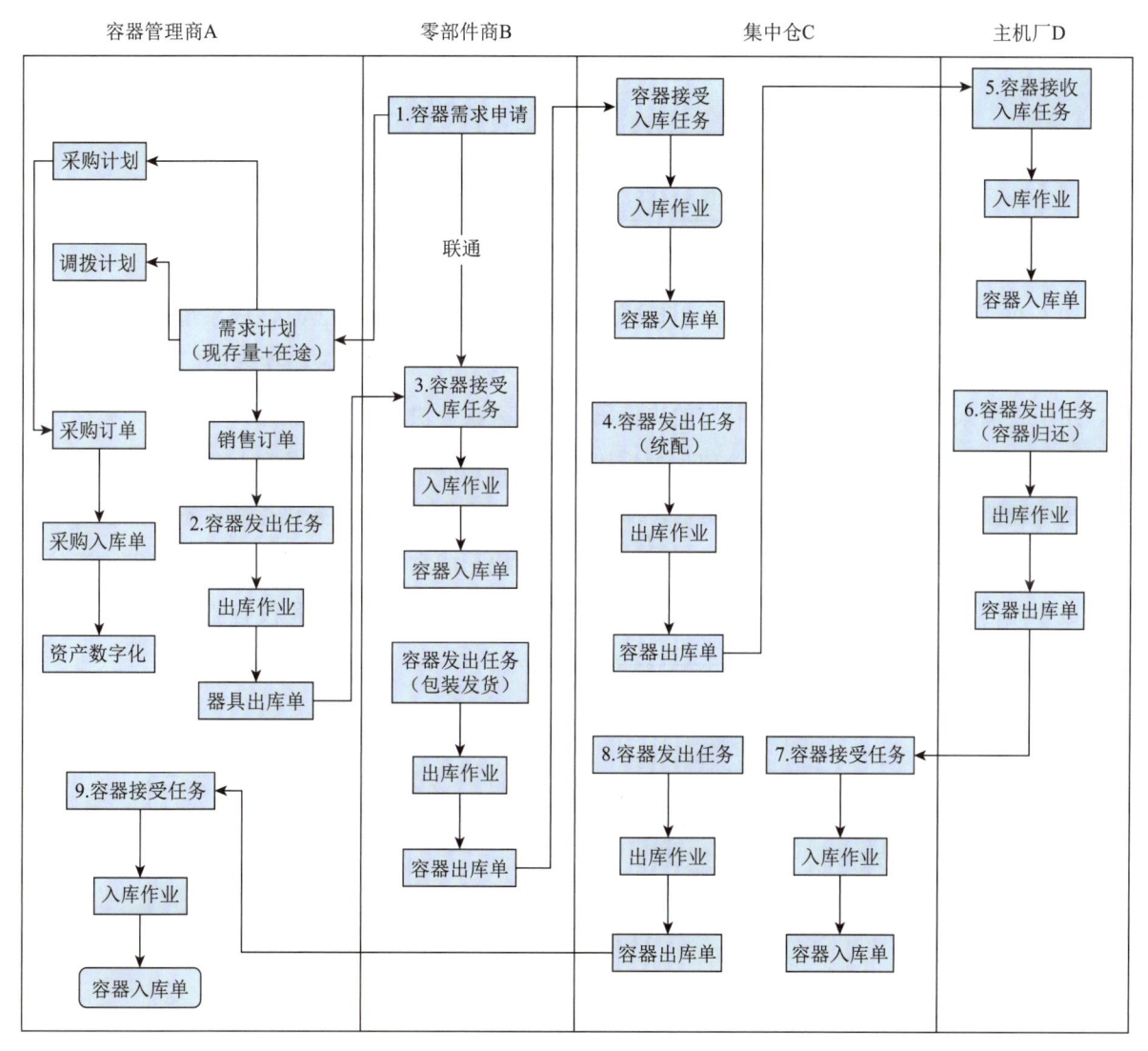

图 5-86　一种循环包装的追踪系统及追踪方法

图 5-87 所示为一种可循环快递包装回收和寄件一体化设备（专利号：CN111127772A），涉及环保装备技术领域，该一体化设备包括识别装置、播报装置、控制装置、清洁装置、存储装置、感应装置、压缩装置、寄件装置，其中识别装置包括电子触摸屏、外置二维码扫描器、投入口、内置二维码/条形码/RFID 扫描器、称重传感器、图像传感器。用户在电子触摸屏上点击"回收"选项，通过在外置二维码扫描器前出示用户二维码、扫描屏幕生成二维码的方式打开投入口，投入口上方有向下斜弯的遮盖（用于防水），且投入口呈矩形扁状，引导用户包装折叠后投入，保证存储空间利用率的最大化；扫描采集的图像发送至中控计算机，以判断是否有明显破损。

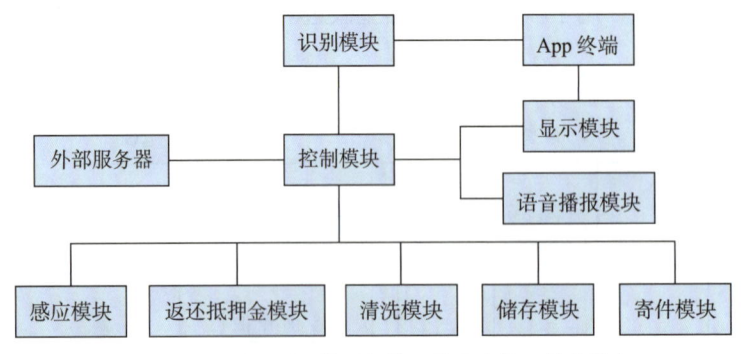

图 5-87　一种可循环快递包装回收和寄件一体化设备

图 5-88 所示为一种供应链管理系统和方法（专利号：CN110689292A），该系统包括客户端和服务器。客户端包括：输入输出模块，用于用户输入物流信息以及显示操作界面；央信码生成模块，用于将输入的物流信息生成为特定的央信码；验视采集模块，用于根据用户输入的采集指令对物流验视的过程信息进行采集；央信码处理模块，用于将物流验视的过程信息与特定央信码进行绑定，形成物流信息链条，并发送给服务器。服务器，用于将物流信息链条进行数字签名并生成物流信息存证报告。该系统和方法绑定验视过程信息、央信码形成物流信息链条，以查询追踪物流信息并生成物流信息存证报告供查阅，从而解决了物流信息造假和物流验视过程没有监督的问题。

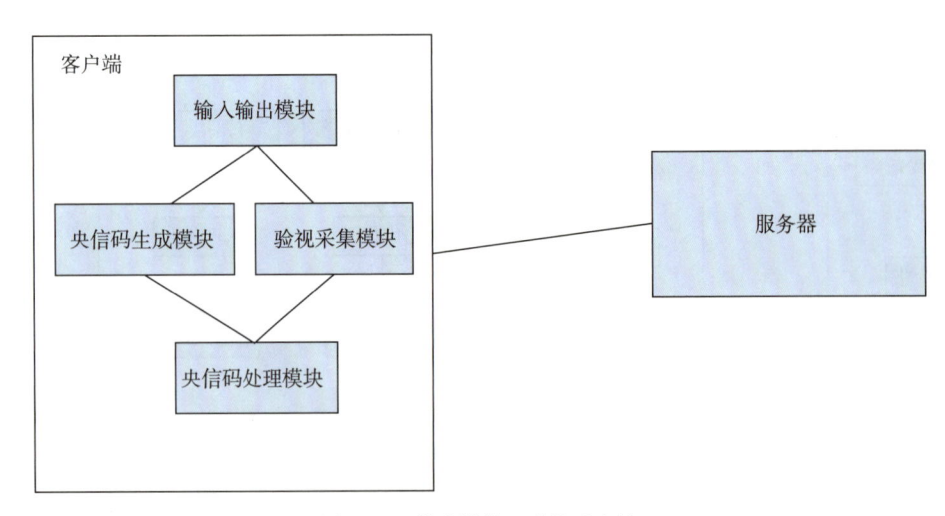

图 5-88　供应链管理系统及方法

图 5-89 所示为一种可循环使用包装箱的共享系统（专利号：CN108133553A），包括可循环使用包装箱和租还网点及运营平台。可循环使用包装箱包括包装箱体及安装在包装箱体上的锁扣装置和标签，锁扣装置包括凹形公扣和凸形母扣及一次性封签，标签具有唯一编码及箱体信息；租还网点包括人工租还网点和自助租还柜网点，人工租还网点还包括相互配合的智能终端和消毒装置，智能终端包括移动式智能终端和固源式智能终端；运营平台通过智能终端上传的数据，来实现对可循环使用包装箱的智能化管理。该共享系统的优点在于：提供的可循环使用包装箱安全、智能、环保，搭建了完整的租赁系统，降低了包装成本，减少了包装垃圾的产生，在快递物流领域非常实用。

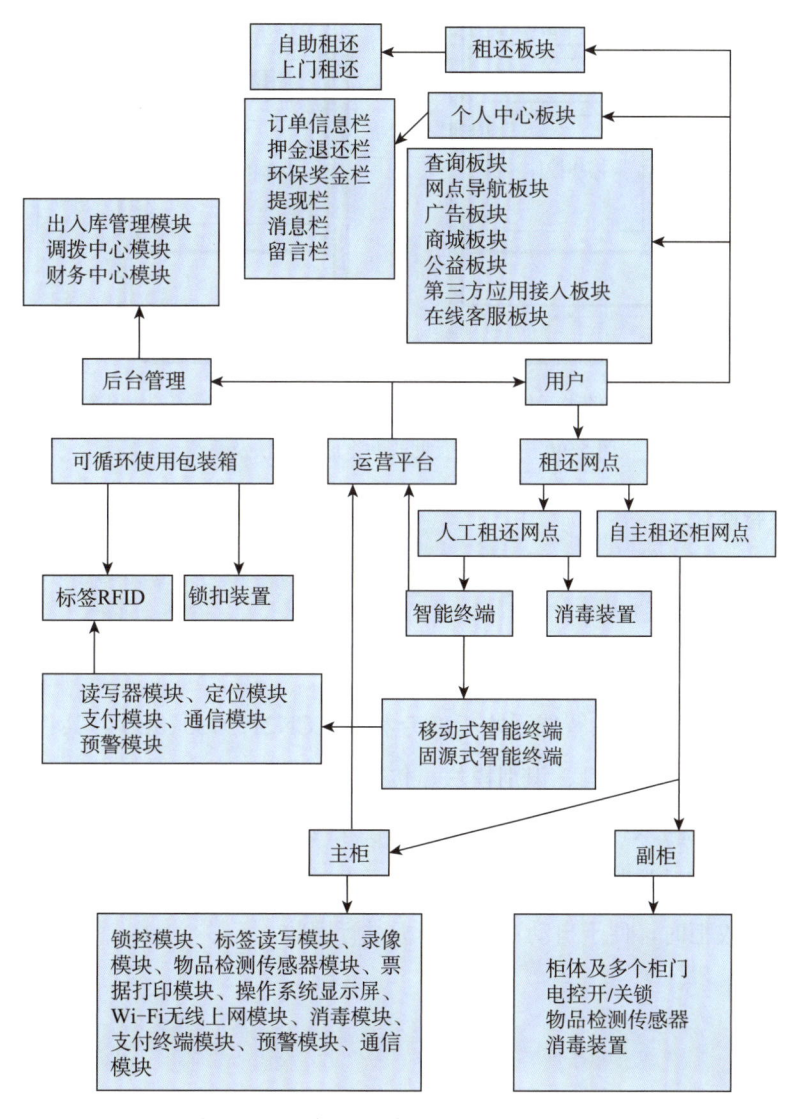

图 5-89 一种可循环使用包装箱的共享系统

图 5-90 所示为一种包装袋互助式共享商业方法及系统（专利号：CN112633964A）。通过对包装袋币值的监控，结合货币或活动抵扣奖励实现对包装袋使用者积极性的调动。通过上述技术方

案，结合计算机软件的功能设计，能够充分调动包装袋使用者的积极性，同时达到节能低碳的目的。此外，采用可降解材料进行包装袋制作，并且赋予包装袋具有唯一性的身份二维码，实现对包装袋扫码请求的操作存储，例如，结合服务端的位置信息形成包装袋溯源数据，以展示包装袋的历史记录，或结合包装袋制备条件计算出复用包装袋所减少的碳排放量，以增强使用者的社会责任感并予以正向引导。

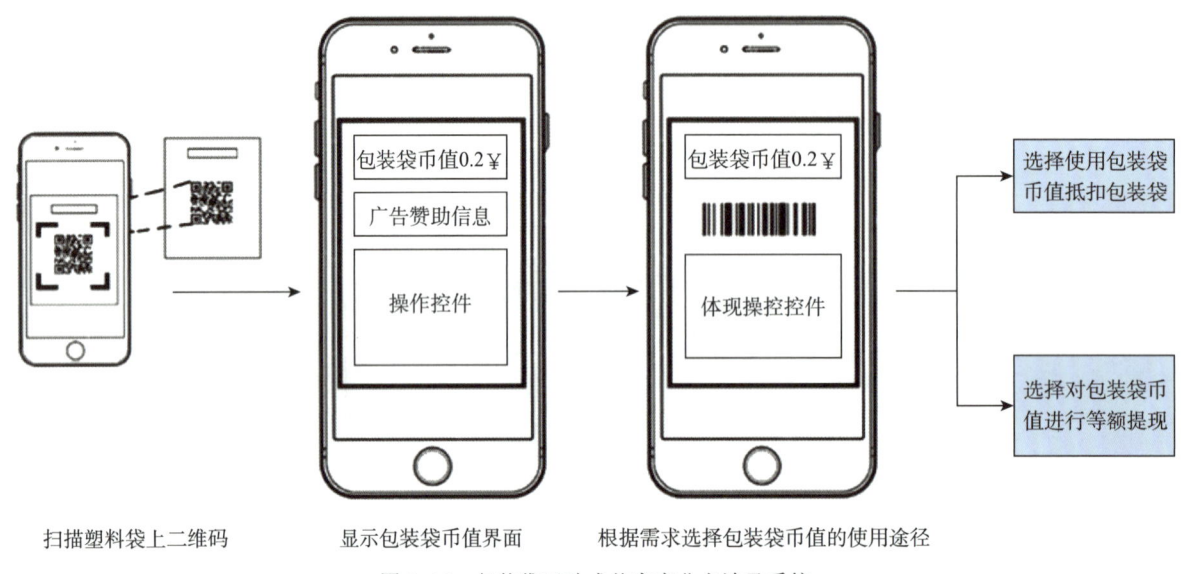

图 5-90　包装袋互助式共享商业方法及系统

5.3.2.6　循环包装智能化

循环包装智能化专利主要涉及智能技术在循环包装中的应用、智能锁系统两方面。以下是一些循环包装智能化典型案例。

（1）智能技术在循环包装中的应用

图 5-91 所示为一种循环包装智能回收柜（专利号：CN215973310U），其包括柜本体、线性模组、夹具模组、分选模组、捆绑机、识别模块、传感器和控制模块。柜本体上设有入料口；线性模组包括封导板，封导板能对入料口进行遮挡，控制模块与识别模块以及线性模组连接，控制模块与传感器以及夹具模组连接，控制模块与识别模块以及分选模组连接，分选模组能将快递箱板移动至捆绑机上。采用该回收柜时，便于自动对快递箱板进行回收。

1. 柜本体；2. 入料口；3. 触摸屏

图 5-91　循环包装智能回收柜

图 5-92 所示为一种循环包装智能回收柜用的传输装置（专利号：CN215973271U），其包括传感器、控制模块以及用于固定并带动回收箱板移动的夹具模组。夹具模组包括传输单元和按压单元，传输单元和按压单元均包括驱动件，控制模块与传感器以及驱动件连接，传感器用于检测快递箱板的位置，并将信号传递至控制模块，控制模块能控制传输单元和按压单元的驱动件运行。采用该装置时，便于将快递箱板传输至回收柜内指定位置。

图 5-93 所示为一种循环包装智能回收柜用的回收捆扎机构（专利号：CN216332992U），其包括捆扎装置、检测装置、控制器和无线通信模块。捆扎装置包括箱体、捆扎台、限位框、电机和带盘，控制器分别与检测装置、电机和无线通信模块电连接；检测装置用于检测限位框内物品是否达到捆扎条件，控制器用于在检测到限位框内物品达到捆扎条件时控制电机启动；无线通信模块用于

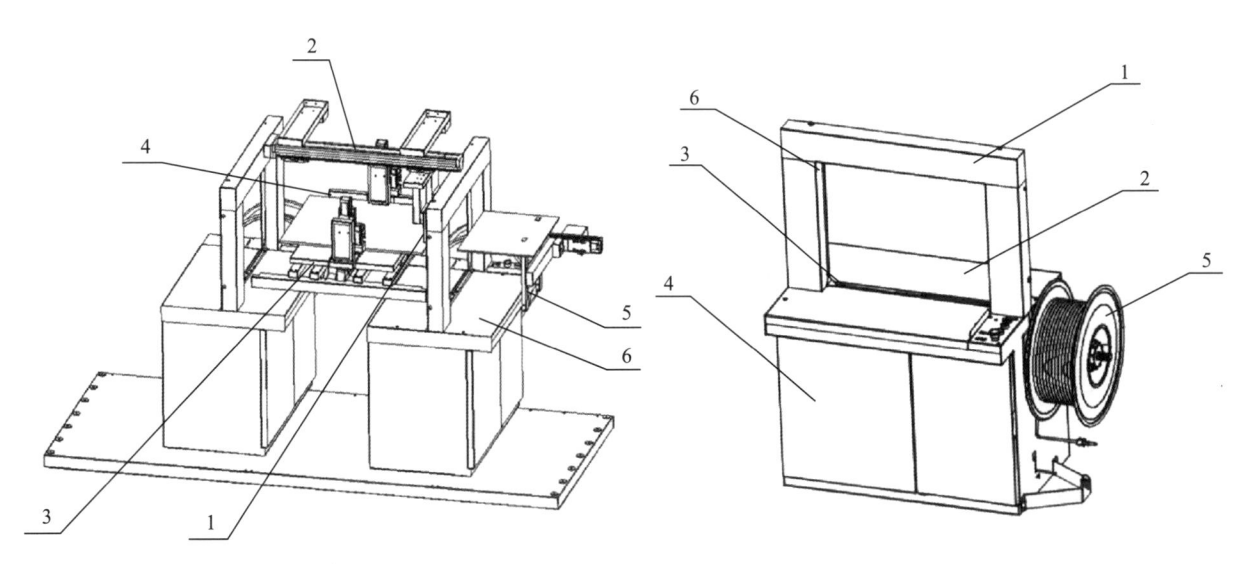

1. 推分板；2. 滑轨；3. 支撑板；4. 挡块；5. 限位板；6. 捆绑机	1. 限位框；2. 捆扎台；3. 带道；4. 箱体；5. 带盘；6. 红外传感器
图 5-92　一种循环包装智能回收柜用的传输装置	图 5-93　一种循环包装智能回收柜用的回收捆扎机构

与回收人员进行通信。该回收捆扎机构解决了现有技术在回收过程中，回收人员和回收柜的回收效率低以及回收过程中捆扎难度高的问题。

（2）智能锁系统

"基于基站通信与电子围栏的包装箱智能锁解锁方法"（专利号：CN111932740A），属于循环包装箱技术领域。其目的在于解决现有大批量包装箱解锁效率低、解锁安全性低的问题。其包括以下步骤：①基站服务器与进入基站通信范围的智能锁的 MCU 芯片通信匹配；②电子围栏监测到智能锁入栏后向基站服务器反馈；③基站服务器将解锁信号指令向 MCU 芯片发送，若接收到解锁信号指令，进入步骤⑤，若无法接收到解锁信号指令，进入步骤④；④使用具有通信模块的应急钥匙将解锁信号指令向 MCU 芯片发送；⑤MCU 芯片验证解锁信号指令是否具有解锁权限，若是，进入步骤⑥，若否，终止解锁；⑥MCU 芯片发送通电信号将智能锁解锁。

"一种基于电子围栏的包装箱无源智能锁解锁方法"（专利号：CN111932736A），属于循环包装箱技术领域。其目的在于解决现有包装箱智能锁制造成本高、安全性较低的问题。其包括以下步骤：①将供电传输模块安装在智能锁上，智能锁进入电子围栏；②使用供电输出模块与供电传输模块连接，对智能锁进行供电并激活；③电子围栏服务器通过通信模块与智能锁的 MCU 芯片进行通信匹配；④电子围栏服务器将解锁信号指令向 MCU 芯片发送；⑤MCU 芯片验证解锁信号指令是否具有解锁权限，若是，进入步骤⑥，若否，终止解锁；⑥MCU 芯片发送信号给伺服电机供电将智能锁解锁，并触发行程开关反馈信号给 MCU 芯片将智能锁断电。

"循环包装箱智能锁扫码解锁方法"（专利号：CN111932743A），属于循环包装箱技术领域，目的在于解决现有循环包装箱智能锁解锁不便的问题。其包括以下步骤：①智能锁上设置二维码，判断智能锁的类型，若为无源智能锁，进入步骤②，若为有源智能锁，进入步骤③；②智能手机与无源智能锁连接，对智能锁供电并激活；③智能手机扫描二维码获取智能锁 ID 并验证是否具有解锁权限，若是，智能手机与 MCU 芯片进行通信匹配，进入步骤④，若否，停止解锁；④智能手机将解锁信号指令向 MCU 芯片发送，MCU 芯片接收解锁信号指令；⑤MCU 芯片发送信号给伺服电机供电将智能锁解锁，并触发行程开关反馈信号给 MCU 芯片将智能锁断电。

"循环包装箱无源智能锁快捷解锁方法"（专利号：CN111932735A），属于循环包装箱智能锁技术领域，解决了循环包装箱无源智能锁的解锁灵活性低的问题，其包括如下步骤：①将供电连接模块安装在智能锁上，供电连接模块与供电设备连接进行供电并激活，该供电设备为通用型供电设备，供电设备可对已安装供电连接模块的任一智能锁进行供电；②智能锁激活通电后，在智能锁的输入模块输入预设的密码指令；③智能锁系统判断该密码指令是否匹配，若指令匹配成功则发送解锁指令；④智能锁的 MCU 芯片收到指令，由 MCU 芯片控制伺服电机转动打开智能锁，并触发行程开关，反馈给 MCU 芯片对伺服电机进行断电，完成解锁。这种解锁方法应用性广，灵活性高。

"基于基站通信的循环包装箱智能锁解锁方法"（专利号：CN111932739A），属于循环包装箱技术领域，目的在于解决现有大批量包装箱解锁效率低、解锁安全性低的问题。其包括以下步骤：

①基站服务器与进入基站通信范围的智能锁的 MCU 芯片通信匹配；②电子围栏监测到智能锁入栏后向基站服务器反馈；③通过手机端输入生物识别特征传输至基站服务器授权；④基站服务器将解锁信号指令向智能锁的 MCU 芯片发送，若接收到解锁信号指令，进入步骤⑥，若无法接收到解锁信号指令，进入步骤⑤；⑤使用具有通信模块的应急钥匙将解锁信号指令向 MCU 芯片发送；⑥ MCU 芯片发送通电信号将智能锁解锁。

图 5-94 所示为一种信息化循环包装箱（专利号：CN213058173U），其包括底座和箱体。箱体设于底座的上表面，箱体的内侧壁嵌接有第二壳体，第二壳体的内侧壁螺纹连接有 RFID 标签，第二壳体的内侧壁且位于 RFID 标签的前方螺纹连接有盖体，盖体的外侧壁且位于第二壳体的内部粘接有橡胶垫。先将箱体放到底座上，再将板体放进两个 L 形板之间，第一滑块对板体起到限位作用，防止滑脱，滚轮使箱体可以在底座上滑动，对箱体起到定位的作用，将杆体与箱体固定在一起，避免底座和箱体的连接产生晃动，提高了箱体在运输使用时的稳定性，通过 RFID 标签供工作人员识别箱体信息，使箱体的信息识别和管理工作更容易进行。

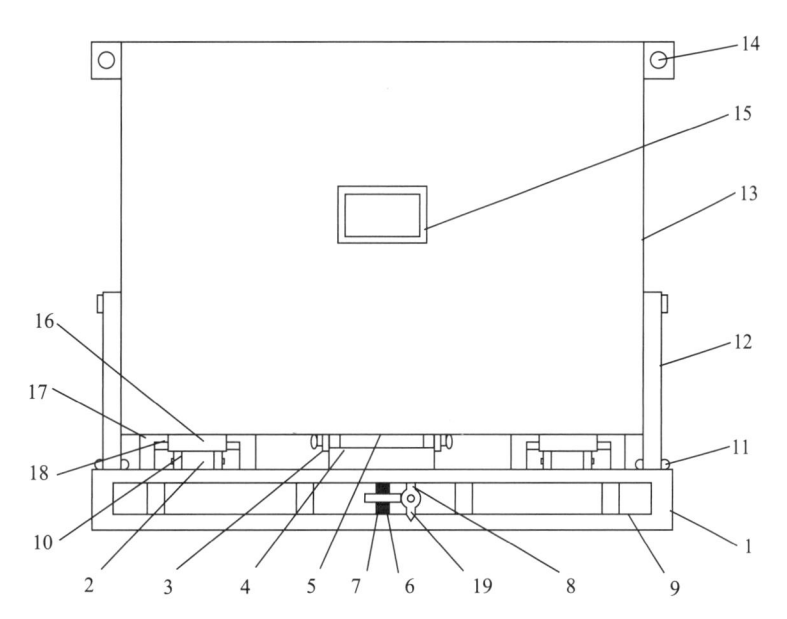

1. 底座；2. 滚轮；3. 第一固定块；4. 第一壳体；5. 第一滑块；6. 螺纹杆；7. 蜗轮；8. 固定片；9. 加强筋；10. 第二固定块；11. 第三固定块；12. 杆体；13. 箱体；14. 吊耳；15. 第二壳体；16. 板体；17. L 形板；18. 第二滑块；19. 把手

图 5-94 一种信息化循环包装箱

图 5-95 所示为一种基于物联网的循环包装箱（专利号：CN111833497A），其包括箱体、人脸识别模块、射频指纹模块和射频模块。箱体的一侧铰接有箱盖，箱盖的下表面安装有电子封签，电子封签的上表面安装有摄像头。在本装置使用时，当使用人员对循环包装箱中的物品进行存取时，通过人脸识别模块和射频指纹模块配合射频模块对使用人员的人脸数据和指纹数据进行验证，不需要使用人员配合手机进行操作，使取货过程更加简单快速；同时当使用人员忘带手机或手机没电时，也可对物流物品进行存取，为其提供便利；同时通过压板设置，可根据物流物品的大小对其进行挤压固定，便于对物流物品进行保护。

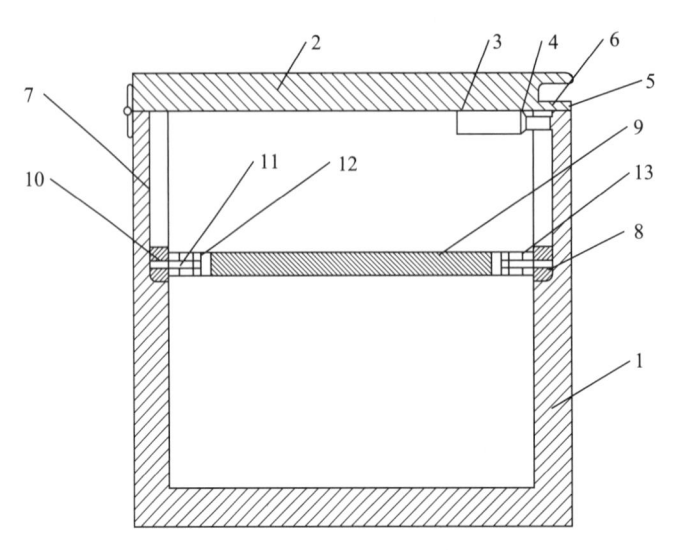

1. 箱体；2. 箱盖；3. 电子封签；4. 无源电子锁；5. 锁槽；6. 凹槽；7. 滑槽；8. 滑块；9. 压板；10. 螺纹孔；
11. 螺纹杆；12. 旋钮；13. 通槽
图 5-95　一种基于物联网的循环包装箱

"带有追踪功能的可循环包装箱"（专利号：CN217865480U），其包括包装箱自锁机构和追踪调整机构。包装箱自锁机构包括箱体和滑杆，箱体内部中空，箱体内壁设置有支撑板，箱体内部安装有隔离网板，隔离网板置于支撑板上表面，箱体内部设置有隔离板，隔离板置于支撑板下方，隔离板和支撑板之间填充有干燥剂；追踪调整机构包括安装轴和电池，箱体内侧下主体滑动安装有四个活动支撑杆，可在内装物品下侧铺设一层干燥剂，以保证箱体内部干燥。同时箱体内部设置有隐藏的追踪器，在箱体平放时追踪器外伸以增强信号，当箱体被抬起时，追踪器缩进箱体内部，以防止被人为破坏。

图 5-96 所示为一种基于物联网的循环包装箱（专利号：CN210437636U），其包括箱体、箱盖和设置在箱盖内部的电子签封。电子签封包括射频模块、与射频模块连接的天线、无源电子锁和储能模块；其中，通过对射频模块的天线进行改进，使其与储能模块连接，从而在扫描射频模块的过程中，使储能模块从天线处获取激发能量并储存，然后供无源电子锁使用，可解决无源电子锁的供电问题，消除物流仓储过程中使用电源带来的安全隐患。此外，通过在电子签封中使用电子墨水屏，取代了传统纸质标签，使循环包装箱可以无限循环使用，有效减少快递、物流配送一次性包装及一次性标签的使用，达到环保节能的目的，并且在配送过程中可对电子墨水屏进行同步擦写，保

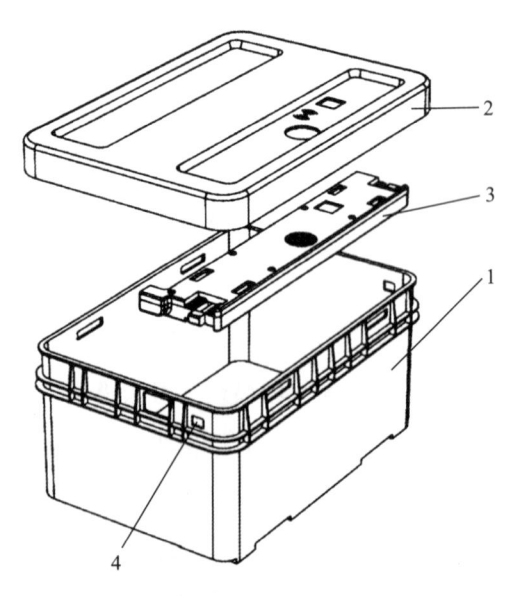

1. 箱体；2. 箱盖；3. 电子签封；4. 插孔
图 5-96　一种基于物联网的循环包装箱

护用户隐私。

"一种可循环包装箱及其配套使用的智能硬件"（专利号：CN109682400A/CN209514030U），图 5-97 所示为其智能硬件系统框架。其包装箱包括箱体和箱盖。箱体和箱盖铰接，箱体上设有智能硬件，箱盖上设有磁铁；其智能硬件包括电源模块、处理器和传感器，电源模块与处理器连接，处理器与传感器连接，电源模块用于给处理器供电，当箱盖被打开时传感器用于感应磁铁的磁场变化并将变化数据反馈到处理器。智能硬件还包括定位通信模块和第一通信模块，处理器分别与定位通信模块、第一通信模块连接，处理器通过定位通信模块和第一通信模块发送数据。该智能硬件具有监控包装箱的开盖状态、能循环使用、追踪包装箱位置数据的作用。

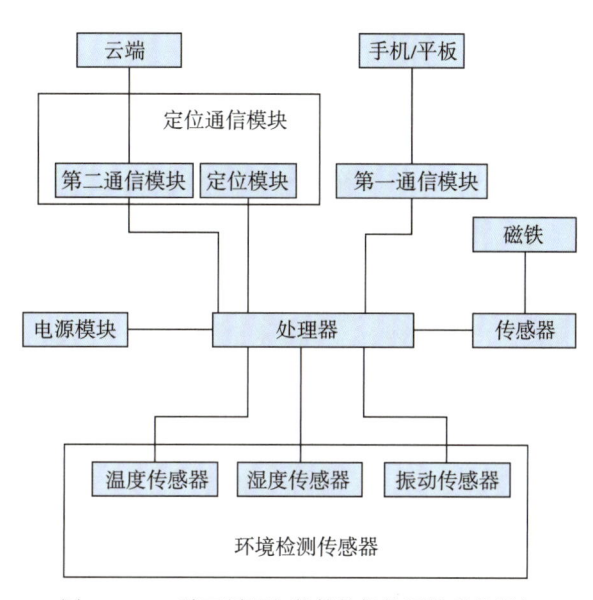

图 5-97 一种可循环包装箱的智能硬件系统框架

综上所述，循环包装行业的重要研究方向主要集中在相关政策、快递包装循环技术、循环物料追溯技术等方向；专利技术集中在新型循环包装盒/箱结构的相关技术开发、循环包装袋及其他包装结构开发、循环包装智能化技术及产品开发、循环包装容器/产品的附件（如衬垫、封口结构等）开发、循环包装管理与运用方案的研究以及开发更多机械性能好、绿色环保、循环次数多的包装材料方面。其中，江南大学、天津科技大学、顺丰、邮政科学研究规划院有限公司等企事业单位相关研究团队开发的专利产品已在生产实践中得到应用。但国内众多研究机构和研究团队的研究方向不够集中、研究力量相对分散，还需要通过一定的行政和市场手段进行整合。

6 循环包装产业链与相关行业分析

6.1 循环包装产业链与相关行业概述

6.1.1 循环包装产业链

包装是为在流通过程中保护产品、方便储存、促进销售，按一定的技术方法所用的容器、材料和辅助物等的总体名称；也指为达到上述目的在采用容器，材料和辅助物的过程中施加一定技术方法的操作活动。主要包装材料有纸、塑料、金属、木材等。

在 2.1.9 节中，循环包装涉及的行业被分成了 6 类，从产业链的角度出发，这些行业大体可归为三大类：上游/原辅材料产业、循环包装产业（含相关支持产业）和下游/用户产业。如图 6-1 所示。

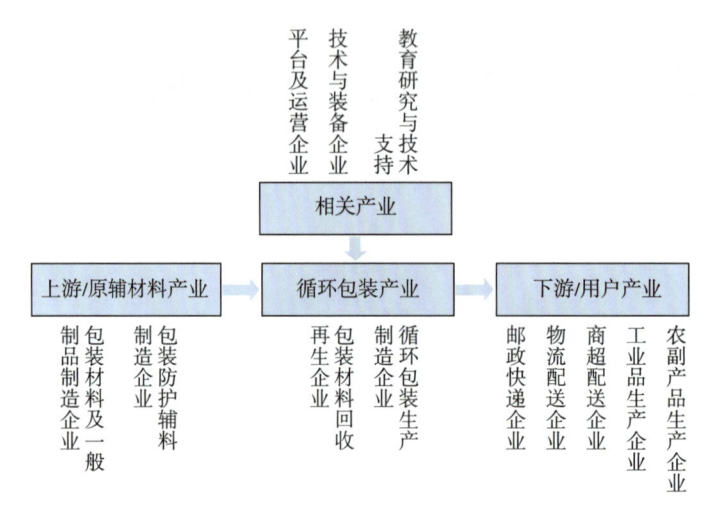

图 6-1 循环包装产业链

循环包装由耐用材料制成，专为多次行程和延长使用寿命而设计。可循环使用的包装或容器"设计为可循环使用而不会损害其保护功能"。通常，用于制造可回收包装的材料包括钢材、木材、PE、PP 或其他塑料。

循环包装行业作为服务型制造业，是国民经济与社会发展的重要组成部分。在商业流通中，循环包装为产品提供安全美观的包装和容器，以发挥方便仓储、运输、销售以及宣传展示的作用，几乎覆盖所有的商品流通环节。随着我国制造业规模的不断扩大，产品类型日新月异，循环包装对扩大包装市场规模和产品个性化发挥了重大推动作用。

国家宏观政策层面，在《中华人民共和国国民经济和社会发展第十二个五年规划纲要》"推进重点产业结构调整"部分中，明确"包装行业要加快发展先进包装装备、包装新材料和高端包装制品"的产业发展重点；《中国包装工业发展规划（2016—2020年）》也明确提出了"十三五"期间包装工业的发展方向和目标。规划要求包装行业要加快转型升级，推动产业向中高端迈进，同时注重绿色发展和循环经济。《中华人民共和国国民经济和社会发展第十四个五年规划纲要》在涉及绿色发展、循环经济、制造业高质量发展等多个章节中，都蕴含了与包装行业紧密相关的规划和要求。例如，在推动绿色发展、促进人与自然和谐共生的篇章中，强调了要加快发展方式绿色转型，包括推行绿色设计、绿色制造和绿色产品等。在加快发展现代产业体系、巩固壮大实体经济根基的篇章中，提到了要推动制造业高端化、智能化、绿色化。包装行业需要积极响应国家号召，推动绿色包装材料的应用和研发，减少包装废弃物的产生和污染；同时，作为制造业的重要组成部分，包装行业也需要加快转型升级，提高产业附加值和竞争力。

6.1.2 循环包装产业现状

6.1.2.1 我国包装行业总体概况

根据中国包装联合会公布的《2023年全国包装行业运行概况》，全国包装行业规模以上企业累计完成营业收入11539.06亿元，同比增长-0.22%。各行业主营业务收入情况为：塑料薄膜制造完成累计主营业务收入3781.04亿元，占32.77%，同比增长1.1%；纸和纸板容器制造完成累计主营业务收入2682.57亿元，占23.25%，同比增长-4.44%；塑料包装箱及容器制造完成累计主营业务收入1623.03亿元，占14.06%，同比增长0.18%；金属包装容器及材料制造完成累计主营业务收入1505.62亿元，占13.05%，同比增长-1.56%；塑料加工专用设备制造完成累计主营业务收入940.69亿元，占8.15%，同比增长1.77%；玻璃包装容器制造完成累计主营业务收入603.12亿元，占5.23%，同比增长8.23%；软木制品及其他木制品制造完成累计主营业务收入403亿元，占3.49%，同比增长4.45%。如图6-2所示。

数据显示，2023年全国包装行业中不同细分领域的表现，其中塑料薄膜制造、塑料包装箱及容器制造、金属包装容器及材料制造等领域的累计主营业务收入占据了较大的比重，而纸和纸板容器制造领域的增长相对较慢。

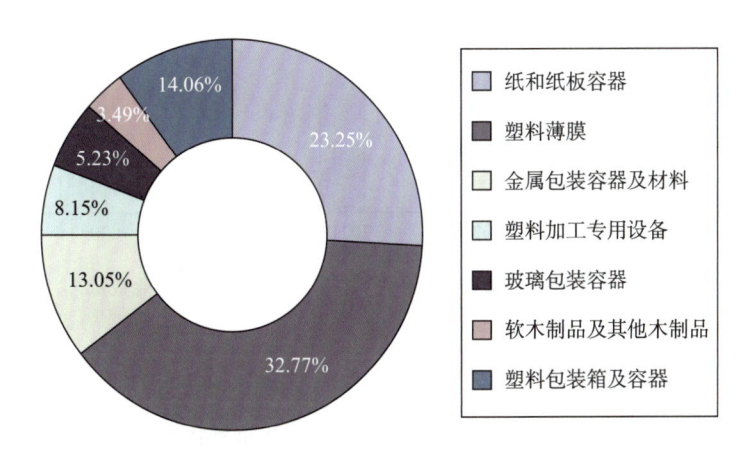

图6-2 2023年全国包装行业主营业务收入情况

6.1.2.2 循环包装行业现状[1]

（1）市场规模

近年来，我国循环包装行业市场规模不断增长。从图6-3可知，2023年，我国循环包装行业市场规模约为485.07亿元。

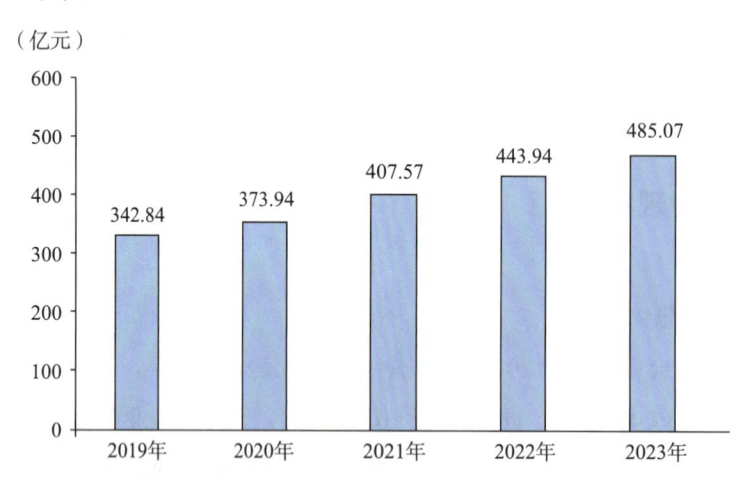

图6-3 2019—2023年我国循环包装行业市场规模

（2）企业数量

我国循环包装行业规模以上企业数量呈稳步上升的趋势。这反映行业入局者逐渐增多，市场竞争日益激烈。中国包装联合会统计数据显示，2022年循环包装行业规模以上企业为8352家，2023年增长到8539家。如图6-4所示。

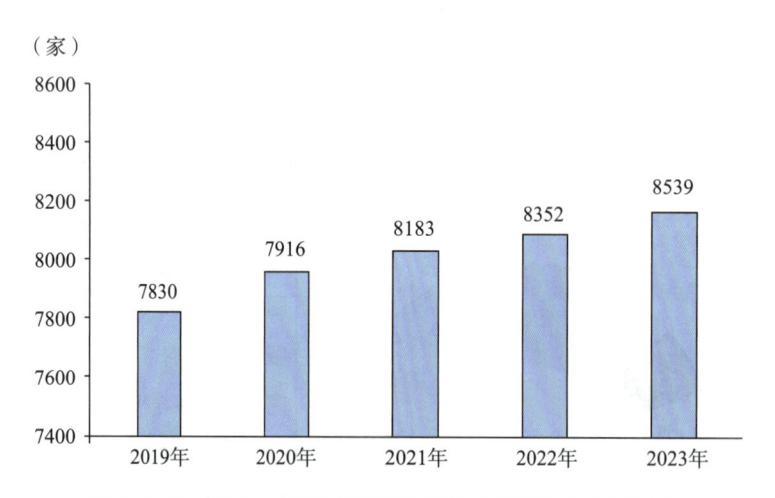

图6-4 2019—2023年我国循环包装行业规模以上企业数量

（3）需求概况

2008年开始，受国家相关政策影响，商场、超市、药店、书店等场所以及餐饮打包外卖服务和各类展会活动均禁止使用不可降解的塑料包装袋、一次性塑料编织袋等。

---

[1] 资料来源：观研天下数据中心（WWTQ）。

自 2019 年底，新型冠状病毒感染疫情暴发以来，非接触式的社交方式促使电子商务市场蓬勃发展，"宅经济""新农业""盲盒"等概念应运而生，消费者对于产品包装的多样化诉求日益提高。2021 年开始，循环包装行业顺应客户消费需求升级，优化产品结构，丰富产品种类，提高产品附加值。与此同时，循环包装行业通过增强技术创新和智能包装服务来满足消费者越来越多的个性化定制、小批量定制、大规模个性化定制等包装需求。

2022 年以来，循环包装行业普遍推行简约减量化和可重复使用的高强度包装设计技术，扶持包装企业开展绿色包装设计，积极生产、使用质量高和便于回收利用的绿色包装工具；同时，在国家邮政局统一部署下，推动电商外卖平台、物流企业、回收企业等开展多方合作，在全国范围内投放可循环的包装工具和回收设施，建立健全的回收体系，规范回收处置。国家邮政局表示，到 2025 年底，全国范围快递网点将禁止使用不可降解的塑料包装袋、塑料胶带、一次性塑料编织袋等。

（4）细分市场

①纸包装

纸是一种传统的包装材料，在现代包装工业体系中，纸和纸包装容器占有非常重要的地位。无论是运输包装用的瓦楞纸箱、销售包装用的彩盒、精品盒，还是产品说明及品牌宣传用的说明书、不干胶贴纸等，均在消费类产品包装中占有较高的比重。但由于纸质包装本身强度不高、纸质包装产品循环复用率不高，因此纸质包装的循环多在材料回收再生、重型纸包装容器领域。从图 6-5 可知，2023 年，我国可循环纸质包装市场规模约为 63.16 亿元。

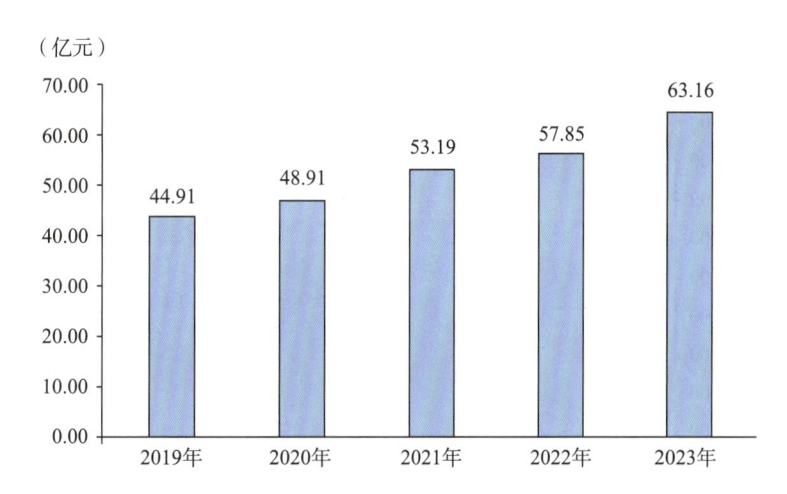

图 6-5 2019—2023 年我国循环纸质包装行业市场规模

②塑料包装

废弃塑料包装的处理方式往往是循环、回收、焚烧、掩埋四种。循环和回收是最环保的处理方式，其遵循的国际准则是全球回收标准（Global Recycled Standard，GRS）。

GRS 最初由总部位于荷兰鹿特丹的管制联盟全球集团（Control Union World Group，CU）公司于 2008 年制定，2011 年将所有权转让给了美国纺织品交易所（Textile Exchange，TE）。至今被品牌商 ZARA、H&M、ADIDAS、优衣库、沃尔玛、宜家、NIKE、李宁、安踏、特步、斯凯奇等品牌带入整个产业链（原料、生产、贸易、品牌），上到品牌商，下到面料商店。这是一项国际、自愿和全面的产品标准，规定了回收内容、产销监管链、社会和环境实践以及化学品限制的第三方认证要求。GRS 的目标是增加产品中回收材料的使用，并减少或消除其生产所造成的危害。

除 GRS，我国相关部门也颁布实施了一批有关塑料包装材料循环、回收与再生的法律法规和政策，以指导塑料包装行业从各个不同方向解决塑料包装的循环问题，例如：

改进塑料循环回收加工技术，使塑料包装材料回收率大幅提高；

推动塑料共混技术、塑料助剂新品及应用技术的提高和发展，在保证塑料包装材料无毒、卫生、环保的前提下，采用低成本技术使塑料包装材料性能提高，为减量化和废旧塑料再生利用提供可能；

创新和研发塑料新材料和新加工技术，开发更多性能优良的塑料材料，实现包装材料减量化；

发展智能化等先进包装技术手段，利用塑料包装材料的可食性、水溶性等特点，降低包装废弃物的产生，提高塑料包装材料的安全环保性能；

通过自主研发和技术创新，降低塑料包装新材料、新技术的成本；

发展生物基塑料，有效地调控生物塑料降解时间和周期，在充分发挥生物基塑料包装材料功能的同时，减少塑料包装材料对生态环境的污染和影响。

2023 年，我国可循环塑料包装行业市场规模约为 161.04 亿元。如图 6-6 所示。

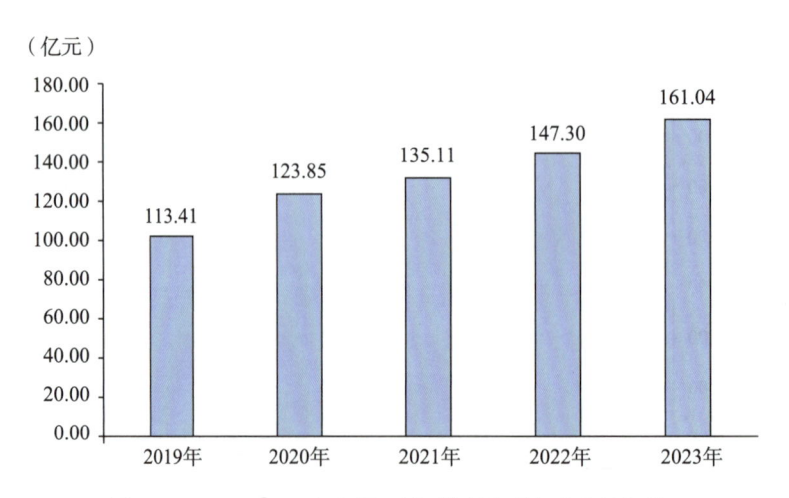

图 6-6 2019—2023 年我国可循环塑料包装行业市场规模

③金属包装

我国金属包装行业历经几十年的发展，现已形成包括印铁制罐、两片罐、钢桶、瓶盖、气雾罐等为一体的完整金属包装工业体系，成为中国包装工业的重要门类之一。

金属包装除了氧化锈蚀等因素外，一般回收利用率高，对环境不会造成大的污染。目前我国在金属包装回收方面，由消费者废弃造成资源浪费的情况比较严重，如何把这些包装废弃物进行回收再利用，是解决金属包装浪费的关键。

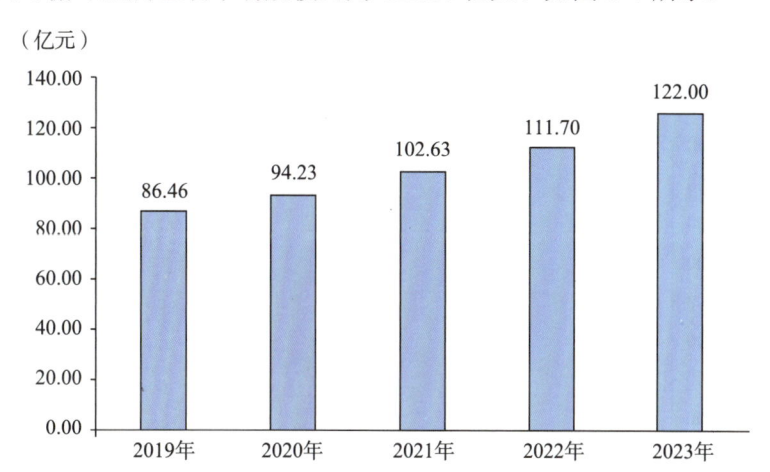

2023年，我国可循环金属包装市场规模约为122.00亿元。如图6-7所示。

图6-7 2019—2023年我国可循环金属包装行业市场规模

④玻璃包装

随着环境友好型、资源节约型社会建设的不断深入和政府监管要求的不断提升，以及社会居民环保意识、节约资源意识不断增强，玻璃包装容器逐渐成为政府鼓励类包装材料，消费者对玻璃包装容器的认可程度也不断提高。回收利用玻璃包装容器有利于节约能源，减少玻璃废料的填埋，减少玻璃原料的开发以及玻璃冶炼过程中的有害物质排放。

传统上，玻璃包装的回收和再利用是根据可重复使用的多用途瓶的再利用和一次性瓶子作为碎玻璃原料的再利用来进行的。回收利用废气玻璃包装材料可以更有效地节约成本和减少废物对自然的危害。在我国，废旧玻璃产品的回收利用率远远高于其他包装材料。回收率最高的是包装罐玻璃，超过50%。

2023年，我国可循环玻璃包装行业市场规模约为53.26亿元。如图6-8所示。

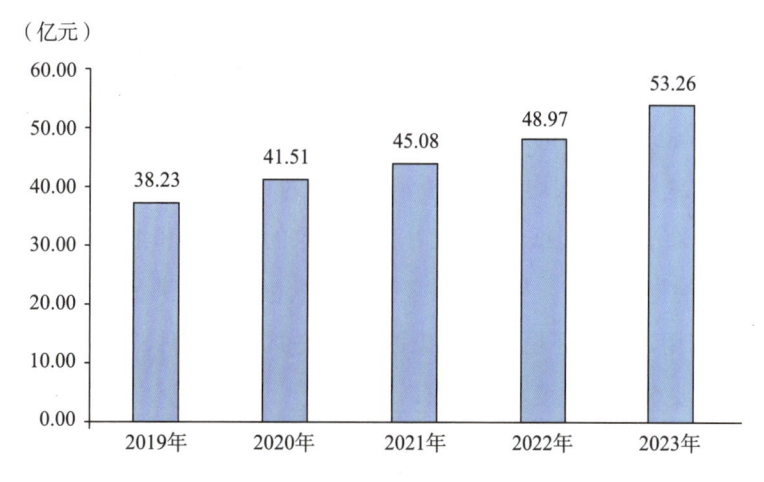

图6-8 2019—2023年我国可循环玻璃包装行业市场规模

⑤木质包装

木质包装容器作为常用的运输包装容器，其重量轻，强度高，耐久性好，适用于机械电子、陶瓷建材、五金电器、精密仪器仪表等易损货品的运输和外包装，尤其是大中型机械产品的包装。

2023 年，我国可循环木材包装行业市场规模约为 77.42 亿元。如图 6-9 所示。

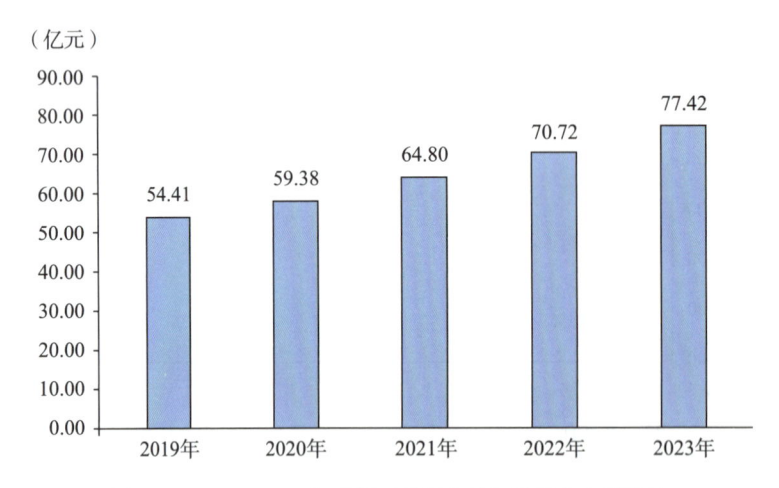

图 6-9　2019 — 2023 年我国可循环木材包装行业市场规模

6.2　循环包装产业上游行业分析

6.2.1　纸包装行业

（1）纸包装行业发展概况

纸是一种传统的包装材料，在现代包装工业体系中，纸和纸包装容器占有非常重要的地位。数据显示，2023 年，全球纸和纸板市场规模达到 3738 亿美元，占全球包装市场规模的 31.8%。尽管这一数据仅代表了包装纸和纸板，但仍可以表明，纸包装材料在全球包装行业中具有举足轻重的地位。根据中国造纸协会等机构发布的报告，近年来我国纸和纸板的生产量和消费量均呈现稳步增长的趋势。数据显示，2023 年我国人均纸和纸板消费量约为 93.37 千克（该数据包含了用于印刷包装行业的纸及纸板，并扣除了生活用纸）。然而，发达国家的人均纸和纸板消费量普遍在 150~300 千克 / 年，我国仍有较大的提升空间。从产品性能上看，纸包装既能满足透气、防潮、抗震抗压等性能要求，又便于回收利用，造成环境二次污染的情况较少，与塑料、玻璃、金属三大包装材料相比，纸包装更符合生态要求和可持续发展要求。

（2）纸包装行业上游企业分析

纸浆是纸包装行业最重要的原材料之一。据中国造纸协会数据，2023 年全年，我国纸浆生产总量 8823 万吨，较 2022 年增长 2.75%。其中，木浆 2312 万吨，较 2022 年增长 9.31%；再生纸浆（废纸浆）5936 万吨，较 2022 年增长 0.37%；非木浆 575 万吨，较 2022 年增长 3.05%。而 2023 年我国纸浆消耗总量 11899 万吨，较 2022 年增长 5.35%。其中，木浆 4931 万吨，占纸浆消耗总量的 42%，其中进口木浆占 23%、国产木浆占 19%；再生纸浆 6435 万吨，占纸浆消耗总量的 54%，其中大部分是国产再生浆，占 50%，进口再生浆只占 4%；非木浆 533 万吨，占纸浆消耗总量的 4%。

再生纸浆是纸包装行业最重要的原材料之一。2012—2017 年，我国废纸浆生产量一直较为平稳，废纸原料来源也较为稳定，2017 年，全国再生纸浆产量达 6307 万吨。随着 2017 年我国开始禁止洋垃圾入境、2018 年供给侧改革和环保政策实施、2021 年国家禁止以任何方式进口固体废物，我国进口废纸大幅减少、中小造纸企业落后产能被淘汰，再生纸浆总产量进一步削减。数据显示，到 2021 年，全国再生纸浆产量已降至 5814 万吨。这之后，随着经济复苏，我国再生纸浆产量又开始缓慢增长，2022 年增长到 5914 万吨。

我国造纸行业规模较大的企业包括山东晨鸣纸业集团股份有限公司、华泰集团有限公司、玖龙纸业（控股）有限公司、山东太阳控股集团有限公司、山鹰国际控股股份有限公司、金东纸业（江苏）股份有限公司、山东博汇集团有限公司、理文造纸有限公司、恒安国际集团有限公司、维达国际控股有限公司、金光纸业（中国）投资有限公司、中顺洁柔纸业股份有限公司等，它们在造纸行业中都具有较高的知名度和影响力。这些企业不仅在产量和产值上表现出色，还在技术创新、市场拓展等方面有着很强的竞争力。

在本书所述纸包装行业上游企业中，还包括大量的一般纸包装印刷生产企业，如瓦楞纸箱、彩盒等生产企业。据《印刷经理人》杂志发布的"2024 中国印刷包装企业 100 强排行榜"，纸包装印刷行业排名靠前的企业包括裕同科技、厦门合兴包装印刷股份有限公司、深圳市旺盈彩盒纸品有限公司、劲佳科技有限公司、西安环球印务股份有限公司、河南盛大彩色印刷有限公司、天津中荣印刷科技有限公司、森林包装集团股份有限公司、鸿兴印刷集团有限公司、厦门吉宏科技股份有限公司、河北和瑞包装有限公司等。

（3）纸包装行业竞争格局

我国纸包装行业上游企业集中度较低，产值排前十的造纸企业的总产值占造纸工业总产值的比例不超过 30%，而产值排前十的纸包装印刷企业，其总产值仅占纸包装工业总产值的 5.6%（截至 2023 年底）。总体来看，纸包装行业分层现象明显：低端产品竞争激烈，高端产品较为紧缺。高端品牌客户在纸包装产品设计、材料选择、生产工艺、检测等方面的技术水平均提出较高的要求，如材料的绿色环保、印刷工艺的精美度、产品的精致和可靠、防伪可溯源等。由于门槛较高，因此优质高端产品较为紧缺。

纸包装行业中小企业市场占有率高的原因是行业准入门槛较低，中小厂商均可进入存活；下游行业领域和订单数量众多，呈现小批量和个性化特点，产品标准化程度较低，单品价值低且受限于运输半径，纸包装企业多临近客户建厂，生产区域化特征较为明显；普通产品经济附加值低，中小企业盈利水平有限，自主研发创新的动力不足。

目前，国内纸包装行业的整合力度逐步加大，环保政策日益严格、原材料涨价等因素使纸包装行业的准入门槛越来越高。同时，在消费升级背景下，包装原有的防护功能需求有所减弱，品牌塑造等个性化需求正在加速包装的升级换代，精品包装迎来发展的黄金期。纸包装行业内小型厂家的环保税将大幅增加，而龙头企业拥有较为成熟的环保措施，且规模效应较强，税费增加幅度有限。这将提升大型纸包装企业的竞争优势，有利于市场向行业龙头企业聚集。

无论是运输包装用的瓦楞纸箱、销售包装用的彩盒、精品盒，还是产品说明及品牌宣传用的说明书、不干胶贴纸等，均在消费类电子产品包装中占有较高的比重，消费电子行业的蓬勃景气促进了纸包装行业的发展。

（4）纸包装行业发展前景

近年来，我国纸包装行业市场规模持续扩大。随着电商、快递等行业的蓬勃发展，包装用纸的需求量持续增长。预计未来纸包装行业市场将不断扩大，一方面，纸包装产品与宏观经济增长紧密相关，随着国内经济发展稳步增长，消费增长会带动包含纸包装在内的行业需求的不断提升；另一方面，纸包装具备环保性、经济性优势，对其他包装替代性强，纸包装在包装行业中占比会进一步提高。未来市场的竞争，更多的是技术的竞争。纸包装行业的技术创新主要体现在技术先进、科技含量高、促进产业升级、提高市场竞争力、可持续发展能力强、降低原材料使用和能耗、节约成本、符合环保、提高效益等方面。因此，未来纸包装技术的发展轨迹是：降低纸包装对环境造成的影响；增加纸包装过程的灵活性；提高纸包装过程的自动化程度；改良纸包装产品的使用方便性；以及优化纸包装一体化的服务水平。

6.2.2 塑料包装行业

（1）塑料包装行业发展概况

塑料包装行业在国内外市场中都展现出强劲的发展势头，尽管面临一些挑战，但整体趋势向好。

塑料包装因其耐用性、轻便性、保护性和经济性等特点，在包装材料领域占据独特优势。整体来看，我国塑料包装行业的规模和利润均呈现增长趋势，尤其是塑料包装箱及容器制造业务，其累计主营业务收入占整个塑料包装行业的比重比较大，且保持了微弱的同比增长。

从更具体的细分市场来看，塑料软包装市场的2020—2023年的年复合增长率为4.87%，显示出强劲的发展势头。这一增长得益于国内经济的稳定发展、消费水平的提升以及下游行业的快速增长。

然而，塑料包装行业也面临着一些挑战。例如，"禁塑令"的实施使一次性塑料制品的使用受到限制。尽管政策意图推动环保材料的使用，但实际上超薄塑料袋等仍在使用，这显示出政策落地执行的一些困难。此外，塑料回收面临瓶颈，可降解塑料的市场接受度有待提高。这些因素都影响了塑料包装行业的可持续发展。

（2）塑料包装行业上游企业分析

塑料包装行业的上游企业主要为合成树脂和塑料助剂的供应商，以及一般塑料包装制品生产企业。

通用合成树脂指 PE、PP、PVC、PS 和 ABS 五大类热塑性树脂，由于其具有优良的可加工性和物理性能，被制成薄膜、中空容器、纤维、编织制品等，广泛地应用于包装、农业、汽车、电子信息、建筑及节能环保等行业。根据智研咨询发布的《2023—2029 年中国树脂行业市场全景调查及投资策略研究报告》，2022 年中国合成树脂产量为 1.27 亿吨，需求量为 1.557 亿吨。其中通用合成树脂产量 PE 占比 27.56%、PP 占比 34.64%、PVC 占比 28.12%、PS 占比 4.24%、ABS 占比 5.44%。

塑料助剂又叫塑料添加剂，是合成树脂进行成型加工时为改善其加工性能或为改善树脂本身性能而必须添加的一些化合物。数据显示，2022 年我国塑料助剂产量达 774 万吨，较 2021 年增长 5.02%；2022 年塑料助剂消费量达 728 万吨，较 2021 年增长 5.97%。随着产能利用率的持续提高以及新产能的陆续投入，我国塑料助剂的产量和消费量将保持稳步增长，2023 年产销分别达到 809 万吨和 768 万吨。

从塑料助剂细分行业的供给情况来看，2023 年我国增塑剂年产能在 700 万吨左右，产地以华东和山东为主；热稳定剂生产厂家有 80 家左右；抗氧剂年产能可达 18 万吨；光稳定剂产能在 5 万吨左右。各主要品种供给情况如表 6-1 所示。同比来看，塑料助剂行业总体处于缓慢增长态势[1]。

表 6-1 我国塑料助剂细分行业供给情况

品种	产能	分析
增塑剂	700 万吨 / 年	我国增塑剂生产企业有 100 多家，10 万吨以上规模企业占总生产能力的 80%，各类增塑剂年产能 700 余万吨，产地以山东、华东为主。
热稳定剂	50 万吨 / 年	国内基本能够生产塑料加工工业所需的所有热稳定剂品种，其中铅盐类约占 34%，硬脂酸盐类约占 21%，复合型约占 28%（部分含铅），有机锡约占 7.5%、其他约占 9.5%。据不完全统计，我国热稳定剂生产厂家近 80 家，能够生产热稳定剂品种约 50 种。
抗氧剂	18 万吨 / 年	我国抗氧剂年产能达 18 万吨左右。
光稳定剂	5 万吨 / 年	光稳定剂年产能在 5 万吨左右，其中受阻胺类在 3 万吨左右、苯并三唑类在 1.2 万吨左右，二苯甲酮类在 0.8 万吨左右。

近几年来，环保形势异常严峻，环保督察力度逐渐加大。国家在各个重点省份均成立督察组进行多轮次督察，在新的平衡建立中势必会倒下一批企业，落后产能、中小企业将陆续被淘汰，增塑等助剂行业将继续整合，行业集中度将进一步提高。

塑料包装制造行业是将原材料加工成各种塑料包装产品，如塑料薄膜、塑料袋、塑料瓶、塑料罐、塑料箱和其他容器等，广泛应用于食品、医药、日化、电子等多个领域。

1　资料来源：《中国塑料助剂行业发展趋势分析与投资前景预测报告（2023—2030 年）》。

从塑料薄膜（厚度为 0.06～0.26 mm）的应用领域看，用量最大、品种最多、应用最广的是包装工业，其消耗量约占薄膜总产量的 2/3，其次是农业薄膜，约占 30%，之后是功能膜，如微孔膜、屏蔽膜、土工膜等。2023 年我国塑料薄膜产量 1777.3 万吨，按此计算，其中约 1185 万吨是包装薄膜，其中食品包装所占比例最大，比如饮料包装、速冻食品包装、蒸煮食品包装、快餐食品包装等。

生产、销售、设计集装箱和其他塑料容器的企业，主要包括塑料制品生产企业、物流箱服务商、快递包装企业等。该行业的主要产品包括塑料盒、塑料桶、塑料储物柜、塑料托盘等。按国家统计局发布的数据，2023 年塑料制品产量为 7488.5 万吨，具体到塑料制品的细分领域，包括塑料包装箱及容器和塑料板管型材、塑料丝绳及编织品和塑料零件等，产量为 4922.2 万吨，所占比例为 63.3%。2023 年，我国塑料包装箱及容器制造行业规模以上企业累计完成主营业务收入 1623.03 亿元（占 2023 年全国包装工业总产值的 14.07%）。

（3）塑料包装行业竞争格局

我国塑料包装行业大体可以分为四个梯队：第一梯队为龙头型企业，主要有黄山永新股份有限公司、安姆科包装（中国）有限公司、上海紫江企业集团股份有限公司等，其营业收入均在 20 亿元以上，塑料包装相关板块收入在 10 亿元以上；第二梯队为行业内主要竞争者，主要有深圳市通产丽星股份有限公司、深圳市王子新材料股份有限公司、珠海中富实业股份有限公司等营业收入在 10 亿元以上，塑料包装相关板块收入在 5 亿元以上的企业；第三梯队为行业中坚力量，主要为佛山市南方包装有限公司、四川省宜宾普拉斯包装材料有限公司、湖北宏裕新型包材股份有限公司、浙江海顺新材料有限公司等大中型企业，此梯队企业数量较多，也更有可能出现新的龙头企业；第四梯队为广大中小企业，产品偏向中低端，企业规模较小，竞争力较弱。塑料包装行业市场竞争激烈，参与者众多，包括国内外塑料包装制品制造商、供应商和分销商等。这些企业通过不断创新、提高产品质量和服务水平，争夺市场份额和顾客资源。

随着市场的不断扩大和竞争的加剧，行业整合和并购重组也将成为趋势。一些具有实力的企业通过并购、重组等方式扩大规模，提高市场份额和竞争力。同时，中小企业也在通过技术创新、产品升级等方式提高自身的竞争力，以在激烈的市场竞争中立于不败之地。

（4）塑料包装行业发展前景

我国塑料包装行业市场规模持续扩大。预计未来几年，随着消费升级和电商市场的持续增长，塑料包装市场将保持稳健增长势头。

塑料包装将走向轻量化。轻量化是指用更少的材料生产包装，对包装进行减重，这对环境和企业而言，都有利。通常，塑料托盘、塑料瓶、塑料罐、塑料软管以及塑料盖等类型容器更容易实现减重的目标。

塑料包装将走向绿色化。随着环保意识的提高，消费者对环保型塑料包装的需求也在增加。可降解、可回收等环保型塑料包装产品逐渐成为市场的"新宠"。未来，生物降解塑料、可回收塑料等环保型材料的应用将日益广泛。

塑料包装行业竞争加剧。未来我国塑料包装行业将呈现多元化的竞争格局。市场上既有龙头型企业，也有大量的中小企业。随着市场的不断扩大和竞争的加剧，行业整合和并购重组也将成为趋势。

再生塑料市场迎来发展机遇。随着环保意识的提高和全球限塑政策的推进，再生塑料的需求量不断增加。同时，政府也在积极推动再生塑料产业的发展，出台了一系列支持政策。未来，随着技术的不断进步和政策的持续推动，再生塑料市场有望迎来更大的发展机遇。

6.2.3 玻璃包装行业

（1）玻璃包装行业发展概况

玻璃包装因其良好的化学稳定性、气密性、耐热性、耐腐蚀性以及环保健康等特点，被广泛应用于食品、医药、化妆品、化学试剂等多个领域。特别是随着消费者对高品质生活方式的追求和环保意识的提高，玻璃包装制品的市场需求逐年增加。近年来，我国玻璃包装容器制造业行业规模整体呈增长趋势。2023年，我国玻璃包装容器制造业规模以上企业实现主营业务收入603.12亿元，同比增长8.23%。这一增长反映了行业规模的扩大和市场竞争力的提高。同时，玻璃包装容器产量的变化也呈现相似的趋势。2023年，全国玻璃包装容器累计完成产量1671.02万吨，同比增长0.37%。这表明，随着国内市场需求的增长和国际市场竞争力的提高，玻璃包装容器的生产和销售均呈现出积极的发展态势。

从地区分布来看，四川省的玻璃包装容器产量位居全国首位，占全国总产量的26.47%。这反映了四川省在玻璃包装容器生产方面的领先地位，同时也体现了地区产业发展的不平衡性。

（2）玻璃包装行业上游企业分析

玻璃包装行业的上游企业主要包括原材料供应商和燃料供应商。

玻璃包装的主要原材料包括石英砂、纯碱、碎玻璃等。这些原材料的质量和价格直接影响到玻璃包装产品的质量和成本。因此，玻璃包装企业需要与优质的原材料供应商建立长期稳定的合作关系，以确保原材料的稳定供应和质量的可靠性；此外，玻璃包装生产过程中需要消耗大量的能源，如天然气、煤炭等。这些能源的价格波动直接影响到企业的生产成本。

玻璃包装企业主要分为规模以上企业和中小企业。规模以上企业通常具有较大的生产规模和市场份额，如山东华鹏玻璃股份有限公司、山东省药用玻璃股份有限公司、重庆正川医药包装材料股份有限公司等，它们拥有先进的生产设备和技术，产品质量稳定，能够满足大客户的需求。中小企业则更加灵活多变，能够根据市场需求快速调整生产策略，但可能在技术、资金等方面存在一定的劣势。

（3）玻璃包装行业竞争格局

我国玻璃包装制品行业竞争格局呈现龙头企业主导的特点。这些企业凭借其强大的生产规模、技术优势和品牌影响力，在行业中占据主导地位。但由于行业内企业数量众多，市场份额争夺激烈。为了提高竞争力，企业需要不断进行技术创新和产品创新，以满足市场多样化的需求。同时，随着消费者对环保和可持续发展的关注度提高，企业还需要在环保材料、生产工艺等方面进行改进，以提高产品的环保性能和可持续性。此外，除了国内企业之间的竞争，跨国企业也积极参与我国玻璃包装市场的竞争。这些跨国企业拥有先进的技术和管理经验，以及强大的品牌影响力和市场渠道，对中国本土企业构成了一定的竞争压力。

虽然玻璃包装行业中的龙头企业具有一定的市场份额和影响力，但整个行业的市场集中度并不高。这与行业内企业数量众多、市场份额分散以及产品差异化程度较低等因素有关。我国玻璃包装行业的区域集中度较高，体现在玻璃包装行业的地域分布上，一些地区由于历史、资源或政策等因素，形成了较为集中的产业集群。例如，四川、山东、河北等地的玻璃包装产量较高，这些地区的玻璃包装企业数量也相对较多，形成了较高的区域集中度。

（4）玻璃包装行业发展前景

在环保要求和能耗指标日趋严格的情况下，玻璃包装行业内技术落后、能耗大、规模小的企业因无法负担环保、能耗等整改要求的成本而逐步被淘汰，而能耗控制能力强，并具有技术、规模、品牌优势的企业得到扶持和壮大，市场呈现不断向行业领先企业集中的趋势。

在"供给侧结构性改革"和"环保整治攻坚战"持续推进的背景下，2023年11月，工业和信息化部颁布了《日用玻璃行业规范条件（2023年版）》，规范日用玻璃行业生产经营和投资行为，推进节能减排清洁生产，引导日用玻璃行业向资源节约型、环境友好型产业发展。此外，在国内日用玻璃行业管理政策日益趋严的情况下，行业内技术落后、能耗大、规模小的企业将逐步被淘汰或兼并，具有技术、规模、品牌优势的企业将得到扶持和壮大，市场将呈现良好发展态势。

6.2.4 金属包装行业

（1）金属包装行业发展概况

近年来金属包装行业持续增长，市场规模不断扩大。2023年我国金属包装行业规模以上企业累计完成主营业务收入1505.62亿元，尽管同比下降1.56%，但整体仍保持较大体量。这一增长趋势得益于中国经济的持续稳定发展和国内消费市场的扩大，以及金属包装产品在食品、饮料、医药等领域的广泛应用。

在我国金属包装行业中，饮料罐是最大的金属包装细分品类，占比达到33%，金属盖、金属大罐、食品罐、化工罐的占比分别为15%、13%、12%、11%[1]。

（2）金属包装行业上游企业分析

金属包装行业上游以马口铁、铝材等供应商为主，包括金属冶炼和加工企业。知名企业如宝钢

1　资料来源：http://www.mei.net.cn/spbz/202403/506483315314825109.html。

集团有限公司、武汉钢铁(集团)公司等，它们提供高质量的钢材原料，用于制造大型金属包装容器。中国铝业集团有限公司、山东南山铝业股份有限公司等，它们提供铝材原料，被广泛应用于饮料罐、化妆品瓶等金属包装容器的制造。还有一些有色金属冶炼企业，它们提供马口铁等有色金属原料，用于制造食品罐头等金属包装产品。上述原材料的价格将直接决定金属包装的成本，进而影响企业的利润。

(3) 金属包装行业竞争格局

①区域竞争

从我国金属包装行业产业链企业区域分布来看，金属包装行业产业链企业在全国绝大多数省份均有分布。其中，广东省金属包装企业分布最多，同时山东、江苏、浙江等省份企业也相对集中。

②企业竞争

目前，我国金属包装企业主要分为三类。

第一类是本土龙头企业：具有丰富的本土管理经验、运作经验和较高的品牌知名度，对本土市场有深入的了解，产业布局贴近客户，生产灵活度高；占有领先的市场份额，有利于发挥规模、成本优势。代表企业有奥瑞金、昇兴集团股份有限公司、上海宝钢包装股份有限公司、中粮包装控股有限公司、嘉美食品包装(滁州)股份有限公司等。

第二类是国际大型金属包装企业：凭借自身的技术优势、资本优势进入中国市场，推动我国金属包装行业的增长；具有国际领先的技术和丰富的管理经验，其产品在节能环保、安全性和模具工艺等方面具有优势，代表企业有波尔亚太（深圳）金属容器有限公司、皇冠集团等。

第三类是中小型金属包装企业：目前我国中小型金属包装生产企业数量众多，普遍不具有规模经济优势，技术水平落后，产品档次较低，使低端金属包装市场长期处于供过于求的状态，相当一部分企业面临被淘汰或被整合的局面。

(4) 金属包装行业发展前景

金属包装行业市场规模将进一步扩大。随着居民消费观念的转变和消费需求的提升，软饮料行业将呈现产业结构调整、品种增多，消费多元化、方便快捷等新趋势，推动我国金属包装行业持续增长，未来几年我国金属包装行业仍存在可观的发展空间。

食品、快速消费品高速增长是金属包装产业发展的第一动力，而包装产品的升级趋势则直接提高金属包装产品在各门类包装产品中的市场份额。未来金属包装将更加注重产品安全包装，更加注重减量化，更加注重可回收利用。

金属包装行业将加快行业调整和整合。面对中小包装企业数量众多、重复建设、低端产品产能过剩的现状，我国金属包装行业将加快行业调整，行业整合趋势日趋明朗。特别是优势企业凭借其领先的技术水平，先进的管理经验以及雄厚的资金实力，不断做大做强，推动行业有序竞争、优胜劣汰，从而提高行业整体竞争实力。目前金属包装的行业龙头企业已开始转向规模化、集团化、专业化发展。

6.2.5 木质包装行业

（1）木质包装行业发展概况

木质包装以其机械强度大、刚性好、抗机械损伤能力强、可回收再利用等优点，被广泛应用于物流运输和产品包装领域。此外，木质包装还可拓展到家具制造、建筑装修等其他领域。在国际贸易和商品流通过程中，木材是应用十分广泛的商品包装材料之一，被广泛应用于化工工业、建材工业、食品工业、食品添加剂工业及医药工业等众多下游领域。

2023年，我国软木制品及其他木制品制造完成累计主营业务收入403亿元，占全国包装行业总营业收入的3.49%，同比增长4.45%。这一数据表明，尽管木质包装在包装行业中的占比不高，但其产值仍然保持了一定的增长态势。

（2）木质包装行业上游企业分析

木质包装行业作为包装行业的一个重要细分领域，其上游企业主要涉及原材料及设备的供应。主要原材料的供应情况将直接影响木质包装产品的生产成本和质量；而木材供应商的选择对木质包装企业来说至关重要，因为需要他们提供质量稳定、价格合理的木材产品。除了木材，木质包装行业还使用其他辅助材料，如胶水、涂料等。这些辅助材料的供应商也是上游企业的重要组成部分，他们的产品质量和技术水平同样影响着木质包装产品的质量和性能。

木质包装行业的生产设备主要有切割机、压合机、成型机等。随着科技的进步，越来越多的智能化、自动化设备被引入木质包装行业。这些设备的性能和质量将直接影响木质包装产品的生产效率和质量，良好的设备能够提高生产效率、降低人工成本、提高产品质量。

（3）木质包装行业竞争格局

当前，我国木质包装行业呈现高度分散和竞争激烈的状态。木质包装行业中的前五大企业所占市场份额不足30%，意味着市场上存在大量的中小型企业，它们与大型企业共同竞争，形成了多元化的市场竞争格局。

在木质包装行业中，主要竞争者包括大型企业、中型企业和小型企业。大型企业通常拥有较强的研发能力、生产规模和市场影响力，能够为客户提供全方位、定制化的包装解决方案。中小型企业则凭借灵活的经营策略、较低的成本和高效的市场响应能力，在特定领域或细分市场中占据一定的市场份额。2023年，木质包装行业排名靠前的企业包括无锡市前程包装工程有限公司、赛闻（天津）工业有限公司、天津市吉利光大包装有限公司、安捷包装（苏州）股份有限公司、扬州首立德包装有限公司等。

随着市场竞争的加剧和行业的发展，木质包装行业将呈现以下趋势。

行业整合加速：大型企业通过并购、重组提高市场占有率，中小型企业则通过合作、联盟等方式实现资源共享和优势互补。

多元化产品线：企业将根据市场需求，不断推出新产品和服务，以满足客户的个性化需求。

国际市场布局：随着全球化贸易的发展，企业将积极拓展国际市场，提高国际竞争力。拥有一定的市场份额则是实现规模化经营、降低单位产品成本、取得有利竞争地位的重要保证。

（4）木质包装行业发展前景

我国木质包装行业近年来呈现稳步增长的趋势。预计到 2025 年，中国木质包装市场规模将突破 700 亿元大关，同比增长率达到 10% 以上。这一增长主要得益于电子商务、食品饮料、医疗健康等行业对安全、环保运输需求的增加。未来，随着全球贸易的进一步发展和跨境电商的持续崛起，市场对木制包装的需求将持续增长。

随着环保意识的提高，绿色包装技术成为木质包装行业的重要发展方向。生物降解木制材料的开发、传统木材处理工艺的可持续性改进等，都有助于降低对环境的影响。

随着行业整合加速和技术创新，大型木质包装企业有望通过并购、重组提高市场占有率，并通过引入自动化、智能化生产系统提高效率、降低成本。中小型企业可能面临技术同质化、环保压力等挑战，需要加大研发投入和转型升级力度。

6.2.6 相关包装专用设备

循环包装专用机械是指用于生产、加工、处理、运用循环包装材料及循环包装产品的机械设备。这些机械通常设计用于提高循环包装的生产效率、质量和耐用性，实现循环包装操作，满足现代物流、仓储和运输行业对环保、可持续包装的需求。理论上，用于一般行业的专用包装设备均可用于循环包装领域。

2023 年底，我国包装专用设备制造行业的市场规模在 500 亿元左右。数据显示，2023 年全国包装专用设备产量出现了下滑。据中商产业研究院数据库，2023 年全国包装专用设备产量为 733525 台，同比下降 20.00%。这种下滑可能与市场需求的波动、行业竞争加剧以及环保政策等因素有关。

我国包装机械行业的市场份额分布非常分散，尚未形成明显的龙头企业和品牌效应。随着环保政策趋严和中小企业生存困难，行业的集中度将会有所提高。

6.3 循环包装下游行业分析

由 2.3 部分可知，循环包装的主要下游行业涉及制造业、批发零售业以及交通运输、仓储和邮政业等多个领域。不同的终端用户使用的循环包装也有所不同。

食品行业使用最为广泛的是托盘及层间垫板；果汁饮料、化工行业则偏向于使用散装容器；在汽车零部件产业中，小型周转箱、塑料蜂窝围板箱、厚片吸塑材料包括料架等的使用都比较普遍，伴随区域供应链甚至全球供应链的逐步完善，汽车零部件的循环包装可达到 80% 的包装材料使用占比，是重度使用循环包装的一个行业。快递物流偏向于使用可循环使用的小型周转箱和可重复使用的瓦楞纸箱。

以下以两个典型行业为例加以分析。

6.3.1 食品行业

循环包装在食品中的应用市场，主要涉及休闲食品、方便食品、速冻食品、外卖餐饮等。

食品包装是食品的重要组成部分，具有保护食品不受外来微生物以及化学和物理因素的影响而变质，维持食品质量稳定的作用。根据食品包装材料的特性，可以将食品包装分为传统食品包装和新型食品包装。目前比较常见的新型食品包装材料有可降解材料、可食性材料、可回收利用材料、纳米材料等。

6.3.1.1 食品行业发展现状

近年来，在国民经济水平持续提高、人均可支配收入稳定增长的背景下，我国食品饮料消费需求持续扩大。据国家统计局数据和中国食品工业协会《2022 年中国食品工业经济运行报告》《2023 年中国食品工业经济运行报告》，2016—2023 年，我国规模以上食品工业企业（不含烟草）完成工业增加值情况如图 6-10 所示。其中，2020 年因疫情影响，增长率降至 1.5%，2021 年、2022 年、2023 年分别达 9.1%、12.0% 和 13.2%，呈现强劲增长态势；2022 年、2023 年，我国规模以上食品工业企业实现营业收入分别比前一年增长 5.6% 和 2.5%，营业收入分别达 97991.9 亿元和 100441.7 亿元。食品工业的快速发展带动了食品饮料包装行业的发展，包装市场需求亦呈现快速增长态势。

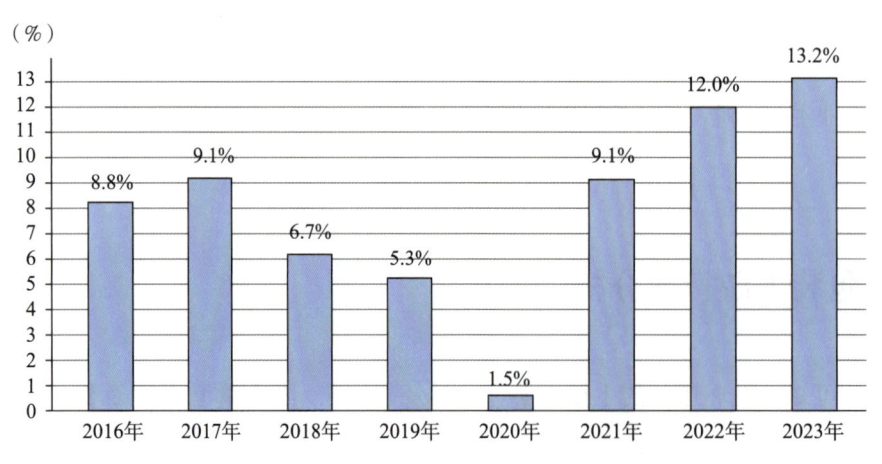

图 6-10　2016—2023 年中国食品制造业增加值

我国食品工业经济形势持续向好。中国食品工业协会发布的报告显示，2023年，全国食品工业（含农副食品加工业、食品制造业、酒饮料和精制茶制造业）4.2万家规模以上企业的营业收入超过9万亿元，同比增长1.0%。其中，食品制造业、酒饮料和精制茶制造业分别实现营业收入同比增长8.0%、6.8%，农副食品加工业营业收入同比下降3.7%。综合华经产业研究院和中国食品工业协会的数据，以食品制造业为例，该行业2017—2023年的营业收入情况如图6-11所示。可以看出，增长趋势逐步变缓。

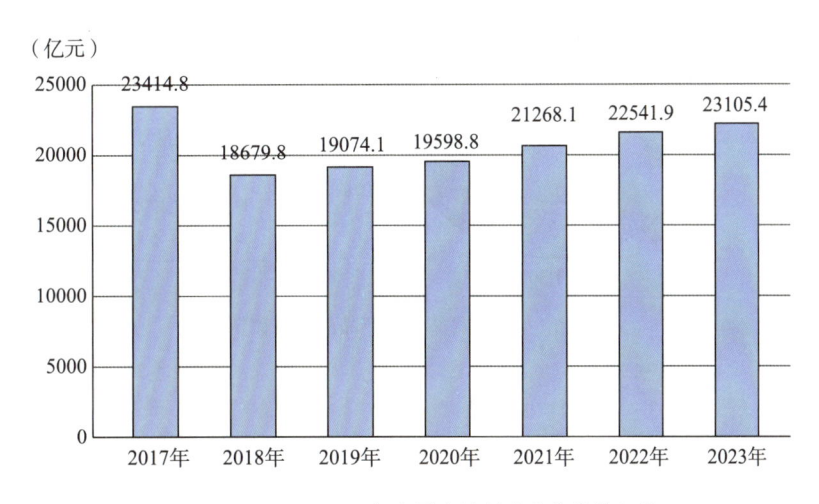

图6-11　2017—2023年中国食品制造业营业收入情况

（1）休闲零食

休闲食品俗称"零食"，是指除主食以外，人们在闲暇、休憩时所吃的食品。通常来说休闲食品可以为坚果炒货、饼干糕点、果脯果干、膨化食品、休闲卤制品、糖果等。近年来，我国休闲食品行业市场规模从2016年的8224亿元增长至2020年的12984亿元，年均复合增长率达12.09%，2022年增长至15132亿元，如图6-12所示。

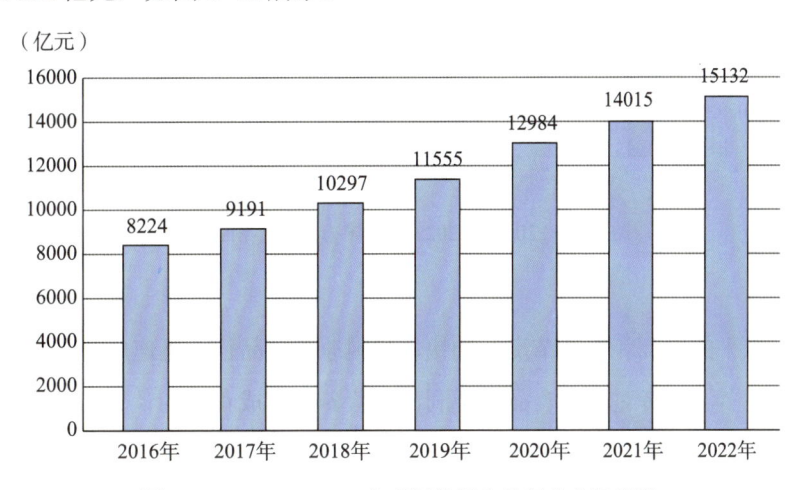

图6-12　2016—2022年我国休闲食品行业市场规模

近年来，我国休闲食品行业产品品类不断增多。从产品品类来看，2022年，市场前三种产品分别为糖果、巧克力及蜜饯，种子及坚果炒货，香脆休闲食品，占比分别为24.20%、18.30%及11.30%。如图6-13所示。

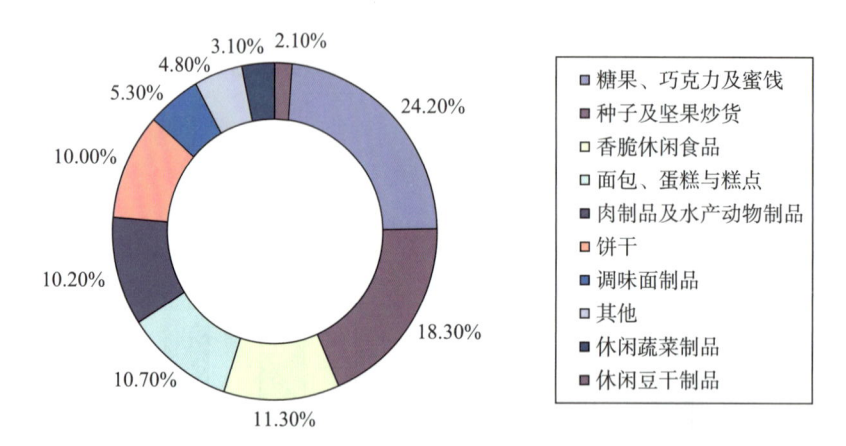

图6-13 休闲食品行业产品品类占比情况

（2）方便食品

方便食品是指做成半成品或成品，然后冷冻或脱水储存，用时简单加工，可随时随地食用的食品。我国方便食品市场十分庞大。数据显示，2019年我国方便食品销售额突破4500亿元，2022年达5160亿元，如图6-14所示。随着自热火锅、方便螺蛳粉、方便凉皮等产品走红，方便食品的市场规模将进一步增长。

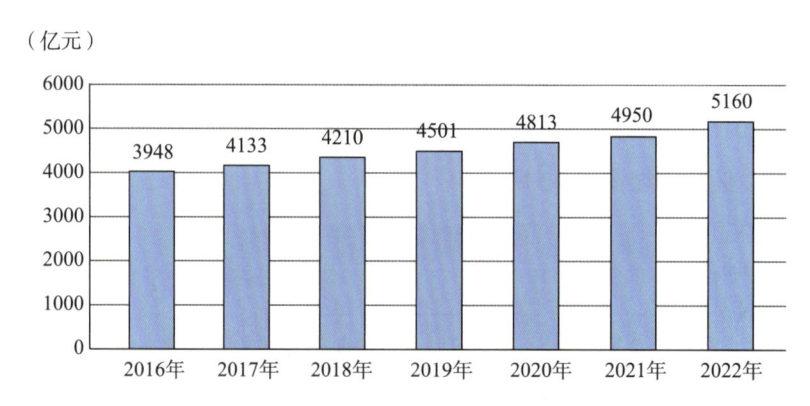

图6-14 2016—2022年我国方便食品销售情况

（3）速冻食品

随着人们收入水平的提高和生活节奏的加快，我国速冻食品行业迅速成长。2020年疫情是一个突如其来的契机，使更多消费者对速冻食品的便利性和营养性形成正确的认识。中商产业研究院分析数据显示，2019年我国速冻食品的市场规模达1400亿元，2022年突破1700亿元，如图6-15所示。

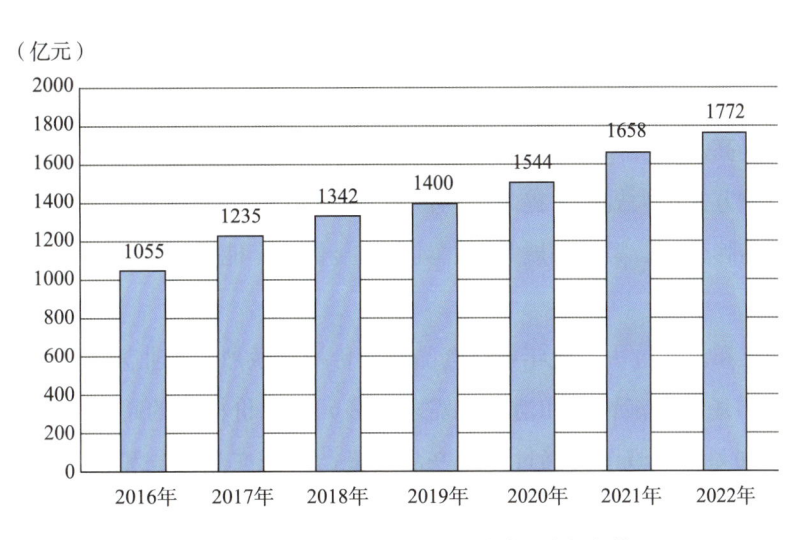

图 6-15　2016—2022 年中国速冻食品市场规模

（4）外卖餐饮

经过多年的发展，我国外卖餐饮行业市场规模不断增长。近两年，外卖行业市场规模能够持续增长主要依托于头部外卖企业强大的大数据分析和运筹优化能力，让外卖平台得以完成从线上点单到线下配送的各个环节。受疫情影响，人们形成了以点外卖的形式购买生鲜蔬菜、药品、日用品等的消费习惯。2023 年我国外卖行业市场规模进一步达到 12000 亿元，同比增长达 26.6%，呈现强劲的增长势头。2017—2023 年我国外卖市场规模如图 6-16 所示。

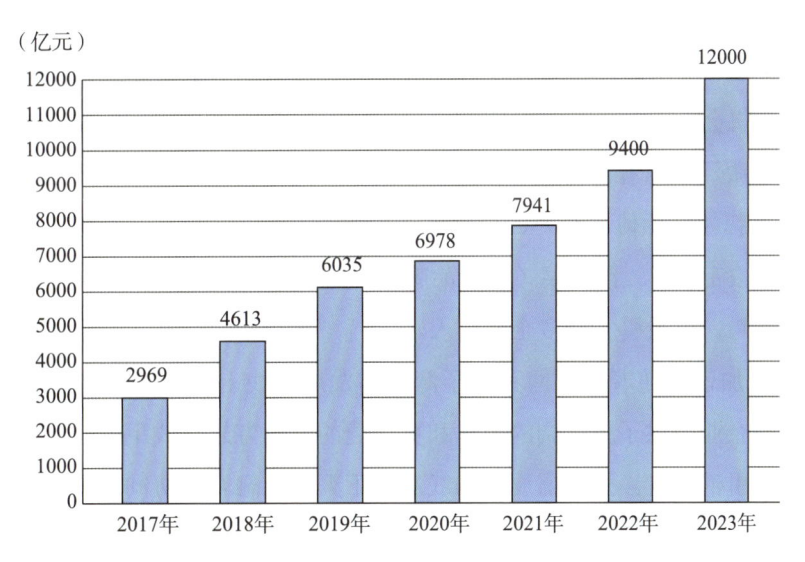

图 6-16　2017—2023 年中国外卖市场规模

6.3.1.2 食品行业的竞争格局

（1）竞争态势

①市场集中度提高。随着行业的发展和市场的成熟，食品行业的市场集中度逐渐提高。大型企业通过并购、重组等方式扩大规模，提高市场份额，形成了一批具有竞争力的龙头企业。这些龙头企业在产品研发、品牌建设、渠道拓展等方面具有明显优势，能够更好地满足消费者的需求，提高市场竞争力。

②价格战趋于缓和。在过去的几年中，食品行业价格战激烈，企业为了争夺市场份额不断降价促销。然而，随着市场的逐渐饱和和消费者需求的多元化，价格战的趋势有所缓和。企业开始更加注重产品的品质和差异化竞争，通过提高产品质量、创新产品口味和包装设计等方式来吸引消费者。

③品牌竞争日益激烈。随着消费者对品牌认知度的提高，品牌竞争在食品行业中越来越重要。企业需要通过加强品牌建设、提升品牌形象和知名度来提高市场竞争力。一些新兴品牌通过社交媒体、直播带货等新型营销方式迅速崛起，对传统品牌构成了挑战。

④供应链竞争加剧。供应链是食品行业的重要组成部分，对产品的品质和成本具有重要影响。企业开始更加注重供应链的管理和优化，通过加强与供应商的合作、提高供应链透明度和效率等方式来降低成本、提高产品质量。

（2）竞争格局

①多元化竞争格局。食品行业呈现出多元化的竞争格局，不同规模和类型的企业在市场上"各显神通"。大型企业通过规模优势和品牌影响力占据市场份额，中小型企业则通过特色产品和灵活的经营策略寻找市场机会。

②细分市场竞争激烈。随着消费者对食品需求的多样化，食品行业细分市场的竞争日益激烈。如方便食品（知名品牌如康师傅、统一、今麦郎、白象等）、烘焙食品（知名品牌如好丽友、达利园、桃李面包、盼盼食品等）、预制菜（知名品牌如味知香、千味央厨、珍味小厨等）等细分市场都呈现快速增长的态势，也吸引了众多企业进入。

③线上线下融合加速。随着互联网和电子商务的发展，线上线下融合成为食品行业的重要趋势。线上平台为食品企业提供了更广阔的市场和更便捷的营销方式，线下实体店则通过提升服务质量和消费者体验来吸引消费者。企业需要加强线上线下渠道的融合和协同，提高整体运营效率和市场竞争力。

④健康化趋势明显。健康、营养、无添加等成为食品行业的热门需求。企业需要顺应这一趋势，加强产品研发和创新，推出更多符合消费者健康需求的产品。同时，企业还需要加强食品安全管理和质量监控，确保产品的品质和安全性。

6.3.1.3 食品包装行业未来趋势

（1）市场规模持续扩大

在以下四个主要因素驱动下，我国食品行业市场规模将进一步扩大。

①消费升级。随着收入水平的提高，消费者对食品的品质、口感、营养等方面的要求也越来越高，推动了食品行业的消费升级。

②懒人经济。现代生活节奏加快，消费者更加追求便捷、快速的食品消费方式，促进了方便食品、预制菜等市场的发展。

③技术创新。食品行业在技术创新方面取得了显著进展，如方便食品行业的蒸面和挤压技术、产品品质劣变的适度控制技术、冷冻冷藏食品复温技术等，这些技术创新提高了产品的品质和口感，满足了消费者的多样化需求。

④政策支持。国家对食品行业的政策支持力度不断加大，如出台了一系列鼓励食品行业发展的政策措施，为食品行业的发展提供了良好的政策环境。

（2）健康化趋势明显

随着消费者对健康饮食的关注度提高，健康、营养、无添加等成为食品市场的热门需求。例如，在月饼市场中，健康化月饼的需求逐渐增加，成为行业的大趋势。同时，方便食品行业也在向更健康、更营养的方向发展，以满足消费者对绿色、营养、健康食品的需求。

（3）个性化与多元化需求增长

不同消费群体对食品的需求日益多样化。例如，年轻人偏好便捷、新颖的食品，老年人则更注重食品的营养和易消化性。在方便食品行业中，消费者要求不断提升、需求越发多元，使方便食品品类不断增加。预制菜、速冻食品等细分市场也呈现强劲的增长势头。

（4）技术创新与产业升级

食品行业在技术创新方面取得了显著进展。例如，方便食品行业在优化蒸面和挤压技术、开发产品品质劣变的适度控制技术、冷冻冷藏食品复温技术等方面取得了突破。这些技术创新将助力食品行业提质升级，为消费者提供更优质的产品。

（5）更加注重可持续发展与环保理念

随着环保意识的提高，食品行业将更加注重可持续发展和环保理念。企业将采用绿色生产方式、环保包装等措施来降低食品行业对环境的影响。

（6）国际合作与竞争加强

尽管面临复杂的国际经济形势，但经济全球化的总体趋势仍在继续，食品行业将面临更多的国际合作与竞争机会。企业需要加强与国际市场的联系和交流，引进先进技术和管理经验，提高国际竞争力。

6.3.2 邮政快递行业

6.3.2.1 邮政快递行业现状

近几年，我国快递物流业高速发展，业务量连续9年居世界首位。2021年我国快递业务量完成1000亿件，2022年1105.8亿件，2023年全年达1320亿件。与此同时，快递包装废弃物总量也在逐年增长。数据显示，快递业每年消耗纸质废弃物超过1000万吨，塑料废弃物约200万吨，并呈逐年增长趋势。因此，近年来，邮政快递业在国家邮政局指导下全力推进生态环保工作，逐步构建与绿色理念相适应的法律标准政策体系，推进塑料污染和过度包装治理，不断强化监督管理，积极推动协同共治。

截至2022年底，全行业电子运单基本实现全覆盖，年均节约A4纸973亿张；包装箱瓦楞纸由5层减为3层，减量达40%；胶带宽度由60毫米减至45毫米以下，减量达25%；包装袋厚度由0.06毫米减至0.03毫米，减量达50%；封套克重由每平方米250克减至200克，减量达20%；全行业累计投放循环快递箱（盒）约1500万个，年节约包装箱达5亿个；全国设置标准包装废弃物回收装置的邮政快递网点12.7万个，年均回收复用瓦楞纸箱超7亿个。

截至2023年底，全行业实现电商快件不再二次包装比例达到90%，深入推进过度包装和塑料污染两项治理，使用可循环快递包装的邮件快件达到10亿件，回收复用质量完好的瓦楞纸箱8亿个。

据资料显示，邮政快递行业超过70%的包装物来自电商卖家或平台。而随着我国电商行业迅猛发展，更多的包装制造商也应运而生。由于纸板和胶带成本的上升，对外售价下跌，快递包装业务的利润空间不断压缩。

6.3.2.2 邮政快递行业产业链

邮政快递行业的上游主要是提供必要的运输工具、能源和包装材料的企业。这是快递和邮政服务的基础，确保了服务的顺利进行。具体包括飞机、车辆、船舶等运输工具，燃油、电力等能源，以及纸包装、塑料包装、金属包装、木质包装等包装用品及其生产商。中游即邮政快递业本身，通过各种运输方式（水路运输、航空运输、铁路运输、公路运输等）提供服务。这些服务连接了上游和下游，确保了物品的快速、安全送达。下游则直接面对终端用户，包括个人用户、企业用户以及电子商务用户等。这些用户的需求覆盖了人们日常生产、生活的各个方面，如图6-17所示。

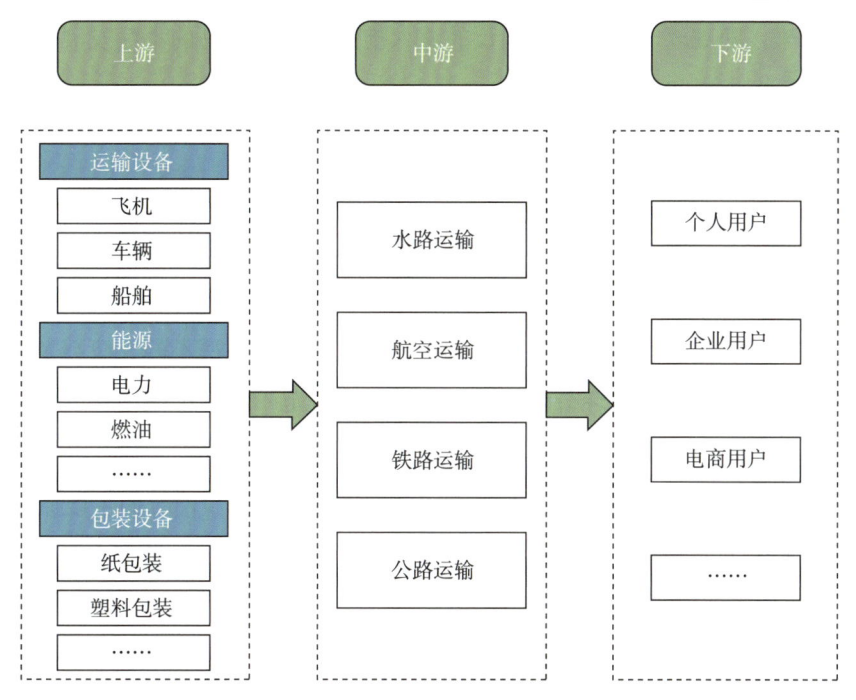

图 6-17 邮政快递业产业链结构

6.3.2.3 邮政快递行业发展趋势

（1）业务量与收入将持续增长

近年来，我国邮政快递行业的业务量与收入均保持持续增长态势。随着电子商务的蓬勃发展和消费者购物习惯的改变，快递业务量不断攀升。同时，邮政快递企业也在不断提升服务质量，拓展业务范围，从而推动了收入的稳步增长。未来，随着数字化、智能化技术的应用，以及跨境电子商务的发展，邮政快递行业的业务量与收入有望继续保持增长。

（2）数字化转型加速

数字化转型已成为邮政快递行业发展的重要趋势。邮政快递企业纷纷加大在数字化、智能化方面的投入，通过应用大数据、云计算、物联网等技术，提高物流效率和服务质量。同时，积极探索智能快递柜、无人机配送等新型配送方式，以适应消费者日益多样化的需求。未来，数字化转型将继续加速，为邮政快递行业带来更多创新空间和发展机遇。

（3）绿色物流成为新趋势

随着环保意识的提高，绿色物流已成为邮政快递行业发展的新趋势。邮政快递企业越来越注重减少包装材料的使用，推广环保包装和可循环包装，降低碳排放和环境污染。同时，积极探索绿色运输方式，如电动货车、氢能货车、无人机等，以减少运输过程中的碳排放。未来，绿色物流将成为邮政快递行业的重要发展方向。

（4）国际化发展加速

随着跨境电子商务的蓬勃发展，邮政快递行业的国际化发展也在加速。邮政快递企业纷纷加强国际合作，拓展海外市场，提高国际竞争力。同时，积极探索跨境物流解决方案，提高跨境物流效率和服务质量。未来，随着"一带一路"倡议的深入推进和全球贸易的不断发展，邮政快递行业的国际化发展将迎来更多机遇和挑战。

6.3.2.4 邮政快递行业的问题与发展策略

（1）问题分析

邮政快递行业传统的包装"取—造—用—弃"线性模式，导致构建规模化、社会化的循环包装运营管理体系的难度较大。如何强化预防包装废弃物的产生，并加强包装废弃物的循环利用是十分重要的问题。当前，我国邮政快递行业包装回收率仍然较低、循环率不高、废弃数量大，寄递包装生产、使用、回收、处置、循环等环节的管理要求和标准规范不清晰、不衔接，寄递企业循环体系不健全、回收与循环渠道及信息不通畅、可循环可复用快递包装产品严重缺乏。政府相关部门未出台行之有效的快递包装回收利用机制，缺乏统一的标准也是造成资源浪费的主要原因。

①可循环包装箱的回收应用困难：企业在前期一次性投入成本高，循环调配存在一定难度，行业标准难以统一。

②以快递公司为主体的逆向回收难以实施。在已建立的正向物流的基础上构建逆向物流的模式会导致快递公司投入额外的人力、物力及财力，成本收益不占优势。

③目前可循环包装箱仅在消费者端进行推广，尚未与上游供应链厂商形成联动，循环共享体系尚待完善，这是物流行业绿色包装推进过程中面临的实际问题。

（2）行业发展策略

邮政快递行业推动循环包装可分为三个阶段：一是加大营投环节包装的回收与循环利用，探索利用投递资源（如驿站和营业网点）和智能信包箱、智能包裹柜等资源实现 C 端循环包装收集。二是积极推行在寄递企业分拨中心和营业网点配备包装废弃物回收装置，建立相应的工作机制和业务流程以推进包装回收。三是推动完善包装材料融入社会资源分类和回收体系，探索建立包装材料全生命周期闭环管理体系。制定适合邮政快递企业循环包装回收"碎片化逆向物流"的全网络循环体系。此外，通过部分环节的经济激励机制、宣传促进包装废弃物的二次或多次使用以及最终回收再生，推动消费者配合循环及回收工作，协同实现邮政快递行业包装可循环、可重复使用、可回收的闭环系统。

6.4 循环包装的其他相关行业概况

除了"4 循环包装行业的供求分析"中介绍的循环包装（产品制造与运营）行业，以及 6.2、6.3 部分介绍的循环包装上下游行业，作为一个完整的产业链，循环包装还包括其他几个重要的行业领域，以下分别进行分析。

6.4.1 包装创意及设计领域

包装创意及设计领域指根据客户需求和市场需求提供循环包装设计服务、设计创意和包装产品的企业、机构和团队。

在我国，循环包装创意及设计领域的发展总体情况较为活跃。特别是最近几年以来，随着环保意识的提升和可持续发展理念的普及，越来越多的企业开始注重循环包装的设计和创意，以响应国家"双碳"战略，践行"两山"理念。

一些企业和设计机构积极探索创新的包装设计理念，提供环保、可循环利用的包装解决方案，包括使用可降解材料、设计易于回收的包装结构、推动包装材料的再生利用等。

一些设计团队通过研究和应用新材料、新工艺，设计出更环保、可持续的包装产品，在提高包装的功能性和美观性的同时，减少对环境的负面影响。

一些设计竞赛和展览活动也为循环包装创意及设计领域提供了平台和机会，促进了设计师们的交流和合作。这些活动不仅展示了创新的包装设计作品，也推动了行业的发展和进步。

总体而言，中国循环包装创意及设计领域的发展呈现出积极向上的态势，越来越多的企业和设计师开始关注并投入循环包装领域，为可持续发展做出贡献。然而，相关研究机构和团队还需要进一步加强创新和合作。

6.4.2 环保技术与设备

环保技术与设备主要涉及循环包装相关的环保技术和设备。

（1）包装材料再生利用技术与装备

这些技术与装备可以将废弃的包装材料进行回收和再生利用，常见的包括废纸回收设备、塑料再生设备、玻璃熔化设备等。

（2）生物可降解材料技术

这些材料可以在特定环境条件下自然降解，以减少对环境的影响。例如，生物可降解塑料、生物基塑料等。

（3）包装材料减量化技术

该技术可通过优化设计和工艺，减少包装材料的使用量，降低资源消耗和废弃物产生。例如，轻量化包装、空气包装等。

（4）环保包装设计技术

通过创新的设计理念和方法，提高包装的可循环利用性和可持续性。例如，设计易于拆解和回收的包装结构、使用可再生材料、推动包装材料的循环利用等。

（5）包装废弃物处理设备

用于处理包装废弃物，如压缩机、破碎机、清洗设备等。

（6）环保包装检测设备

用于检测包装材料的环境影响和可持续性，如生命周期评估设备、环境影响评估设备等。

总的来看，我国环保科技的实力不错，技术水平也很高。各行各业各专业技术领域都基本具备了相关的技术手段、工艺装备，能够满足循环包装行业的可持续发展需求。

6.4.3 环保咨询、服务和认证机构

与循环包装相关的环保咨询、服务和认证机构包括以下几类。

（1）环境咨询公司

这些公司提供环境评估、环境监测、环境管理系统建立和改进等方面的咨询服务。常见的环境咨询公司包括 ERM、AECOM、Golder Associates 等。

（2）碳管理和气候变化咨询机构

这些机构提供碳排放核算、碳减排策略、碳市场交易等方面的咨询服务。常见的碳管理和气候变化咨询机构包括 Carbon Trust、South Pole、Ecofys 等。

（3）可持续发展咨询机构

这些机构提供可持续发展战略、绿色供应链管理、社会责任评估等方面的咨询服务。常见的可持续发展咨询机构包括 SustainAbility、BSR、CDP 等。

（4）环境认证和标准机构

这些机构负责制定和管理环境认证和标准，如 ISO 14001 环境管理体系认证、LEED 绿色建筑认证等。常见的环境认证和标准机构包括 ISO、Green Building Council 等。

（5）环境监测和治理机构

这些机构负责环境监测和治理，包括大气污染监测、水质监测、废物管理等。常见的环境监测和治理机构包括环保部门、环境保护署等。

（6）环境教育和培训机构

这些机构提供环境教育和培训，包括环境意识培养、环境法规培训等。常见的环境教育和培训机构包括环保组织、大学研究所等。

在我国，环保咨询、服务和认证机构的发展规模也逐渐壮大。随着居民环境保护意识的提高和政府对环境问题的重视，环保咨询、服务和认证机构在中国市场上的需求也不断增加。

目前，我国的环保咨询公司主要集中在大型城市和经济发达地区，如北京、上海、广州等。这些公司提供各类环境咨询服务，包括环境影响评价、环境监测、环境管理系统建立和改进等。我国主要的环保咨询、服务和认证机构包括：

①中国环境科学研究院，生态环境部直属事业单位，提供环境科学研究、环境规划和环境工程技术服务等；

②中国环境标志产品认证委员会，负责推动绿色产品认证和环境标准制定，开展环境标志和可持续消费领域的宣传和推广工作，并负责进行环境标志产品认证证书的市场抽检；

③中国低碳产业协会，进行行业自律和管理，代表低碳、节能、环保等行业利益，反映低碳企业的愿望和要求；

④中国环境保护产业协会，代表和服务环保产业，促进环保产业发展；

⑤中国环境信息中心，是生态环境部直属事业单位，提供环境信息收集、分析和发布服务；

⑥中环联合（北京）认证中心有限公司，管理中国环境标志认证。

除了以上机构，还有很多私营的环保咨询、服务和认证机构，它们提供各类环保咨询、环境影响评价、环境监测、环境管理系统建立和改进等服务。这些机构在不同的领域和地区都有一定的影响力和专业性。

上述行业相互关联，共同构成了循环包装产业链，推动着循环包装的发展和应用。

6.5 循环包装相关行业的关系

从循环包装相关行业的发展来看，其产业链相关上下游行业厂商之间、与循环包装行业厂商之间属于共赢的联盟伙伴，上下游相关行业的关系与传统包装行业并无不同，但就循环包装的市场特点、专业特点和内外部影响因素来看，它与相关行业的关系有特殊性。以邮政快递行业内涉及电商行业的寄递企业为例进行简单分析。

随着国家政策的不断出台，寄递企业的绿色包装意识也在不断增强，寄递包装的循环回收实践也在逐步扩大。寄递包装及其回收复用涉及整个寄递领域，不仅是寄递企业还是所有从事寄递业务服务的主体及其关联企业，和社区群体、消费者等的共同责任和义务。长期以来，由于缺少有效的激励措施及与上游供应链厂商形成联动，循环包装共享体系尚不完善。

目前，出现了寄递企业向上与电商协同使用循环包装，向下与专业的第三方回收循环公司合作的成功实践。专业回收循环公司对提高可循环包装的回收效率、回收率和经济效益具有极大的作用。通过与专业的第三方循环包装回收公司展开合作，寄递企业实施管理监控，第三方平台负责可循环包装的调拨。各主体的操作人员与运营流程被合理安排，包装物归集成本和运输成本得到有效控制。也有寄递企业单位借鉴托盘共享模式，采用服务外包式策略，将循环包装以租赁形式投入使用，包装管理则由第三方主体全权负责，管理更为灵活。

7 循环包装行业的厂商行为分析

7.1 循环包装行业的营销行为

7.1.1 循环包装行业的市场分析

随着我国工业化、城镇化和现代化建设的推进，资源需求大幅度增长，资源供需矛盾日益突出，环境压力越来越大。因此，必须从战略和全局高度，把建设节约型社会和发展循环经济摆在更加突出的位置，进一步转变经济增长方式，以资源的高效和循环利用促进经济、社会的可持续发展。调研分析可知，我国循环包装行业的市场现状如下所述。

（1）市场规模与增长情况

近年来，我国循环包装市场规模持续增长，显示出强劲的市场增长势头。据中研普华产业研究院发布的数据，2022年我国可循环包装行业产值已达到2292.35亿元，同比增长12.3%。预计未来几年，循环包装行业市场规模将继续保持稳定增长，到2029年有望达到数千亿元。

（2）市场需求与驱动因素情况

政府环保政策的强力推动是循环包装市场增长的重要驱动力。为应对塑料污染挑战，政府出台了一系列严格的环保政策，明确鼓励企业采用可循环包装材料，并限制一次性塑料包装的使用。这些政策的实施提高了可循环包装的经济性，激发了企业采用可循环包装的积极性。

随着消费者对环保和健康关注度的日益提高，各行各业对可循环包装的需求也在不断增加。特别是在食品和饮料、医药、化妆品、物流等行业，可循环包装的应用越来越广泛。

科技进步为循环包装行业提供了更多的创新机会。新材料、新工艺和新技术不断涌现，如生物降解材料、可回收材料、智能化与数字化技术等，它们的应用提高了可循环包装的性能和质量，降低了生产成本。

（3）市场竞争情况

当前，我国的可循环包装行业仍然处于分散竞争的状态，市场集中度较低，中小企业是市场的主要参与者。然而，随着行业的不断发展，一些国际知名包装企业和专注于可循环包装的创新型企业逐渐崭露头角，市场竞争日益激烈。企业间在技术创新、产品定位、市场拓展以及成本控制等方面展开激烈竞争，旨在通过技术领先和优质服务获取更大的市场份额。

（4）产业链与协同发展情况

循环包装行业的产业链涵盖了上游/原辅材料行业、循环包装供应商与回收再生企业、下游/用户产业等环节。随着产业链的不断完善，各环节之间的协同合作日益加强，形成较为完整的闭环。例如：原材料供应商提供更多环保、高性能的包装材料；包装设计机构根据市场需求设计出更加符合消费者期望的包装产品；循环包装制造商采用更加先进的生产工艺和技术，提高产品质量和生产效率；回收再利用环节则更加完善，可降低回收成本，提高资源利用率。

7.1.2 循环包装行业的市场营销

7.1.2.1 概述

（1）市场营销的概念

市场营销是商品或服务从生产者手中移交到消费者手中的一种过程，是企业或其他组织以满足消费者需要为中心进行的一系列活动。即市场营销既是一种职能，又是组织为了自身及利益相关者的利益而创造、沟通、传播和传递客户价值，为客户、合作伙伴以及整个社会带来经济价值的活动、过程和体系。其主要是指营销人员针对市场开展经营活动、销售行为的过程。

市场营销源于工业的发展，共经历了四个发展阶段：初创阶段，应用阶段，发展阶段和成熟阶段。

市场营销于19世纪末到20世纪20年代在美国产生，这时的市场营销研究的范围很窄，局限于商品流通领域，主要研究广告和商业网点的设置。商品到达消费者手中即进入消费领域以后的问题，则不属于市场营销学的研究对象，显然这是一种早期的、过时的市场营销概念。

20世纪20年代至第二次世界大战结束为应用阶段，此时初具规模，美国企业开始大规模运用市场营销学来运营企业，打开海外市场，欧洲国家也纷纷效仿。此阶段市场营销的发展表现在应用上。这个阶段，市场营销学的研究特点是：并没有脱离产品推销这一狭窄的概念；在更深更广的基础上研究推销术和广告术；研究有利于推销的企业组织机构设置；市场营销理论研究开始走向社会，被广大企业所重视。

20世纪50年代至20世纪80年代为市场营销的发展阶段，美国军工经济开始转向民众经济，社会商品急剧增加，社会生产力大幅度提高，而与此相对应的居民消费水平却没有得到多大的提高，市场开始出现供过于求的状态。此时，美国市场营销学专家W. Aderson与R. Cox提出"广义的市场营销学，是促进生产者与消费者进行潜在商品或劳务交易的任何活动。"这一观点使营销开始步入全新的阶段。

20世纪80年代至今，为市场营销的成熟阶段，主要表现在：与其他学科关联，如经济学、数学、统计学、心理学等；开始形成自身的理论体系。20世纪80年代是市场营销学的革命时期，开始进入现代营销领域，市场营销学的面貌得以焕然一新。目前，我国仍处于社会主义市场经济初级阶段，由于社会生产力发展程度及市场发展趋势，经济体制改革的状况及广大居民收入状况等因素的制约，中国企业经营观念仍处于以推销观念为主、多种观念并存的阶段。

（2）市场营销理论的发展

随着19世纪末工业的发展，"营销"也在美国诞生。彼时的"营销"更侧重于销售技巧，没有形成营销理论或概念。后来，在企业生产供过于求的情况下，营销理论开始受到关注并得到发展和完善。

营销策略是基于市场调研，发现市场的需求和客户的期望，运用价格、渠道、产品、促销等策略，以满足市场需求，实现企业的盈利。该理论最早诞生于20世纪60年代。杰罗姆·麦卡锡（Jerome McCarthy）认为，市场需要简化，使其容易记忆和传播。他提出了4P理论，即产品（Product）、价格（Price）、渠道（Place）、促销（Promotion）。产品策略是在生产材料、装饰设计、品牌商标等确定时，赋予产品个性和灵魂，留下深刻的印象在消费者心中；价格策略，是产品的价格的制定，主要考虑市场状况、成本状况、产品的竞争等条件来确定价格；渠道策略是企业为了向客户分销产品而采用的通道，渠道有很多类型，如直销、加盟商、代理商等，公司会根据自己的情况选择合适的渠道；促销策略是公司的销售员通过一定的促销计划，如代金券、折扣、全额现金返还、无偿积分赠送和其他相关方法，以增加产品的销售量。

20世纪初，随着商业发展和贸易的增加，现代意义上的营销理念开始形成。1905年，克罗齐在宾夕法尼亚大学首次开设"产品市场营销"课程；1911年，第一个正式的市场研究部门在柯蒂斯出版社成立；1923年，专业的市场调研公司AC Nelson在美国成立，并在这里诞生了理性的营销活动。从那时起，研究市场和建立营销信息系统已成为营销活动不可或缺的一部分。

随后，市场营销的理论得到了广泛发展，4C和4R等理论先后出现。进入20世纪60年代，市场形势已经从卖方市场转变为买方市场，企业管理也从一个较为保守的经营理念发展为一个相对较新的经营理念。随着市场形势的变化，营销方式更加复杂和多样化。罗伯特·劳特朋（Robert F. Lauterborn）推出了4C理论。4C理论以消费者的需求为导向，并重新定义了营销组合的四个基本要素，重点是消费需求和期望。它们指的是消费者（Consumer）、成本（Cost）、便利（Convenience）、沟通（Communication）。唐·E. 舒尔茨（Don E. Schultz）提出了"4R"营销理论。作为第三代营销模式，他以客户忠诚为导向，重视客户忠诚度对实现企业营销目标的重要性。关联（Relevancy）、反应（Reaction）、关系（Relationship）和回报（Rewards）这四个要素代表了企业与客户建立关系的过程，也是企业营销目标实现的主要过程，这就要求企业能够不断强化与顾客之间的联系，提升自身的服务能力。金·卡德来茨（Kim Kadlec）认为传统的4P营销策略已经不完全符合现代企业的发展，提出了"新4P营销策略"理论，即意义（Purpose）、参与（Presence）、接近（Proximity）和合作（Partnership）。

相对于国外营销理论的发展，国内对营销理论的研究起步较晚，也在欧美营销大师的基础上形成了许多理论。20世纪80年代，营销理论从西方引入中国。从那时起，中国逐渐与国际营销界沟通。随着经济的改革，中国的营销理论逐步完善，得到实践的机会也越来越多，发展也越来越快。但是我国的学术界主要也是从国外的营销理论基础上进行的演化发展。

任鹏（2013）、冯巧云（2015）、王岱岳（2019）等从"企业大客户"角度对营销策略进行了探讨。在他们的观点中，可以看出大客户群体已经是企业进行市场营销过程中最关注的群体，往往对大客户的营销能力决定了企业的发展态势。潘丽（2019）、杨娟和周培（2018）、吕培帆和徐晓燕（2018）等从"服务营销"角度对营销策略进行了探讨。在他们的观点中，可以发现目前企业和组织对服务与营销相结合的重视程度也在不断加深，越来越多的企业将服务营销一体化作为主要的商业模式基础。

张健（2019）、钟晓芳（2019）、邓蓓（2019）、左安洁（2019）等则从"精准营销"角度对营销策略进行了探讨。他们的观点是以大数据分析为基础，在面对客户的服务过程中，借助数据产生的归集结果对具有群体特征的客户提供近似性服务。从国内的文献来看，国内对营销策略的研究已逐步从以产品为中心转向以消费者为中心，即了解消费者需求，满足消费者需求，探索消费者心理，掌握消费者心理是当前营销策划的主题。与此同时，由于市场竞争激烈，随着市场环境的变化，国内营销不断有新的发展，许多公司都在努力进行创意营销。

（3）营销环境常用分析方法

① PEST 分析方法

PEST 分析是战略咨询顾问用来帮助企业检阅其外部宏观环境的一种方法。不同行业和企业根据自身特点和经营需要对宏观环境因素做分析，分析的具体内容会有差异，但一般都应对政治（Politics）、经济（Economic）、技术（Technology）和社会（Society）这四大类影响企业的主要外部环境因素进行分析，简称为 PEST 分析法。

② 机会威胁分析矩阵法

机会和威胁分析，是企业战略规划的基础。机会是营销环境中对企业营销有利的各项因素的总和。威胁是营销环境中对企业营销不利的各项因素的总和。对威胁的分析主要从两个方面着眼：一是分析威胁对企业的影响程度，二是分析威胁出现的概率大小，并将这两个方面结合在一起。

企业在威胁分析的基础上还必须进一步进行机会分析。机会分析的思路同威胁分析相仿，一是考虑机会给企业带来的潜在利益大小，二是考虑机会出现的概率大小。

在实际的客观环境中，单纯的威胁环境与单纯的机会环境都是极少的，通常总是机会与威胁同在，风险与利益共存。所以，企业实际面临的是综合环境。

③ SWOT 分析法

SWOT 分析是一种综合考虑企业内部条件和外部环境的各种因素而选择最佳营销策略的方法。其中，S 是指企业内部的优势（Strength），W 是指企业内部的劣势（Weakness），O 是指企业外部环境的机会（Opportunities），T 是指企业外部环境的威胁（Threats）。这里优劣势是对企业内在的强项与弱项进行分析，而机会与威胁是分析企业的外在环境可能产生的影响。掌握了外在环境带来的机会及威胁，也就掌握了企业"做什么"；掌握了企业的长处及弱点，也就掌握了企业"能够做什么"。SWOT 分析能简洁清晰地反映企业所处的市场，SWOT 分析表在实务上通常为一般企业所采用。

7.1.2.2 循环包装行业典型品牌营销策略

（1）个性定制——华耐包装材料（天津）有限公司

华耐包装材料（天津）有限公司（以下简称"华耐包装"）专注于纸质循环及重型包装产品的创新与研发，主要为客户提供一体化的包装解决方案。该企业主要生产各种三层、五层、七层瓦楞纸箱纸盒（A楞、B楞、E楞、AB楞、BE楞、ACB楞、AAA楞），纸护角，纸托盘，滑托盘，珍珠棉，EPE，EVA，木箱、木托盘，以及防震、防锈、防潮等各种包装制品，让用户实现一站式采购。华耐包装部分产品如图7-1所示。

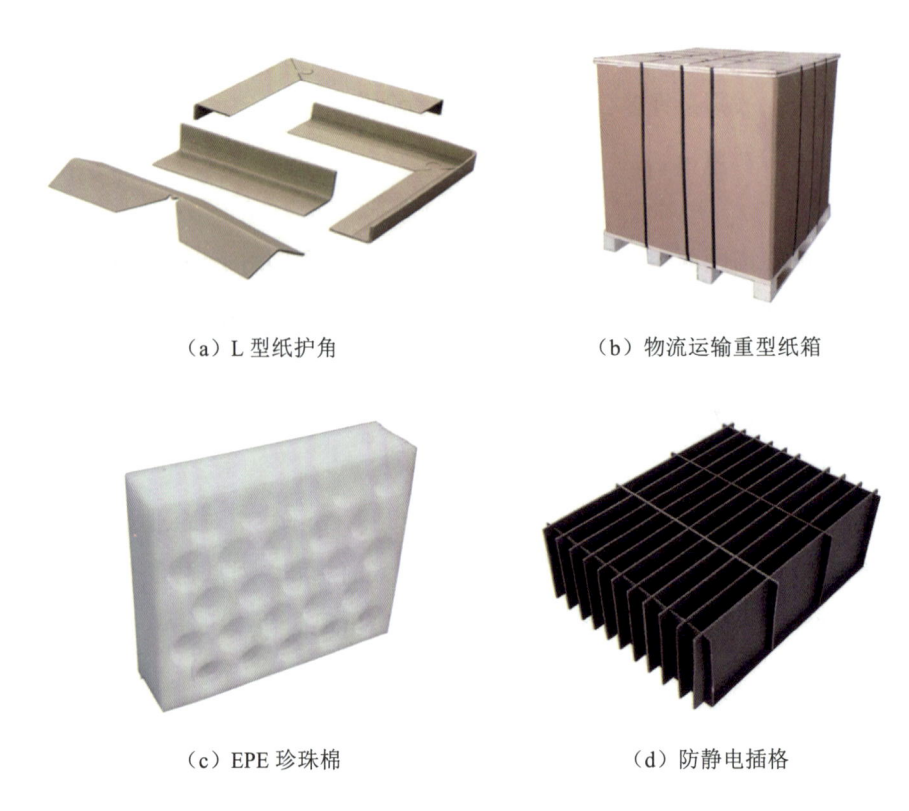

（a）L型纸护角　　　　（b）物流运输重型纸箱

（c）EPE珍珠棉　　　　（d）防静电插格

图7-1　华耐包装部分产品
（图片来源：http://www.tjhnbz.com/）

近年来瓦楞纸箱行业快速发展，产品升级迭代趋势明显。高端客户对包装印刷的要求也不断提高，除储运、保护、防潮、抗压等功能作用外，也对瓦楞纸箱的产品展示、品牌强化、消费引导的增值性作用有所要求。为突出产品特色满足客户需求，华耐包装采用个性化营销方式，考虑客户实际情况，为客户提供个性化服务。在纸箱制作前会按照客户需求进行打样，审核之后保质保量完成任务并送货上门，为客户提供一体化包装解决方案，方案涵盖设计、优化、测试、生产、库存管理、配送、售后服务等全流程。这种模式使得包装设计、库存管理、配送成为瓦楞纸箱企业提供的增值服务，亦成为新的盈利增长点。

在个性化营销中，企业把对人的关注、人的个性释放及人的个性需求的满足推到中心地位。企业与市场逐步建立一种新型互动关系，与消费者建立更为个性化的联系，及时地了解市场动向和消费者的真正需求，向其提供个性化的销售和服务。消费者可以根据需求提出商品性能要求，企业尽可能按其要求进行生产，迎合消费者的个别需求和品位，并应用信息，采用灵活战略适时地加以调整，以生产者与消费者之间的协调合作来提高竞争力。个性化是所有营销战略中的重要因素，它包含在产品开发之中，并以有关个性化的程度和性质的决策来指引产品开发和企业发展的方向。

个性营销是随着社会经济的发展，市场进一步个性化的必然要求，它强调当今企业必须满足消费者个性化的需求，代表着当今企业营销理论和实践发展的新趋势。个性营销一方面指企业的营销要有自己的个性，用自己的特色创造出需求吸引消费者；另一方面是指企业要全方位地满足消费者个性化的需求。也就是说企业要开发出个性化、丰富多彩的产品，以突破常规的富有冲击力的营销，挖掘、引导、创造并满足市场需求，顺应当今消费者求新、求异、求变的个性化消费潮流。

（2）网络智能——裕同科技

获得"中国印刷包装企业100强第一名""中国优秀包装品牌"和"国家印刷示范企业"等荣誉的裕同科技是国内领先的高端品牌包装整体解决方案提供商。裕同科技实行集团化管理，截至2022年7月，其已拥有80家子公司和7家分公司，在我国华东、华南、华北、华中、西南以及越南、印度、印度尼西亚、泰国等地设有生产基地，并在美国、澳大利亚等地区设有40多个服务中心，就近为全球客户提供服务。近年来，裕同科技实行加大新兴市场及国际国内品牌客户拓展、及时优化组织架构、全面推进降本增效以及加快信息化和智能工厂建设等措施，2023年其营业收入约152.23亿元。

裕同科技以不断打造"绿色、环保、低碳"的印刷包装企业为发展方向，一直关注行业最新动态，致力于绿色包装、环保包装、循环包装、功能包装的开发与应用，倡导绿色包装可持续发展。

裕同环保是裕同科技旗下专注于环保包装和可持续发展的子品牌。裕同环保将环保理念注入整个产品制造流程，从原料、工艺、设计、生产多个维度，在成就包装价值的同时，主动践行节能减排，帮助客户提升产品形象。裕同环保通过开发不同类型100%生物可降解原料，结合标准化、自动化、绿色化成型工艺，使产品不仅满足传统塑料包装对结构强度、表观性能的要求，还符合ISO以及欧美对环保产品的要求，完全降解无残留。裕同环保的包装设计严格遵守减量化、再利用、再循环的3R原则：对于层压产品，采用易于分离的设计，产品使用后易于回收利用；在保证必要功能的情况下，减少包装材料的使用；对于不能完全改变为环保产品的产品，提供减塑解决方案；通过独特的设计为包装创造实用功能。裕同环保相关包装产品如图7-2所示。

(a) 纸托　　　　　　　　　　　(b) 环保餐具

(c) 全降解环保包装袋

图 7-2　裕同环保相关包装产品

纸托采用纸浆模塑技术制成，环保无污染，具有良好的防震、防冲击、防静电、防腐蚀效果，广泛应用于电子、机械零部件、工业仪表、工艺品玻璃、陶瓷、玩具、医药等行业的包装。环保餐具采用纯天然植物纤维制成，能够替代一次性塑料制品、具有100%可降解堆肥、缓冲性能良好等特点，可用于堂食、外卖打包。且具有防水、防油、耐高温、无毒害的性能，能够广泛替代一次性餐具，避免产生"白色污染"。全降解环保包装袋废弃后可自行分解，减少环境污染；能广泛用于餐具、购物袋、食品保鲜膜、快递包装袋等多种类型产品，为食品、商超、物流企业的环保宣传提供技术和产品支持。

在环保可循环包装产品基础上，裕同科技注入了新的元素。以可变二维码、RFID/NFC 标签、数字水印、隐形水印、大数据技术及 AR 增强现实技术在包装上的应用为研究对象，通过对产品的原材料、生产、仓储、物流、销售、消费等环节的信息采集，构建了裕同智慧物联大数据平台。通过云计算、移动互联网等技术，帮助多个品牌客户实现了产品的防伪、追溯、移动营销和品牌宣传。在增强消费者体验感的同时加大了企业的品牌宣传力度，同时裕同科技也开拓了一种新的商业模式，逐步减少对传统商业模式的依赖。

当前我国互联网迅猛发展及社会生产力显著提高，社会消费结构和消费能力不断优化提升。由此，网络营销越来越成为互联网时代企业发展的重要环节。结合产品具有绿色环保和智能先进的优势以及企业致力于成为客户信赖、员工爱戴、社会尊重的国内领先、国际知名印刷包装企业的愿景，裕同科技也制定了一系列网络营销策略以达到事半功倍的效果。

裕同科技基于互联网和社会关系网络连接企业、用户及公众，向用户与公众传递自己的企业文化、产品信息和行业解决方案，为实现顾客价值及企业营销目标进行了一系列规划、实施及运营管理活动。

在运营方面，裕同科技自主研发 WMS、MES、物流系统、供应链平台，并在集团全面推广，将库存准确率、WIP 准确率、TEEP 等指标提高到 90% 以上，实现了财务高效、准确核算；通过在线供应商管理、在线招投标、在线询价核价、在线叫料、在线对账等，实现了全集团阳光采购、高效协同、全流程透明，大幅提高采购效率，降低采购成本 10% 以上；物流系统实现了在线招标、在线定价、车辆管理、吨位管理、在线预约、在线回单、在线对账，全过程实时透明、高效，降低年度物流费用 10% 以上。为推动向互联网包装企业转型，裕同科技自主设计和开发完成基于微服务架构的云 ERP 系统，该系统提供在线接单、在线定制、系统自动排程、IoT、仓储管理、在线采购等功能；为配合公司生态战略，自主研发供应链云平台，支撑了全集团供应链统一平台、统一管理、统一对账和支付等高效运营。裕同科技通过构建信息化管理系统，连接内外，从生产、仓储、交易、物流等各环节，实时汇集物流、信息流、资金流，形成三位一体的完整供应链信息，进而提供大数据服务、金融服务，把资金作为整个供应链的溶剂，解决中小企业融资难和供应链失衡的问题，增加资金流动性，促进中小企业与裕同建立长期战略协同关系，提高供应链的竞争能力。

在销售方面，裕同科技已和淘宝、京东等大型电商开展合作。裕同科技旗下云创科技是专为用户提供个性化文创商品的平台，拥有自主研发的云创盒酷 DIY 软件，该软件是全国首个基于互联网的在线编辑器，用户可以在线自主选择盒型以及海量设计素材，全程在线完成设计。2017 年 10 月 20 日，阿里巴巴宣布推出 1688 超级店——一个专业级的工业品 / 原材料组货平台，云创盒酷成为首批入驻的 12 家品牌之一，裕同科技也是印刷包装行业唯一入驻的企业。

裕同科技与其他包装企业相比，不仅产品涉及智能化，实现了生产、仓储、运输、加工、销售等供应链各环节的有效追踪；而且网络营销策略的制定和数字营销平台的建立在很大程度上提高了市场人员的推广销售能力。

营销环境的发展会影响企业制定的营销策略，新冠疫情的影响和互联网技术的发展推动了裕同科技网络营销的发展。一方面，新冠疫情的来临使传统线下实体经济遭受一定打击，消费者的线下购买方式受到限制，开始更多地转移到线上购买以满足需求，电商经济随之走红，为裕同科技网络营销的发展带来社会环境优势；另一方面，互联网技术的进一步发展，支付、搜索、线上沟通技术的进步促进了线上购物平台的发展，为裕同科技网络营销的发展提供了技术环境优势。综合来看，裕同科技开展网络营销优势显著。随着消费者消费水平的不断提升，人们更加注重产品本身以外的附加价值。裕同科技的智能包装设有二维码，这让每一件商品都拥有自己的身份证，并集产品介绍、防伪溯源、营销推广等多功能于一体，可实现二维码与产品信息的关联绑定。这些都满足了现代消费者追求创新和实用的需求，为其开展网络营销带来了用户群体的优势。

互联网经济的不断发展会导致市场竞争进一步加剧，网络营销的成功开展逐渐成为企业发展的关键。裕同科技的成功与其网络营销的成功开展密不可分，在未来的发展过程中，裕同科技需进一步实施和优化网络营销策略。

（3）绿色创新——上海艾录包装股份有限公司（以下简称"上海艾录"）

上海艾录前身为上海艾录纸包装有限公司，于 2006 年成立，是国内第一批进入工业纸袋包装领域的公司，产品包括阀口袋、方底袋、热封口袋、缝底袋等。经过多年技术和生产能力积累，其产品矩阵不断丰富，并于 2018 年进军技术壁垒较高的奶酪棒包装领域，与妙可蓝多签订战略合作协议，目前是妙可蓝多奶酪棒包装的最大供应商。上海艾录客户覆盖食品、建材、化工、医药等众多行业，已由国内领先的工业用纸包装公司，成长为一家工业与消费包装产品皆备的软体包装一体化解决方案提供者。上海艾录创立至今，其生产效率、大批量订单保障供应能力、产品质量稳定性等方面始终位居行业领先水平。

上海艾录坚持创新，为安全、绿色、可持续发展服务，在开发安全、可靠的包装解决方案的同时将绿色和可持续发展作为创新目标，把绿色和可持续发展的基因植入产品创新开发和生产的每一个阶段。上海艾录致力于设备和工艺改善，减少生产过程中的材料使用，实现轻质化，增加再生资源利用和控制全流程污染排放，减少产品的碳足迹，实现包装产品的可持续发展。

上海艾录是目前国产厂家中唯一能够稳定大批量供应 PS 材质复合塑料包装的供应商，同时申获了一种可回收的重复吹塑或吸塑包装材料专利，目的是利用奶酪棒业务绑定核心优质客户。该新型环保奶酪包装材料在性能、外观和手感等方面与普通材料并无差异，但重量比普通材料减少 8% 左右。以 10 条奶酪棒生产线为例，同产量下可减少约 130 吨片材的使用量，相当于减少二氧化碳排放量约 780000 公斤，减少标准煤使用量约 312939 公斤，节约用电约 782347 度。新型环保奶酪包装材料既能满足社会与消费者日益增长的可回收包装需求，又能将环保可持续的理念通过产品融入越来越多的家庭。

上海艾录作为一家包装上市企业，无论是产品还是服务层面，其研发创新策略都是在认真履行企业使命的同时，能有效链接社会和用户，其致力于持续推进环境友好产品体系建设，为客户提供更环保的包装解决方案。上海艾录在塑料包装方面主要聚焦四大平台型技术研发，包括可降解、可回收、无 PVC 添加等，顺应了环保化和健康化的趋势，赢得了客户的信任，并且提升了企业自身的价值。

自成立以来，上海艾录始终致力于降低自身经营对环境的影响，在污染物达标减量排放，原辅材料节约循环利用，工艺技术优化，设备能效的提升，产品绿色生态设计等方面开展工作，每年不断持续改进，为创建绿色工厂打下坚实基础。在减少资源消耗方面，上海艾录使用绿色能源，厂区投入太阳能利用装置，太阳能光伏发电系统年发电量达 325 万度，另外工厂采用了余热回收系统，设备运转收集富余热量，用于地暖及空调系统。

上海艾录秉持绿色产品生态设计理念，坚持从源头抓起，推广和使用绿色原材料。采用 100%全木浆可降解牛皮纸，环保型生物可降解淀粉胶粘剂，使用环保水溶性油墨，无溶剂胶。为满足客户对包装防水、防潮、高阻隔性等特性的要求，上海艾录在工业用纸包装产品生产与销售的过程中，相继开发出了 EVOH 高阻隔性薄膜、迷宫通道排气等相关技术。

未来，上海艾录首先会在可持续和环境友好的包装产品上加大投入，争取在 2025 年所有产品都是环境友好型产品；其次，会加大差异化产品的开发力度，为客户和消费者创造更多价值；最后，在不断加强知识和技术创新能力的同时，通过与高校、研究机构合作创新的形式，不断提高前沿创新产品的比率和技术含量。随着产能扩张，公司的环保需求有望进一步拓宽成长空间。

随着我国生态文明建设的深入推进，消费者的生态意识越来越强，低碳、环保、可循环成为包装企业开展绿色营销的口号与标识。众所周知，绿色营销是指企业在生产经营的过程中，将自身利益、消费者利益和环境保护利益三者统一。新发展格局下，绿色营销可能会成为企业新的核心竞争力，为企业带来更多机遇，同时，更激烈的市场竞争也会给企业带来更多的挑战。

7.1.3 循环行业的价格价值规则

7.1.3.1 概述

（1）行业定价一般规则

包装行业一般根据产品定位、包装形式以及方案数量进行定价。

产品定位。即产品的价格定位和人群定位。针对不同的消费群体和消费档次，产品要表现出的"性格"是不同的，这不同直接体现在包装中，而好的包装因为涉及更先进的工艺、更优秀的方案以及更理想的选材，其设计价格也随之更高。产品定位层次越高，相对包装设计收取费用越高。

包装形式。异形包装形式，其设计难度和后期制作难度会更大，需要考虑的细节也更多，自然其价格也会更高。特殊造型的包装设计比普通造型的费用要高。

方案数量。影响包装设计费用的另一个因素是提交的方案数量，多个包装设计风格会增加设计师的工作量，也会增加包装设计的价格。

（2）行业一般定价方法

成本加成定价法，即按产品单位成本加上一定比例的毛利定出销售价（又叫成本导向定价法）。计算公式为：

$$P=c\times(1+r)$$

其中，P——商品的单价；

c——商品的单位总成本；

r——商品的加成率。

目标利润定价法，是根据商品总成本和预期销售量，确定一个目标利润率，并以此作为定价的标准。其计算公式为：单位商品价格＝总成本×（1+目标利润率）/预计销售量。

认知价值定价法（市场导向定价法），是指企业以消费者对商品价值的认知度为定价依据，运用各种营销策略和手段，影响消费者对商品价值的认知，以形成对企业有利的价值观念，再根据商品在消费者心目中的价值来制定价格。

价值定价法，是指尽量让产品的价格反映产品的实际价值，以合理的定价提供合适的质量和良好的服务组合。

竞争导向定价法，某些企业会用简单的问题测试自身产品与主要竞争对手产品的不同，以设定价格高于、相同或者低于对手的价格。常有三种方式：企业追随主要竞争对手的定价、生产者采用随行就市定价法和通过下面的投标定价法进行定价。

密封投标定价法，许多大宗商品、原材料、成套设备、建筑工程项目的买卖和承包等，往往采用发包人招标、承包人投标的方式来选择承包者，并确定最终承包价格。一般来说，招标方只有一个，处于相对垄断地位；而投标方有多个，处于相互竞争地位。标的物的价格由参与投标的各个企业在相互独立的条件下来确定。在买方招标的所有投标者中，报价最低的投标者通常中标，他的报价就是承包价格。密封投标定价最大的困难在于估计中标概率，这往往取决于竞争对手如何投标，而每个参与者总是严格地保守商业秘密。企业只能通过猜测、调研及收集历史资料来尽可能地准确估计。

（3）影响定价的因素

价格作为营销因素组合中最活跃的因素，它应对整个市场变化做出灵活的反应。当然，这种变化必须受价值规律的制约，但它主要是受市场状况、消费者行为以及国家的政策、法规等因素的影响。

商品价值与商品成本是形成价格的基础，而成本又是价值的重要组成部分。因此，价格的制定必须考虑这两个重要因素。商品价值量的大小决定着商品价格高低。价值反映社会必要劳动消耗，而社会必要劳动消耗是由生产资料消耗价值（C）、活劳动消耗的补偿价值（V）、剩余产品价值（M）所组成，即：商品价值=C+V+M。生产资料消耗又叫物化劳动消耗，是指原材料、动力、工具等的直接消耗和设备、厂房、流动资金等的占用；活劳动消耗是指劳动者进行技术活动、生产建设所消耗的劳动量。因此，企业制定营销价格时首先必须考虑商品价值的三个组成因素。

商品成本，成本是商品价格构成中最基本、最重要的因素，也是商品价格的最低经济界限。在一般情况下，商品的成本高，其价格也高，反之亦然。商品的成本主要包括生产成本、销售成本、储运成本和机会成本。

商品价格，除了成本和价值因素，在很大程度上，还受商品市场供求状况、市场竞争状况以及其他因素的影响。在市场经济条件下，市场供求决定市场价格，市场价格又决定市场供求。因此，制定商品营销价格时必须考虑市场的供求状况。从经济学原理可知，如果其他因素保持不变，消费者对某一商品需求量的变化与这一商品价格变化的方向相反，即如果商品的价格下跌，需求量就上升，而商品的价格上涨时，需求量就相应下降。另外，一般来说，市场竞争越激烈，对价格的影响也越大。按照竞争的程度，市场竞争可以分为完全竞争、完全垄断和不完全竞争三种。

(4) 定价的基本策略

价格战略是指企业根据市场中不同变化因素对商品价格的影响程度采用不同的定价方法，制定出适合市场变化的商品价格，进而实现定价目标的企业营销战术。新产品的定价是营销策略中一个十分重要的问题。它关系到新产品能否顺利地进入市场，能否站稳脚跟，能否获得较大的经济效益。

产品市场生命周期可分为引入期、成长期、成熟期和衰退期。引入期，新产品初涉市场，在技术性能上较老产品有明显优势，而在企业投入上却存在批量小、成本大、宣传费等期间费用高的劣势，处于该时期的产品定价决策时要考虑企业自身的竞争实力和新产品科技含量，若新产品具有高品质且不易模仿的特点，则可选择撇脂定价策略，即高价策略，让产品打入市场，迅速收回投资成本；若新产品的需求弹性较大，低价可大大增加销售量，则可选择渗透定价策略，让产品打入市场，迅速占领市场份额，以扩大销售量达到增加利润总额的目的。成长期，产品销量增加，市场竞争加剧，产品的性价比仍然保持优势，企业可根据自身的规模和市场的知名程度选择定价策略，规模大的知名企业可选择略有提高的价格策略，继续获取高额利润，而规模较小的企业则要考虑由于市场进入带来的价格竞争风险，应以实现预期利润为目标，选择目标价格策略。成熟期，市场需求趋于饱和，市场竞争趋于白热化，企业面临的是价格战，该阶段应选择竞争价格策略，即采用降价的方法达到抑制竞争、保持销量的目的。衰退期，产品面临被更优品质、更优性能的新型产品取代的危险，因而企业选择定价策略的指导思想是尽快销售，避免积压，故可选择小幅逐渐降价，平稳过渡的价格策略，同时辅之以非价格手段，如馈赠、奖励等促销方式，最大限度地保护企业利润不受损失；若产品技术更新程度高，则选择一次性大幅降价策略，迅速退出市场，但在运用降价策略时，要注意是否有损知名品牌的企业形象。

企业在选择定价策略时，应具备必要的前提条件。采用撇脂定价策略和略有提高的定价策略的企业，必须具备较高的技术能力和先进的技术水平，产品的质量应达到国内较高水平，并得到目标顾客的认同，该类企业多属于资金密集型、技术密集型企业，产品属于知名企业、知名品牌的产品，其服务的顾客属于中、高收入阶层，主要是满足消费者高品质生活及追逐名牌的心理需要。采用竞争价格策略的企业，特别是发动价格战的企业，要有一定的生产规模，一般认为，生产能力达到整个市场容量的10%是一个临界点，达到这一临界点后企业的大幅降价行为就会对整个市场产生震撼性的影响，这一临界点也是企业形成规模经济的起点；企业运用竞争价格策略时，把握最佳的价格时机是至关重要的因素，如果行业内开展价格战在所难免，一般应率先下手，首发者较少的降价所取得的效果，跟进者需要较多降价才能取得，但降价的幅度应与商品的需求弹性相适应，需求弹性大的商品，降价的幅度可大些，降价的损失可通过增加销量弥补，而需求弹性较小的商品，降价的幅度要小些，避免企业产品的总利润减少过多。对于规模小，市场份额少，劳动密集型的企业，在有效竞争的市场结构下，通常采取跟进价格策略，主要通过挖掘自身潜力，降低成本，达到增加效益的目的。

7.1.3.2 本行业典型产业定价方式

成本加成（成本导向）定价是一种有效的价格设定方法，在循环包装行业普遍使用。这种方法可以为最低价格提供指示，保证稳赚不赔。例如，某塑料制品制造企业生产的PP蜂窝板折叠箱产品，其成本数据如表7-1所示。其中，直接成本——包括人员工资和材料，计算出来为每只箱子20元。随着产出的增加，更多的人力和材料将被投入生产，因此总成本增加。若不变成本（或者企业的日常管理费用）为每年2000000元，这些成本（包括办公和生产设施）在产出增加时是不变的，不论生产了1件还是200000件产品，都是必须要支付的。若第一年预期销量能够达到100000件，则每只箱子的总成本就是40元，这时，采用传统的10%价格加成，报价应该被设定为44元。

表7-1 PP蜂窝板折叠箱产品的成本数据

第一年		第二年	
直接成本（每只箱子）	20元	直接成本（每只箱子）	20元
不变成本	2000000元	不变成本	2000000元
预期销量	100000件	预期销量	50000件
每单位产品成本		每单位产品成本	
直接成本	20元	直接成本	20元
不变成本（2000000/100000）	20元	不变成本（2000000/50000）	40元
总成本	40元	总成本	60元
价格加成（10%）	4元	价格加成（10%）	6元
报价（成本加上价格加成）	44元	报价（成本加上价格加成）	66元

但是，若第二年由于经济不景气或者定价过高，预计的100000件销量在年底没法完成，例如，只能卖出50000件，则此时报价只能上涨。由表7-1看出，由于每只箱子的实际成本增加，所以价格上涨。这是因为不变成本（2000000元）被一个更小的预期销量（50000件）所除。

由此看出，成本导向定价的第一个问题是它会导致价格上升，销量下降。第二个问题是对销量的预测是在价格设定之前，这个过程是不合逻辑的。第三个问题是它关注的是内部成本而不是消费者的购买意愿。另外，在生产多样化产品的企业里分配日常管理费用时会存在技术问题。

这种定价方法的价值在于它能给出使企业获利的最低价格。一旦直接成本和不变成本被确定之后，"损益平衡分析"就可以被用来估计不同价格水平下能够使收入和成本平衡的销量。

在实际应用中，一般不采用单一的定价方法。多数企业会同时采取数种方法进行产品定价。如成本导向法+市场导向法，或成本导向法+竞争导向法等。

7.1.4　广告/促销方式

（1）包装广告

有人把包装广告称为"无声的推销员"。商品的包装是企业宣传产品、推销产品的重要策略之一。精明的厂商在包装上印上简单的产品介绍，就成了包装广告。利用包装商品的纸、盒、罐子，介绍商品的内容，具有亲切感，它随着商品深入消费者的家庭，而且广告费用可以计入包装费用，对企业来说，既方便又省钱。近几年，许多厂商干脆在商品的外包装（如塑料提袋等）上加印自己生产或经营的主要商品，从而扩大了包装广告的作用。这种广告形式主客两宜，获得了普遍欢迎。

包装广告的特性如下。①同商品一体，广告宣传的验证性强。特别是优质广告与优质产品的双重印证，势必产生良性的连环效应。②在购物场所陈放的包装广告，其观者即为欲购物者，他们会对包装广告具有非常的专注性，因而该广告最易使顾客下最后的决心，尤其是在包装十分精美的情况下。③包装广告具有"无声推销"的属性，往往较其他媒体广告更令人放心，且离产品最亲近，因而极少给人"广告味道"。④有些商品的包装具有重复使用的价值，特别是目前在我国，精美结实的包装纸和购物袋很少被人丢弃，大都被挪作他用，因而其广告便会以更高的频度和更长的时间影响人们，而其影响便也不只扩展到熟悉的家人、单位的同事，还会扩展到更多陌生的路人。⑤包装广告是产品的"免费"附加物，因而极易被人"同情"和理解，给人的记忆也往往同产品形象连在一起，所以识记率高，对产品形象有强化作用，易于"培养"购买者的购物习惯。

由此可以说，包装广告是最有经济实效的广告。

（2）促销方式

促销方式是指企业利用各种有效的方法和手段，使消费者了解和注意企业的产品、激发消费者的购买欲望，并促使其实现最终的购买行为。适当的促销方式可以创造需求，扩大销售。企业只有针对消费者的心理动机，通过采取灵活有效的促销活动，诱导或激发消费者某一方面的需求，才能扩大产品的销售。并且，企业通过促销活动来创造需求，发现新的销售市场，从而使市场需求朝着有利于企业销售的方向发展。企业通过促销活动，可宣传本企业的产品与竞争对手产品的不同特点，以及给消费者带来的特殊利益，使消费者充分了解本企业产品的特色，引起他们的注意和购买欲望，进而扩大产品的销售，提高企业的市场竞争能力。通过有效的促销活动，使更多的消费者或用户了解、熟悉和信任本企业的产品，并通过消费者对促销活动的反馈，及时调整促销决策，使企业生产经营的产品适销对路，扩大企业的市场份额，巩固企业的市场地位，从而提高企业营销的经济效益。

（3）典型分销方式

在西方经济学中，分销的含义是建立销售渠道，即产品通过一定渠道销售给消费者。亦即，分销是产品由生产地点向销售地点转移的过程，产品必须通过某一种分销方式才能到达消费者手中。分销方式有多种，如销售代理，三级分销，连锁经营，特许经营及直销等。

销售代理，指被代理人或委托人授予代理商以"销售代理权"，代理商在代理权限内为委托人搜集订单、介绍客户，或者代表委托人与客户谈判，甚至代表委托人签订合同，以及办理与商品销售有关的其他事务。一般来说，代理商按其是否有独家代理权分为独家代理与非独家代理；按其是否有权授予分代理权分为总代理与分代理；按其与厂家的交易方式分为佣金代理与买断代理。销售代理一般有以下几个特点：①代理商同出口商之间的关系，不是买卖关系，代理商不垫付资金、不担风险和不负盈亏，只获取佣金，②代理商只能在委托人的授权范围内，代表委托人从事商业活动，③代理商一般不以自己的名义与第三者签订合同，④代理商通常是运用委托人的资金从事业务活动，⑤代理商只居间介绍生意、招揽订单，不承担履行合同的责任。这是包装行业常见的一种分销模式。由于各类包装用户的需求不同、规格不一且分散各地，一些企业就实行了销售代理模式。代理商负责开拓客户，取得的订单返回委托商进行生产、配送，代理商按利润比例获得分成。

三级分销，指品牌商可以发展三级分销商，每一级分销商均可以往下再发展两级分销商。在这种模式下，谁卖出谁拿销售佣金，不管分销商等级如何，其获得的产品销售佣金比例一致。分销商可以无限裂变，分销商销售佣金可设置每个级分别获取不同等级佣金。每一个分销商的下级卖出商品，上级分销商可以拿到推广佣金。因为分销等级是三级，推广佣金最多也是三级。每个人都可能成为推广中的一级分销商，拿一级推广佣金。由于包装行业平均利润率普遍不高，这种分销模式在包装行业较为少见。

连锁经营是一种商业经营模式，是指经营同类商品或服务的若干个企业以一定的形式组成一个联合体，在整体规划下进行专业化分工，并在分工和商圈保护的基础上实施集中化管理，把独立的经营活动组合成整体的规模经营，从而实现规模效益。连锁经营是一种授权人与被授权人的合同关系，也就是说授权人与被授权人的关系是依赖于双方合同而存在和维系的。授权人与被授权人之间不存在有形资产关系，而是相互独立的法律主体，各自独立承担对外的法律责任。并且授权人对双方合同涉及的授权事项拥有所有权及（或）专用权，而被授权人通过合同获得使用权（或利用权）及基于该使用权的收益权。被授权人有根据双方合同向授权人交纳费用的义务。连锁经营形式在包装行业中也较为常见，尤其是大型包装企业的零售、分销或特定服务领域。这种经营形式强调品牌的一致性、经营模式的可复制性和管理的标准化。通过连锁经营，企业可以迅速扩大市场份额，提高品牌知名度和影响力。在包装行业中，专注于纸质包装、塑料包装或金属包装的较大规模的企业，往往会采用连锁经营的形式，在各地设立分公司，以提供统一的产品和服务。

特许经营是指授权人将其商号、商标、服务标志、商业秘密等在一定条件下许可给经营者，允许其在一定区域内从事与授权人相同的经营业务。按我国法律规定，特许经营是一种销售商品和服务的方法，而不是一个行业。作为一种商业经营模式，在其经营过程中有以下四个共同特点：授权人个人（法人）对商标、服务标志、独特概念、专利、经营诀窍等拥有所有权；权利所有者授权其他人使用上述权利；在授权合同中包含一些调整和控制条款，以指导受许人的经营活动；受许人需要支付权利使用费和其他费用。这种形式在包装行业也较为少见。

7.1.5　循环包装行业的营销典型案例

以顺丰速运为例。

顺丰速运无疑是目前国内物流企业营销的成功典范，自1993年成立以来，三十多年间迅速发展，成为国内速度快、服务好、系统完善、安全性好的快递物流企业之一。顺丰的迅猛发展，除了它别具一格的管理理念，其出色的营销策略对顺丰品牌的树立和宣传、顺丰文化的深入人心、顺丰产品及服务的推广也起到了很大的作用。

1993年，顺丰诞生于广东顺德。顺丰秉持"以用户为中心，以需求为导向，以体验为根本"的产品设计思维，聚焦行业特性，从客户应用场景出发，深挖不同场景下客户端到端的全流程接触点需求及其他个性化需求，设计适合客户的产品服务及解决方案，持续优化产品体系与服务质量。同时，顺丰利用科技赋能产品创新，形成行业解决方案，为客户提供涵盖多行业、多场景、智能化、一体化的智慧供应链解决方案。顺丰围绕物流生态圈，横向拓展多元业务领域，纵深完善产品分层，满足不同市场需求，覆盖客户完整供应链条。经过多年发展，依托于公司拥有的覆盖全国和全球主要国家及地区的高渗透率的快递网络，顺丰为客户提供贯穿采购、生产、流通、销售、售后的一体化供应链解决方案。同时，作为具有"天网+地网+信息网"网络规模优势的智能物流运营商，顺丰拥有对全网络强有力管控的经营模式。

目前，顺丰速运的营销可以说是"无孔不入"，各种营销策略的联合使用，让其"无处不在"。顺丰成立和发展之初，营销主要靠的不是广告的宣传，而是优质的产品及服务。而在近年来，顺丰的营销组合策略逐步由以产品为导向的4Ps物流营销组合策略转变为以消费者需求为导向的4Cs物流营销组合策略。将尽可能地按照消费者的需求提供优质的服务放在首位，并着手于探索与顾客的关系和顾客忠诚度。

(1) *产品及服务策略*

目前，顺丰可以提供全国32个省、自治区、直辖市以及港澳台地区的高水准门到门快递服务。采用标准定价、标准操作流程，各种货物均以尽可能地快速进行发运、中转、派送，并对客户进行相对标准承诺。顺丰可以按照寄件方客户（卖方）与收件方客户（买方）达成交易协议的要求，为寄件方客户提供快捷的货物（商品）专递，并代寄件方客户向收件方客户收取货款；同时，可以提供次周、隔周返还货款的服务。

顺丰的产品及服务特点如下。第一，时效服务。从客户预约下单到顺丰收派员上门收取快件，1小时完成；快件到达顺丰营业网点至收派员上门为客户派送，2小时完成；自有专机和400余条航线的强大航空资源以及庞大的地面运输网络，保障各环节以最快路径运转，实现快件"今天收明天到"（偏远区域将增加相应工作日）。第二，安全运输。自营的运输网络，提供标准、高质、安全的服务。先进的信息监控系统，HT手持终端设备和GPrS技术全程监控快件运送过程，保证快件准时、安全送达。严格的质量管控体系，设立四大类98项质量管理标准，严格管控。第三，高效便捷。采用 CTI 综合信息服务系统，客户可以通过呼叫中心快速实现人工、自助式下单、快件查询等功能；网上自助服务可以让客户随时登录顺丰享受网上自助下单和查询服务；灵活的支付结算方式，可以实现寄方支付、到方支付、第三方支付，以及现金结算、月度结算、转账结算、支票结算。

顺丰还具有一些独特的服务特色。如：一年 365 天不分节假日，顺丰都提供服务；提供代收货款、保价、通知派送、签回单、代付出/入仓费、限时派送、委托收件、MSG 短信通知、免费纸箱提供等多项增值服务；提供夜晚收寄件服务，其夜寄服务已覆盖上海、杭州、北京等 288 个城市，最晚 23 点也可寄件，并且不额外收取费用。

（2）价格策略

顺丰速运认为，价格是价值的标签，即价格要与产品价值来对比才能看出是否合理。顺丰在同行业中的价格应属中等水平，表 7-2 所示是 2023 年顺丰快递运费价格计费标准。在保持价格中等的同时，顺丰提供的却是上等优质的服务。例如：客户的货物享受的全国唯一的货物包机服务在速度上体现快捷；在安全方面，顺丰的运输网络都是自己组建，并通过高新技术的业务系统全程跟踪货物在各个运输环节的安全情况；货物信息在收派终端实现其唯一信息实时上传，并可以通过短信形式免费通知客户快件的运输状态。

表 7-2　2023 年顺丰快递运费价格计费标准

计费规则	1. 重量小体积小，按重量计费； 2. 重量小体积大，按体积计费； 3. 重量大体积大，重量体积取高计费。
计费方式	1. 按体积计费。当体积重量大于实际重量时，计费重量按体积重量收费。 2. 按重量计费。当实际重量大于体积重量时，计费重量按实际重量计费。 3. 子母件。将每件的计费重量进行汇总后计算总运费。
体积重量的计算方法（单件，全国统一）	1. 同城首重（1 kg）10 元，续重 1.5 元/kg。 2. 省内首重（1 kg）13 元，续重 2 元/kg。 3. 省外首重（1 kg）20 元，续重 2～5 元/kg。
顺丰即日/顺丰特快	1. 同城、省内以及经济区域内（京津冀/江浙沪皖/川渝/黑吉辽）互寄，体积重量 = 长（cm）× 宽（cm）× 高（cm）÷12000； 2. 省外、跨经济区域互寄，体积重量 = 长（cm）× 宽（cm）× 高（cm）÷6000。
顺丰标快	1. 中国内地互寄：30 kg 以下，体积重量 = 长（cm）× 宽（cm）× 高（cm）÷12000； 　　　　　　　　　30 kg 及以上，体积重量 = 长（cm）× 宽（cm）× 高（cm）÷6000。 2. 西藏昌都市与国内其他地区互寄：体积重量 = 长（cm）× 宽（cm）× 高（cm）÷6000； 　顺丰卡航：体积重量 = 长（cm）× 宽（cm）× 高（cm）； 　同城半日达/同城次日达：体积重量 = 长（cm）× 宽（cm）× 高（cm）÷6000。

（3）促销策略

手段多样、形式多变的促销策略为顺丰吸引了大量的潜在客户，也为老客户随时关注顺丰动态提供方便。其促销策略不仅是为了宣传产品,提高公司知名度,更是为了给客户提供获取物流服务的便利,以及与客户互动、沟通,把客户和公司的利益无形地结合起来。

在互联网应用飞速发展的今天,基于电子商务的快递物流公司必须十分重视网络营销策略。顺丰速运建有功能齐全的官网,并在各大搜索引擎进行网站推广;在淘宝、当当等电子商务网站对产品及服务特色进行宣传;与多家快递服务企业进行联合宣传,增强公司的知名度和信誉度;等等。

7.2 循环包装行业的生产行为

7.2.1 循环包装行业的典型生产模式

生产者行为是指生产者在如何运用自己可支配的各种生产要素以实现利润最大化目的的方面所做的各种抉择或决策。经济学中的生产是创造具有效用的商品或劳务的过程,也就是把生产要素或资源变为商品或劳务的过程。生产过程的产出既可以是最终产品,又可以是中间产品;既可以是一种产品(如循环包装箱),又可以是一种服务(如快递物流、循环包装物料管理)。这里以循环包装制造企业为例。

作为对环境影响巨大的循环包装制造企业,其生产结构对生态环境演变起着十分重要的作用。良性的企业生产行为,不仅有利于生态环境的自身净化,而且会提高整个社会的再生产能力和消费质量;而恶性的企业生产行为,会加大生态资源的过度消耗,加剧生态环境的污染,破坏人类消费生活与社会生产的基础条件。从这个意义上说,强调生态环境与企业生产行为的协调发展是可持续发展链上的一个战略性步骤,也是整个社会生产结构合理化运行的关键。

按照企业组织生产的特点,可以把循环包装制造企业划分为按单设计、按单生产、按单装配、和库存生产四种生产类型。

按单设计(Engineer-to-Order,ETO),在这种生产类型下,一款产品在很大程度上是按照某一特定客户的要求来设计的,所以说支持客户化的设计是该生产流程的重要功能和组成部分。因为绝大多数产品都是为特定客户量身定制,所以这些产品有可能只生产一次。在这种生产类型中,产品的生产批量较小,但是设计工作和最终产品往往非常复杂。在生产过程中,每一项工作都要特殊处理,因为每项工作都可能有不一样的操作,不一样的费用,需要不同的人员来完成。当然,除了特殊产品的专用材料之外,也有一些与其他产品共享的原辅材料。为客户提供整体包装解决方案的企业往往需要按单设计,因为包装企业需要先行提供客户满意的方案,之后才可以安排后续的生产。

按单生产(Make-to-Order,MTO),就是根据客户的设计和订单制造客户所需的产品,而生产计划则是依据所收到订单中指定的产品 BOM 规划生产排程及购买原料，可以完全依据顾客的特殊要求制造其所需产品，且可将存货降至最低。大部分包装生产企业都采取这种生产模式。

按单装配（Assemble-to-Order，ATO），在这种生产类型中，客户对零部件或产品的某些配置给出要求，生产商根据客户的要求提供为客户定制的产品。所以，生产商必须保持一定数量的零部件的库存，以便当客户订单到来时，可以迅速按订单装配出产品并发送给客户。为此，需要运用某些类型的配置系统，以便迅速获取并处理订单数据信息，然后按照客户需求组织产品的生产装配来满足客户需要。生产企业必须备有不同部件并准备好多个柔性的组装车间，以便在最短的时间内组装出种类众多的产品。包装生产企业较少采取这种模式。

库存生产（Make-to-Stock，MTS），在这种生产类型中，客户基本上对最终产品规格的确定没有什么建议或要求，生产商生产的产品并不是为任何特定客户定制的。但是，按库存生产时的产品批量又不像典型的重复生产那么大。通常，这类产品可能属于大众化的市售通用规格的消费商品，也可能是企业的自有品牌产品；它随着市场的需求并参考本身的库存量大小来决定是否安排生产计划。在纸包装行业中也会见到这种模式。如有一些瓦楞纸板生产企业只生产各种规格的瓦楞纸板而不生产纸箱，其产品通常会以不同规格的纸板形式库存在仓库里供客户选购。由于生产方式简单，管理容易，这种企业的实际利润也很可观。

7.2.2 循环包装行业的创新模式

以乐橘为例。

乐橘是集智能包装与运输、仓储为一体的科技型供应链综合管理公司，其技术创新聚焦于物联网平台、智能包装、技术平台三大领域。其生产的包装产品均按国家标准进行循环使用。

乐橘搭建了自有的循环物流网络，除为自身提供包装循环回收管理服务外，也为客户提供低成本的物流服务。这种服务有赖于乐橘自研的物联网芯片和核心算法。目前，乐橘在产品、技术、工厂实验等方面持续投入，从基于客户需求的 NB-IoT 智能循环包装解决方案 1.0 时代，发展到了基于物联网新生态愿景驱动的技术创新 2.0 时代。

乐橘智能包装的核心是流通与共享。2017 年，乐橘科技将共享模式引入物流领域，与托盘化智能运输相结合，推出了"乐橘云盘"。该产品将移动互联网、物联网、大数据、云计算以及高精度的定位技术融入托盘中以构建智能包装，实现包装自主定位并上传数据至供应链管理平台，打造以"循环包装"为核心的全新绿色智能物流。基于智能包装的托盘循环共用体系的建立让托盘能够循环使用，极大程度降低了个体包装单次使用的环境成本、物流成本与回收成本，并借助互联网等技术，可将货物从包装、仓储、装卸、运输到包装回收整个物流链全部串联起来，有效提高包装产业链效用比。

2019 年，乐橘云盘 2.0 在原有基础上进行了升级，升级版在防滑指数、排水功能、牢固性上都得到了大幅的优化，为客户提供良好的产品体验（如图 4-21 所示）。2023 年，乐橘在云盘 2.0 的基础上迭代升级至云盘 2.3，其利用 100% 可回收再生塑料制成，可以实现静载 6 吨、动载 2 吨的承重量；同时，托盘配置 RFID 电子标签，预留卡槽可放置定位模组，便于使用方通过智能管理系统进行托盘的收、发、存管理，并通过托盘、仓库及车辆等货物接触点获取数据，对货物整体运输从监管、标准化、安全预防等角度进行科学管理。自 2021 年起，乐橘为中国石化下属 30 余家生产企业提供共享托盘服务，并通过包装线改造、立体库建设和智能出厂系统实施，推动中国石化智慧化工品物流建设，截至 2023 年底，乐橘在线运营的智能共享托盘已经达到近 40 万片。在石化行业，共享托盘的使用使树脂包装袋的减薄成为可能。中国石化已将包装袋薄膜厚度从 180 微米减至 120 微米，未来将降至 100 微米。仅节约包装材料一项，就可为石化企业节约数千万元成本，并可显著提高包装效率和包装速度。此外，乐橘通过推动上下游企业带托运输，让托盘实现循环共享，让闲置资源、使用权、连接、信息、流动性实现最优匹配，赋予托盘新的生命价值。

乐橘基于环保理念，打造绿色智能化回收体系，并结合物联网组件提供的数据和托盘运营状态，自主研发智能调度系统（YeloAI），该系统可根据托盘需求量、库存量、回收量、运输路线等参数选择不同车型进行托盘运输调拨，提高运输重载率，有效减少车辆无效和低效行驶，间接降低碳排放。

基于物联网技术和智能包装，乐橘现已形成生产—循环—回收—再生的闭环服务模式，有力地推动了托盘生产应用的全产业链绿色化发展进程。

7.3 循环包装行业的扩张行为

企业扩张是指企业在成长过程中规模由小到大、竞争能力由弱到强、经营管理制度和企业组织结构由低级到高级的动态发展过程。

企业扩张总体来讲可分为两种情形：一种是内部产品扩张；另一种是外部资本扩张。前者又分为一体化和多样化两种，而后者主要是指企业兼并。"靠设立或购进一些在理论上可以独立运转的经营单位，换句话说，就是把以前由几个经营单位进行的活动及其相互交易内部化"，这就是人们常说的一体化。一体化可以向两个方向发展：一是纵向一体化；二是横向一体化。纵向一体化是指将处于生产过程中的产、供、销不同环节的经济单位合并于一个企业之内。横向一体化即把许多小型的、不同产品生产企业合并成一个大企业，把生产加以集中管理，其目的是"要通过控制每个经营单位的价格和产量来维持利润"。企业为了更多地占领市场和开拓新市场，或避免单一领域的经营风险，从而进入新的经营领域，这就是多样化。多样化包含两种形式：相关多样化和不同相关多样化。前者是指企业新进入的经营领域与现在从事的经营领域在生产技术、市场销售渠道、资源综合利用等方面存在着相关性；后者是指企业新进入的领域与原有的产品、市场毫无相关之处，所需的生产技术、经营方法及销售渠道必须重新获得。广义的兼并包括购买，是指企业通过各种兼并行为占有另一企业的资产或产权，从而控制被兼并企业以增强企业部分优势，实现快速扩张的发展方式。

企业产生的根本原因是适应社会分工。社会分工促进了生产的专业化和效率提升，企业通过组织生产活动，将不同职能分离，从而提高生产效率和满足市场需求。然而，企业和资本是天然联系在一起的，企业的本质是在与资本的联系中体现出来的。企业的存在和发展离不开资本的支持，资本是企业存在的前提和基础，没有资本就没有企业；同时，企业是资本增值的载体和手段，资本通过企业的运营实现增值。因此，企业扩张的本质是资本的扩张。企业扩张表现为企业规模的扩大和资本规模的增加，最终实现企业资本的集中。企业扩张的动因包括追求规模经济、市场垄断、资源整合等，这些动因促使企业通过资本运作和资源整合来提高竞争力和市场地位。

每一个行业在发展过程中，都会经历从初期规模扩张的野蛮生长，到成熟期纵深发展的良性循环，良性循环需要产业自身的内驱力，而这本身就需要由龙头企业牵引形成关联产业的集聚，再通过强化上下游企业间的业务融合，以形成真正的共生共赢、资源共享的新模式。

7.3.1 循环包装上游企业的扩张

7.3.1.1 纸包装行业的扩张

随着人民生活水平的提高，对消费品需求的不断增加，纸包装作为重要的包装材料，其需求量也随之增长。特别是在消费电子、家具家居、家用电器、食品饮料、新能源汽车产业链等行业中，纸包装的应用十分广泛，这些行业的发展直接推动了纸包装市场的需求增长。然而，当前纸包装市场集中度不高，高端和大型纸包装企业市场占有率偏低，国内外环保政策趋严，人工及原材料价格持续上涨，纸包装企业生存压力很大。通过扩张可以整合行业资源，提高生产效率和产品质量，从而增强企业的竞争力，提高龙头企业的市场占有率和议价能力。

以下是典型纸包装企业进行扩张的案例。

①浙江大胜达包装股份有限公司（以下简称"大胜达"）的产能扩张

2022年12月，纸包装行业龙头企业——大胜达通过定增方式募集资金6.5亿元，用于新增纸浆模塑环保餐具智能研发生产基地等项目。这一举措不仅提高了公司的环保餐具业务能力，还进一步拓展了酒包业务，丰富了产品业务线。在此次扩张中，资本市场的资金支持为大胜达的产能扩张提供了有力保障，推动了其在纸包装行业的进一步发展。

②福建南王环保科技股份有限公司（以下简称"南王科技"）创业板IPO募资扩张

2023年4月，南王科技在创业板冲刺IPO上市，拟募集资金用于年产22.47亿个绿色环保纸制品智能工厂建设项目等。这有助于提升南王科技的绿色环保纸制品生产能力，满足市场对环保包装的需求。通过IPO募资，南王科技能够获得更多的资金支持，用于产能扩张和技术创新，提升其在纸包装行业的竞争力。

③浙江省乐清市五家包装企业合并重组扩张案例

为了整合包装资源，发挥温州地区包装行业的资源优势，做强做大包装企业，有效应对金融危机，提升企业规模效益，响应企业转型升级及企业整合重组的有关精神，2010年9月，乐清市5家包装企业决定进行合并重组。这5家企业是浙江欧艺包装有限公司、乐清市高科彩印包装有限公司、乐清市华光包装有限公司、乐清市汇丰彩印包装有限公司、浙江金石包装有限公司（以自然人形式入股）。其合并重组过程由乐清市包装行业协会牵头，5家企业的法人代表经过市场调查和多次可行性评估，一致决定进行企业资产重组。经过协商，5家企业决定共同出资组建新的公司，即浙江新盟包装装潢有限公司，新公司注册资本为5000万元。新公司整合了原有5家企业的优质资源和市场份额，企业规模和实力得到了显著提升，成为乐清市包装印刷行业的领军企业之一。

④王子控股株式会社收购Walki Holding Oy公司案例

2023年10月23日，王子控股株式会社发布公告，与美国投资基金One Equity Partners签署了股份收购协议，收购其投资的Walki Holding Oy公司的全部股份。Walki Holding Oy是一家在包装及包装废弃物相关的回收和去塑料化领域拥有先进原料加工技术的企业。随着Walki Holding Oy的加入，为王子控股株式会社在环境法规尤为严格的欧洲市场，构建了坚实的包装事业基础。

其他扩张案例。

2021年，老牌特纸领军企业——广东冠豪高新技术股份有限公司成功吸收合并佛山华新包装有限公司（粤华包），新增了高档涂布白卡纸、造纸化工品、彩色印刷等业务。

2024年4月，欧盟批准了爱尔兰Smurfit Kappa Group plc与美国Westrock Company的合并提案。合并后的新集团将成为全球领先的纸质包装解决方案供应商之一。

7.3.1.2 塑料包装行业

2022年3月，第五届联合国环境大会通过了《终止塑料污染决议（草案）》（*Draft Resolution End Plastic pollution: Towards an International Legally Bindinginstrument*），来自175个国家的代表批准签署该决议，力争到2024年要达成一项具有国际法律约束力的全球协议来遏制全球污染。作为全球最大的塑料制造、消费和出口国，中国如何发展塑料产业将对全球的塑料价值链产生巨大影响。

6.2.2部分概述了塑料包装行业的竞争态势：在我国塑料包装行业四个梯队中，数量最多、市场占有率最高的是第四梯队——广大中小塑料包装企业，其产品偏向中低端，企业规模较小，竞争力较弱。因此，有实力的第一、第二梯队企业往往通过并购、重组等方式扩大规模，提高市场份额和竞争力。

以下是几个塑料包装企业进行扩张的案例。

①金石包装有限公司兼并重组案例

金石包装有限公司长期精耕于软包装领域。在浙江省乐清市包装技术协会的引导和协调下，2005年，其成功兼并了温州市乐天铝箔有限公司；2006年，成功兼并了温州金信铝箔容器有限公司。通过两次兼并，金石包装有限公司的总体实力迅速增长。重组后的金石包装有限公司从软包装起步，逐步增加产品种类，除专注于核心产品研发外，还将产品线延伸至乳品容器领域，先后推出了纸容器、塑料容器以及玻璃瓶。其客户范围也从乳品行业扩大至日用化妆品、医药、食品等领域，客户不乏蒙牛、伊利、光明、欧莱雅、玛氏等知名品牌。

②黄山永新股份有限公司收购扩张案例

2006年12月，黄山永新股份有限公司公开增发1194万股，募集资金20990.52万元，并以21000万元投资年产6000万吨无菌包装复合材料项目，设立全资子公司收购河北埃卡包装材料集团有限公司资产项目和年产3000吨柔印复合软包装材料技改项目。

2011年10月，黄山永新股份有限公司定向增发3180万股股票，募集资金4.45亿元，投资扩展项目包括：

年产16000吨柔印无溶剂复合软包装材料项目；年产1万吨新型高阻隔包装材料技改项目；年产3500吨异型注塑包装材料项目；年产12000吨多功能包装新材料项目。

这些扩张行为，使黄山永新股份有限公司快速实现了异地布局（建立河北基地）和进军新材料领域。

③上海普利特复合材料股份有限公司收购其控股子公司江苏海四达电源有限公司案例

上海普利特复合材料股份有限公司是一家专注于改性塑料研发、生产和销售的高新技术企业，而江苏海四达电源有限公司是一家专注于新能源及储能用锂离子电池的研发、生产和销售的公司。前者通过发行股份及支付现金的方式购买后者79.7745%的股权，交易价格为11.41亿元。此次收购有助于上海普利特复合材料股份有限公司向新能源领域拓展，形成改性材料和新能源业务双轮驱动的业务格局，进一步提高其市场竞争力和盈利能力。

综上所述，塑料包装行业内的合并重组多为上下游企业的整合。例如，上游企业横向收购扩大规模，以增强原材料供应的稳定性和降低生产成本。同时，下游企业也通过收购或合作方式，加强与供应链伙伴的联系，提高市场竞争力。此外，跨行业的整合主要是为了拓展新的业务领域。例如，与食品、医疗、日化等行业的龙头企业建立战略合作关系，共同开发新产品、拓展新市场。

7.3.2 循环包装行业的扩张

包装工业在人类生产、流通、消费活动中扮演着重要角色，包装废弃物重量占固体废弃物总量的1/3。为此，包装行业各专业领域纷纷按照减量化、再利用、循环再生使用的原则，大力发展绿色包装，推动包装工业实现节约发展、清洁发展、安全发展，努力构建节约型社会、促进全社会可持续发展。在调研的循环包装相关企业中，不计用户企业，纸包装企业占比达12.2%，塑料包装企业占比达22.1%，金属包装企业占比为3.6%，木质包装企业占比为11.5%，玻璃包装企业（大部分是玻璃包装材料的再生利用，少量为玻璃包装容器循环复用）占比为6%。可见，塑料包装既是包装废弃物和"白色污染"的主要来源，也是循环包装行业的生力军。

以下分别介绍两类不同企业的扩张途径。

7.3.2.1 纸包装企业的典型扩张方式

以科技型纸包装企业——浙江奥迪斯丹科技有限公司为例。

浙江奥迪斯丹科技有限公司的前身是宁波奥迪斯丹包装有限公司，成立于 2004 年 2 月 13 日。企业经营范围包括包装装潢、其他印刷品印刷；纸箱、纸制品制造、加工；塑料制品、纺织品、木制品的批发；自营和代理各类商品和技术的进出口业务；等等。2015 年 4 月，更名为浙江奥迪斯丹纸业有限公司；2018 年 9 月，更名为浙江奥迪斯丹科技有限公司，经营范围增加设计、研发、制造、加工，环保设备设计、研发，水性油墨的研发；注册资金变更，增加为 3800 万。2019 年，公司投资六千余万元用于智能制造，目前已拥有德国智能物流设备、日本联动生产线、意大利全自动立体仓库、全电脑三色巨无霸印刷机、全自动电控四色印刷机、全电脑五色印刷机等一流的设备和先进的工艺。凭借 ERP、OA、6S、MES、WMS 等先进的精益生产管控体系，产品销量连续数年以年均 40% 的速度快速增长；2022 年，与中国移动联手，打造 5G+ 智慧工厂。其间，根据客户需求，在国内投资设立了 6 家不同类型的控股企业，总投资额近 10 亿元。重点投资企业包括：

2009 年 4 月，投资成立连云港奥迪斯丹包装有限公司，注册资金 2100 万元人民币，主营业务为纸制品制造；纸制品销售。

2010 年 7 月，投资成立安庆奥迪斯丹包装有限公司，注册资金 500 万元人民币，主营业务为包装装潢印刷品及其他印刷品印刷；纸和纸板容器的制造、销售；塑料制品制造、销售；道路货物运输等。

2016 年 12 月，投资成立嘉兴奥迪斯丹纸制品有限公司，注册资金 300 万元人民币，主营业务为纸制品的研发、制造、加工；纸制品的技术服务、技术咨询；工业产品设计等。

2017 年 10 月，投资成立淮安奥迪斯丹包装有限公司，注册资金 500 万元人民币，主营业务为纸制品包装服务；纸制品的研发、制造、销售及技术服务、技术咨询；工业产品设计等。

2018 年 11 月，投资成立象山奥迪斯丹科技有限公司，注册资金 1000 万元人民币，主营业务为瓦楞纸板、纸箱、纸制品的设计、研发、制造、加工；环保设备设计、研发；水性油墨的研发；包装装潢、其他印刷品印刷等。

2022 年 6 月，投资成立浙江昀宇科技有限公司，注册资金 3800 万元人民币，主营技术服务、技术开发、技术咨询、技术交流、技术转让、技术推广，纸制品制造；纸制品销售等。

可以看出，在浙江奥迪斯丹科技有限公司成立的短短 20 年里，企业规模和生产能力一直保持高速增长，其扩张方式则为异地设厂和扩大投资。据调研，国内部分纸包装企业的扩张方式与此类似。但由于纸包装行业进入门槛低，企业数量众多，纸包装企业大都侧重进行本地客户维护和拓展，一般具备一定市场开拓能力、企业运营团队实力较强的企业才会走上扩张这条路。

7.3.2.2 塑料包装企业的典型扩张方式

以从事塑料循环包装的龙头企业——宁波喜悦为例进行分析。

在30多年的发展历程中，宁波喜悦秉持"质量和创新是企业生命线"的经营理念，建立了专业的设计团队，配备了专业的材料检测室、运输包装实验室，为客户设计和定制实用、安全、经济的整体包装解决方案。宁波喜悦现已成为大众、华晨宝马、沃尔沃、奇瑞捷豹路虎、东风本田、长城汽车、长安福特、江铃汽车和北汽福田等世界知名汽车品牌制造商的一级供应商。

为了向客户提供更加安全可靠的整体包装解决方案，2017年宁波喜悦按照ISTA测试标准成立运输包装实验室。循环包装的使用是一个庞大且复杂的过程，而且数量巨大、形式各异。在实验室中进行模拟测试，将是评估包装保护设计在实际使用条件中表现的一种简单、快捷、有效且费用低廉的方法。经过严格测试的包装，能保证达到客户对包装使用稳定性、安全性等各个方面的要求。

在业绩上，宁波喜悦营业收入、净利润呈逐年上涨态势，2022年1—9月分别同比增长19.87%、16.72%。通过多年经营发展、工艺改进及技术积累，宁波喜悦已在汽车零部件循环包装领域内形成了核心竞争力，产品质量、服务能力、生产规模和行业口碑等优势明显。目前，在汽车制造及汽车核心零部件制造领域，宁波喜悦与客户长期合作，共同成长，形成了一定的品牌影响力，在市场竞争中具有一定的优势地位。在纵向深耕汽车领域的同时，其也积极进行应用领域的横向延伸，开发新产品，向其他新的行业领域拓展，并将现有模式复制于物流、家电制造、日用品制造等行业领域。

可循环塑料包装作为"绿色包装"，属于国家支持重点。近年来，国内出台了一系列法律法规，引导塑料包装行业向高端智能、绿色环保、可循环方向转型发展，鼓励"绿色包装"产品及服务为行业发展的重点。2020年12月14日，国务院办公厅转发国家发展和改革委员会、国家邮政局、工业和信息化部、司法部、生态环境部、住房和城乡建设部、商务部、国家市场监督管理总局八部门《关于加快推进快递包装绿色转型的意见》。其中提出，到2022年，电商快件不再二次包装比例达到85%，可循环快递包装应用规模达700万个；到2025年，电商快件基本实现不再二次包装，可循环快递包装应用规模达1000万个。2021年9月，《中共中央 国务院关于完整准确全面贯彻新发展理念做好碳达峰碳中和工作的意见》发布，其中明确要求"加快形成节约资源和保护环境的产业结构、生产方式、生活方式、空间格局，坚定不移走生态优先、绿色低碳的高质量发展道路，确保如期实现碳达峰、碳中和"。2021年12月6日，国家发展和改革委员会、商务部、国家邮政局联合发出《关于组织开展可循环快递包装规模化应用试点的通知》，提出于2022年1月至2023年12月组织开展可循环快递包装规模化应用试点。可以看出，可循环塑料包装作为降低生产企业成本的必要材料，其需求在国家提倡绿色环保、可循环发展的大背景下不断增大。

就以宁波喜悦为代表的塑料循环包装行业而言，物流、汽车及汽车零部件等行业未来发展前景广阔。

在汽车及汽车零部件领域，汽车主机厂及零部件厂商对核心部件的高品质要求促使包装、运输等配送环节不断创新，为可循环塑料包装的使用提供了发展空间。随着国家第五阶段机动车污染物排放标准升级为国家第六阶段机动车污染物排放标准的换代期完成，新排放标准设计下的汽车动力总成系统等零部件制造领域迎来新一轮投产期。同时随着消费者对新能源汽车接受程度的不断提高，新能源汽车行业将保持高速增长态势，为塑料包装企业的发展提供广阔的市场。

据中国汽车工业协会数据，2023年，中国汽车产销量均创历史新高，其中汽车销量达到了3009.4万辆，同比增长12%。这一成绩不仅标志着中国汽车市场的持续繁荣，还反映了国内汽车消费需求的强劲增长。此外，新能源汽车市场同样表现出色，产销量分别达到958.7万辆和949.5万辆，分别同比增长35.8%和37.9%，市场占有率达到31.6%。2017—2023年，国内新能源汽车销量分别为77.7万辆、125.6万辆、120.6万辆、136.7万辆、352.1万辆、688.7万辆、949.5万辆，如图7-3所示。特别是在2021年、2022年和2023年，国内新能源汽车销量同比增长157.57%、95.60%和37.87%，呈现出持续的快速增长势头。

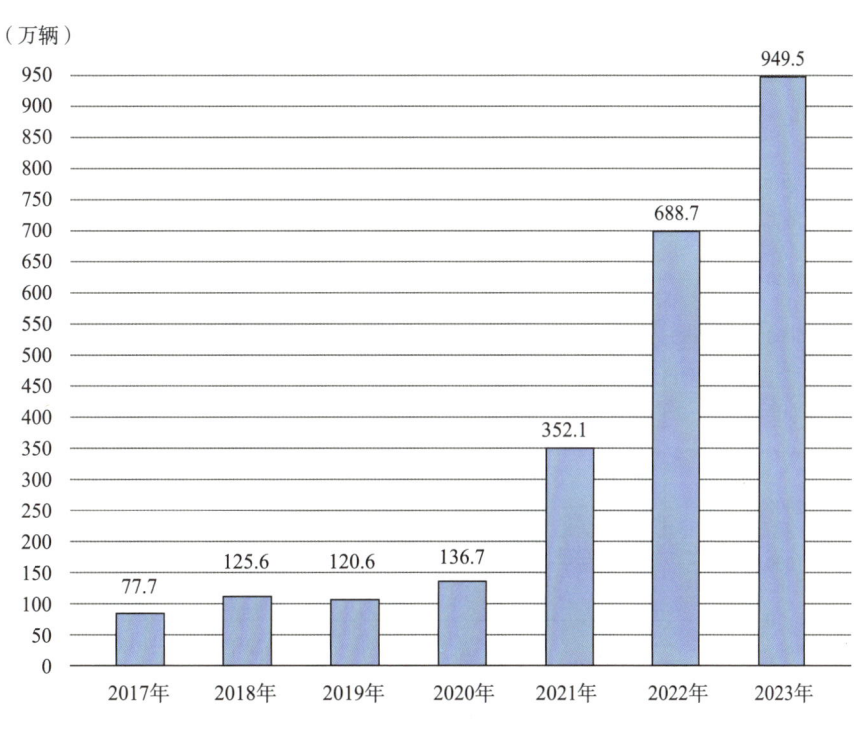

图7-3 2017—2023年国内新能源汽车销量

随着新能源汽车的上市速度不断加快，新能源汽车制造厂商对零配件物流包装的定制化需求逐渐提升，可循环塑料包装在新能源汽车领域的市场将进一步扩大。

受益于下游需求的持续增长，宁波喜悦的业绩持续向好。据招股书及年报数据，2019—2023年，其营业收入分别为2.36亿元、2.68亿元、3.63亿元、4.27亿元和4.03亿元，如图7-4所示，

2020—2023年分别同比增长13.56%、35.45%、17.63%和-5.62%。

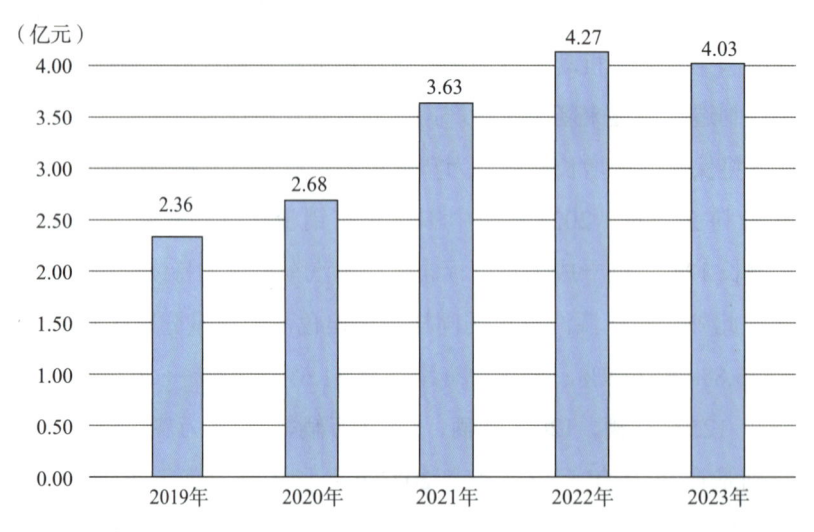

图7-4 2019—2023年宁波喜悦营业收入

2019—2023年，宁波喜悦净利润分别为5294.84万元、5882.35万元、6072.58万元、6580.36万元和3612.07万元，如图7-5所示。

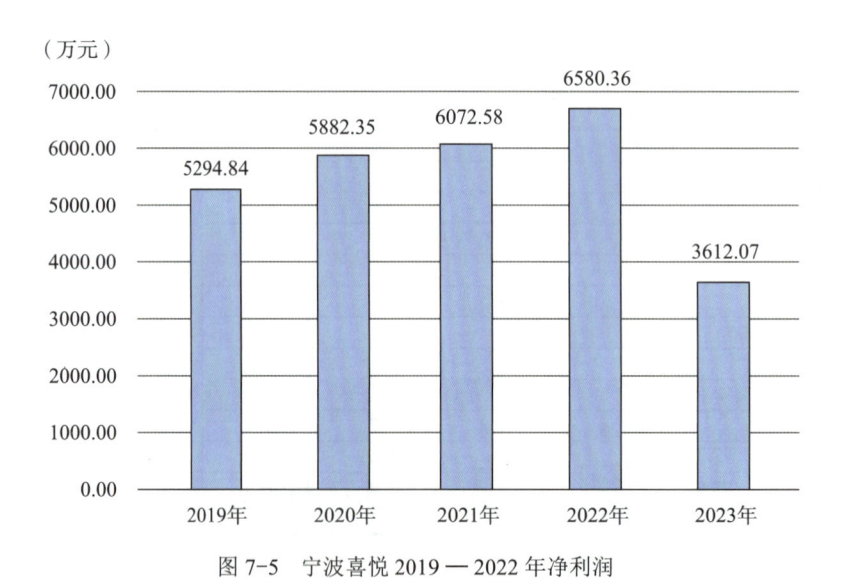

图7-5 宁波喜悦2019—2022年净利润

可以看出，随着可循环塑料包装下游主要行业市场需求不断提升，宁波喜悦营业收入、净利润呈逐年上涨态势，业绩持续向好。

在市场拓展和业务扩张方面，宁波喜悦采取的做法如下：一是纵向深耕挖掘汽车行业客户需求，通过产品与服务相结合、租赁模式多样化组合、供应链附加服务升级等方式，不断扩大品牌影响力；二是横向拓展，除了汽车行业，将现有模式复制于物流、家电制造、日用品制造等行业领域，不断拓宽公司产品的应用领域；三是通过IPO募集资金投资扩产，投资年产230万套（张）绿色循环包装建设项目以及新能源汽车和家电零部件可循环包装生产基地项目。

目前，宁波喜悦积累了大众、特斯拉、宝马、沃尔沃、比亚迪、长城、吉利、舍弗勒、博格华纳、美的、海尔、三一重工、盒马、淘生鲜、京东、申通等品牌的汽车主机厂及汽车零部件供应商以及家电、工程机械、果蔬生鲜、快递物流等行业的众多优质客户。其中，宁波喜悦于2019年开始与特斯拉合作，为其提供新能源汽车电池周转箱类产品，大力拓展新能源汽车领域。近年来，其与特斯拉的合作不断深化，交易额快速上涨。据招股书及年报，2019—2021年，宁波喜悦向特斯拉销售收入分别为465.39万元、4896.06万元、10580.43万元，占当期主营业务收入的比例分别为1.97%、18.29%、29.15%。

凭借深度介入下游客户的定制化包装方案设计，宁波喜悦与客户形成互惠互利、相互依赖的战略合作关系，实现与下游客户的绑定；此外，积极秉持以客户为中心的服务理念，不断延伸服务环节，提高客户满意度，增强客户黏性。

值得一提的是，下游客户在选择供应商时，往往对供应商的生产规模、产品质量、资质认证等多方面因素提出高要求。由于高端及品牌客户对其供应商有着严格的认证和选择过程，投入的时间、人力和物力较多，因此，一旦进入其供应商认证体系，通常会具有较强的客户黏性。

另外，为了确保产品品质、安全、环保等指标符合汽车、家电行业客户的严格要求，宁波喜悦建立了完整的生产质量管理体系。获得了 ISO 9001:2015 质量管理体系标准认证证书，其包装测试实验室还通过了 ISTA 认证。根据大众主机厂对产品的严格要求，宁波喜悦的 VDA 系列周转箱获得了该类产品德国汽车工业联合会 VDA 标准认证，迄今为止，宁波喜悦是国内少数通过该类产品认证的企业之一。

综上所述，宁波喜悦自成立以来，经历了从创立与初期发展、产品创新与客户拓展、深耕汽车领域与横向拓展，到上市与快速发展的多个阶段。目前，宁波喜悦已成为业界较为领先的定制化可循环塑料包装供应链服务商，拥有较强的综合性包装整体解决方案服务能力，形成了一定的行业竞争优势。

7.3.3 循环包装下游企业的扩张

循环包装下游企业主要指用户企业，在本书中，主要调研了循环包装运营平台企业、食品饮料类用户企业、制造业与零售业主要用户企业和电商物流类主要用户企业。以下以典型电商物流类用户企业为例进行简述。

7.3.3.1 京东

京东是我国领先的电商零售平台，也是体量巨大的循环包装产品平台型典型用户。目前，京东的业务范围已涵盖多个领域，形成了多元化的业务布局。在电商领域，京东拥有丰富的商品种类和品牌资源，能够满足消费者的多样化需求。在物流领域，京东物流已成为国内领先的供应链解决方案及物流服务商，拥有覆盖全国的物流网络和先进的物流技术。在金融领域，京东金融通过提供支付、理财、保险等多元化金融服务，进一步拓展了京东的业务版图。在科技领域，京东不断探索和创新，致力于推动数字化、智能化转型，为京东的持续发展提供动力。数年来，其营业收入、利润和资产状况均有较大增长。2023年，更是凭借营业收入1.08万亿元的成绩，不仅让京东稳居民营企业之首，还使其在全国企业中排名第12，成为唯一一家进入前15名的民营企业。图7-6所示为2020—2023年京东经济数据概况。

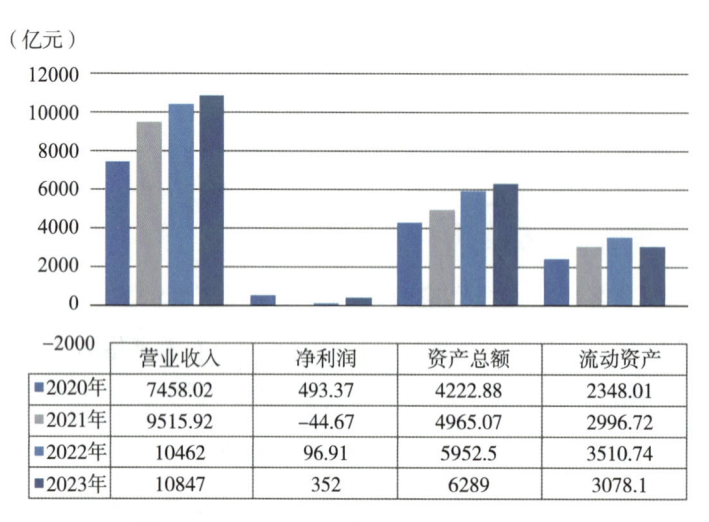

（亿元）	营业收入	净利润	资产总额	流动资产
2020年	7458.02	493.37	4222.88	2348.01
2021年	9515.92	−44.67	4965.07	2996.72
2022年	10462	96.91	5952.5	3510.74
2023年	10847	352	6289	3078.1

图7-6　2020—2023年京东经济数据概况

根据京东2023年年报，京东零售仍旧是京东的主要经济支柱，2023年其营业收入达945343亿元，经营利润35925亿元；京东物流营业收入166625亿元，经营利润1005亿元；其他业务（包括达达及新业务）营业收入26617亿元，经营利润329亿元。其部门间抵消53923亿元。

（1）京东的扩张历程

追溯其发展和扩张历程，主要可分为四个阶段[1]：

1）模式定位期（2004—2013年）

这一阶段，京东开始自建物流，确定了自营和POP开放平台并行的商业模式，转型成为全品类经营的电商零售商。2004年，创始人刘强东推出线上自营模式网站360buy，主卖3C电子产品，公司雏形诞生；2007年京东获得今日资本1000万美元的投资，开始组建自有物流网络；2008年开始提供日用百货商品，从电子产品零售商转型为电商平台；2009年服装鞋履、个护产品相继进驻平台，随后几年新增了食品饮料（2010年）、生鲜（2013年）、保健品（2013年）等品类；2010年推出平台模式，为用户打造一流的一站式购物体验；2013年京东商城改名为京东，正式启用"jd.com"域名。

1　资料来源：https://www.sohu.com/a/591107065_168370。

2）投融资扩张+生态圈打造期（2014—2017年）

这一阶段，京东获得了腾讯、沃尔玛的投资；外延投资了永辉超市、达达集团等；京东物流子集团成立，全面放开为外部客户提供服务；开始拓展3C电子线下市场。融资方面，2014年京东与腾讯达成战略性合作，收购腾讯拍拍和QQ网购在线市场业务的100%股权，腾讯向京东开放微信及移动QQ入口，提供流量和其他关联平台的支持；同年，京东在纳斯达克上市；2016年京东收购沃尔玛1号店资产所有权，沃尔玛入股京东，取得5%的股份，助力其发力商超品类。投资方面，京东相继入股永辉超市（2015年）、达达集团（2016年）、Farfetch（2017年）、唯品会（2017年）等公司，布局零售+物流生态圈。渠道方面，2016年京东提出京东家电将以加盟模式在乡镇市场开设实体专卖店，计划每月新开千家；2017年京东重提"万店"计划，将范围扩展至县级和乡镇市场，同年第一家京东之家在湖南开业。京东开始布局线下家电市场，落地全渠道战略。

3）战略调整期（2018—2020年）

这一阶段，京东升级了发展战略、调整了组织架构，推出"京喜"，合作五星、国美，入局下沉市场。

组织架构和意识形态方面。2018年京东进行了大规模的部门调整，以"积木理论"为基础，划分前中后台；2020年京东战略定位从"零售和零售基础设施提供商"正式升级为"以供应链为基础的技术与服务企业"，围绕"商品+物流"构建整套供应链基础设施，将用数智化技术连接和优化社会生产、流通、服务各环节，降本增效。

2004—2021年京东的品类扩张历程如图7-7所示。

图7-7 2004—2021年京东的品类扩张历程

4）稳健发展期（2021年至今）

这一阶段，京东继续加大供应链基础设施建设的力度，2021年京东物流于香港证券交易所上市；2022年7月，京东以89.76亿元完成德邦物流收购，进一步整合供应链资源。

2022—2023年，京东在供应链管理方面实施了"补链"和"强链"策略，通过这一策略，成功带动了上下游产业2500万人实现稳定就业。在数字化服务方面，京东通过与下游企业合作，利用"一网四平台"战略，提供数字化营销和供应链服务。在商家生态建设方面，京东实施了"春晓计划"，通过简化入驻流程、减费降扣、流量激励等措施，加大对中小商家的扶持力度。这一计划促进了第三方商家数量的快速增长，截至2023年底，京东第三方商家数量已近百万，商品SKU数量较年初增长近一倍。这些举措有助于激发市场活力，带动企业经营和产业生态的良性发展。

（2）京东物流：循环包装的重要载体

京东集团具有以仓配模式为核心的一体化供应链。京东物流前身是京东集团的内部物流部门，于2017年成立，主要为客户提供一体化供应链解决方案（B端客户"打包"供应链给京东物流，由其提供量身定制的一整套服务，包括快递、整车及零担运输、最后一公里配送、仓储及增值服务），垂直服务领域为快消、家电和家具、3C等，客户涵盖蒙牛、安利、沃尔沃。2021年京东物流于香港证券交易所独立上市，2022年3月官宣收购德邦快递66.5%股份（截至2022年7月27日京东物流完成对德邦控股超50%股权收购），以形成"仓储+收发"式双轨物流。截至2023年，京东物流有过3次大规模融资和1次拟配售新股融资，合计总金额超过80亿美元。

据灼识咨询数据，2020年我国一体化供应链物流市场规模约2万亿元，预计到2025年将增长至3万亿元，年复合增速约9.5%。供应链物流市场高度分散，2020年CR10仅9%，而京东物流凭借高效协同的物流网络在行业中脱颖而出，以2.7%的市场占有率获得第一。我国一体化供应链物流市场规模如图7-8所示。

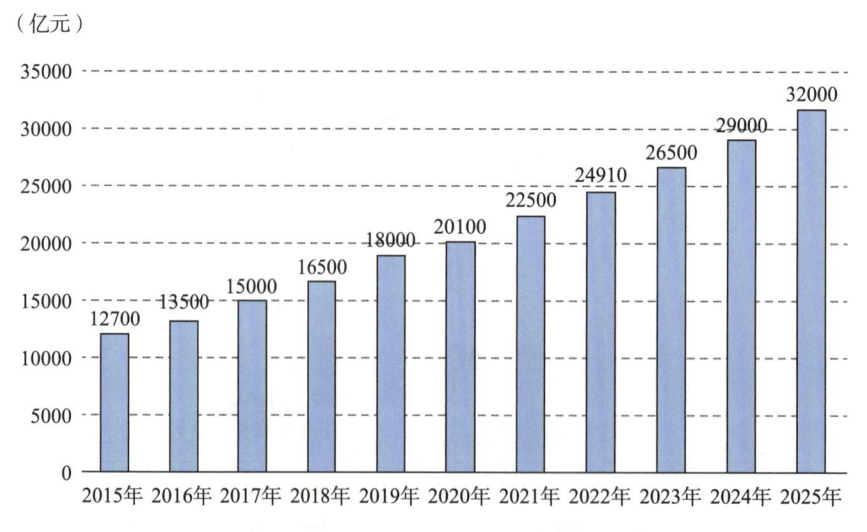

图7-8 我国一体化供应链物流市场规模

一体化供应链客户业务量价齐升，推动收入持续高增长。2023 年京东物流实现收入 1666 亿元，同比增长 21.3%。

随着京东集团各业务版块的快速发展，京东物流版块营业收入的快速增长，京东集团持续探索绿色循环的物流包装模式。其中，采用塑料材料制作的可循环青流箱试点逐步推广。据《2020 年京东集团环境、社会及治理报告》披露，京东使用可重复使用的循环快递箱、循环中转袋等代替一次性塑料包装，截至 2020 年底，带动全行业减少一次性包装用量近 100 亿个。此前京东已推出可循环使用 20 次以上的青流箱，并于 2019 年宣布，北京、上海、广州等 7 个城市的用户在京东购买部分商品时，可自主选择使用青流箱进行配送。截至 2022 年，"青流计划"已影响超 20 万商家和亿万消费者，并在全国 30 多个城市常态化投入使用。据京东披露，支持可循环包装"青流箱"进行配送的商品种类数量已达数万个，涵盖美妆、食品、手机、数码配件、办公用品等。京东青流箱如图 7-9 所示。

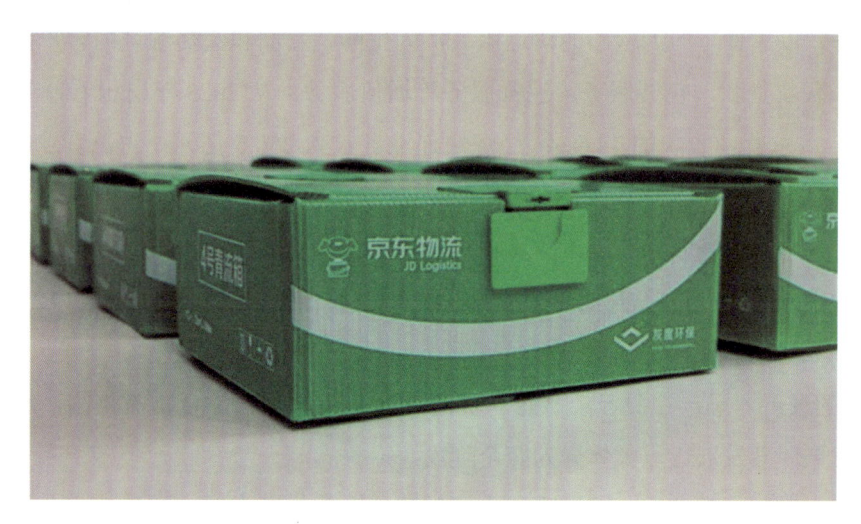

图 7-9　京东青流箱

（图片来源：https://zhuanlan.zhihu.com/p/680697446）

7.3.3.2　顺丰控股

顺丰控股是国内最大的综合物流服务商，也是高价、高速快递龙头企业。近几年顺丰控股的营业收入情况是，2021 年，顺丰控股的总营业收入为 2071.87 亿元；2022 年总营业收入增长至 2674.90 亿元，同比增长 29.11%，2023 年总营业收入略有下降，至 2584.09 亿元，同比增长 -3.39%。这是顺丰控股上市以来首次出现总营业收入下滑的情况，显示出公司在经营上面临一定的压力。据顺丰年报，2023 年度，顺丰供应链及国际业务实现不含税营业收入 599.8 亿元，而 2022 年同期营业收入为 878.7 亿元，同比下降 31.74%。对此，顺丰控股表示："因国际空运海运需求及运价从 2022 年上半年的历史高位，大幅回落至 2019 年市场常态化下的水平，从而影响 2023 年公司国际货运及代理业务的收入增速，但伴随需求与运价逐季趋稳，收入降幅持续收窄。"这说明，快递龙头企业的主营业务收入受国际形势影响较大。

值得注意的是，顺丰控股同城即时配送业务在 2023 年首次实现全年盈利。该业务在 2023 年实现不含税营业收入 72.5 亿元，同比增长 12.6%。

顺丰同城 2023 年收入为 123.87 亿元，同比增长 21.1%，总单量同比增长超过三成。数据显示，其年度活跃骑手增加至约 95 万名，同比增长 21%。同时，年度活跃消费者规模持续扩大，截至 2023 年底，已超过 2050 万人。在顺丰同城面向商家的同城配送服务中，顺丰同城深化与现有关键客户（Key Account，KA）品牌合作，拓宽引入优质商家的渠道。报告期内，年度活跃商家规模达到 47 万家。同时，顺丰同城强化下沉市场网络建设，为县域差异化的本地生活场景提供更便捷的即配服务，2023 年县域收入同比增长 147%。面对激烈的竞争，顺丰同城打造了专业即时履约服务，提供的"帮送、帮取、帮买、帮办"服务覆盖了生活帮忙、医疗健康、商务代办等个人生活和工作场景。

顺丰控股的主要产品和服务包含：时效快递、经济快递、同城即时物流、仓储服务、国际快递等多种快递服务，以大件零担为核心的快运服务，为生鲜、食品和医药领域的客户提供冷链运输服务，以及保价、代收货款、包装服务、保鲜服务等增值服务。从 2023 年财报看，其时效快递收入为 1154.5 亿元，占总营业收入的 44.6%；经济快递业务收入 250.5 亿元，占总营业收入的 9.69%；快运业务收入为 330.7 亿元，占总营业收入的 11.2%；冷运及医药业务收入 103 亿元，占总营业收入的 3.99%；同城急送业务收入 72.5 亿元，占总营业收入的 2.81%；供应链及国际业务收入 599.8 亿元，占总营业收入的 23.21%；其他非物流业务收入 72.8 亿元，占总营业收入的 2.82%。[1]

（1）发展历程

经历 30 年的发展，顺丰控股已经从直营快递企业逐步成长为综合物流集团，通过核心能力协同多元化业务发展。其发展过程大体分为四个阶段。

1）初创期（1993—2002 年）。该阶段主要解决了企业生存问题，初步建立公司架构和基础网络，并基本完成从加盟制向直营制的转变。

2）快速发展期（2002—2010 年）。中高端定位逐步清晰，高水平应对"非典"事件，化危为机，顺丰在该阶段获得快速发展，并建立了良好的市场声誉。

3）战略探索期（2010—2015 年）。该阶段平台电商崛起，电商快递迅速冲量，为应对市场变化，顺丰主要在两个领域做出尝试：一方面，发展电商零售业务，试图补齐"商流"能力；另一方面，发展经济快递业务，试图抓住电商快递冲量的增长机遇。该阶段基本明确了坚守自身擅长领域，再行扩张是更稳妥的发展思路，逐步明确了独立第三方综合物流服务商的战略定位。

4）多元化发展期（2015 年至今）。顺丰坚守在物流供应链领域内，发展快递、冷运、快运、同城、供应链及国际等多元业务。尽管顺丰将战略定位的表述在 2020 年的财报中，调整为"致力于成为独立第三方行业解决方案的数据科技服务公司"，但从具体业务发展角度看，并没有改变坚

---

[1] 资料来源：https://weibo.com/ttarticle/p/show?id=2309405019952989208811。

守物流供应链领域的定位。截至2023年，顺丰的重大战略布局基本完成，已初步具备打通物流供应链全环节，覆盖海内外全市场的能力。

（2）两个典型业务模块的现状

在顺丰控股诸多业务模块中，大件、冷链是与包装关系最密切的业务模块，因此，它们是顺丰控股循环包装业务的重要发展领域。

顺丰控股快运（大件）业务历经近10年发展，逐渐形成"顺丰快运"和"顺心捷达"双品牌运营，收入与货量规模居于行业领先地位。2015年，顺丰控股推出快运产品，逐步在时效快递主业之外进行多元化业务拓展。2018年3月，顺丰控股收购广东新邦物流有限公司的核心资产，成立广东顺心快运有限公司，并推出"顺心捷达"独立品牌，聚焦加盟型零担主体市场。2019年6月，顺丰控股成立深圳市顺丰快运有限公司，并于同年7月推出"顺丰快运"品牌。自此实现快运业务双品牌运营，其中"顺丰快运"为直营网络模式，服务中高端客户群体，"顺心捷达"为加盟模式，服务下沉市场。2020年，顺丰快运实现3亿美元的融资；同时，顺丰快运和顺心捷达纷纷扩大网络覆盖范围，实现中国大陆地区全覆盖。2021年，顺丰快运和顺心捷达不断完善产品矩阵和升级产品时效，打造快运产品差异化竞争优势。2022年7月，根据运联研究院发布的《2022年中国零担排行榜》，顺丰控股快运（大件）业务实现收入和货量双第一，保持行业领先地位。

顺丰控股的快运（大件）业务主要面向生产制造、商业流通领域有大件配送、批量运输需求的客户。在市场定位上，"顺丰快运"定位高时效、高质量及高服务体验的中高端市场，"顺心捷达"专注全网中端快运市场。顺丰快运服务B、C中高端客户，产品体系包括顺丰卡航、城市配送、限时寄递、大件跨境、大票直送和整车直达等，重量覆盖20 kg以上的大件快递、零担和整车范围。

顺心捷达主要服务B端客户，推出"顺心包裹""顺心零担""重货特惠"等优势产品。作为加盟制零担快运头部企业，顺心捷达零担产品重量范围覆盖全公斤段，为客户提供高品质、高体验、高性价比的全链路一站式物流服务。顺心捷达主要产品如表7-3所示。

表7-3 顺心捷达主要产品

产品名称	产品重量范围	适用场景	产品优势
顺心包裹	单票0～130 kg	电商商家、中小型工厂、连锁经销商、中小企业等B2B及个人消费者的B2C客群	时效快捷：收转运派，各环节优先保障；计价灵活：灵活抛比，阶梯定价；快速理赔：500元内理赔，48 h闪电到账
顺心零担	单票130 kg以上	生产工厂、设备类经销商、末端入仓	时效稳定：按时发车，承诺必达；高性价比：贴心服务，价格更优；全程无忧：品质保障，全程可溯
重货特配	全公斤段，抛比1∶3000以下	工业园区、专业市场2B零担	价格实惠：专线价格享高品质服务；安全无忧：整票配载，品质保障

资料来源：顺丰官网，国联证券研究所。

近年来，顺丰控股持续推进多网融通，快运（大件）业务收入稳步增长。顺丰控股于2021年推行四网融通，逐步将原归属于速运分部的由直营网络运营的部分时效快递和经济快递的大件业务（一般为超过20 kg的货物，且限定流向和距离）划归快运组织负责（2022年更名为大件组织）。2022年，顺丰控股快运（大件）业务不含税营业收入279.2亿元，同比增加20.1%；快运（大件）分部对外收入313.5亿元，同比增长10.6%。增速超过集团其他业务模块。

冷链运输业务的市场环境在改善，有望保持中高速增长。2012年顺丰控股推出电商平台——顺丰优选，意图以此为契机，布局冷运业务，寻求新的增长曲线。尽管冷运业务同样涉及仓、运、配等环节，但冷运业务对各环节的要求都有其独特标准。因此，与快运业务作为快递基础能力的自然延伸不同，冷运业务的早期拓展超出了顺丰控股的基础能力范围。经过探索，2014年9月，顺丰控股成立冷运事业部，正式推出"顺丰冷运"品牌，面向生鲜食品行业提供一站式供应链解决方案服务。从冷运业务实际落地效果看，驱动冷运业务发展的是大闸蟹和时令水果等生鲜食品的寄递，该部分业务本质上回到了顺丰快递业务的基础能力范围内，只需在普通快递业务的基础上，增加冷媒、升级包装，较少涉及专业的冷藏车运输以及复杂的冷库建设，依托顺丰控股强大的空中、地面运输网络，顺丰控股的冷运业务得到了迅速发展。

顺丰的冷链运输业务主要由食品冷运和医药冷运两部分构成。食品冷运行业主要由生鲜电商和上游环节涉冷运输驱动，生鲜电商的增长带动冷运城配业务和冷运快递业务发展，上游环节（如农产品批发）涉冷，如冻品、蔬菜和高端水果等品类，带动冷运零担和冷运整车等业务发展。医药冷运需求集中在疫苗、生物制品、血液制品、医疗器械等细分领域。据2022年年报，当期顺丰控股冷链运输及医药业务实现收入86.10亿元，同比上涨10.40%。按中国物流与采购联合会冷链物流专业委员会发布的"中国冷链物流百强企业"榜单，从2019年至2022年，顺丰控股连续四年名列第一。

循环包装行业不仅涉及不同材料、不同制品，还涉及不同用户。因而，相关企业的厂商行为会有极大差别。从上述案例可以看出，在国家大力推行"双碳"理念的今天，循环包装上游原材料、循环包装产品设计、生产以及循环包装用户企业都从不同角度寻找适合该行业的发展方向。尤其是，行业龙头企业的需求既带来了用户端对循环包装产品及其循环技术的要求，又形成了循环包装产业发展的巨大动力；而循环包装行业的发展也在积极推动整个行业及其上下游企业朝着标准化、绿色化和智能化的方向发展，从而提高企业的竞争力和可持续发展能力。

8 循环包装行业的发展战略及典型案例

8.1 循环包装行业面临的主要问题和困难

循环包装这一新兴行业在我国已取得了长足的进步，产业规模持续扩大，产业技术水平不断提高。但总体来看，我国循环包装行业与世界先进水平相比、与国民经济发展的需要相比，仍有较大差距；行业发展过程中还存在一些突出矛盾和问题，已成为制约行业快速发展的瓶颈，主要体现在以下几个方面。

8.1.1 相关政策引导和推动不足

虽然国家已经出台了一些法规和政策来支持循环包装的发展，但我国包装物的循环、复用、共享和回收仍缺乏系统性政策引导和标准规范，尤其在法律法规和政策层面，策、责、权、利四者关系尚不明晰，未明确回收主体责任，怠于履责的惩处机制缺乏，回收主体积极履责的激励补贴等措施缺失，导致企业和消费者的主动性与积极性不高，缺乏相关意识。

8.1.2 规模化运营难度大

目前，循环包装业务一般只在同城、同区域或同一企业内部推广使用（所谓 To B 模式），如经济发达的长三角地区、珠三角地区，采用专门店、专卖销售模式的品牌服饰、医药系统，以及汽车零部件这类相对集中、数量较大的制造业使用。若在全国范围内大面积推行循环包装（尤其是面向个人和家庭用户的 To C 端），不仅需要在门店大量铺放循环包装箱，还会产生大量包装箱空置现象，包装箱成本、调配、运输、仓储和管理成本都会很高。所以，就目前来说，循环包装的规模化运营尚属难点。

一方面，并不是所有商品都适合使用循环快递包装，这也限制了其规模化推广。例如，生鲜产品通常可以使用循环快递包装，但个人隐私物品、奢侈品等高价值商品则不太适用。

另一方面，循环包装的实施需要完善的回收和处理基础设施，包括回收站点、分类和分拣设备以及回收工厂。然而，一些地区的回收和处理基础设施仍然不完善，导致循环包装的规模化运营和实施受限。

8.1.3 循环包装的观念转变尚待时日

包装行业很多从业人员和普通民众对循环包装行业发展没有意识或意识非常薄弱。一些包装从业人员片面地将使用易降解材料制成的包装产品视为循环包装，而不关注包装产品的生产和使用过程，以及回收利用过程是否会对环境造成污染和破坏。一些人认为以纸代替塑料制品就是包装产品的循环发展，还有较大比例的从业人员从来不关心产品包装物是否对人体有害等。另外，我国还缺乏促进循环包装行业发展的法律条款，相关执法人员也无法从政策层面对违反循环包装行业发展规定的行为予以惩罚。

8.1.4 循环包装带来的业态转型问题

循环包装生产企业这种业态与单纯包装生产型企业的业态有明显不同，主要区别在于：

①人力成本在企业总成本的占比将大大提高。因为企业在兼顾生产的同时，还需要服务客户后续需求，因此，必须投入额外的人力、财力资源与客户的业务流程进行对接。这对循环包装生产企业的人力资源提出了更高要求。

②管理大量的、处于动态的包装物料对循环包装企业提出了新的挑战。假如管理不善，企业则面临着资产损失、客户体验较差等直接降低收益水平的经营风险。而一套完善的信息化管理系统，则需投入软硬件及相关人才方面的研发、投入成本。

③企业经营模式发生根本性转变。传统的包装生产企业属于制造业，而循环包装生产企业涉及包装物料的循环及其管理，属于服务业，从管理口径、运营方式、盈利方式方面看，后者都与传统包装企业有天壤之别。企业负责人的思想转型是根本，技术与人力资源的支持是基础。

8.1.5 循环包装产业发展周期长

在满足同样产品、同样包装需求的前提下，一次性包装的投入量无疑要远大于循环包装，因此，对一次性包装生产企业来说，一定服务半径的企业需求就可支持其规模化发展，从而获得规模生产效益；而对循环包装生产企业来说，则面临着服务本地企业难以达到较为经济的生产规模的局面，需要不断扩大服务范围和客户种类，才能获得规模生产效益，这不仅增加了企业管理的复杂性，还大大延长了循环包装企业的投资回报周期，使其面临更大的经营风险。

8.2 循环包装行业的重要发展方向

8.2.1 顶层设计与政策引导

"两山"理念指国家实施的生态文明建设理念，其核心是"绿水青山就是金山银山"。从行业角度看，循环包装行业是包装行业的一个子集，用"两山"理念分析，循环包装就是要强调在保护生态环境的前提下，通过合理开发和利用包装资源，实现经济的可持续发展。因此，必须把循环包装纳入国家生态文明建设的重要环节，实施顶层设计，对国家实施循环包装的整体目标、发展战略、组织结构和发展流程等进行全面规划和设计。目前，我国这一工作尚处于起步阶段，涉及循环包装发展的问题，仍是归属到行业、企业，由部门、行业组织和生产、运营和用户企业各行其是，国家层面的全国循环包装整体架构和运行方式规划刚刚起步。

2020年国务院办公厅转发国家发展和改革委员会、国家邮政局等八部门《关于加快推进快递包装绿色转型的意见》，提出推进快递包装"绿色革命"，明确2022年和2025年可循环快递包装应用的量化目标。2021年7月国家发展和改革委员会发布的《"十四五"循环经济发展规划》再次明确，到2025年可循环快递包装应用规模达到1000万个。此外，对于绿色包装生产、绿色快递物流和配送体系建设、专业化智能化回收设施建设等项目，国家相关部门也将在资金、信贷、债券等方面给予支持，以促进包装减量和绿色循环的新模式、新业态发展。

2021年12月，国家发展和改革委员会、商务部、国家邮政局联合印发《关于组织开展可循环快递包装规模化应用试点的通知》，明确在2022年1月至2023年12月，以寄递企业为主体，联合上下游相关方共同开展试点，以企业到个人消费者以及个人消费者之间的邮件快件规模化应用可循环包装为主，优先选择品类适宜且业务量较大的快递路线或城市（区域）开展。三部门将于2023年底组织专家对试点工作开展评估验收，总结提炼成功模式和典型做法。

快递包装的循环应用涉及主体众多，如快递企业、电商企业、个人用户、包装生产和销售企业，以及社区物业、垃圾处理机构等，邮政管理部门可以实施对快递企业的监管和规范，但对其他主体缺少有效管理手段，使得推行效果受到限制。因此，相关法律法规以及标准体系亟待完善，上下游也需要更好地协同。

实施循环包装的成本是各主体十分关注的问题，它影响到循环包装是否可以进行大面积推广。近年来国家相关部门出台了一系列扶持与引导政策。如国家邮政局推动在《中华人民共和国电子商务法》等法律中增加快递包装治理相关条款，发布引导寄递企业围绕绿色包装等重点领域加强科技创新的多项行业法规和标准等（详见3 循环包装行业的发展影响因素），明确快递生产作业相关要求，推进包装废弃物回收再利用，明确包装选用要求和原则等。

除了邮政快递行业，其他如制造业、食品药品行业、农副产品加工业、电商业等，都是循环包装的主要用户行业，其相关的政策、法规尚待进一步设计、完善。

8.2.2 可持续循环包装材料及其应用研究

循环包装的关键是选择可再生、可回收、可降解的材料，如纸、金属和单一材质的塑料等。

纸包装及纸包装材料的循环，目前主要还停留在材料的循环再生层面，涉及产品循环的，除了部分重型纸包装产品（如特耐王的 3A 重型瓦楞纸板及制品、部分蜂窝纸板制品）和少量特殊结构的循环包装纸箱、金属制包装制品外，大面积推广往往受制于材质、使用寿命以及循环政策。尚待进一步研究。

在全球范围内，据统计有 42% 的塑料用于包装，其中大多数为一次性使用，因此，塑料污染在生态系统中造成的问题是长期的，持久的。塑料的回收率只有 10%，这就意味着 90% 的塑料被焚烧、填埋或者直接丢弃到自然环境中。塑料通常需要 20～400 年，或更长时间才能分解。分解的塑料产生的碎片或微塑料会残留在大气、土壤以及我们身边的方方面面。而使用可持续包装材料、实现塑料包装的循环使用可以打破这种消极循环。单一材质的塑料可以较好地解决塑料包装的完全循环问题。目前，单一材质包装材料已成为行业热点。

8.2.3 高性能循环包装结构及产品设计

进行合理的包装结构设计，重点是减少包装材料的使用量，提高材料的可循环性和可回收性，以及设计易于分拣和回收的包装结构。

2017—2018 年，京东青流箱、苏宁漂流箱、顺丰"丰·BOX"陆续面世，"青流计划""青城计划""丰景计划"相继出炉，在媒体报道中刮起了一阵快递包装"绿色革命"风。彼时，三家企业的循环快递箱选择了不同的材质（热塑性树脂、PP、牛津布+PVC），箱体结构设计上也各有特点，例如分别使用锁扣或拉链替代塑料胶带进行封装。

多年过去，循环快递箱经历了数次迭代升级，无独有偶，改良升级后的青流箱和丰多宝"π-BOX"都选择了更易回收的单一化 PP 材质、重量更轻耗材更少的中空板（如丰多宝"π-BOX"采用 PP 蜂窝板），并通过优化结构设计免去锁扣、拉链等易耗材料的使用。

为不同商业应用场景提供定制化设计，满足不同客户的需求，是各循环包装供应商的业务共同点。如，知路科技与中国邮政集团共同推出的车牌循环包装箱，在形状和规格上专门为车牌量身设计，目前已在杭州进行小规模线上测试。

在细分的应用场景，尤其是在配送签收要求较高的场景，相应进行循环包装箱的定制化设计，或许是循环快递包装有效落地应用的一个发展方向。

多功能循环包装产品设计是一个热点，即通过产品的创新设计，提高循环包装的功能性和用户体验。重点是开发可多次重复使用的包装结构及其封缄结构，易于拆卸和组装的包装结构，保温、保湿以及适应不同应用场景的多功能包装结构等，以满足不同行业消费者对个性化、便利性、可持续性和个人体验的需求。

8.2.4 循环包装商业模式的创新

这是循环包装能否顺利推行、能否在更大范围实施的重点。这方面的工作重点包括三个：①通过政策，推动循环模式的实施，即通过回收、再加工和再利用废弃包装材料，实现包装资源的循环利用和减少废弃物的产生；②推动建立完善的回收和再利用系统，促进包装制品和材料的完全循环；③探索政企联动的循环包装成本效益核算机制，使循环包装企业、运营平台企业得以从经济上实现良性循环。

如采用循环包装租赁，推动单元化物流，实现全行业物流包装降本增效；在封闭式托盘循环共享成功实施的基础上，推行开放式托盘循环共享，提出交换模式、转售模式等开放式托盘循环系统的基本运营模式，托盘银行、物流包装租赁池等概念和创新的运营模式也已在业内提出并初步实践。

在可预见的未来，快递包装绿色转型将受到持续的关注，多种解决方案并行是必然的结果。某种循环模式无法单一应对所有的快递包装问题，单一的循环快递箱产品也无法适用所有的商品运输，关键是找到循环快递箱各自适用的商品品类、运输场景。例如，目前循环快递箱应用主要是选择同城快递等区域性场景进行尝试，部分快递企业有计划推进试点循环快递箱的终端共享回收模式，尝试改善高丢损率、运营效率等难题。

8.2.5 循环包装智能化和数字化

通过应用智能化和数字化技术，提高物流管理和包装追踪的效率。重点是通过传感器、RFID技术和物联网等技术，实现包装物的实时监测、追踪和高效管理，以提高物流效率和减少包装的浪费。

（1）智能周转箱

在周转箱上加装感知与智能控制单元，可以实现物流单元的智能化。智能周转箱能够自主管理箱内的货物，又能向上级系统及时报告智能周转箱的状态，实现自动要货和补货。蒙牛试点使用的智能周转箱通过在箱体中嵌入智能芯片及"物联网（Internet of Things，IoT）"多功能码，实现了全路径在线数字化信息功能，帮助蒙牛掌握了更加精准的销售数据，获取溯源信息，从而达到为消费者提供更高品质的产品与服务的目的，而芯片采集到的区块链数据还可以成为下游经销商金融借贷的重要依据。

（2）物联网技术

物联网技术是循环包装体系的重要组成部分，可以满足智能物流网络化的需求，同时也是实现物流全流程数字化的关键。基于蓝牙等技术的物联网数据准确率较低、耗电量较大，窄带物联网技术是一种专为物联网设计的窄带射频技术，以室内覆盖、低成本、低功耗为特点。窄带物联网支持海量连接，为仓储物流系统的数字化和网络化创新应用带来勃勃生机。支持智能物流单元和智能物流装备之间低层面的相互交流和决策，真正实现了仓库内部密集网状连接，提高了仓储物流信息交换效率和准确率。

（3）RFID 技术

RFID 技术是一种通过无线射频方式获取物体的相关数据，并对物体加以识别的非接触式的自动识别技术。RFID 技术可以识别高速运动的物体，并同时识别多个目标，可以实现远程读取，也可以工作于各种恶劣环境，故被认为是 21 世纪十大重要信息技术之一。RFID 系统就如同物联网的触角，使自动识别物联网中的每一个物体成为可能，是构建物联网的基础。

RFID 技术发展迅速，已经逐渐应用到各个领域。如在智能交通领域，被用于 ETC、公交刷卡、铁路等，实现高效管理，使人们出行更加便捷；在物流领域，实现了商品的运输、配送、仓储等环节的实时监控，提高了自动化程度，以及供应链的透明度和管理效率。此外 RFID 技术在零售业、制造业、图书管理、智慧城市、国防军事等场景或领域的应用也越来越普遍。

（4）三维码技术

循环包装的"一物一码""一箱一码"是实施包装件循环、追溯和管理的保障措施之一。普通二维码使用简便，应用广泛，但它可以复制后重复使用，不能实现上述功能。业界出现的三维码技术是通过将防伪元素及信息集合用物理方式进行加工，或采取随机喷墨技术形成高低不同的点阵，利用后台给予赋值以实现"一物一码"，需采用特制的读码设备加以识别；或采用随机深浅雕琢，使不同图案部位随机呈现不同深浅和不同颜色的结构特征；或利用色彩或灰度（或称黑密度）表示不同的数据并进行编码。后两种方式都可以使用 AI 智能识别将这种由印制工艺形成的结构组合特征识别出来，使其具有结构的、立体的、唯一的和相对难以复制的特点。

总的来说，循环包装行业的发展重点是在材料选择和设计、循环经济模式、智能化和数字化、创新设计和用户体验等方面进行创新和改进，以实现循环利用、减少废弃物和提高包装效率。

8.3　循环包装行业发展的总体目标

循环包装行业的发展是为了响应国家"两山"发展理念，推动可持续发展，保护环境，促进循环经济的发展。具体来说，其发展目标包括以下几个方面。

（1）减少资源消耗

通过使用可再生材料、回收再利用等方式，最大限度地延长包装材料的使用寿命，减少对新原材料的需求。

（2）减少废弃物产生

通过推广可回收、可降解的包装材料，建立完善的回收和再利用系统，将废弃包装材料重新投入循环利用，减少对环境的负面影响。

（3）提高经济效益

通过建立完整的回收、再利用和再生产体系，实现包装材料的循环利用，最大限度地提高资源利用效率，减少浪费和环境污染；同时，降低用户企业的包装成本。

（4）提升包装品质和用户体验

通过循环包装产品的创新设计、智能化技术、物联网技术等手段，提供更安全、方便、个性化、智能化的包装解决方案，满足消费者对包装品质、便利性和安全性等方面的需求。

8.4 循环包装行业发展典型案例

8.4.1 上游/原材料行业

以上海艾录为例。

上海艾录成立于2006年，主要从事工业用纸包装、塑料包装、智能包装系统的研发、设计、生产、销售以及服务。经过多年的持续发展，上海艾录已由国内领先的工业用纸包装公司，成长为一家工业与消费包装产品皆备的软体包装一体化解决方案提供者。创立至今，其生产效率、大批量订单保障供应能力、产品质量稳定性等方面始终位居行业领先水平。上海艾录下游市场涵盖化工行业、建材行业、食品行业、食品添加剂行业及医药行业等众多领域。多年来，凭借良好的市场声誉和品牌影响力，上海艾录与各领域龙头企业形成了稳定的合作关系，客户包括妙可蓝多、蒙牛、光明、雀巢、菲仕兰、陶氏、巴斯夫、沈阳化工、佰利联、德高、立邦、东方雨虹、美巢等国内外知名工业及消费类企业。上海艾录发展历程如图8-1所示。

图 8-1 上海艾录发展历程

2016 — 2011 年为初创期。上海艾录前身上海艾录纸包装有限公司成立，正式进入工业用纸包装领域，从事工业用纸包装的研发、设计、生产、销售以及服务，是国内较早进入的工业用纸包装的公司。2011 年 6 月引入德国 W&H 自动化流水线，持续关注智能制造方面的技术投入，对生产流程和工艺进行智能化、数字化改造。

2012 — 2017 年为上海艾录的高速发展期。在 2013 年获得"科技小巨人培育企业"称号以及 2014 年获得"高新技术企业"荣誉称号。2014 年 4 月上海艾录纸包装有限公司有限变更为股份有限公司。2015 年 4 月上海艾录全资收购了从事设计和生产机器人粉料包装生产线的锐派包装技术（上海）有限公司（以下简称"锐派包装"），提供智能包装设备一体化解决方案。2015 年 11 月上海艾录与广东伯朗特智能装备股份有限公司（以下简称"伯朗特"）签署了《战略合作协议》，拟与伯朗特协同，根据各自的强项，在自愿、互利、共赢的共识下，开展深度合作，以赢得更多的市场份额，在回报社会的同时，为各自企业创造商业价值。2016 年 9 月，上海艾录与德国 W&H 公司于三期新智慧工厂落成盛典公布了双方建立战略合作的关系，2017 年上海艾录组建上海艾鲲新材料科技有限公司，主要从事日化、软管、注塑系列产品的生产，加大业务拓展，扩张覆盖多元化下游行业客户。

2018 年至今为上海艾录的"第二曲线"扩张期。上海艾录始终坚持"持续为客户提供专业的一体化包装解决方案"的经营理念，从材料选择、结构设计等方面不断优化包装产品，针对不同客户的个性化、专业化需求提供创新解决方案。由于上海艾录早期沉淀的工业用纸包装客户中很多是食品级的，在管理体系和质量体系有一定的基础和优势，故 2018 年上海艾录与妙可蓝多签订战略合作协议，成为其最大的奶酪棒包装供应商。2021 年 9 月上海艾录首次公开发行股票并在创业板上市。2022 年 1 月，工业和信息化部公布 2021 年度绿色制造名单，上海艾录获评"国家级绿色工厂"。

上海艾录的工业纸袋包装产品体系完整，积极丰富塑料包装产品以覆盖多元化客户。目前主营业务收入主要来自工业用纸包装袋、工业塑料包装和智能包装系统三大板块。其中，工业纸包装袋系列按形态和工艺的不同，可为阀口袋、方底袋、热封口袋、缝底袋等产品，工业塑料包装可分为 EVOH 高阻隔性薄膜，FFS 三层共挤重载膜，LLDPE 薄膜，冷拉伸膜等。

（1）工业纸包装

随着全球工业及消费品市场的稳步发展，近年来全球包装行业市场发展呈现平稳良好态势，从产品类型来看，包装产品主要可分为纸包装、塑料包装、金属包装等。目前，我国已成为仅次于美国的全球第二大包装大国，已建立起以纸包装、塑料包装、玻璃包装、金属包装、包装印刷、包装机械为主的现代化产业体系。在我国包装行业市场结构中，纸和纸板容器与塑料薄膜份额占比分别达到28.9%、27.0%，为最主要的两个子行业。但我国人均包装消费仅为12美元/人，与全球主要国家及地区相比仍然存在较大差距，因此包括工业用纸袋包装在内的纸包装领域未来将具有市场发展空间。国家政策的支持给纸包装行业带来了长期的鼓励与支持。近年来，国家先后出台多项产业振兴政策，有助于优化产业结构、提高制造业自动化水平，增强产业配套能力、推广环保纸袋自动包装技术。此外，国家先后修订了《中华人民共和国清洁生产促进法》《中华人民共和国环境保护法》等法律法规，进一步明确了工业用环保纸包装在环境保护中的强制性要求，有利于行业市场需求的进一步增长。随着我国国民经济的持续发展，经济结构调整、制造业整体转型升级已经成为我国宏观经济发展的重要课题，在此趋势下，环境友好、节能降耗、契合自动化包装工艺的纸包装及自动化生产线，将迎来良好的发展机遇。

目前塑料编织袋由于成本上和规模生产上的优势仍占据市场主流，但"限塑""禁塑"政策将提升工业纸袋的替代需求。2001—2010年是中国塑料编织袋行业高速发展的十年，中国塑料编织袋出口总量由2001年的123231万条猛增到2010年的567830万条，年均增速高达18.5%，2011—2016年，中国塑料编织袋出口增速明显放缓，年均增速仅2.21%，目前塑料编织袋行业已经进入成熟期，未来随着环保要求的不断趋严，工业纸袋有望接替塑料编织袋，在满足大规模生产需求的基础上实现可持续发展。

（2）复合塑料包装

上海艾录年报显示，2022年实现营业总收入11.22亿元，同比增长0.18%，低于2021年的增速；实现净利润1.18亿元。2022年一季度实现营业总收入2.7亿元，同比增长12.3%。数据显示，2020年，工业用纸包装产品占上海艾录主营业务收入超过75%；以奶酪棒包装为代表的复合塑料包装产品，占上海艾录主营业务收入的比例为18.54%，是其重要收入增长来源。这与妙可蓝多近年来的业绩增长有很大关联。2018—2020年，妙可蓝多营业收入增幅分别为24.82%、42.32%、63.2%。据Euromonitor数据显示，2021年我国奶酪行业市场规模达到122.73亿元，同比增长22.95%。伴随渗透率及人均奶酪消费不断提升，奶酪行业将稳健扩张，未来5年将以14.65%的复合平均增长率继续成长，并于2026年达到243.13亿元。

上海艾录所产复合塑料包装主要用于奶酪棒领域的食品包装，并跟随下游需求大幅扩容。目前，复合塑料包装产业中间层主要存在使用PS材质和PVC/PVDC材质两大路线。上海艾录的产品中间层采用的是PS材质，而国内能够稳定大批量供应PS材质复合塑料包装的供应商主要是安姆科和上海艾录。根据草根调研，安姆科奶酪棒包装溢价较高，上海艾录产品性价比较高，安姆科在中国主要供应百吉福、伊利、蒙牛等客户，也少量供应妙可蓝多；上海艾录目前已大规模供应妙可蓝多，同其深度绑定。妙可蓝多在低温奶酪棒产品持续成长的同时，推出常温奶酪棒产品，突破低温限制，实现渠道下沉，满足多元化需求，有望实现快速成长。而上海艾录作为其包装材料核心供应商，将充分受益于其业务扩张。

上海艾录表示，在复合塑料包装市场方面，随着下游客户产品持续热销，相关包装需求有望持续扩大，从而吸引较多包装服务商尝试进入复合塑料包装业务领域。同时，由于奶酪棒市场系乳制品行业中相对较新的业务领域，若市场容量扩张不达预期，竞争对手的涌入会导致供需失衡，市场竞争或将进一步加剧。

从客户结构看，剔除大客户妙可蓝多的影响，上海艾录的头部客户和长尾客户放量显著。大客户方面，剔除妙可蓝多，2021年增速约为13.5%，客户数量由2018年的21家提升至2020年的24家，主要通过大客户放量推动增长。长尾客户方面主要是以量增为主，客户数量自2018年的362家提升至2020年的547家[1]。

（3）智能包装

上海艾录是少数掌握高品质工业用纸包装产品和复合塑料包装产品核心技术的国内企业之一，具备较强的技术研发能力，是"上海市高新技术企业"，曾先后被评为"上海市认定企业技术中心""金山区企业技术中心""金山区专利工作试点单位""上海市科技小巨人企业"。为了保持技术的先进性、保证产品的高质量和强竞争力，多年来，上海艾录始终坚持"科技强企"的发展理念，建设了一支高素质的研发人员队伍，他们在纸袋产品热封、成型、防漏，食品级塑料包装材料开发、成型，智能化灌装系统研制方面具有较强的创新攻关和科技成果转化能力。

一直以来，上海艾录不断加大技术研发的投入力度以改善技术设备和科研条件，目前在上海市拥有2个智能化制造基地，下设工业用纸包装、塑料包装、智能包装系统3个生产板块，配备了国内外先进的流延吹膜、挤出片材、印刷、制袋、制管、复合等设备。通过定制生产信息系统、设备物联网改造等方式建立了智能化的生产体系；通过持续的信息化的投入，定制开发了相关系统，通过信息化系统提升了生产执行效率，降低了用工人数和人为失误导致的生产损耗，保持相对竞争对手的智能化生产优势。

上海艾录收购的锐派包装，主要为客户提供智能包装系统，包括阀口袋全自动粉料包装机、敞口袋全自动包装机、码垛设备和全自动套膜机等，可广泛应用于产出物为粉体颗粒状物料的化工、食品、建材、医药等行业，实现物料的洁净和高精度灌装、全自动化操作。这是上海艾录一体化包装解决方案的重要组成部分，与工业用纸包装、塑料包装等产品互为补充，综合服务于客户的多元化包装需求，形成产品间良好的协同效应。至2023年，上海艾录智能包装系统相关技术已获得发明专利和实用新型专利数十项。

---

1 长尾客户为体量在100万元以下的客户，中等客户为100万～500万元体量客户，大客户为500万元以上的客户。

在激烈的市场竞争环境下，上海艾录将采取一系列措施巩固企业地位并实现进一步的升级扩张。在工业用纸包装产品方面，继续巩固现有横跨各领域的客户资源，如化工行业、建材行业、乳品行业、食品和食品添加剂行业、医药行业等，特别将进一步扩大产品在乳品和食品领域，尤其是奶粉市场的份额；在塑料包装产品方面，将以现有的奶酪棒产品包装及日化包装为切入口，利用产品自身的技术优势及相关客户的产品服务经验，快速扩大产品在上述行业的市场占有率，增加在消费品领域，尤其是乳品和日化市场的份额；在智能包装系统方面，将实施在智能化包装设备市场上的扩张计划，全面打开国内需求市场，从老设备改造和新设备设计生产两方面同步开展，小空间利用多功能机械臂完成包装流水线全功能，大空间配置高速智能包装系统，为客户定制个性化的设备，帮助客户完成自动化包装的全面需求。

未来几年内，上海艾录将进一步加大对现有产品改进、新产品开发和新技术研发等投入，尤其是采用节能环保型包装材料配置、新型包装结构设计和更为先进精准的工艺。上海艾录会持续加大研发机构的建设力度，提高创新效率，缩短创新时间，通过自主研发、产学研相结合、引进吸收消化创新等多种方式，充分利用内外部资源，提高产品技术含量和附加价值，持续开发出更多绿色环保包装产品，为客户供应更多与国际包装接轨的领先产品。

上海艾录未来将通过产能扩张，提高产品生产能力，充分发挥规模经济优势，加强产品的品质管控，不断丰富产品种类，提高市场竞争力。围绕不断增长的生产规模，将根据实际需求不断建立和完善各项制度，制定精细化的预算管理，形成规范化、标准化的内部管理体系，结合目标管理和绩效考核等制度，进一步降低成本，提升能力，创造效益。

8.4.2 循环包装行业

8.4.2.1 知路科技

（1）企业核心技术与产品

知路科技目前已申请授权发明专利10项，实用新型专利33项，外观专利7项，已在包装结构、锁扣、材料等方向形成技术壁垒。其核心技术包括机械（锁扣）结构创新设计技术、箱体结构创新设计技术、消费后塑料（Post Customer Recycled，PCR）材料开发技术等；核心产品包括套叠款可循环包装箱、快速折叠款可循环包装箱、平口箱、政务循环箱等。

1）机械（锁扣）结构创新设计技术

行业内现有的包装箱大都为纸箱，纸箱用胶带封箱无法实现循环使用。虽然有的包装箱可以循环使用，且在箱体的箱口处设置有锁扣机构，但是该锁扣机构不能实现自动封箱，无法使用在全自动封装生产线上。现有包装箱的锁扣机构解锁时需要双手操作，不能单手解锁，有时候会给使用者带来不便。为解决上述包装痛点问题，知路科技研发了具有自动封箱功能的锁扣机构，锁扣组件包括解锁推钮、旋转锁钩杆、触发滑杆、触发块、第一锁舌杆、第二锁舌杆、第一锁合弹簧和/或第二锁合弹簧，以及触发弹簧。锁扣机构可以单手解锁，可使用在全自动封装生产线上，提高供应链效率。

知路科技基于机械结构研发的京东青流箱因其能提高供应链效率，具有免胶带、便捷、百分百上锁等优点，能充分满足京东物流运营过程中各环节的需求，得到了京东的重点关注。京东在规模化应用知路科技循环箱后，根据知路科技循环箱的机械结构优点对其技术及验收规范进行了修改优化。例如，"防盗结构要求"提出循环箱不需使用"一次性锁扣拉环"等额外附加耗材即可完成防开启防盗功能，箱体标签粘贴处需要有良好的表面性能（均属知路科技自有专利技术）；利用电子面单防盗，可避免使用一次性锁扣拉环等包装辅助物，每年能为京东节约百余万元成本。此外，知路科技循环箱已正式写入中国邮政集团企业标准，这标志着包装行业绿色转型工作前进的一步，也是知路科技上升的一步。

2）箱体结构创新设计技术

随着我国互联网经济的快速发展，网上销售已成为我国主要营销方式，快递业已成为物流行业的重点发展方向。网上购买的商品在快递运输过程中需进行二次包装，大多数会采用普通的纸箱，并使用胶带封装，送到用户时由于胶带难以拆卸，纸箱使用后大部分无法循环使用，故纸箱往往会被丢弃，这一方面造成了资源浪费，另一方面也造成了环境的污染。即使有小部分纸箱被回收利用，但由于在处理箱体表面胶带时会损坏纸箱，纸箱破损率高、效率低、损耗大、人工费用贵等因素，大大降低了回收利用价值，导致回收利用成本高。因此，开发一种行之有效的易折叠、可循环使用的包装箱成为行业亟待解决的难题。针对上述问题，许多生产厂家和有识之士进行了开发和研制，但至今未有较满意的产品问世。

为了克服现有技术存在的上述缺陷，知路科技研发了结构设计合理、折叠快速、回收循环使用方便、环保性好的包装箱，其具有操作简单、封装及开箱方便、使用安全可靠、安全性能好、无须胶带等优点，相关技术原理如下。

免胶带封箱技术。循环快递箱通过箱盖锁扣机构和箱体锁扣机构配合锁定，在箱盖锁扣机构加装一次性防盗锁扣，表面贴上面单封条即可用于物流和快递。面单封条就是封箱条，开封即视为开箱，从而确保运输过程中的商品安全，使用时无须胶带即可满足封装要求，不仅重复利用率高，符合环保政策要求，而且可以大大降低产品包装成本。

可折叠循环使用技术。将包装箱整体设为中空塑料板材质，使用时连接板紧贴在前侧板上，固定板向内翻转后与连接板夹住前侧板并通过锁定件固定在前侧板上，结构稳定，可以大大提高包装箱的抗压及抗变形能力，保证包装箱使用时叠放整齐平整不回弹，包装箱机械性能良好，使用寿命长，并且实现可折叠循环使用，符合环保需求。

翻转及防盗锁扣装置技术。设计翻转式锁扣，箱盖定位孔扣在定位扣上，确保箱盖与箱体对位准确，当锁扣接手与锁扣拉手凹槽扣接时，利用凸起锁点定位，弹性连接片卡接即可锁死，当合上箱盖时，在拉手锁定孔与相配合的箱盖锁定孔上插入一次性防盗锁定件，防盗组件下部两侧设有与锁定台阶配合的弹性倒扣，可以防止在快递环节被打开包装箱，开箱时扭断防盗锁扣转动部，用力从开盖槽口上扳动锁扣拉手即可打开。操作简单，使用方便，相比于最常见的胶带封箱，更环保、更便捷。

内置 RFID 电子标签物源追溯管理系统。通过在锁扣里面内置 RFID 电子标签与唯一条形码，实现物源追溯管理。

3）PCR 材料开发技术

知路科技一直坚持以"循环碳路径"为总体思路研发产品，全力构建包装闭路循环体系。目前 PCR 材料技术研发进展如下。

PP 循环箱循环路径及回收再生工艺研究。基于知路科技的实际客户 B2B 应用场景，构建了循环包装箱的循环路径。循环箱在厂、仓、店之间进行循环使用，同时会产生一定比例的运营报废量。运营报废量及生产报废量均进入旧箱回收体系中，其中部分旧箱会进入知路科技再造为再生料，当用户处置不当时，部分旧箱体会泄漏到生活垃圾中进入焚烧/填埋场。目前知路科技已成功研发生产报废料回用工艺技术，包括破碎料添加比例与材料增韧性研究，使用该技术生产的循环包装箱已投入永康当地企业批量化使用。

废旧纺织品（以 PET 为主）与 PP 料相融生产包装箱技术。知路科技与同济大学共同合作开发废旧纺织品化学法回收 BHET 技术，使用该技术可将废旧纺织品经过破碎、解聚、提纯、造粒制得 PET 原料。目前正在研究 PET 添加量对箱体板材抗压性能、承重性能、韧性的影响，及 PET 与 PP 料的相融性。经实验室测试，PET 与 PP 料相融生产循环箱基本可行。相关实验测试及性能检测正在进行中。

4）知路科技核心产品

目前，知路科技投入应用的核心产品包括以下几种。

套叠款可循环包装箱，如图 8-2 所示。其特点是免胶带，一拉即开，一按即锁，效率高；单次使用成本比传统包装降低 30% 以上；PP 材料比重轻、食品级、中空结构；可内置 RFID，实现物流全程可追溯；可循环使用 50 次以上；箱体可套叠，节约空间；可实现配合物流智能包装机装箱及分拣。该产品主要应用于 B2B、B2C 场景下，典型应用包括京东青流箱、杭州邮政中药箱、丽水邮政中药箱、金华邮政中药箱等。

快速折叠款可循环包装箱，如图 8-3 所示。其特点是采用可回收再造 PP 材料，食品级、重量轻、坚固耐用，可多次循环使用，折叠结构、回收便捷、免胶带等，有效解决了成本高、破损多、资源浪费等问题。

图 8-2　套叠款可循环包装箱　　　　　图 8-3　快速折叠款可循环包装箱

该产品主要应用于 B2B、B2C 场景下，典型商家包括中国邮政、京东、顺丰、中通、美团、韵达、德邦、朗姿股份等。其中，B2C 场景中特别适合上门揽件。

平口箱，如图 8-4 所示。这是一种免胶带、适用自动化打包线的循环箱，可避免封箱胶带、魔术贴等包装辅助材料的使用，能满足自动化打包线的降本增效需求。该产品适用于具备自动化打包线及人工打包场景，可满足所有产品的封装需求。具有免胶带、高效封装、快速折叠、抗压承重、便于清洗的特点。

政务循环箱，如图 8-5 所示。其在包装盒的有限空间内设置防盗锁扣装置，提高了包装盒的保密性，以及打开便捷性，包装盒可循环使用。

图 8-4　平口箱

该产品适用于邮政政务箱以及车牌、公文、档案、增值税发票、身份证、护照、电子产品、电子消费品等所有扁平状产品的循环包装。

（2）企业发展现状、扩产计划与未来发展方向

1）发展现状

知路科技自 2019 年 11 月 19 日成立以来，一直

图 8-5　政务循环箱

践行"循环碳路径"的理念，是国内首先实现不用胶带、不用一次性锁扣耗材即可完成防开启、防盗功能的可循环快递包装箱产品生产企业，主要从事可循环使用物流包装容器的研发、生产、销售、租赁、回收再生及流通管理运营，是一家专业提供定制化可循环塑料包装整体解决方案的服务商。知路科技已经通过三体系认证（ISO 9001:2015 质量管理体系认证、ISO 14001:2015 环境管理体系认证和 ISO 45001:2018 职业健康安全管理体系认证）和快递包装绿色产品认证，构建了良好的知识产权体系，有 10 项正在申请的发明专利和 33 项已获授权的实用新型专利。

2020 年 6 月，知路科技与京东物流达成战略合作，成为京东物流的供应商，其推出的循环箱"青流箱"已在北京、上海、广州、深圳等 32 个城市常态化使用，接着又与中国邮政、中通、韵达、苏宁、德邦、美团、菜鸟、网易严选、无印良品等企业达成了销售、租赁等业务合作；2020

年 9 月，知路科技成为京东物流绿色包装联盟成员；2021 年 6 月，其循环快递箱产品入选国家邮政局"2020 年邮政业绿色产品、绿色技术、绿色模式名录库"；2022 年 12 月，其快递循环箱产品被写入中国邮政集团企业标准；2023 年 2 月，其可折叠循环快递箱产品入选中国快递协会"2022 年度绿色快递示范产品"。

知路科技紧密围绕国家发展战略性新兴产业的布局，为生产制造企业和快递物流行业提供高效率、可防盗、可溯源、可回收再生、低成本的物流包装容器解决方案，结合公司的发展战略，将线性碳路径转型为循环碳路径，形成了资源、产品、废物处置、再生资源的闭路循环，可有效实现包装的绿色转型，全力打造绿色环保包装产业链，发展绿色可持续的循环经济模式，引领绿色低碳供应链潮流。同时，知路科技积极在可循环塑料包装的智能物联、大数据分析基础发展方向进行研发布局，致力成为业内领先的定制化可循环塑料包装供应链服务商。

2）扩产计划

知路科技计划购买两条新的生产线，每条生产线的年产能达 300 万只可循环包装箱。从购买设备到实际投产预计需要三个月。2024 年的总产能达到 600 万只可循环包装箱。在研发实验室建设方面，相关计划主要分为三部分：建设检测实验室；购置检测设备；招聘研发人才。

3）未来发展方向

知路科技致力成为专业提供定制化可循环塑料包装整体解决方案的服务商。计划在 2025 年构建完善的循环包装数字化运营平台，2028 年在全国范围内建设 3～4 个循环包装产业制造基地，建设 1～2 个绿色包装检测中心，并在 A 股上市。

（3）发展重点及解决思路

①优化公司治理结构。知路科技属于初创企业，前期为了保增长在股权结构以及组织架构上仍有很多不足，接下来将在依法合规、防范风险的前提下建立权责明晰、协调统一的公司治理框架，厘清权责边界，保障公司发展战略的实施落地。

②强化公司人才队伍。人力资源是知路科技健康稳定持续发展的推动力，未来将持续加大人才培养力度，优化人才结构，搭建人才梯队，夯实公司稳步发展的基础。

8.5.2.2 箱箱共用

（1）基于 SaaS 平台的零碳循环服务简介

前文已介绍过箱箱共用的智能包装箱循环系统。在"双碳"背景下，箱箱共用一直在探索物流包装对自然环境产生积极影响的最佳途径，从 1.0 的智能包装实体制造，2.0 的物联网包装循环，3.0 的一体化 AIoT 云平台循环系统，再到 4.0 版基于 SaaS 平台的零碳循环服务，箱箱共用推动了包装行业从单一"容器"视角，扩展到了"包装＋数据＋服务"的全新三维视角。

在"碳中和"图景下，传统的经济发展线性模式已经无法满足低碳、可持续发展的要求，故迫切需要探索一条将循环经济、数字技术与零碳理念相结合的新模式，以全盘思维支撑各社会经济部门的协同转型，引导双碳目标下这场广泛且深刻的社会变革。随着人工智能、区块链、边缘计算、物联网和混合云等数字技术的发展和规模化应用，产业互联网一跃成为打通不同商业环节、管理产品完整价值链的重要手段，也成为零碳循环模式发展的基础。

箱箱共用抓住"碳中和"这一千载难逢的发展机遇，加速推进 4.0 版零碳循环。箱箱共用凭借全行业物流包装、物联网、软硬一体化等综合研发能力，以及"一箱一码"、箱货共管、AI 辅助决策等创新技术，为散装液体、生鲜、冷链、新能源汽车、零部件、化学品、家电等提供了从场外 PaaS 循环用箱服务，到场内 SaaS 循环管理的全链路数字化能力，加速替代一次性包装进程，并成为全球企业"零碳循环伙伴"。为支撑这一零碳循环服务模式，箱箱共用着力打造了四个能力。

标准化能力：基于物流包装研发技术和全行业定制需求，积极参与物流包装行业绿色低碳标准的建设。针对不同行业的细分包装需求，研发团队对包装结构、模具、材料、工艺等开展深入研究，为不同垂直行业定制专属包装循环解决方案。

数字化能力：零碳循环模式深度依赖主体的数字化能力，以"一箱一码"为技术核心，箱箱共用通过运营数字化和服务数字化两大能力支撑实现物流包装管理的数字化。

智能化能力：深度融合云计算、AI 等技术，箱箱共用打通物流包装、运营网络和上下游网点之间的数据壁垒，实现实时为用户提供包装资产盘点、货物轨迹追踪、风险预警、碳核算、AI 辅助决策等全链路数字化服务，实现智慧物流场景和智能硬件的互联互通。

网格化能力：箱箱共用已在国内部署了 30 个中心仓、200 个前置仓、2000 家上下游服务网点。在全国范围内，可实现 100 km 运营网点全覆盖，为用户提供提前还箱、极速救援、T+1 物流响应、江浙沪紧急 8 h 抵达现场等服务。箱箱共用的用箱和管箱服务如图 8-6 所示。

图 8-6　箱箱共用的用箱和管箱服务

作为零碳循环服务的核心，可循环包装全生命周期的碳足迹表现比传统方式更加优异。以下是一次性包装和循环包装的碳足迹及其计算方法。

一次性包装的碳足迹及其计算方法：

$$E=E_{原材料}+E_{生产}+E_{废弃} \tag{8-1}$$

式中，

E——1 个箱子对应的温室气体排放总量（gCO2e）；

$E_{原材料}$——1 个箱子在原材料获取阶段的温室气体排放量（gCO2e）；

$E_{生产}$——1 个箱子在生产阶段的温室气体排放量（gCO2e）；

$E_{废弃}$——1 个箱子在废弃/再生利用阶段的温室气体排放量（gCO2e）；

循环包装的碳足迹及其计算方法：

$$E_{各阶段}=\sum(M_{消耗品的质量} \times EF_{消耗品排放因子}) \tag{8-2}$$

式中，

$E_{各阶段}$——1 个箱子在各阶段的温室气体排放量（gCO2e）；

$E_{消耗品的质量}$——各阶段使用消耗品的质量，例如消耗封装用品则计算封装用品的质量（g），消耗电力则计算电能的消耗量（kWh）；

$EF_{消耗品排放因子}$——各阶段消耗品的排放因子（gCO2e/g 或 gCO2e/h）。

式（8-1）与式（8-2）表明，对一次性包装产品来说，产品碳足迹主要来自原材料、生产、运输及使用、废弃物处置（燃烧、填埋）等环节，计算方法主要是采集来自原材料、生产和废弃等主要环节的活动量，活动量乘以不同活动的碳排放因子，并取这些活动排放量的总和。对可循环包装产品而言，通过跟踪、服务、调度和优化，能实现对包装产品的重复使用，因此碳足迹测算方法主要统计各阶段消耗品的质量（如消耗封装用品质量和各环节消耗电量等），乘以各阶段消耗品的排放因子再进行加总。

截至 2023 年，箱箱共用已累计在全国市场投放了 200 万套智能循环包装，并部署了 30 个中心仓、超过 2500 个上下游循环服务网点，面向的垂直细分领域涵盖食品饮料、化妆品、非危化学品、汽车及家电零部件、生鲜冷链等 26 个行业。

（2）零碳循环发展战略及创新实践

作为零碳循环伙伴，箱箱共用致力于通过智能包装、循环服务、碳管理平台、零碳循环生态四大支柱，综合考虑智能循环包装研发原料获取、原料运输、运营服务、循环管理和使用与处置等环节的环境因素，通过具有垂直行业特色的包装技术、数字化技术、智能化技术创新，构建零碳循环产业新生态，如图 8-7 所示。

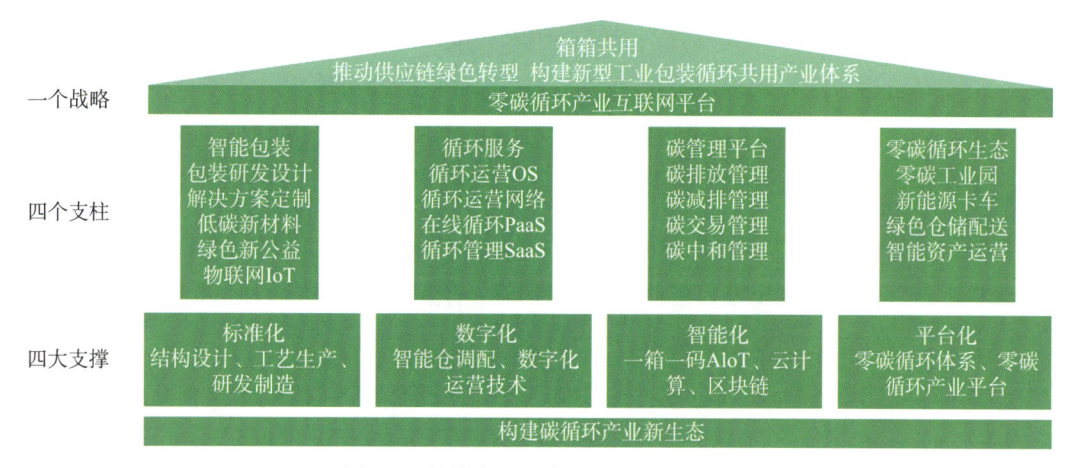

图 8-7 箱箱共用零碳循环产业生态示意

（3）碳见 SaaS 平台

通过数字化技术和气候目标有机结合，箱箱共用自主研发了业内首创的"碳见"碳管理平台（如图 8-8 所示），为企业提供覆盖物流包装碳足迹监测、碳减排认证与碳交易等领域的全生命周期零碳解决方案，自动生成物流包装碳排放报告，同时通过模拟智能调度，优化循环管理路径，赋能企业供应链低碳化转型，助力物流行业的低碳转型。

迄今，箱箱共用已经成功地实施了不同应用场景下的零碳循环服务，包括散装液体行业——万华化学智能 IBC 循环服务，汽车零部件行业——博世氢能 PaaS 循环服务、家电制造行业——美的"灯塔工厂"PaaS 循环服务等，都取得了良好的减排和降本增效效果。

图 8-8 "碳见"智能物流包装碳管理系统

8.4.3 典型循环包装用户行业

（1）中久装备智能科技有限公司（以下简称"中久装备"）

中久装备专业从事与汽车制造相关的物流包装设计和制造、仓储设备设施销售租赁、仓储物流方案咨询设计、普通仓储货代服务等物流行业相关的增值服务。中久装备目前已服务的主机厂有奇瑞捷豹、长安马自达、沃尔沃等，全球知名汽车零部件供应商有博世、大陆电子、安波福、法雷奥、采埃孚等，未来将不断拓展福特、通用五菱、卡特彼勒等国内物流服务项目，以及奥迪零部件等海外物流服务项目。

进口汽车零部件属于货物运输第九类危险品。从安全性、稳定性方面考虑，使用铁箱装载能很好保护零部件。从环保的角度出发，能减少一次性包装纸箱及木质托盘的使用，避免资源浪费。更重要的是保护了生态环境，实现了可持续发展，是企业稳定发展的重要准则。

汽车零部件进口主要包括以下步骤：一是成品出口报关，铁箱装载零部件从德国供应商处发出，经德国港口报关出口，零部件作为一般贸易货物出口，铁箱作为暂时进出口货物出口；二是成品进口清关，铁箱装载零部件经海运抵达中国港口，零部件作为一般贸易货物进口清关，铁箱作为暂时进出口货物清关；三是空箱出口报关，中国港口清关后，装载零部件铁箱运输，待零部件使用后，空箱退出，退出的空箱作为暂时进出口货物从中国港口报关出口；四是空箱进口清关，经海运运至德国港口，铁箱作为暂时进出口货物进口清关，返回至供应商处继续生产使用。

循环包装的作用使其成为汽车工业精益生产的重要组成部分，其良好的人机工程学性能和自动化技术应用，在实现最佳库存和稳定产品质量方面扮演重要角色。在汽车制造行业，循环包装具有以下特色。

一是改善工效和提高工人安全性。由于无须进行包装箱切割操作、没有带钉及破损的木质托盘，减少了工伤事故。采用人机工程学的原理，提高工人操作的安全性。标准化的包装有利于存储货架、流通货架的高效利用。

二是减少库存和适时发送。零部件包装标准化提高了订单响应能力及运输车辆空间的有效利用率，提高了零部件盘点准确性，从而减少了误差。包装标准化可以提高周转效率，从而减少库存天数。

三是改善质量。减少因运输包装破损造成的产品破损，同时提高了装卸效率。

四是减少包装材料成本。循环包装使用寿命长，因此包装材料的平均周转成本得以降低。循环包装成本可以按多年进行折摊。

五是减少废弃物处理成本。循环包装使用减少了资源消耗，从而减少了处理废弃物的成本。

六是环境效益显著。推行循环包装有利于公司可持续性发展。减少资源消耗，从而减少环境污染。

（2）中包物联网科技（北京）有限公司（以下简称"中包物联"）

中包物联隶属于中国包装总公司，是中国唯一专业从事包装科研、测试、技术服务的国家级机构，并设立了"绿色包装"博士后工作站，在上海、北京、苏州设有服务机构和检测分实验室。

面对"碳达峰""碳中和"的绿色发展要求，中包物联经过5年持续研发逐渐形成了基于货安达智能终端的循环包装碳足迹追踪云平台。该平台可对产品循环包装物流供应链碳足迹进行跟踪记录，形成单件/单箱产品的循环包装减排碳足迹。中包物联同时推出多款智能包装产品搭载货安达智能核芯片，为企业的货物提供了更加安全的防护、更高的容装率，可进行智能调度以及物流风险监测。该智能包装不仅能为企业降低30%的包装成本，还大大加强了安全保护，同时大幅度减少包装垃圾的产生。

通过中包物联货安达智能终端，循环包装物联网智能化进入"中包物联循环包装全生命周期追踪管理云平台"，并通过货安达智能终端自动记录、上传循环包装编号（全球唯一电子标识号码）以及使用时间和地点、回收时间和地点，形成一个完整、不可复制、不可篡改、可核查、可追踪溯源的一次循环包装的使用记录以及完成一次由于使用循环包装而减少的二氧化碳排放量。

核心技术主要有低功耗、智能化、数据无断点以及高可靠性等特点。中包物联与芯片厂商联合研发超低功耗物联网通信芯片，将手机通信单条数据采集功耗降低98%，保证物流资产全生命周期持续供电。中包物联提供基于4G Cat.1/Cat.M的移动物联网通信解决方案，保证数据传输无死角、无断点。同时，配备非接触传感器状态，动态识别包装器具出库、入库、装箱、拆箱的使用状态，为供应链到小时级调度管理提供可靠数据保证。货安达可视化供应链云平台将智能模组数据通过超高分辨率卫星地图进行可视化呈现，可以将智能循环包装器具动态大数据以动态业务报表呈现。

综上所述，我国循环行业各环节各企业都在不断努力，通过创新设计和技术研发，推动循环包装的发展和完善，并积极探索循环包装的回收和再利用体系，加强与供应链的合作，以促使循环的发生。未来，随着技术的进步和政策的支持，循环包装将在我国得到更广泛的应用，为可持续发展做出更大的贡献。

9 结语

9.1 我国循环包装行业的发展现状与趋势

9.1.1 我国循环包装行业的发展现状

随着国民经济的快速发展，人民生活水平的快速提高，包装的总体需求旺盛，循环包装市场广阔。特别是我国汽车制造、邮政快递、电商物流行业的迅速发展以及特殊消费场景、机械电子产品应用需求的快速增长，促进了我国循环包装行业的兴起，刺激了循环包装市场需求的增长。行业发展的主要特点有以下几点。

（1）市场容量大、发展速度快

从循环包装行业发展的驱动因素来看，"两山"发展理念已成为国策，来自国家政策的扶持、导向和广大用户绿色环保、降本增效的迫切需求，带动了循环包装及相关行业的快速发展，也使循环包装的概念深入人心，这些都为我国循环包装行业持续、高速增长奠定了坚实的基础。

（2）区域发展不平衡、市场化程度高

由于区域间经济发展、产业结构和需求市场的不均衡，导致整个循环包装行业华东地区一家独大，几占半壁江山。华东地区、华南地区与中西部地区有明显的差异，形成了循环包装行业典型的发展格局——广东、江苏、浙江、山东、上海、河北等地企业保持市场领先优势，具有较强的竞争力。2023年底统计，循环包装及相关企业集中度前五名的省份分别是广东（211家）、江苏（143家）、浙江（107家）、山东（99家）和上海（68家），内蒙古、青海、黑龙江各统计到1家，新疆、西藏暂未统计到相关企业，区域、省份落差十分突出。

（3）运营平台用户和电商物流类用户数量偏少

作为循环包装的主要应用端，运营平台用户和电商物流类用户数量反映了循环包装的应用普及性。调研表明，国内运营平台用户仅有41家，而电商物流类用户也才有43家。其中发展最快的省市包括广东（20家）、上海（17家）、江苏（13家）、浙江（11家）和山东（6家）。

（4）循环包装企业以民营企业和内资为主

由于本行业具有技术与资金门槛低、产业细分领域众多、行业产业链整合度不高的特点，加之随着部分国有企业的逐步改制和改造，循环包装行业中民营经济成分已占绝对比重，达到企业总数的95%以上（在循环包装材料与产品生产企业中，民营企业几乎占到100%）。从市场份额来看，行业整体状况为内资绝对主导。

（5）全行业企业实力相差悬殊

在调研统计范围内，产值、规模较大（平均产值1.5亿以上、员工人数300人以上）的企业数量仅占不到10%，产值却占50%以上。这显示出行业内企业规模有较大不均衡现象。

(6) 循环包装研究开发力量较为单薄，实力有待提升

从调研结果看，除个别专业研究机构外（邮政科学研究院有限公司拥有专业的寄递研究所），各企业、国内高校和研究机构专门从事循环包装技术研究的团队并不多，大多数只是将其作为团队的研究方向之一，相关研究方向也十分庞杂。循环包装涉及包装材料、包装结构、商业运营、智能管理和软硬件协同等诸多内容，亟待大型企业或知名高校联合组建综合性的循环包装技术研究机构。

9.1.2 我国循环包装行业的发展趋势

循环包装行业虽然有较好的发展机遇，产品市场总体上比较兴旺，但本行业受政策、下游产业发展的影响较大，把握好外部环境发展形势和行业发展基本趋势，对供求双方和市场主、客体乃至决策管理部门都是至关重要的。今后我国循环包装行业大体有如下几个大的发展趋势。

(1) 行业正面临可持续快速发展态势

随着环境意识的增强和对资源有效利用的需求，循环包装行业正朝着可持续发展的方向发展：循环包装注重材料的再利用和回收利用，减少资源的浪费，降低环境影响。

(2) 循环包装对绿色包装的需求比一般包装更强烈

消费者对环保产品的需求不断增加，对绿色包装的要求也越来越高。循环包装行业正在积极开发和推广可降解、可回收的包装材料，以减少对环境的负面影响。

(3) 循环包装技术研究与创新"风起云涌"

调研可知，循环包装行业正不断引入和创新新材料、新技术和新产品，大幅度提高包装材料和包装设计的可循环性。例如，开发和应用生物可降解材料、改进回收技术方案、推动数字化包装等。

(4) 国家法规和政策支持力度不断加大

多年来，国家、政府和行业组织对循环包装的发展给予了政策和法规的支持。例如，限制一次性塑料制品的使用、提供回收补贴等措施，促进循环包装的普及和推广。这一趋势还在不断加强。

总体来说，循环包装行业是朝着可持续性和环保方向发展，注重创新技术和供应链合作，受到政府和消费者的支持和关注。这将为企业提供发展机遇，并推动整个包装行业向更环保、可持续的方向转变。

9.2 循环包装各专业领域的发展态势

循环包装发展的关键在于其应用。因此，讨论循环包装各专业领域发展态势时需要从两个不同角度进行。

9.2.1 循环包装各应用行业领域的发展态势

（1）食品和饮料行业

食品和饮料行业对包装的需求非常大，而且对包装的安全性和可持续性要求也很高。因此，循环包装在这一领域的发展非常旺盛。其一，越来越多的食品和饮料企业采用可回收和可再生的包装材料，如瓦楞纸板、玻璃和金属；其二，一次性包装的减少和包装材料的轻量化也是重要的发展趋势；其三，食品和饮料行业的运输包装（包装箱和托盘包装）也在大量使用循环包装。

（2）医药行业

医药行业对包装的要求非常严格，因为包装对于药品的安全性和稳定性而言至关重要。循环包装在医药行业的发展主要集中在可回收和可重复使用的包装上，如玻璃瓶、塑料容器和金属罐；此外，医药企业也在努力减少包装材料的使用量，提高包装的可持续性；同样的，医药行业的运输包装（包装箱和托盘包装）也在大量使用循环包装。

（3）电子产品行业

电子产品的包装通常使用塑料、瓦楞纸板和泡沫等材料。随着电子产品的普及和更新换代速度的加快，电子产品行业对包装的需求也在增加。循环包装在这个领域的发展主要集中在包装材料的可回收性和可降解性上。一些电子产品企业已经开始采用可回收的包装材料，如纸盒和可再生塑料。

（4）快消品行业

快消品行业涉及日用品、化妆品、洗护用品等，它们对包装的需求量大。循环包装在这个领域的发展主要集中在包装材料的减量化、可回收性和可降解性上。越来越多的快消品企业采用可回收和可再生的包装材料，如纸盒、玻璃瓶和可再生塑料。

（5）物流快递行业

物流快递行业是循环包装的重要应用领域。目前的发展态势体现在几个方面。第一，政策支持。政府出台的相关政策和法规对循环包装的发展提供了支持，例如，《邮件快件包装管理办法》等。第二，快递物流企业在行动。越来越多的快递物流企业开始重视循环包装的应用，如可回收包装材料的广泛应用，循环包装管理系统的应用等。第三，消费者环保需求增加。随着环保意识的提高，越来越多的消费者开始关注包装的环保性能，因而更倾向于选择使用循环包装的快递服务，也更加支持和认可使用可回收材料制成的包装。第四，技术创新推动。随着科技的进步，一些新型的循环包装技术不断涌现。例如，可生物降解材料、可回收材料和可再生材料的应用，以及智能包装设计等。

9.2.2 循环包装各专业领域的发展态势

（1）纸质循环包装

纸质包装是最常见的循环包装之一。随着可持续发展理念的普及，越来越多的企业开始采用可回收的纸质包装材料，如纸板盒、纸袋等。同时，一些创新的纸质包装材料也在不断涌现，如可降解纸材料和可再生纸材料。这些发展趋势表明，纸质循环包装在各个行业的发展前景广阔。

（2）塑料循环包装

塑料包装是目前使用最广泛的包装之一，但塑料也是环境污染的主要来源之一。为了解决塑料包装带来的环境问题，越来越多的企业开始采用可回收和可再生的塑料包装材料，如可降解塑料和可再生塑料。此外，一些国家和地区也出台了相关法规和政策，鼓励和支持塑料包装的回收和再利用。这些措施将促进塑料循环包装的发展。

（3）金属循环包装

金属包装具有很高的回收率和再利用率，因此在循环包装领域发展较好。金属包装主要包括铝罐、钢罐等。随着环保意识的提高，越来越多的企业和消费者开始重视金属包装的回收和再利用。同时，一些创新的金属包装材料也在不断涌现，如可降解金属材料和可再生金属材料。这些将推动金属循环包装的进一步发展。

（4）玻璃循环包装

玻璃是一种可回收和可重复使用的包装材料。玻璃包装具有很高的回收率和再利用率，因此在循环包装领域发展较好。越来越多的企业开始采用可回收的玻璃包装材料，如玻璃瓶和玻璃罐。此外，一些国家和地区也出台了相关法规和政策，鼓励和支持玻璃包装的回收和再利用。这些措施将促进玻璃循环包装的发展。

（5）木质循环包装

木质是一种可回收和可再生的包装材料。木质包装主要包括木箱、木托盘等。随着可持续发展理念的普及，越来越多的企业开始采用可回收的木质包装材料，并建立回收和再利用的供应链。此外，一些国家和地区也出台了相关法规和政策，鼓励和支持木质包装的回收和再利用。这些措施将促进木质循环包装的发展。

总的来说，循环包装在各专业领域的发展态势是积极向好的。随着可持续发展理念的普及和环境意识的提高，越来越多的企业开始重视包装的可持续性，并采取措施推动循环包装的发展。未来循环包装有望在各个行业得到更广泛的应用和推广。

9.3 加快发展的对策与建议

(1) 强化顶层设计和制度建设，构建较完善的政策法规体系

政府作为社会公共事务管理的主体，是循环包装回收体系构建和落地实施的引领者，应在顶层设计层面，就政策法规的建立健全、宣传解读、监督评价机制建立等方面承担责任，成为推动循环包装行业发展的主导力量。通过政策法规进一步明确消费者、物流企业和包装生产企业的责任、分工和需求，例如，国务院于2018年3月2日发布、5月1日起施行的《快递暂行条例》第九条规定，"国家鼓励经营快递业务的企业和寄件人使用可降解、可重复利用的环保包装材料，鼓励经营快递业务的企业采取措施回收快件包装材料，实现包装材料的减量化利用和再利用"。但实践证明，只有鼓励是不够的，需要进一步制定完善的循环包装回收制度，引起消费者的关注和产业上下游企业共同行动，让循环成为每一个主体的责任，这样规模化的、产业化的循环包装市场体系才能够构建。从管理闭环角度考虑，需加大对循环包装的监管和执法力度，严厉打击违法违规行为，保障循环包装市场的公平竞争和健康发展。

(2) 推动标准建设，建立健全循环包装回收利用标准体系

一个行业只有建立标准化的管理，才能正常有序地运行。当前国内关于循环包装类标准不足30项，存在严重不足，与中国现代化物流发展要求、国家大力发展循环经济的要求是不匹配的。应进一步强化标准体系建设，从循环包装的设计生产、流通到最终回收利用的全生命周期出发，提出各个环节应完善或形成的相关标准，包括基础标准、技术标准、服务标准、操作标准、评价标准和回收利用标准等。

(3) 加强科技赋能，推动循环包装技术的发展

包装生产制造环节是循环包装生命周期的起点，也是循环包装正向物流的起点和逆向物流的终点。当前无论是循环包装的使用，还是回收体系的构建都面临着成本增加的问题，而依靠科技手段，如创新包装材料、减少重复包装、提高使用效率将成为应对成本上升的主要方式。循环包装产业链相关企业应增强与相关高校、科研院所的合作，聚焦于产品研发、技术突破、成果转化。针对循环包装回收方面，应结合人工智能、物联网、大数据等新技术强化应用创新，推动循环包装的智能化和自动化。

(4) 推进基础设施建设和产业链布局，完善包装循环利用体系和机制

建立完善的循环包装产业链，包括包装材料的生产、包装设计、包装制造、包装使用和包装回收等环节，由政府（税务总局、国家发展和改革委员会、财政厅、国家邮政局）引导，佐以市场经济导向，强化循环包装产业链布局。一方面，推动包装材料加工企业、包装制造企业和电商平台企业根据责任延伸，打造包装循环信息系统，建立以企业的渠道资源为基础，社区、院校、园区和其他场景拓展循环渠道进行循环包装的末端回收工作。另一方面，物流企业作为包装的直接使用者和回收主体之一，在循环包装回收阶段，可结合企业自身技术和规模调整网点的回收数量，还可

根据流量、物流量设立固定的回收站点，并在该回收站点投放智能回收装置。智能回收装置具备感应功能，能够通过识别包装物上的二维码，进而读取回收信息；或具备智能分类检测和识别技术，将回收的包装物根据其破损程度、规格大小分类回收，为包装物重复使用或降级回收工作提供信息化支持。

（5）加大宣传教育，提高消费者对包装的循环回收意识

通过新媒体和广告等途径进行宣传普及，提高全社会对国家绿色可持续发展和环境保护工作的广泛认知，尤其是提高普通消费者对循环包装的认识水平，鼓励消费者选择使用可回收和可再生的包装材料，以及积极参与包装材料的回收和再利用，从而营造循环经济发展的良好社会氛围。

（6）加强循环包装技术领域的国际合作

加强与其他国家和地区的合作，共同推动循环包装的发展。例如，分享经验和技术，共同研究和制定循环包装的标准和规范，以及开展联合研发和项目合作。

通过以上措施和建议，可加快循环包装行业的发展，实现包装材料的可持续利用，减少环境污染，推动经济可持续发展。

附录一　我国循环包装行业大事记[1]

1942年，Labouska，Taylor M，Cook及Coy家族在澳大利亚创立LTC公司（路凯前身），制造与出租木托盘；

1946年，第二次世界大战后，澳大利亚政府接管了美国陆军留在澳大利亚的托盘和其他运输资产的集合，并于1946年冠以英联邦装卸设备池（Commonwealth Handling Equipment Pool，CHEP）的名称；

1954年，W.E.Bramble & Sons.成为上市公司（Brambles），并在澳大利亚肯布拉港设立了子公司，为必和必拓公司（BHP）提供运输和工业服务；

1957年，LTC公司更名。根据三位创办人的姓氏缩写将LTC公司更名为LOSCAM（路凯），并设定红底白字的LOGO；

1958年，Brambles从澳大利亚政府手中收购了CHEP，开始进行共享解决方案业务；Brambles公司更名为Brambles工业有限公司，并将其总部从纽卡斯尔迁至悉尼；

1962年，路凯首次在澳大利亚的悉尼与布里斯班开设营运中心；

1972年，Brambles重组了工业服务、运输、材料处理和化学/机械工程等主要业务部门；

1974年，Brambles与Guest Keen & Nettlefold（GKN）以80∶20的形式成立了合资企业CHEP（英国）；

1978年，CHEP进入欧洲大陆，最初在比荷卢联盟地区和法国；

1979年，Brambles将其废物处理业务重命名为"Cleanaway"；

1982年9月，"中国国际海运集装箱集团股份有限公司"（简称中集集团）正式投产；

1984年，Brambles成立CHEP（德国）；

1986年8月，中集运载科技有限公司停产集装箱，转产钢结构加工；

1987年7月，中国远洋运输总公司入股中集运载科技有限公司，重组为三方合资企业；

1990年，Brambles在亚太地区、欧洲、南非地区和加拿大建立了自己的企业，并成立了CHEP（美国）；

1991年，Brambles创造了首次在海外收购公司的纪录，收购了美国亚特兰大的Vault公司；

1993年2月，中集运载科技有限公司收购大连货柜工业有限公司，占股51.18%；

---

[1] 时间截至2023年12月。

1993年11月19日，袁志敏、宋子明、李南京等在广州天河科技东街以高性能改性塑料产品的研发与生产为基点，成立广州金发发展有限公司，拉开了金发科技的创业序幕；

1994年，路凯正式进入亚洲市场，后续几年陆续启动新加坡、马来西亚、泰国、印度尼西亚、菲律宾及越南等地的业务；

1994年3月，中集运载科技有限公司股票在深圳证券交易所上市交易；

1994年5月，广州金发发展有限公司开始规模生产并拥有第一批稳定的客户；

1995至1999年，路凯陆续推出农产品塑料箱、围板箱托盘、大型周转箱以及塑料托盘；

1995年10月，中集运载科技有限公司以集团化方式开始运作；

1995年12月，岱纳包装（天津）有限公司成立，经营范围包括生产、销售塑胶容器及相关的技术咨询服务、维修服务等；

1996年初，广州金发发展有限公司进行了第一次股权分配，确定了公司股权结构；

1996年，路凯进入中国香港市场；

1996年，中集运载科技有限公司在美国发行商业票据；

1996年5月，苏宁易购集团股份有限公司成立，经营商品涵盖传统家电、消费电子、日用品、图书、虚拟产品等综合品类；

1996年8月，国家标准《食品塑料周转箱》（GB/T 5737—1995）、《瓶装酒、饮料塑料周转箱》（GB/T 5738—1995）正式实施；

1996年9月，上海中集冷藏箱有限公司正式投产；

1996年，中集运载科技有限公司干货集装箱产量跃居世界第一；

1998年6月，刘强东在中关村创业，成立京东公司；

1999年，Brambles推出了Recall——全球档案管理业务；

1999年，上海能运物流有限公司通过国际货代正式涉足物流行业；成立大连菱运货运代理有限公司；

1999年8月，韵达快递创立；

1999年12月，中集运载科技有限公司与英国UBHI签订"战略合作协议暨技术转让协议"；

2000年5月，圆通快递成立；

2001年，Brambles与GKN的支持服务部门合并，在澳大利亚和伦敦证券交易所形成两地上市的公司结构，分别为Brambles工业有限公司和Brambles工业公开股份有限公司；

2001年5月，广州金发发展有限公司完成股份制改造，整体变更为金发科技股份有限公司；

2001年6月，京东成为光磁产品领域最具影响力的代理商；

2001年，国家标准《包装回收标志》（GB/T 18455—2001）颁布实施；

2002年5月，中通快递成立；

2003年5月，顺丰控股股份有限公司成立；

2004年，上海能运物流有限公司在上海成立，并设立大连分公司，正式进入国内公路运输，进军国内专线物流；

2004年，金发科技股份有限公司西部生产基地——绵阳长鑫新材料发展有限公司成立；

2004年6月，金发科技股份有限公司A股在上海成功上市，首次发行4500万股，成为中国改性塑料行业第一家上市公司；

2005年，Brambles宣布将分离Cleanaway、Brambles工业服务和几家其他企业，精简集团，并将重点放在CHEP和Recall上；

2005年8月，金发科技股份有限公司股权分置改革方案最终获高票通过，成为广东省首家G股公司；

2006年，Brambles统一了澳大利亚与伦敦两地上市公司的结构，Brambles工业有限公司成为只在澳大利亚证券交易所上市的由CHEP及Recall控股的公司；

2006年1月，京东成立上海全资子公司；

2006年6月，京东开创业内先河，全国第一家以产品为主体对象的专业博客系统——京东产品博客系统正式开放；

2006年8月，《福布斯》中文版推出中国顶尖企业排行榜，共有100家中国企业上榜；金发科技股份有限公司位居第89，首次荣登福布斯排行榜；

2007年6月，京东多媒体网正式更名为京东商城，以全新面貌现身于国内B2C市场；

2007年6月，中集集团收购荷兰博格工业公司和安瑞科能源装备控股有限公司；

2008年1月，中集运载科技有限公司集团年度工作会正式提出"中集精益ONE模式"的构想；

2008年3月，中集集团收购烟台来福士公司；

2009年，中集运载科技有限公司重卡项目实质性启动；

2009年，中集集团重启股权激励计划；

2009年7月，香港金发发展有限公司在中国香港注册成立；

2009年7月，国家标准《住宅信报箱》（GB/T 24295—2009）正式实施；

2009年8月，德邦物流股份有限公司成立，经营范围包括普通货运，仓储，人力装卸搬运，货运代理，货物运输信息咨询，国内快递与国际快递，海上、航空、陆路国际货物运输代理等；

2010年，Brambles收购了Unitpool，进入航空航天集装箱联营领域；

2010年，上海能运物流有限公司发展成为一家业务遍及全国的合同物流企业；

2010年，招商局集团收购路凯，并将其更名为"招商路凯"；同年，与华润、沃尔玛、中外运等客户展开合作；

2010年，顺丰陆续开通美国、日本、韩国、新加坡、马来西亚等国家的快递服务，以及二百多个国家和地区的跨境B2C和电商专递业务；

2010年，中集集团财务有限公司成立；

2010年2月，国家标准《包装回收标志》（GB/T 18455—2010）颁布实施；

2010年6月，京东商城开通全国上门取件服务；

2010年10月，"金发"商标被评为"中国驰名商标"；

2011年，Brambles收购了总部设在美国的中间散装集装箱供应商——集装箱和集中解决方案（CAPS）；收购了世界上最大的RPC业务公司——FCO系统公司，将其与CHEP公司的RPC业务相结合，提出了一种基于托盘、RPC和集装箱以及Recall三个汇集解决方案类别的新业务结构；收购了航空维修组织JMI航空航天和德里森服务公司，成立CHEP航空航天解决方案公司；通过收购派拉蒙托盘，扩展了其加拿大的托盘管理和汇集业务；

2011年，路凯正式将全球总部搬迁至中国香港，侧重开展亚洲业务；正式组建大中华团队，并发布"中国发展战略计划"（2011—2014年），明确"营运先行、开发中西区、金三角客户"策略；路凯大中华区初步完成营运中心骨干网络建设，托盘池规模达到100万板；同年，与联合利华、1号店展开合作；

2011年，全球最先进的集装箱生产线"梦工厂"在南方中集建成；

2011年1月，中集集团正式发文筹建干货箱产业板块，集团初步建立分层管理的组织架构；

2011年1月，国家标准《包装 包装与环境 术语》（GB/T 23156—2010）颁布实施；

2011年8月，金发科技股份有限公司子公司珠海万通化工有限公司的完全生物降解塑料聚酯（PBSA）产业化合成装置投料试车成功；

2012年，路凯与永辉展开合作；正式启动宝洁太仓项目；

2012年9月，中集集团成功举行投产30周年系列庆典活动；

2012年12月，中集集团H股在香港联合交易所挂牌上市；

2013年，Brambles收购了欧洲和亚太地区领先的中型散货集装箱解决方案供应商Pallecon；

2013年，上海能运物流有限公司设立天津、烟台分公司；

2013年，路凯举办大中华区首届带板运输研讨会，启动和路雪长途带板运输项目；

2013年，金发科技股份有限公司跨国收购印度HYDRO公司；

2013年2月，京东完成新一轮7亿美元融资，正式获得虚拟运营商牌照；

2013年3月，京东去商城化，启用"JD"域名，全面改名为京东；

2013年9月，上海箱箱科技智能有限公司成立；

2013年11月，北京一撕得物流技术有限公司成立；

2014年，Brambles收购了总部位于德国的集中式散装集装箱服务提供商Transac；通过收购弗格森集团（Ferguson Group）扩大其专业集装箱业务；

2014年，上海能运物流有限公司设立长春分公司；

2014年，路凯向中国市场提供新型托盘笼（Cage）与可维修塑料托盘（PP2）；与联合利华展开全面合作；成为商务部《商贸物流标准化专项行动计划》首批重点推进企业；

2014年1月，上海箱箱科技智能有限公司交易1200万元进行A轮融资；

2014年5月，京东集团股份有限公司在美国纳斯达克证券交易所正式挂牌上市；

2014年5月，上海睿池供应链管理有限公司成立，经营范围包括器具销售、租赁和货物带箱运输与仓储；

2014年8月，中集集团完成对新加坡德利国际的反向收购；

2014年11月，中集集团建造的"中海油服兴旺号"顺利交付；

2015年，Brambles通过收购Rentapack进入智利可重复使用的塑料板条箱市场；Brambles收购了Kegstar，这是一家主要服务于啤酒和苹果酒市场的专业不锈钢桶装公司；

2015年，上海能运物流有限公司设立保定分公司；

2015年，路凯托盘池规模达到500万板；正式推出生鲜周转筐（Crate），与京东、苏宁、家乐福、怡宝展开大规模合作；

2015年6月，北京一撕得物流技术有限公司获得天使投资；

2016年，Brambles建立BXB数字公司，以扩大其数据分析能力，并为其客户和未来的供应链开发创新的数字供应链解决方案；将其石油和天然气集装箱解决方案业务——Ferguson Group和CHEP Catalyst & Chemical Containers——与胡佛集装箱解决方案公司（Hoover Container Solutions）结合起来，创建了独立的合资公司Hoover Ferguson Group；分离了精益物流和航空航天解决方案业务；

2016年，上海能运物流有限公司设立宁波、常州、芜湖、南昌等分公司；

2016年，路凯与达能、物美、华润乐购、华润万家南区开展合作；

2016年4月，国家标准《重复使用包装箱通用技术条件》（GB/T 32568—2016）颁布实施；

2016年6月，京东集团股份有限公司与沃尔玛达成深度战略合作，1号店并入京东；

2017年，道琼斯可持续发展世界指数将Brambles列为商业服务和供应行业表现最好的企业；

2017年，路凯正式进入中国台湾市场；与CCFA联合发布《中国零售业生鲜周转筐应用情况调查报告》；与外运物流签署战略合作协议；与沃尔玛山姆店展开合作；

2017年1月，中国银联股份有限公司宣布京东金融旗下支付公司正式成为银联收单成员机构；

2017年2月，鼎泰新材正式更名，证券简称变更为"顺丰控股"；顺丰控股正式上市；

2017年2月，上海箱箱科技智能有限公司交易3000万元进行B轮融资；6月，交易1600万元进行B+轮融资；8月，交易超亿元，进行战略融资；

2017年4月，京东集团宣布正式组建京东物流子集团；

2017年5月，国家标准《绿色产品评价通则》（GB/T 33761—2017）颁布实施；

2017年5月，北京一撕得物流技术有限公司完成A轮融资；

2017年6月，顺丰科技推出"丰·BOX"共享循环箱，以期成为纸箱的可循环替代品；

2017年12月，京东物流首发试点循环快递箱"青流箱"；

2018年，Brambles分离了其北美回收白木托盘活动以及其在胡佛弗格森合资企业的利益；

2018年，上海能运物流有限公司设立南京、武汉、宝鸡、郑州、张家口等分公司，能运物流汽车物流行业专网越发完善；

2018年，路凯被国务院国有资产监督管理委员会纳入首批国有企业改革"双百行动"名单，并于年底顺利完成股权混改工作；路凯大中华区托盘池规模达到1000万板，成为国内首个达到千万板规模的托盘租赁企业；

2018年，中集天达控股有限公司在香港证券交易所挂牌上市；

2018年，习近平总书记考察中集来福士海洋工程有限公司；

2018年3月，京东成立了"客户卓越体验部"，整体负责京东集团层面客户体验项目的推进；2018年《财富》世界500强，京东集团股份有限公司位列排行榜第181；

2018年3月，顺丰控股子公司江西丰羽顺途科技有限公司荣获中国民用航空华东地区管理局颁发的国内首张无人机航空运营（试点）许可证；

2018年9月，国家标准《快递封装用品 第1部分：封套》（GB/T 16606.1—2018）、《快递封装用品 第2部分：包装箱》（GB/T 16606.2—2018）、《快递封装用品 第3部分：包装袋》（GB/T 16606.3—2018）颁布实施；

2018年9月，上海能运物流有限公司获得过亿元战略融资，由德邦快递和钟鼎创投联合战略投资；

2018年12月，国家标准《包装与环境 第1部分：通则》（GB/T 16716.1—2018）、《包装与环境 第2部分：包装系统优化》（GB/T 16716.2—2018）、《包装与环境 第3部分：重复使用》（GB/T 16716.3—2018）、《包装与环境 第4部分：材料循环再生》（GB/T 16716.4—2018）颁布实施；

2019年，Brambles出售其IFCO可重复使用的塑料容器（RPC）业务；

2019年，路凯华东超级营运中心（嘉兴）正式启动，中国首条自动化托盘分拣、维修设备正式投入使用；路凯托盘进驻新疆，全国营运中心数量达到30个；牵手青岛啤酒启动托盘循环共享项目；

2019年，中集车辆（集团）股份有限公司在香港证券交易所挂牌上市；

2019年，上海乐橘科技有限公司运营的循环包装容器总量达到20万，帮助包括中国石油化工集团有限公司、中国石油天然气集团公司在内的2000多家化工企业客户打造智能循环包装网络；

2019年，上海乐橘科技有限公司发布一代吹塑托盘、二代组合与注塑托盘；

2019年4月，上海能运物流有限公司大虹桥总部正式投入使用；

2019年5月，国家标准《绿色包装评价方法与准则》（GB/T 37422—2019）颁布实施；

2019年5月，上海能运物流有限公司设立重庆、广州、沈阳、北京等分公司；

2019年5月，上海乐橘科技有限公司召开中国石油化工集团有限公司合成树脂用共享托盘推广会，携手上下游产业链重新定义智能共享包装；

2019年7月，12家单位与上海乐橘科技有限公司共同推进启动《合成树脂产品共享托盘管理规范》团体标准；

2019年7月，宁波盒象科技有限公司的小象回家循环箱亮相"2020全国服装物流与供应链行业年会"；

2019年8月，上海能运物流有限公司设立湘潭、西安、成都等分公司，当选中物联汽车物流分会副会长单位；

2019年8月，上海乐橘科技有限公司获得A轮融资，投资方为中国石油化工集团有限公司、上海上南集团有限公司；

2019年8月，上海箱箱科技智能有限公司交易数亿进行C轮融资；

2019年9月，宁波盒象科技有限公司"小象回家"持近50项专利获授"中国循环包装科技创新领导品牌"；

2019年10月，北京一撕得物流技术有限公司推出新产品Nbox循环箱，其采用高纳米材料，防摔、防撞、防水、防高压；

2019年10月，上海箱箱科技智能有限公司"数智+"首发发布会正式举行；"箱箱共用"创始人兼CEO廖清新正式宣布开启全球智能物流包装"数智+"服务；

2019年12月，上海乐橘科技有限公司分别受邀出席第六届化学品包装及贮运论坛、2019全国化工物流行业年会并获金罐奖；

2020年，Brambles在道琼斯巴伦公司（Dow Jones Barron）的可持续发展排名中得分最高，被评为全球最具可持续性的公司；

2020年，路凯正式发布开放与封闭模式相融合的发展战略，与中粮集团有限公司、可口可乐公司展开全面带板业务合作，与美团开始多类载具业务合作；

2020年，深圳资本集团成为中集集团第一大股东；

2020年1月，国家发展和改革委员会、国家邮政局、工业和信息化部、司法部、生态环境部、住房城乡建设部、商务部、国家市场监督管理总局联合发布《关于加快推进快递包装绿色转型的意见》；

2020年3月，国家发展和改革委员会、司法部联合印发《关于加快建立绿色生产和消费法规政策体系的意见》；

2020年4月，北京一撕得物流技术有限公司与百世集团强强联合发布新产品Nbag，为用户提供绿色、健康、无污染的快递服务体验；

2020年5月，上海乐橘科技有限公司召开第一届智能循环包装大会，与行业协会、合作伙伴共同推进共享包装智能化解决方案；

2020年6月，京东在香港主板上市；

2020年6月，国家邮政局颁布《邮件快件绿色包装规范》；

2020年6月，上海能运物流有限公司成立春晓分公司、义乌分公司和台州分公司；

2020年6月，上海乐橘科技有限公司与沙特阿美签订协议，迈出全球智能包装战略的重要一步；

2020年10月，国家标准《绿色产品评价 快递封装用品》（GB/T 39084—2020）颁布实施；

2020年10月，国家市场监督管理总局、国家邮政局发布实施《快递包装绿色产品认证规则》；

2020年11月，上海乐橘科技有限公司与亨斯迈国际有限责任公司、万华化学集团股份有限公司签约，拿下两大化工巨头的共享托盘运营权；

2020年11月，商务部印发《商务领域一次性塑料制品使用回收报告办法（试行）》；

2021年，Brambles完成了Kegstar和MicroStar的合并；

2021年2月，国务院印发《关于加快建立全面绿色低碳循环发展经济体系的指导意见》；

2021年2月，上海乐橘科技有限公司作为GRPG成员之一，共同起草的《塑料制品易回收易再生设计评价通则》（简称"双易设计"）由中国物资再生协会正式发布，于2月1日正式实施；

2021年3月，上海乐橘科技有限公司与陶氏化学公司（Dow）共同达成智能包装合作协议；

2021年4月，北京一撕得物流技术有限公司荣获"世界之星 WorldStar Award"包装设计大奖；

2021年4月，展一智能科技（东台）有限公司在东台市市场监督管理局注册成立；

2021年4月，上海乐橘科技有限公司与南京电信达成战略合作关系；

2021年5月，北京一撕得物流技术有限公司荣获2021年"中国产业互联网最具潜力企业"奖；

2021年6月，北京一撕得物流技术有限公司荣获国家首批快递包装绿色产品认证企业；荣获2021"中国印刷互联网品牌20强"；

2021年7月，国家发展和改革委员会印发《"十四五"循环经济发展规划》；

2021年7月，上海箱箱科技智能有限公司进行股权融资；

2021年7月，国家标准《智能信包箱》（GB/T 24295—2021）颁布实施；

2021年8月，交通运输部印发《邮件快件包装管理办法》；

2021年，路凯大中华成立十周年，运营规模突破1600万，客户突破7000家，营运中心达到42个；

2021年8月，12家单位与上海乐橘科技有限公司共同起草的《合成树脂用塑料平托盘共用管理规范》（T/CFLP 003—2021）团体标准正式发布，并于9月15日落地实施；

2021年9月，上海乐橘科技有限公司与万华化学集团股份有限公司共同启动研发无人叉车装车项目；

2021年9月，上海乐橘科技有限公司乐橘云盘产品获CQC认可，使用乐橘云盘能够有效减少碳足迹；

2021年9月，在第一代快递循环箱"丰·BOX"基础上，顺丰推出升级版"π-BOX"，并率先在杭州、上海等地试点应用；

2021年10月，上海乐橘科技有限公司获得1亿元人民币B轮融资，投资方为万华化学集团股份有限公司、希华(天津)企业管理咨询有限公司（高瓴创投）；

2021年10月20日，上海乐橘科技有限公司循环智能共享包装产业化项目奠基；

2021年12月，北京一撕得物流技术有限公司荣获亿邦服务商知识力榜单TOP 100；

2021年12月，国家邮政局印发《关于组织开展可循环快递包装规模化应用试点的通知》；

2021年12月6日，国家发展和改革委员会办公厅、商务部办公厅、国家邮政局办公室联合印发《关于组织开展可循环快递包装规模化应用试点的通知》；

2021年12月，宁波喜悦智行科技股份有限公司入选第一批通过工信部绿色设计产品评价、市场监管总局绿色产品认证的塑料替代产品生产企业名单；

2021年12月，上海乐橘科技有限公司2021年托盘流转次数突破370万片；

2022年2月，中集运载科技有限公司外资转内资；

2022年3月，德邦物流股份有限公司发布关于控股股东筹划控制权变更的提示及复牌公告，正式官宣与京东物流战略合作；

2022年4月，邮政集团公司印发通知，部署开展2022年回收复用瓦楞纸箱专项行动，计划到2022年底全网完成回收复用瓦楞纸箱7000万个，并将评选出回收复用瓦楞纸箱省级成效奖5个、先进地市奖30个和明星县（区）分公司100个；

2022年6月，生态环境部等七部门联合印发《减污降碳协同增效实施方案》；

2022年上半年，倒闭注销、破产重整的塑料生产企业共计5984家，其中本年度内成立且注销的企业为4425家；

2022年9月，国务院办公厅印发《关于进一步加强商品过度包装治理的通知》，强化商品过度包装全链条治理；

2022年10月，路凯参加第17届中国托盘国际会议暨2022全球托盘企业家年会；

2022年12月29日，国务院关税税则委员会发布公告，2023年1月1日起，国内部分木材及纸制品关税取消，包括文化纸、白卡纸、瓦楞纸、箱板纸、纸袋、纸箱等，绝大多数产品的关税直接降为"零"。

2023年2月，国家标准《包装回收标志》（GB/T 18455—2022）颁布实施；

2023年2月，国家标准《包装 包装与环境 术语》（GB/T 23156—2022）颁布实施；

2023年5月29—30日，2023年全国循环经济科技创新工作会议在武汉召开，旨在完善循环经济科技创新体系，推动经济绿色转型和高质量发展；

2023年8月28日，由北京市快递协会主办，北京智云未来承办的北京快递数智化发展大会在北京举行。大会同时得到了中国快递协会、北京市总工会、北京市邮政管理局、北京市公安局公安交通管理局的指导；

2023年11月21日，2023中国循环经济发展大会在北京召开，主题为"发展循环经济 走好必由之路"。此次大会线上线下相结合，共有500余位代表参加，总计约35万人次在线观看；

2023年12月7—8日，由中国包装联合会主办的"2023绿色包装可持续发展技术论坛"在天津举办，围绕绿色、循环包装理念展开分享与研讨，共同推动中国包装行业可持续发展。

附录二　我国循环包装行业主要企事业单位简介

附录三　我国循环包装行业基本数据

附表 3-1　循环包装主要原材料企业基本信息表
附表 3-2　循环包装产品生产企业基本信息表
附表 3-3　循环包装辅助/通用附件类产品生产企业基本信息表
附表 3-4　循环包装用户企业基本信息表
附表 3-5　主要循环包装相关装备生产企业基本信息表
附表 3-6　典型循环包装企业经济技术指标一览表
附表 3-7　典型循环包装企业营销行为一览表

按照技术类图书出版要求，附录二和附录三详细内容已制作电子文件，请通过二维码扫码查询。

附录四　快递行业绿色可循环包装问卷调查

2023 年 7 月，由中国物流与采购联合会绿色物流分会、中国快递协会绿色环保专业委员会、中国包装联合会科学技术委员会、中国商业联合会商贸物流与供应链分会共同发起，艾伦·麦克阿瑟基金会（英国）北京代表处、上海长三角商业创新研究院、长三角物流经济创新研究中心承办，在上海长三角商创科技基金会资助下，启动了面向社会的"绿色快递 你我同行——快递绿色可循环包装问卷调查"。调研方案由长三角物流经济创新研究中心设计，以快递领域包装箱的循环应用为切入点，面向电商企业、商品生产/分销企业、消费者、快递员、快递网点/公司和驿站等节点，通过手机问卷形式进行数据采集。

一、问卷设计

调查问卷针对公众所处的电商企业、商品生产/分销企业、消费者、快递员、快递网点/公司和驿站六种从业状态，设计了 70 个问题。

（一）电商企业

1. 关于经营模式与商品

（1）您的经营模式？

（2）在您平台上销售的商品，仓配服务模式有哪些？分别占销售商品总量的百分比是多少？

（3）主要经营商品品类？（品名、类别）

（4）寄递时，使用原发包装和进行再包装的商品比例大约是多少？

（5）哪些类型的商品在寄递时可以直接使用原发包装？

（6）您认为在贵司平台购物时选用循环包装与普通包装的动因应该来自？

（7）您认为可以采取什么方式解决循环包装的成本问题？

2. 关于现用快递包装

（1）您最多使用的快递包装规格是哪种？

（2）选择以上尺寸的依据是什么？

（3）现用包装箱、包装袋尺寸体系，还有哪些地方不能满足现有的寄递需求？

（4）包装箱、包装袋的尺寸太多是否会影响包装的操作效率？原因分别有哪些？

（5）企业目前的快递包裹主要是多少公斤？

（6）现有商品再包装采购渠道？

（7）企业平均一件商品的快递包装成本是多少？（包含外包装、填充物、胶带等）

（8）您认为什么原因限制企业产品的打包效率？

（9）目前有无要求商户提供符合寄递要求的快递包装？为什么？

3. 关于快递循环包装

（1）您了解哪些政府关于绿色物流发展相关引导和约束指标？

（2）如果电商推广使用快递循环包装，您认为目前主要的障碍在于？

（3）您认为适合使用快递循环包装的商品应该有哪些特征？

（4）您认为哪些商品适合设计专用的快递循环包装？

（5）您认为哪些商品适合设计与其他商品共用的通用型快递循环包装？

（6）现阶段如果选择一些品类的商品进行快递循环包装的试点应用，您认为哪些品类的商品更适合呢？

（7）您认为需要从哪些角度出发设计快递循环包装？

（8）根据现有快递包装尺寸的应用情况，您认为哪些尺寸的包装适合做成快递循环包装？

（9）对于快递循环包装的尺寸，是否有个性化定制需求？

（10）您认为快递循环包装在结构上应具有什么特点？

（11）如果推广使用快递循环包装，您认为可以接受的单次循环成本是多少？

（12）影响企业选择快递循环包装的因素，按重要程度排序（排序题，请在中括号内依次填入数字1-5，最重要用1代表，最不重要用5代表）。

（13）您希望国家出台什么样的政策来支持循环包装？

（二）商品生产/分销企业

（1）贵公司的产品是 To C 还是 To B 的？

（2）电商渠道商品销售占总销售量的百分比？

（3）主要商品品类（品名和类别）。

（4）您现在使用的快递包装产品的采购渠道有哪些？

（5）如果某些商品同时设计销售包装和快递包装。线下销售用销售包装，线上销售用快递包装，您觉得可行吗？为什么？

（6）如果将目前在用的快递包装替换为循环包装，您认为主要困难包括哪些？

（7）您认为哪些商品的快递包装可以采用循环包装的形式？

（8）您希望国家出台什么样的政策来支持循环包装？

（三）消费者

（1）您所在的城市。

（2）您每月平均收到的快递包裹数量是多少？

（3）您平时收到的快递包装类型，从多到少排序。（排序题，请在中括号内依次填入数字1-5，最多数用1代表，最少数用5代表）（排序题，请在中括号内依次填入数字）。

（4）您平时快递包裹的末端主要收货方式？

（5）您平时如何处理快递包装？

（6）您认为目前普遍使用的电商快递包裹主要存在哪些问题？

（7）您是否听说过和使用过快递循环包装？

（8）您希望快递循环包装具有什么功能？

（9）作为消费者，您是否接受网购的快递包装单独收费（类似外卖餐具单独收费模式）？

（10）如果推广快递循环包装，您认为可以接受的单次循环成本是？

（11）如果快递循环包装需要回收，您更倾向于哪种空箱回收方式？

（12）如果选择驿站节点回收快递循环包装，您认为主要的难点是什么？

（13）如果配合回收快递循环包装会得到一定奖励，您是否愿意配合，配合的话更愿意接受哪种激励方式？

（14）如果选择上门回收快递循环包装，您认为合适的上门时段是？

（15）如果让电商购物平台预先收取一定的循环包装费用，在您退还循环包装以后给您返还一定现金；但若您不退还循环包装，平台会通知您支付一定费用，您是否愿意选择使用？

（16）您不愿意接受押金的原因有哪些？

（17）您收到的快递包装对内装物的保护？

（18）您是否有过所购买商品半道丢失的焦虑？

（19）您希望国家出台什么样的政策来支持循环包装？

（四）快递员

（1）您平均每天派送的快递包裹数大约是？

（2）您经常接触到的快递包装产品类别是？

（3）您在派送时，主要的两种末端派送方式是？

（4）您是否了解快递循环包装？

（5）您认为快递循环包装，回收和反复利用的障碍有？

（6）您认为影响循环包装在实际使用的最重要因素是什么？

（7）您对快递送货上门的意愿有多大？

（8）如果有一款自动回收箱，您只需将回收箱内的包装送回网点，就可以赚取一份额外的可提现收益，您愿意吗？

（9）如果愿意，您认为可接受的收益价格？

（10）您目前所在的快递公司？

（11）您希望国家出台什么样的政策来支持循环包装？

（五）快递网点公司

（1）您公司快递包裹主要是多少公斤？

(2）您公司目前自有快递包装占发件量的比例是多少？

(3）您公司目前自有快递包装采购渠道？

(4）您公司平均一件快递包装成本是多少？（包含外包装、填充物、胶带等）。

(5）您认为快递循环包装，回收和反复利用的障碍有？

(6）您认为推进快递循环包装在末端的循环，可行的方案是？

(7）您目前所在的快递公司？

(8）您希望国家出台什么样的政策来支持循环包装？

（六）驿站

(1）您所在的城市？

(2）日均包裹量？

(3）驿站目前接触到的快递包装类型主要有哪几种？

(4）纸箱等快递包装的二次利用率？

(5）消费者取件高峰期？

(6）每票快递的平均利润？

(7）如果您愿意有偿承担循环包装回收工作，您认为合适的单箱回收成本应该是多少？

(8）您认为驿站承担快递循环包装回收工作，主要的难点有哪些？

(9）您认为驿站高效回收快递循环包装的可行方式还有哪些？

(10）您希望国家出台什么样的政策来支持循环包装？

二、调研主要结论分析

调研工作历时 5 个月，共收到有效答卷（111）份，公众参与情况如附图 4-1 所示。

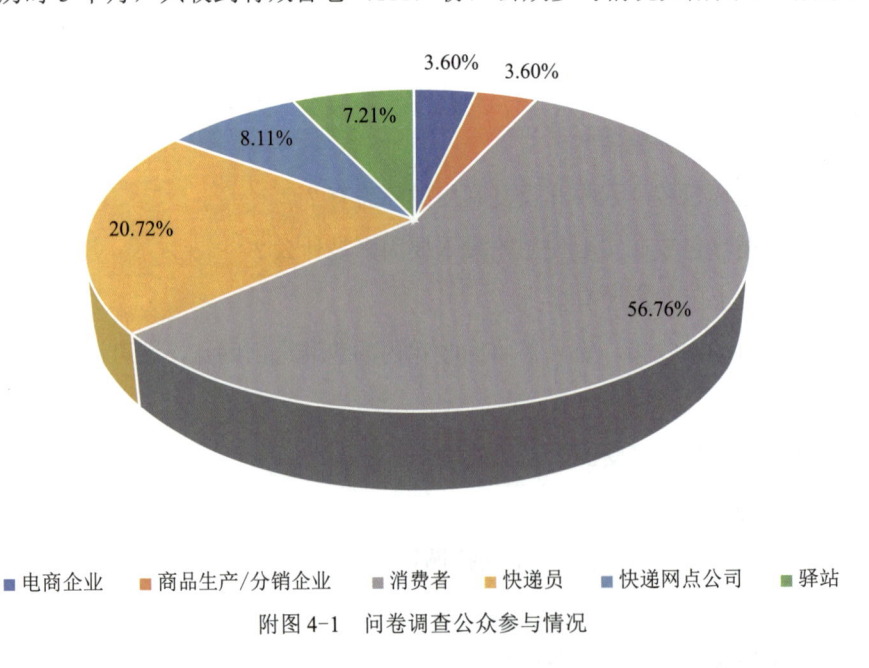

附图 4-1 问卷调查公众参与情况

■电商企业　■商品生产/分销企业　■消费者　■快递员　■快递网点公司　■驿站

- 电商企业：3.60%
- 商品生产/分销企业：3.60%
- 消费者：56.76%
- 快递员：20.72%
- 快递网点公司：8.11%
- 驿站：7.21%

由附图 4-1 可知，公众中，对快递产品可循环包装最关心的群体是消费者、快递员、快递网点公司以及驿站等。

由数据分析，可得如下结论：

1. 消费者购物习惯快速转向网络购物

调研表明，71.43% 的消费者每月快递包裹在 5 件以上，9.52% 的消费者每月快递包裹量在 30 件以上，这说明网络购物已经成为大部分消费者的购物习惯，由快递产生的包装废弃物数量与日俱增。2021 年全国快递业务量完成 1083 亿件，2022 年的快递业务量为 1105 亿件，连续两年破千亿件，之后还会逐年升高。2021 年 7 月国家发展和改革委员会发布的《"十四五"循环经济发展规划》再次明确，到 2025 年，可循环快递包装应用规模达到 1000 万个。若按单个循环次数 50 次估算，总循环次数将达 5 亿次，占快递业务量的比例仍然不足 1%（据机构预测，2025 年我国快递业务量预计达 1500 亿件）。2025 年计划的应用规模，显然仍没有解决问题，社会仍然亟须合适的快递循环包装。

2. 快递包装物料中占比最高的依然是纸箱

调研表明，在消费者收到的快递包装类型中，占比最高的是纸箱，第二位是塑料袋，占比最低的是循环包装。塑料袋在有着成本低和机械强度较高的同时，也存在着不易降解、污染环境的问题。如附表 4-1 所示，纸箱虽然环保，但它的巨大使用量造成瓦楞纸碳排放占比最高，接近 75%，而低碳环保循环包装在日常生活中并没有大量投入使用。

附表 4-1　2020 年各类快递包装在原材料生产和加工生产阶段的碳排放量

包装材料	瓦楞纸	一次性塑料袋	填充塑料	快递单	信封袋
碳排放量	328.07	50.61	18.28	13.04	10.45
占比	75%	11.57%	4.18%	2.98%	2.39%

3. 多数消费者选择直接丢弃包装废弃物

调研表明，对快递包装废弃物的处理方式中，有 76.19% 的消费者选择直接丢弃快递包装，但也有近 40% 的消费者会选择自己保存用于下次使用或者变卖，近 30% 的人同时也选择了：如果快递驿站或快递员可以回收，他们愿意将废弃的包装盒上交。这说明大部分消费者具备一定的环保意识，如果采取合理的、便于消费者投送废弃快递包装盒或可循环包装盒的方式，大部分消费者是可以配合完成废弃物的回收或者循环利用的。

4. 多数消费者已意识到快递包装存在的环保问题

调研表明，大部分消费者已经意识到目前的快递包装存在过包装问题严重、浪费自然资源和对自然环境造成污染等环保问题，同时，消费者也很注重快递包装的友好性和易用性，消费者的环保意识越来越强。因此，可以优化可循环包装箱的形式，满足消费者的需求，使可循环包装箱既具有美观、卫生、易用等特性，又具备可循环使用的环境友好性。

5. 绝大多数消费者了解可循环包装的概念

调研表明，90%的消费者知道可循环快递包装，但使用过的人仅占22.22%。可循环包装的概念不新鲜，但普及使用的力度远远不够。

6. 相对于可循环，公众更关心的是产品防护的问题

调研表明，"保护商品"仍是可循环包装的第一要务，良好的保护性能对循环包装在选择材料和结构设计方面提出基本要求，在包装设计中应注重消费者对隐私性和便利性的需求。此外，可循环快递包装区别于单次使用的包装应具备可折叠、易回收的特性，这一点非常必要。

7. 多数人认为，可循环包装产品的所有权应归快递公司所有

调研表明，关于可循环快递包装所有权的问题，有58.73%的消费者认为其归属于快递公司，也有14.29%的人认为其属于电商企业，同时，有20.63%的人认为其属于消费者本人。《中华人民共和国循环经济促进法（2018年修订）》第十五条明确规定，"生产列入强制回收名录的产品或者包装物的企业，必须对废弃的产品或者包装物负责回收；对列入强制回收名录的产品和包装物，消费者应当将废弃的产品或者包装物交给生产者或者其委托回收的销售者或者其他组织"。因此，快递公司和电商企业必须是推广可循环包装的主要参与者，快递循环包装应该由他们回收并进行循环使用。

8. 绝大多数消费者认为快递包装应该单独收费

调研表明，大部分消费者希望快递包装单独收费，站在消费者的角度，快递循环包装的循环成本要低，不能增加额外的成本，那推广快递循环包装就需要政府和社会的支持，制定相关政策和提供经济支持。可循环快递包装的设计也应该降低成本，在选择材料和设计结构特点时选择合适的方案，在后续的回收中形成有效的管理模式，减少不必要的成本。

9. 多数人倾向于在小区设置快递包装回收设施

调研表明，在四种回收方式中，超过50%的消费者倾向于在小区设置回收设施，回收时间由消费者自主选择，快递员上门回收或者自主送还驿站会产生额外的时间成本，对消费者而言不是很好的回收方式。如果选择驿站节点回收快递循环包装，有34.92%的消费者担心个人信息泄露，也有26.98%的消费者认为如此不便于将内装商品带回家，但如果将包装箱拿回家再送回，又嫌麻烦或容易忘记。因此，如何解决可循环快递包装箱的回收问题是其推广应用的一个难点，可循环快递包装箱的回收一定不能给消费者造成额外负担，否则不利于其推广。

10. 大多数消费者希望采取灵活的措施促进快递包装的循环

调研表明，关于促进循环快递包装的回收和循环应用的措施，通过积分换礼或返现的方式能够提高消费者选用可循环快递包装的积极性。如果选择上门回收快递循环包装，74.6%的消费者希望在晚间时段，这些情况无疑会增加电商企业和快递公司的销售成本和工作难度。如果让电商购物平台预先收取一定的循环包装费用，在消费者退还循环包装以后返还一定现金；但若消费者不退还循环包装，则需要支付包装费用，有65.08%的消费者对这种模式表示支持，但也有

34.92%的消费者表示反对，他们担心自己没有时间归还快递循环包装，导致押金无法归还，以及这种形式需要花费精力关注押金是否真正入账，或者押金的系统出现问题造成麻烦等。消费者并不愿意为循环包装支付过多的费用，即使这些费用在包装使用后可以退回，他们也会担心在这个过程中增加很多麻烦。合理地分摊使用成本，尽可能地降本增效，是循环快递包装供应商亟须解决的首要问题。

三、调研数据

相关调研数据请向问卷设计方——长三角物流经济创新研究中心洽询。

参考文献

[1] 彭国勋. 循环包装的现状分析[J]. 包装学报，2013, 5(2): 57-61.

[2] 陈克复, 陈广学. 智能包装：发展现状、关键技术及应用前景[J]. 包装学报, 2019，11(1): 1-17, 105.

[3] 蒋志辉, 王访平. NFC在智能包装中的应用与分析[J]. 包装工程, 2021, 42(5): 247-254.

[4] Jung M, Kim J, Koo H, et al. Roll-to-roll Gravure with Nanomaterials for Printing Smart Packaging[J]. Journal of Nanoscience and Nanotechnology, 2014, 14(2): 1303-1317.

[5] Ma Z, Chen P, Cheng W, et al. Highly Sensitive, Printable Nanostructured Conductive Polymer Wireless Sensor for Food Spoilage Detection[J]. Nano Letters, 2018, 18(7): 4570-4575.

[6] Li S, Chen S, Zhou H, et al. Achieving Humidity-insensitive Ammonia Sensor based on Poly (3,4-ethylene dioxythiophene): Poly (styrenesulfonate)[J]. Organic Electronics, 2018, 62: 234-240.

[7] Araque P E, De Vargas Sansalvador I M P, Ruiz N L, et al. Non-Invasive Oxygen Determination in Intelligent Packaging Using a Smartphone[J]. IEEE Sensors Journal, 2018, 18(11): 4351-4357.

[8] Pacquit A, Frisby J, Diamond D, et al. Development of a Smart Packaging for the Monitoring of Fish Spoilage[J]. Food Chemistry, 2007, 102(2): 466-470.

[9] Zhang Y, Lim L-T. Colorimetric Array Indicator for NH_3 and CO_2 Detection[J]. Sensors Actuators B: Chemical, 2018, 255: 3216-3226.

[10] Li Z, Suslick K S. Colorimetric Sensor Array for Monitoring CO and Ethylene[J]. Analytical Chemistry, 2018, 91(1): 797-802.

[11] Pigini D, Conti M. NFC-based Traceability in the Food Chain[J]. Sustainability, 2017, 9(10): 1910.

[12] Mainetti L, Patrono L, Stefanizzi M L, et al. An Innovative and Low-cost Gapless Traceability System of Fresh Vegetable Products Using RF Technologies and EPC Global Standard[J]. Computers and Electronics in Agriculture, 2013, 98: 146-157.

[13] Alzahrani N, Bulusu N. Block-supply Chain: A New Anti-counterfeiting Supply Chain Using NFC and Blockchain[C]. 1st Workshop on Cryptocurrencies and Blockchains for Distributed Systems, 2018: 30-35.

[14] Chen Y-C, Wang W-L, Hwang M-S. RFID Authentication Protocol for Anti-counterfeiting and Privacy Protection[C]. 9th International Conference on Advanced Communication Technology, 2007: 255-259.

[15] Morak J, Kumpusch H, Hayn D, et al. Design and Evaluation of a Telemonitoring Concept based on NFC-enabled Mobile Phones and Sensor Devices[J]. IEEE Transactions on Information Technology in Biomedicine, 2011, 16(1): 17-23.

[16] Griffin J T, Fyke S H, Bender C L, et al. Near-field Communication (NFC) System Providing Mobile Wireless Communications Device Operations based upon Timing and Sequence of NFC Sensor Communication and Related Methods:US12713628[P/OL].（2011-09-01）[2022-08-20].https://xueshu.baidu.com/usercenter/

Paper/show?Paperid=be4aa9adc37f441dbc45afad6c4ba11b.

[17] Yang L, Rida A, Vyas R, et al. RFID Tag and RF Structures on a Paper Substrate Using Inkjet-Printing Technology[J]. IEEE Transactions on Microwave Theory and Techniques, 2007, 55(12): 2894-2901.

[18] Yuan M, Alocilja E C, Chakrabartty S J I T O B C, et al. Self-powered Wireless Affinity-based Biosensor based on Integration of Paper-based Microfluidics and Self-assembled RFID Antennas[J]. IEEE Transactions on Biomedical Circuits and Systems, 2016, 10(4): 799-806.

[19] Fernandez-Salmeron J, Rivadeneyra A, Rodríguez M a C, et al. HF RFID Tag as Humidity Sensor: Two Different Approaches[J]. IEEE Sensors Journal, 2015, 15(10): 5726-5733.

[20] Fiddes L K, Chang J, Yan N J S, et al. Electrochemical Detection of Biogenic Amines during Food Spoilage using an Integrated Sensing RFID Tag[J]. Sensors and Actuators B: Chemical, 2014, 202: 1298-1304.

[21] Feng Y, Xie L, Chen Q, et al. Low-cost Printed Chipless RFID Humidity Sensor Tag for Intelligent Packaging[J]. IEEE Sensors Journal, 2014, 15(6): 3201-3208.

[22] Fiddes L K, Yan N. RFID Tags for Wireless Electrochemical Detection of Volatile Chemicals[J]. Sensors and Actuators B: Chemical, 2013, 186: 817-823.

[23] Tan E, Ng W, Shao R, et al. A Wireless, Passive Sensor for Quantifying Packaged Food Quality[J]. Sensors, 2007, 7(9): 1747-1756.

[24] Ma Z, Chen P, Cheng W, et al. Highly Sensitive, Printable Nanostructured Conductive Polymer Wireless Sensor for Food Spoilage Detection[J]. Nano Letters, 2018, 18(7): 4570-4575.

[25] 周浩宇. 近场通信芯片和多传感的柔性集成及其智能包装系统应用的研究 [D]. 上海：上海交通大学, 2020.

[26] Kirch M, Poenicke O, Richter K. RFID in Logistics and Production-Applications, Research and Visions for Smart Logistics Zones[J]. Procedia Engineering, 2017, 178:526-533.

[27] Ringsberg H A, Mirzabeiki V. Effects on Logistic Operations from RFID-and EPCIS-enabled Traceability[J]. British Food Journal, 2014, 116(1): 104-124.

[28] Royo J, Lambán P, Valencia J, et al. Study to Determinate the Feasibility of RFID to Facilitate Traceability in a Logistics Operator[J]. Procedia Engineering, 2013, 63: 829-834.

[29] 卢发利, 李昌刚. 基于 RFID&GPS/GPRS 技术下的电商生鲜物流配送 [J]. 中国商论, 2018(12): 9-11.

[30] 王小丹. RFID 技术在冷链物流全过程的应用 [J]. 物流科技, 2017, 40(10): 48-49, 71.

[31] 姚丽霞. RFID 技术在食品冷链物流追溯中的应用 [J]. 物流工程与管理, 2013, 35(8): 45-46, 76.

[32] 林明波. 基于物联网 RFID 技术的库存管理系统设计与实现 [D]. 哈尔滨：哈尔滨工业大学, 2017.

[33] 崔帅帅. 基于 RFID 的仓储管理系统 [D]. 呼和浩特：内蒙古大学, 2019.

[34] 段宇峰. 基于 RFID 的物流定位技术研究 [D]. 成都：电子科技大学, 2016.

[35] 王彬, 秦永平, 边根庆, 等. RFID 技术在烟草仓储物流管理中的应用研究 [J]. 物联网技术, 2013, 3(1): 84-87.

[36] 谢川, 彭颖. 基于 RFID 技术的智能垃圾回收协作研究 [J]. 四川大学学报 (自然科学版), 2011,48(3): 556-560.

[37] Fernando A S, Jorge Jr M. Cost Assessment and Benefits of Using RFID in Reverse Logistics of Waste Electrical & Electronic Equipment (WEEE)[J]. Procedia Computer Science, 2015, 55: 688-697.

[38] Hellström D. The Cost and Process of Implementing RFID Technology to Manage and Control Returnable Transport Items[J]. International Journal of Logistics: Research and Applications, 2009, 12(1):1-21.

[39] Kim T, Glock C H. On the Use of RFID in the Management of Reusable Containers in Closed-Loop Supply Chains under Stochastic Container Return Quantities[J]. Transportation Research Part E: Logistics and Transportation Review, 2014, 64: 12-27.

[40] Zhou W, Piramuthu S. Remanufacturing with RFID Item-level Information: Optimization, Waste Reduction and Quality Improvement[J]. International Journal of Production Economics, 2013, 145(2): 647-657.

[41] 管亚风, 陈琼. RFID 技术在逆向物流中的应用 [J]. 工业工程, 2015, 18(4): 157-161.

[42] 倪新洁, 梁彪. RFID 关键技术及其在逆向物流中的应用研究 [J]. 物流工程与管理, 2016, 38(5): 113-114.

[43] 李苹. 基于 RFID 技术的快递循环包装回收 / 调拨网络优化研究 [D]. 北京: 北京印刷学院, 2018.

[44] 季杰. 基于 RFID 技术的废旧家电回收模式及回收决策研究 [D]. 合肥: 合肥工业大学, 2015.

[45] 熊荆. RFID 技术在电子产品逆向物流系统中的应用 [J]. 电子技术与软件工程, 2016(20): 128.

[46] 吴幸妮, 孟利清. 废弃木材逆向物流体系中 RFID 技术的应用研究 [J]. 物流工程与管理, 2018, 40(7): 89-90.

[47] 吴媛婷. 基于 RFID 技术的逆向物流联盟发展研究 [J]. 物流工程与管理, 2015, 37(9): 107-109.

[48] Rosenau W V, Twede D, Mazzeo M A, et al. Returnable-reusable Logistical Packaging: A Capital Budgeting Investment Decision Framework[J]. Journal of Business Logistics, 1996, 17(2): 139-166.

[49] Mollenkopf D, Closs D, Twede D, et al. Assessing the Viability of Reusable Packaging: A Relative Cost Approach[J]. Journal of Business Logistics, 2005, 26(1): 169-197.

[50] 曹明兰. 循环包装容器在制造业供应链的应用实例分析 [J]. 现代商业, 2012(30): 20-21.

[51] Goellner K N, Sparrow E. An Environmental Impact Comparison of Single-use and Reusable Thermally Controlled Shipping Containers[J]. The International Journal of Life Cycle Assessment, 2014, 19(3): 611-619.

[52] Yuan L M. Comprehensive Thinking about the Last One Hundred Meters Issue of Express Delivery Industry[J]. Advanced Materials Research, 2015, 1073-1076.

[53] 陈秀玲, 梁建设. 快递包装循环利用体系研究 [J]. 物流工程与管理, 2016, 38(7): 177-178+165.

[54] 邹筱, 李玉琴. 基于循环经济理论的快递包装回收体系构建 [J]. 包装学报, 2016, 8(4): 60-66.

[55] 卢毅. 电子商务下包装物逆向物流模式研究——基于德国包装物回收模式的案例分析 [J]. 企业改革与管理, 2017(21): 39-40.

[56] 周诗天, 杨俊玲. 我国快递包装逆向物流体系构建研究 [J]. 中国物流与采购, 2017(19): 76-77.

[57] 于含, 张昶, 张蕾. 电商包装存在问题及对策 [J]. 包装工程, 2017, 38(7): 228-232.

[58] 葛锐, 马洪娟. 我国电子商务快递绿色包装策略研究 [J]. 电子商务, 2017(2): 9-10.

[59] 乐雄平. 电商企业包装物逆向物流回收模式研究 [J]. 商业经济研究, 2016(14): 73-74.

[60] 尹龙, 谢红燕. 电子商务下包装材料逆向物流回收模式研究 [J]. 物流技术, 2018, 37(1): 106-109.

[61] 程诚, 曹陈英, 陈倩. 循环经济视角下高校快递包装回收模式的选择研究 [J]. 物流工程与管理, 2017, 39(7): 50-53.

[62] 王叶峰, 金丹丽. 国内校园快递包装回收模式研究 [J]. 物流科技, 2018, 41(7): 55-58.

[63] 冯梦珂, 曹国荣, 程玲, 等. 快递包装的现状与绿色化 [J]. 北京印刷学院学报, 2016, 24(2): 22-25.

[64] 王伊源, 王青云, 李昕露, 等. 基于低碳经济的快递包装物物流回收模式研究——以松江大学城为例 [J]. 中国市场, 2019(15): 161-162.

[65] 侯高强. 电商自营商品循环快递盒的回收效益研究 [D]. 北京: 北京交通大学, 2020.

[66] A Jalil E E, Grant D B, Nicholson J D, et al. Reverse Logistics in Household Recycling and Waste Systems: a Symbiosis Perspective[J]. Supply Chain Management: An International Journal, 2016, 21(2): 245-258.

[67] Savaskan C. Channel Choice and Coordination in a Remanufacturing Environment[J]. Discussion Papers, 2001, 20(35): 749-761.

[68] Pohlen T L, Theodore Farris M. Reverse Logistics in Plastics Recycling[J]. International Journal of Physical Distribution & Logistics Management, 1992, 22(7): 35-47.

[69] 冯森洋, 陶君成. 回收物流企业主要经营模式分析 [J]. 物流工程与管理, 2013, 35(2): 37-38, 50.

[70] 娄亭亭, 尚猛, 师路路, 等. 基于逆向物流的大学校园快递包装回收模式分析研究 [J]. 物流工程与管理, 2019, 41(8): 109-110, 93.

[71] 曹乐, 解玉洁, 袁梦倩, 等. 限产政策背景下可循环快递包装发展问题研究 [J]. 绿色包装, 2022(1): 25-28.

[72] 汇包装. 产品包装质量保证体系 [EB/OL]. (2017-09-18) [2024-07-15]. http://www.51hbz.com/home-guide-show-id-91.html.

[73] 观研报告网. 2020年塑料包装行业产业链现状及上下游企业优势分析 [EB/OL]. (2020-09-28) [2024-07-15]. https://market.chinabaogao.com/huagong/092U1E092020.html.

[74] 前瞻网. 2020年我国塑料包装上游行业供需市场现状与发展前景分析 [EB/OL]. (2020-06-09) [2024-07-15]. https://www.qianzhan.com/analyst/detail/220/200508-3bec4f44.html.

[75] 中国包装网. 浅析医药包装行业与上下游行业之间的关系 [EB/OL]. (2014-06-27) [2024-07-15]. http://news.Pack.cn/show-270766.html.

[76] 华经产业研究院. 中国包装用纸行业发展现状、上下游产业链分析及发展前景 [EB/OL]. (2022-06-11) [2024-07-15]. https://t.10jqka.com.cn/pid_223839109.shtml.

[77] 中研网. 快递包装行业市场现状 快递包装行业上下游产业链分析 [EB/OL]. (2022-04-25) [2024-07-15]. https://m.chinairn.com/news/20220425/140307220.shtml.

[78] 中商情报网. 2022年中国食品包装行业产业链上中下游市场剖析 [EB/OL]. (2022-01-29) [2024-07-15]. https://baijiahao.baidu.com/s?id=1723216916761198090&wfr=spider&for=pc.

[79] 谢慧. 价值链视角下我国包装产业国际竞争力研究 [D]. 上海: 东华大学, 2021.

[80] 王欢芳, 张幸, 宾厚. 循环经济视角下包装产业发展策略探究 [J]. 再生资源与循环经济, 2018, 11(10): 3-8.

[81] 孙宾, 王鸣义. 包装用聚酯产业链可持续发展技术的进展和趋势 [J]. 纺织导报, 2020(2): 23-34.

[82] 孟鸿诚. 关于塑料包装产业链绿色化发展路径的研究 [J]. 塑料包装, 2021, 31(2): 14-19.

[83] 刘俊强, 刘耀. 构建中国快递行业包装废弃物产业链对环境影响重要性研究 [J]. 环境科学与管理, 2017, 42(5): 18-21.

[84] 冯艳. 废纸回收、造纸、包装产业链共生探讨 [J]. 造纸信息, 2021(3): 17-19.

[85] 佚名. 全产业链共同发力——快递包装绿色转型关键 [J]. 中国包装, 2021, 41(4): 19.

[86] 娄卫东. 北疆西部区域纸制品绿色包装产业化发展研究 [D]. 石河子：石河子大学, 2013.

[87] 国海证券. 2022年可循环塑料包装行业发展现状分析 可循环塑料包装市场空间广阔 [EB/OL]. (2022-04-29) [2024-07-15]. https://www.vzkoo.com/read/20220429518882b71a4a127451b26b5b.html.

[88] 中国可循环包装市场现状深度研究与未来前景分析报告（2022—2029年）[EB/OL]. (2022-09-16) [2024-07-15]. http://www.360doc.com/content/22/0916/15/13672581_1048151892.shtml.

[89] 谭小芳. 嘉士伯啤酒的个性化营销 [J]. 现代企业文化, 2011(28): 58-59.

[90] 曹振铭, 梁国钰, 王欣平. 唯品会网络营销策略研究 [J]. 商场现代化, 2022(8): 60-62.

[91] 武铮铮, 李永. 新经济背景下企业市场营销战略新思路探讨 [J]. 山西农经, 2021(5): 140-141.

[92] 吕姝慧. 新发展格局背景下绿色营销创新策略研究 [J]. 科技创新与生产力, 2022(1): 4-6.

[93] 阎洪军. 经济新常态下中国绿色发展道路的思考探索 [J]. 中国集体经济, 2021(8): 21-22.

[94] 刘伟. 浅谈新时期企业营销管理策略及实施 [J]. 老字号品牌营销, 2022(13): 54-56.

[95] 温宇翔. 浅谈新时期的供电企业营销管理策略 [J]. 科技创新与应用, 2014(4): 139.

[96] 申思. "互联网+"背景下企业营销创新策略分析 [J]. 中国市场, 2022(8): 137-138.

[97] 夏明. 可持续发展理论下的企业生产行为 [J]. 决策探索, 2000(1): 24-25.

[98] 李岩. 循环经济下企业生产行为方式转化的动力相关性研究 [J]. 环境保护, 2009(8): 24-26.

[99] 钱德勒. 看得见的手——美国企业的管理革命 [M]. 北京：商务印书馆, 1997.

[100] 科斯R, 阿尔钦A, 诺斯D, 等. 财产权利与制度变迁：产权学派与新制度学派译文集 [M]. 刘守英, 等译. 上海：上海三联书店, 上海人民出版社, 1994.

[101] 李黎明, 李彬. 企业扩张理论综述 [J]. 中外企业家, 2009(22): 14-15, 24.

[102] 张书驰, 王然. 循环经济视角下沧州绿色包装的发展与对策研究 [J]. 现代营销(经营版), 2020(4): 108-109.

[103] 李康. 绿色包装的趋势分析与对策 [J]. 包装世界, 2006(6): 13-14, 16.

[104] 长三角流通经济创新研究中心, 长三角商业创新研究院. 可循环和绿色快递包装应用研究 [R]. 2023.